廣東法院年鑒

2004

广东省高级人民法院编

图书在版编目（CIP）数据

广东法院年鉴．2004／广东省高级人民法院编．—广州：广东人民出版社，2005.12

ISBN 7－218－05260－6

Ⅰ．广…　Ⅱ．广…　Ⅲ．法院—广东省—2004—年鉴　Ⅳ．D926.22－54

中国版本图书馆 CIP 数据核字（2005）第 158791 号

责任编辑	余小华　肖风华
装帧设计	邓秋萍
责任技编	黎碧霞
出版发行	广东人民出版社
印　　刷	广州市官侨彩印有限公司
开　　本	889 毫米×1194 毫米　1/16
印　　张	20.5
字　　数	600 千字
版　　次	2005 年 12 月第 1 版　2005 年 12 月第 1 次印刷
书　　号	ISBN 7－218－05260－6/D·609
定　　价	138.00 元

【出版社网址：http//www.gdpph.com　　电子邮箱：sales@gdpph.com
图书营销中心：020－83799710（直销）　83790667　83780104（分销）】

出版说明

《广东法院年鉴》是由广东省高级人民法院编辑出版的年刊，自 1998 年开始编印，每年出版一卷，但始终是内部资料汇编，今年首次公开出版。它旨在全面、系统地反映全省法院开展审判和执行工作、深化法院改革、加强队伍建设和物质装备建设等方面的基本情况，为社会各界了解法院工作提供基本资料。《广东法院年鉴》的公开出版，是固定整理我省历史司法资料，促进法院审判工作不断进步发展的需要；是全省各级人民法院交流经验、了解信息的需要；是对外宣传法院工作成效，展示法院风采的重要窗口，也是我省乃至我国司法建设的重要组成部分。它具有资料性、宣传性和实用性。

《广东法院年鉴》2004 年刊在编写体例、风格、形式上作了重大改革。在形式上，从主要以文字为主，改为图文并茂。在内容方面，更加注重其宣传性、可读性和精练性，对重大案例、重要会议（包括领导讲话）等方面的内容，采取简介或综述的形式，不再全文刊登，部分内容也作了适当调整。全书共分四编十三章。第一编“领导关怀”，主要通过文字、图片等形式，简要介绍中央和省委、省人大以及最高人民法院等领导视察我省法院工作的情况，有关法院工作所作的重要讲话。第二编“全省法院工作”，主要是全面反映全省法院 2004 年各项工作的基本情况，突出反映法院各项工作所取得的整体成效，重点介绍了全省法院在审判、执行、改革、基层建设、队伍建设和物质装备建设等方面的突出成效及主要做法。第三编“省法院工作”，集中反映省法院各项工作的基本情况，重点反映省法院各项工作取得的成效，简要介绍了省法院各部门工作的基本情况和全省法院重大会议、重大活动、重大案例及重要文件。附有 2005 年 1 月省法院向省人大所作的工作报告、省法院领导及各部门领导名录。第四编“各地法院工作”，主要以图片和文字形式分地区反映各中院及部分基层法院工作的基本情况、法官的精神风貌及所取得的突出成绩，附有全省各中级法院和基层法院院长名录，以及截至 2004 年底全省人民法庭名录。

本年鉴在编辑出版过程中，得到了省法院各位院领导、各部门及各中级法院的关心和支持，得到了广东人民出版社的支持和协助，谨在此表示感谢！本书疏漏和不当之处，敬请批评指正。

《广东法院年鉴》编纂委员会

《广东法院年鉴》编辑人员

目 录

第三编　省法院工作

第四编　各中级人民法院工作

Contents

Part One Speeches by Leaders

Part Two The Work of the Courts of the Whole Province

Part Three The Work of Guangdong Provincial Higher People's Court

第一编

领导讲话

▲1月8日，中共中央政治局委员、广东省委书记张德江在视察省法院时作重要讲话。

▲张德江书记亲切接见参加全省法院院长会议的代表。

▲张德江书记参观省法院立案信访大厅。

▲张德江书记看望省法院民二庭“广东国投”破产案合议庭法官。

春节期间，最高人民法院院长肖扬在广东省委副书记、省纪委书记王华元，省委常委、佛山市委书记黄龙云，省法院院长吕伯涛以及深圳市、佛山市有关领导的陪同下，视察深圳市中级人民法院、佛山市中级人民法院和佛山市南海区人民法院，亲切看望并慰问了两地三院干警，听取了有关工作情况汇报，并就经济发达地区法院如何紧紧抓住机遇，进一步加快发展，全面加强法院建设，强化各项司法管理，为全国法院带好头、当好排头兵提出了具体的要求。

▲最高人民法院院长肖扬。

▲肖扬院长视察深圳市中级人民法院。

▲肖扬院长视察佛山市中级人民法院。

▶肖扬院长视察佛山市南海区人民法院。

◀7月16日，省法院召开全省法院进一步加强基层建设工作会议。广东省委副书记、省纪委书记王华元在讲话中要求各级党委要大力支持法院基层建设，把加强人民法院基层建设纳入党委总体工作部署，采取切实有效的措施，帮助法院解决基层建设中存在的困难和问题。

▲3月19日，广东省委副书记、省纪委书记王华元在省法院、梅州市委、梅州中院等有关领导的陪同下，到梅州兴宁市人民法院慰问“全国模范法官”、“人民的好法官”石伟文的遗属练冬红。

▶8月26日，“全国模范法官”于昌明、唐汉华先进事迹报告会在广州举行。最高人民法院党组副书记、副院长姜兴长在会上作重要讲话。

◀1月9日，广东省委常委、政法委书记梁国聚在全省法院院长会议上讲话。

◀10月10日，省人大常委会对省法院执行工作进行专项评议。省人大常委会副主任汤维英指出，评议的目的是通过评议，支持和促进法院解决执行工作中存在的问题和困难。

中共中央政治局委员、广东省委书记张德江同志在接见全省法院院长会议代表时的讲话

（2004年1月8日）

2003年是极不平凡的一年。在以胡锦涛同志为总书记的党中央的亲切关怀和正确领导下，我们高举邓小平理论和“三个代表”重要思想伟大旗帜，深入学习贯彻党的十六大、十六届三中全会精神和胡锦涛总书记视察广东重要指示，扎实工作，锐意进取，改革开放和社会主义现代化建设取得了新成就，全面建设小康社会开局良好。

在过去的一年里，我们提出并实施了一系列促进广东经济社会发展的重大举措，广东经济社会发展继续保持良好的势头。据快报统计，去年全省国内生产总值突破13000亿元，增长13%以上，创8年来最高水平；税收接近3000亿元，地方财政收入也将达到1300亿元。外贸进出口突破2800亿美元，其中出口超过了1500亿美元，继续处于全国的领先地位。以建设文化大省为重点的精神文明建设，以加强民主法制建设为重点的政治文明建设也都有了新的进展，党的建设在探索中得到加强。特别令人难忘的是，面对“非典”疫情的突然袭击，全省人民团结一致，奋起抗击，取得了防治“非典”工作的阶段性重大胜利。能取得这样好的成绩，应该说与全省各级法院和法院系统的同志们为全省创造了一个良好的法制环境是分不开的。你们为促进全省经济社会发展作出了突出的贡献。

刚才，省法院吕伯涛院长跟我讲，在这次全国法院系统的表彰中，我们省有一个先进集体、三个先进个人受到了表彰。这本身就代表了最高法院对我们广东法院系统的充分肯定和巨大鼓励。我们广东法院系统还涌现出了以石伟文同志为代表的先进法官典型。省委对这个典型很重视，在全省进行了广泛的宣传，人民日报头版对石伟文同志的事迹也作了报道。石伟文同志被树为全国法官的典型和楷模，这是我们全省法院系统的光荣。

2004年已经来临，春节也快到了。借此机会，我代表省委、省政府，向参加会议的同志们，并通过你们向全省法院系统的同志们，表示衷心的感谢！并预祝你们在新的一年取得更好的成绩！

从当前国际国内经济发展形势看，2004年经济发展态势比2003年还要好。全球经济和贸易出现增长趋势，国内经济发展内在活力增强，正处于经济周期的上升阶段，我们广东也开始进入一个新的高速增长期。经济的蓬勃发展，为我们的各项社会事业，包括为我们的法院工作提供了坚实的基础和必要的条件。但是，我们也必须看到，根据国际上的经验，当人均GDP达到1000美元左右的时候，正是处于社会大变动时期，各种利益和矛盾错综复杂，社会不稳定因素增多。可以推断，在相当长的时期内，各类刑事案件、民事案件、行政案件还将处在一个高发期。特别是随着改革的不断深化，将会产生各种利益冲突和矛盾纠纷。要解决好这些冲突和纠纷，涉及到很多因素，包括法制是否完善，人民群众法制观念是否增强，各级党政机关是否能依法办事，也包括法院系统能不能公平裁判。依法治省、加强法制建设的路还很长，工作任务很重。省委、省政府对全省法院工作寄予厚望，希望全省法院系统高举邓小平理论和“三个代表”重要思想伟大旗帜，忠于党，忠于人民，忠于法律，以公正裁判为核心，全面加强各级法院的建设，不断提高法官素质，为广东全面建设小康社会、率先基本实现社会主义现代化创造一个良好的、公平的法制环境。

关于如何加强法院工作，我想突出强调几点。

第一，要加强政治思想建设。如何在司法工作中维护法律尊严，从一定意义上讲，主要是靠我们的法官。对法官来讲，最重要的是要坚定理想信念，坚持党的领导，坚信邓小平理论和“三个代表”重要思想，坚定走中国特色社会主义道路的信心。有了这样的理想信念，有了这样的精神支柱，才能明白为谁执法、怎么执法，才能真正做到公正裁判。我一再强调，理想信念是总开关。理想的动摇是最致命的动摇，信念的滑坡是最可怕的滑坡。理想信念不坚定，事业心、责任感不强，公正裁判就无从谈起，因此必须加强思想建设。法律是靠人去执行的。同样一个案件，不同的法院、不同的法官来审判，很可能裁判结果不一样。确保公正裁判，取决于法官执法为民的素养。要教育广大法官忠于宪法和法律，公正维护好公民的合法权益。

第二，要加强各级领导班子建设。队伍要靠班子来带。从某种意义上讲，我们各级法院的领导班子如何，决定着法官的素质如何，也决定着裁判水平如何。我们期望，从省法院做起，一直到市、县一级的法院，都要抓班子建设，抓院

长队伍建设。抓班子建设是一项长期的任务，要与时俱进，不能一劳永逸。要突出抓一把手、抓班子的示范作用，以此来带动整个法官队伍的建设。省委对省法院的班子是满意的，你们是可以信赖、可以放心的一个班子。也希望你们进一步抓好全省法院系统的班子建设。

第三，要努力提高法官队伍的素质。这不仅是指要努力提高法官的素质，也是指要努力提高法院全体工作人员的素质。因为法院不仅有法官，还有书记员、法警等，是很大的一支队伍。要以提高法官素质为重点，进一步加强队伍建设。要在提高政治思想素质的基础上，继续加强法律知识的学习教育，不断提高队伍的法律素质，提高依法办案的水平，使大家都成为行家里手，成为办案能手。我来广东以后，看了石伟文同志的先进事迹材料，很受感动。他工作在贫困山区，为了人民群众，为了维护法律的尊严，不辞辛苦，很不容易，令人钦佩。省委作出决定，号召全省向石伟文同志学习。我希望全省法院系统的同志们，都要向石伟文同志学习，向这次被授予全国模范法院、模范法官的单位和同志们学习，把法官队伍建设好。

第四，要加强对法院工作的领导和监督。各级党委要加强对法院工作的领导，各级政府要支持法院开展工作，各级人大要加强对法院的监督，各级政协也有民主监督的职责。要支持法院系统加强装备建设，特别是支持法院运用现代化的手段，不断提高办案效率，提高办案水平。这同时也能增加办案的透明度，更好地接受社会的监督。

总而言之，希望大家在2004年再接再厉，取得更好的成绩，为促进我省民主法制建设，为我省全面建设小康社会、率先基本实现社会主义现代化，作出新的更大的贡献！

广东省委副书记、省纪委书记王华元同志在全省法院院长会议上的讲话

（2004年1月8日）

新年伊始，省法院就组织召开这次全省法院院长会议，传达贯彻全国高级法院院长会议和全省政法暨公安工作会议精神，总结过去一年的工作，部署今年的工作，非常及时，非常重要。首先，我代表省委、省政府对这次会议的召开表示热烈祝贺！向参加会议的各位院长并通过你们，向全省法院全体工作人员表示亲切的慰问！

张德江同志到广东工作以来，十分重视政法工作，对法院工作多次做出重要批示。2002年12月22日，他刚到广东一个月，从人民日报华南分社《内参》上看到石伟文法官的感人事迹后就直接批示给我，要求调查核实，如果事迹过硬，可树为先进典型。去年1月17日，他在省法院党组关于召开第十四次全省法院工作会议的报告上，作了六条关于做好司法工作和实现司法公正的重要批示。10月21日，他在会见最高法院沈德咏副院长时发表了重要谈话，充分肯定了全省法院工作，指出广东法院工作情况和广东经济发展情况是成正比的，并对今后抓好全省法院工作提出了明确要求。今天上午，张德江同志又亲自来看望与会各位院长，并做了重要讲话，对做好新时期全省法院工作提出殷切期望。这些都充分体现了省委特别是张德江同志对全省法院工作的高度重视和亲切关怀。各位院长回去后，要认真、迅速地将张德江同志的讲话精神传达贯彻到全体干警，认真学习，提高认识，鼓舞士气，振奋精神，狠抓落实，努力发挥好司法职能作用，为我省经济建设和各项社会事业的发展提供全面有力的司法保障。

过去的一年，全省法院认真学习贯彻党的十六大、十六届三中全会和省委九届二次、三次全会精神，以“三个代表”重要思想统揽法院工作全局，紧紧围绕“公正与效率”主题，狠抓各项审判工作和执行工作，积极推进法院工作改革，切实加强队伍建设，牢固树立司法为民观念，全面落实各项便民、利民、为民措施，切实加强基层基础工作，促进了全省法院各项工作的继续发展。去年1-11月，全省法院共受理各类案件640350件，办结511721件，解决诉讼标的金额1264.39亿元，分别比上年增长2.48%、3.61%和18.65%，这些主要指标都创了历史新高。法院队伍建设呈现新的面貌，涌现出被最高法院和省委追授为“全国模范法官”、“人民好法官”的石伟文、“全国模范法官”丁卫红、苏卫东等一大批优秀法官，以及“全国模范法院”深圳市宝安区法院等一大批先进集体。省委、省政府对全省法院的工作是满意

的。在此，我代表省委、省政府，向全省三级法院院长，并通过你们，向全省法院全体工作人员表示衷心的感谢！

当前，全省经济社会发展形势很好。在新形势下，法院为改革发展稳定服务的职责更加重要，任务更加繁重。全省各级法院要进一步增强责任感和使命感，更加努力地抓好工作，充分发挥好审判职能作用，促进全省法院工作不断开创新局面。对于如何抓好全省法院工作，吕伯涛院长已经作了全面部署，各级法院要认真贯彻落实。下面，我再强调五点意见。

一、深入学习贯彻党的十六届三中全会、省委九届四次全会和全省政法暨公安工作会议精神

党的十六届三中全会作出了完善社会主义市场经济体制的重大部署，提出了全面、协调和可持续的科学发展观，对全面建设小康社会提出了新的要求。省委九届四次全会对贯彻落实十六届三中全会精神，促进我省全面、协调、可持续发展，作出了具体部署。全省政法暨公安工作会议传达了全国政法暨公安工作会议精神，部署了今年的政法工作，提出政法工作要紧紧围绕我省推进“三个发展”、全面建设小康社会的目标要求，全力维护社会稳定和治安稳定，积极推进社会治安工作长效机制建设，为我省完善社会主义市场经济体制、建设经济强省和文化大省，创造稳定和谐的社会环境和公正高效的法治环境。这几个会议，为做好政法工作明确了任务，指明了工作方向和工作重点。各级法院要切实把几个会议精神学习好、领会好、贯彻好，要下大力气在落实上下功夫，为全省改革开放和经济发展提供优质高效的司法保障。

张德江同志在今天上午的讲话中，讲到两组令人振奋的数字：一是去年我省的GDP达到13450亿元，增长了13.6%，创八年来最高水平。二是去年我省的税收超过3000亿元，地方财政收入达到1300多亿元，进出口总额突破2800亿美元，其中出口突破1500亿美元。这些数字具有里程碑意义，表明广东开始进入一个新的经济高速增长期。我国入世已经两年，呈现出新的开放格局。中央决定全面加强内地与港澳的经贸合作，作出了内地与港澳建立更紧密经贸关系的安排，将有力地推动粤港澳合作。同时，根据国际经验，在人均GDP达到1000美元时，社会利益会发生重大调整，各种利益和矛盾错综复杂，各类刑事、民事、行政案件将大量增多。这些都对法院工作提出了新的要求和新的挑战，法院系统将面临更加繁重的工作任务。全省法院要认真学习贯彻好十六届三中全会、省委九届四次全会和全省政法暨公安工作会议精神，创造性地开展工作，为完善社会主义市场经济体制，促进我省社会和经济发展，营造更好的法治环境。

二、继续深入开展“严打”斗争，全力维护社会稳定

维护社会稳定是经济发展、社会进步、人民安居乐业的基础，全省法院把它作为重要任务，始终抓得很紧。在为期两年的“严打”整治斗争中，全省各级法院按照中央和省委的部署，严厉打击各类严重刑事犯罪，为维护我省的社会稳定、保障人民群众安居乐业作出了突出贡献。但是，当前全省的社会治安形势仍然比较严峻，尤其是珠三角地区的严重暴力犯罪仍然居高不下，“两抢”、“两盗”等多发性犯罪突出，杀人、绑架、涉枪等严重暴力犯罪发案总趋势并未减缓，以港台商人、中小学生为目标的绑架勒索案件时有发生，毒品犯罪仍然呈高发态势，“黄”、“赌”等社会丑恶现象有所抬头。尤其是随着社会经济成分、组织形式、利益关系和分配方式日益多样化，各种社会矛盾相互冲突、交织，加之在社会转型期部分群众的思想意识还跟不上社会的发展，一些深层次的矛盾日益凸显，如由征地拆迁、房地产纠纷、社会保障、山林土地权属纠纷等引发的群体性事件时有发生，严重影响着社会稳定。在今后一段时期,因人民内部矛盾处理不当而引发的群体性事件，将是影响社会稳定的重要因素。

各级法院要充分认识当前社会治安形势的严峻性，以对党和人民高度负责的态度，高度重视做好维护社会稳定的工作。要继续保持“严打”高压态势，依法审理好各类刑事案件，严惩严重犯罪分子，坚决打击各种严重危害社会治安的刑事犯罪活动。要努力研究当前“严打”面临的新形势、新情况，积极探索推进“严打”斗争的新思路、新措施，不断推动“严打”斗争的深入发展。对影响社会稳定的各种群体性纠纷的处理，法院领导要切实负起领导责任，以大局为重，敢于承担责任。尤其对于可能引发群体性事件的纠纷，要及早发现苗头，未雨绸缪，做好准备，避免由于我们工作的失误给群众利益造成损失，给党和国家的工作大局造成影响。要教育广大法官善于化解矛盾，努力提高处理群体性纠纷的工作水平，创新工作手段，千方百计把矛盾化解在基层，解决在萌芽状态。

关于坚持“严打”斗争，我想再突出强调一下。去年4月底发生的“孙志刚事件”，对广大政法干警的执法观念产生了较大震动，也引起了中央领导的高度重视，促使我们高举执法为民的旗帜。“孙志刚事件”不仅暴露了我们在队伍管理方面存在的问题，也暴露了我们在执法思想上存在的偏差。到了8月份，我省特别是珠三角地区的社会治安形势非常严峻，当时我们的压力很大。省委迅速采取了果断措施，其中也包括各级法院的努力。到10月份，终于把刑事案件高发的态势压了下去。我们要深刻认识到，无论是转变执法观念，还是抓队伍建设，都是为了提高队伍的战斗力，把维护社会稳定、保障经济发展的任务完成好。要坚持“两手”都要硬，做到一手抓转变执法观念要硬，另一手贯彻“严打”方针也要硬。我们在任何时候都要坚持贯彻“严打”方针不动摇。我省的刑事、经济犯罪案件在相当一个时期都是居高不下，所以贯彻“严打”方针坚决不能动摇。法院在“严打”斗争中起着非常重要的作用，是别的部门不能替代的。各类刑事犯罪案件，公安机关侦破缉凶，检察院批捕起诉，法院则依法审判。把犯罪昭告天下的是法院。各级法院要在省委的统一部署下，和政法其他部门形成合力，贯彻“严打”方针，同时要发挥审判机关的独特作用。对严重犯罪分子特别是暴力犯罪要坚持贯彻依法从重、从快的原则，确保取得良好的法律效果和社会效果。

三、抓公正、树形象，认真落实司法为民思想

法院作为国家的审判机关，专司各类矛盾和纠纷成讼的审判和执行之责。随着依法治国方略的深入推进，法院在我国政治和社会生活中的地位日益重要，党和人民群众对法院工作的期望也越来越高。各级法院如何面对这种期望？我看主要是靠公正司法。只有做到公正司法，法院才有权威和地位，才能赢得党和人民的信任。中央政法委确定今年在全国政法系统开展“公正执法树形象”活动，全省法院要积极主动地开展这项活动，认真总结去年开展司法大检查、机关作风建设年等活动的成功经验，进一步深入查找在公正司法方面存在的问题，采取切实有效的措施加以整改。要通过开展这次活动，努力提高各级法院的公正司法水平，进一步树立法院在人民群众中的公正司法形象。

为民执法、为民服务，是党和人民对各级政法机关提出的最基本要求，也是各级政法机关肩负的基本职责。去年全省法院结合深入学习贯彻“三个代表”重要思想活动，提出了落实司法为民思想的42项便民、利民、为民措施，非常好，社会评价很高，已经在全省法院工作中发挥出了很好的作用。这几年全省法院司法公正取得了很大进步。在审判任务异常繁重的情况下，全省审判机关努力围绕“公正和效率”主题开展审判工作，克服了很多困难，在全省人民中的形象总体上是好的。在努力做到司法公正上，全省法院工作每年都有新进步，每年都上新台阶。在新的一年里，各级法院要继续抓好司法为民工作。特别是基层法院处在审判和执行工作第一线，直接与老百姓打交道，切实做好司法为民措施，基层法院的责任一点不比中院轻。希望你们通过深入细致的工作、真切的行动，让人民群众感受到我们是在维护他们的利益，是在帮助他们解决实际问题。只要这方面的工作做好了，法院的公正司法形象自然就能够树立起来。

最近一个时期，由人民内部矛盾引发的群体性事件和上访主要有三方面的原因：一是城市房屋拆迁、农村土地转让和补偿，二是反映司法不公，三是领导干部腐败。所以说司法公正直接关系到党和政府的形象，直接关系到党和人民群众的血肉联系，直接影响党的威信。各级法院要认真查找自身在司法公正上存在的问题和薄弱环节，着力加以改进。一个案件如果是由于工作水平、认识能力等自身素质造成的不公还情有可原，但是对于一些泾渭分明、黑白分明、是非分明，事实很清楚，法律依据也很明确的案件，如果有失公正，导致畸重或者畸轻，甚至于完全判错，就不能原谅。必须认真吸取这方面的教训，并严肃追究责任。

四、狠抓班子和队伍建设，努力增强凝聚力和战斗力

张德江同志已经对此提出了明确要求，我们要认真贯彻落实。我再强调一下各级法院院长的责任。

第一，各级党委和上级法院要认真选配好各级法院的院长。各级党委和上级法院要共同认真负责选好各级法院的院长、庭长。毛泽东同志讲到民兵工作“三落实”时，其中第一条就是组织落实。各级党委和上级法院要认真负责地选好法院院长，不能搞滥竽充数，不能把这个神圣的岗位当作安顿干部的地方。让不适合的人当院长，让他当了院长后再来提高素质，这样做只会耽误事情。

第二，各级法院院长要有很强的带班子意识。院长是班子集体的第一责任人，要加强对班子成员的管理、教育和监督。要敢于管理、敢于批评，带头弘扬正气。各级法院院长只有把班子带好了，真正作用发挥了，才可以带好审判员、书记员，带好整个队伍。要加强对班子建设的考核，完善考核的程序、内容、标准等。院长没有履行带好班子的职责的，上级法院要提出严肃的批评。

第三，要居安思危、防微杜渐、“小题大做”。要高度重视队伍中存在的问题，把问题解决在初始阶段，解决在萌芽阶段。对社会上对我们工作的评论，无论正确与否，我们都要认真对待，认真查找存在的问题，并认真加以解决。

五、各级党委要进一步重视法院工作，加强对法院工作的领导

各级法院是党领导下的国家审判机关。随着审判范围的不断扩大，各级法院肩负的职责越来越大。许多原来由党委、政府负责解决的纠纷和矛盾，现在大都交由法院依法处理。各级法院解决好这些矛盾，实际上是为党委和政府分忧。支持法院解决好各类纠纷矛盾，这是各级党委肩负的重要职责、应有之义、分内之事。因此，党的领导和独立审判是完全统一的，并不矛盾。肖扬同志在这次全国高级法院院长会议上，提出司法权威就是党的权威。对此我完全赞成。上级法院对下级法院负责指导和监督。对此，各级党委的领导同志要有正确的认识，要进一步重视法院工作，进一步加强对法院工作的领导。五六十年代直到改革开放之初，采取安置性配备法院领导班子的观念和做法，已经完全不适应建设社会主义法治国家的需要，不适应社会主义市场经济体制的需要，不适应审判工作的需要，不适应维护改革发展稳定的需要，法院队伍必须走职业化的道路。

党对法院工作的领导，主要是路线、方针、政策的领导，重点是指导法院统一执法思想、监督公正司法、支持法院加强队伍建设和基层基础建设，而不是每一个案件都要党委去讨论，都要由某个领导作批示。不要把方向搞偏了。人大的监督也是依法监督，监督法院模范遵守法律，以事实为依据，以法律为准绳，维护法律尊严，维护司法公正，而不能成为一个最终的审判机关。法院依法独立行使审判权，在审判的问题上，任何部门和单位都不能替代。各级党委要高度重视法院的班子建设，要把那些经过长期考验、既讲政治又懂法律、作风正、能力强的同志选配到法院班子中。要正确处理党对法院工作的领导和支持法院依法独立行使审判权的关系，各级党委的主要领导要带头支持法院独立行使审判权，坚决防止对法院正在审理的个案的干预。我多次公开讲过，我决不对法院的审判说三道四，任何人都不能对案件的审判打招呼。我一直在这样做，也希望各级党委分管书记这样做。法院的同志要有铮铮铁骨，维护司法公正。省委高度重视人民法院建设，并指示省财政厅拨出专项经费给予支持。各级党委也要高度重视这项工作，支持法院的物质装备建设，特别是加强基层基础建设，尽量拨出一些经费支持人民法庭建设，争取在三年内把这个问题解决好。

党的十六大提出政治体制改革的目标是把坚持党的领导、人民当家作主和依法治国紧密结合起来。各级法院要充分认识加强党的领导、人大监督和政府支持的重要性。做好人民法院的工作，必须紧紧依靠各级党委的正确领导，必须紧紧依靠各级人大的有效监督，必须紧紧依靠各级政府的大力支持。这三个“紧紧依靠”，是确保人民法院始终坚持正确的政治方向，始终坚持把依法治国与坚持党的领导和人民当家作主有机统一，促进公正司法，不断开创法院工作新局面的可靠保障。各级法院要进一步增强依靠党委领导、人大监督、政府支持的观念，积极做好争取领导、监督、支持的各项工作。各级法院要经常向党委报告工作，让党委和政府的主要领导同志知道我们法院在干什么，知道法院的工作任务有多么繁重，知道班子和队伍建设存在什么问题，工作中有什么困难，也包括工作上取得的成绩和经验。尤其是对于开展审判和执行、队伍建设、法院改革中遇到的自身无法解决的困难和问题，要通过争取领导、监督和支持，尽可能予以解决。以解决“执行难”为例，前年11月，党的十六大召开后，省委政法委在全国率先推行对受地方和部门保护主义干扰久拖不能执行的案件，由省、市委政法委挂牌督办的制度。这是一个创举。经过一年的施行，已经取得明显成效。实践证明，只要积极主动争取党委、人大、政府及社会各界的领导、监督和支持，法院工作遇到的许多困难是可以不断得到解决的。当然，解决“执行难”，并不是挂牌督办就能完全解决的。解决“执行难”主要靠各级法院的努力，要进一步发挥主观能动性，不能因为有上级督办，自己就不努力，也不能因为确实存在地方、部门保护主义，就丧失信心，而是要坚定信心，常抓不懈。

另外，我提两点希望：一是全省法院审理的案件数居全国之冠，法院的同志付出的劳动恐怕也是全国最多的，审理的大案、疑难案件、涉外案件恐怕也是全国最多的，在审判中遇到的困难、问题也是全国最多的。我希望全省法院的同志们，继续发扬不怕苦、不怕累的精神，发扬连续作战的作风，克服任务重、人手少，有些地方办案经费不足等困难，在各级党委和上级法院的领导和指导下，把工作做得更好。特别是在长期的工作中，有的法官积劳成疾，家庭生活上还有这样那样的困难，非常不容易。对同志们在工作中付出的努力，我代表省委、省政府向同志们表示崇高的敬意。二是我省地处改革开放前沿，法院在审判工作中遇到的问题、积累的经验，在全国很有代表性，因此在贯彻党的十六大精神、推进司法体制改革中，要有所作为。要在坚持党的领导、人民当家作主和依法治国有机统一的前提下，勇于创新，争取为我国司法体制改革多探索一些经验，继续走在全国的前列。

总之，希望各级法院进一步抓好各项工作，希望各级党委、人大、政府及社会各界进一步支持法院工作。通过共同努力，推动全省法院工作进一步开创新局面，取得新成绩。

广东省委副书记、省纪委书记王华元同志在全省法院进一步加强纪检监察工作会议上的讲话

（2004年4月16日）

同志们：

省高院召开进一步加强纪检监察工作会议，把各中院院长、政治部主任、纪检组长、监察室主任都请来，传达学习全国法院纪检监察工作会议精神，部署进一步推进党风廉政建设和反腐败工作的措施要求，非常及时，非常必要。借这个机会，我讲三个方面的意见。

一、要充分肯定近年来全省法院的各项工作

1998年以来，省高院党组克服各种困难，坚持围绕“公正与效率”这个主题开展各项审判工作和执行工作，加强队伍建设和纪检监察工作，取得了较好的成绩。特别是在四个方面取得了十分明显的成效：一是省高院党组重视抓各级法院领导班子建设和法院队伍建设。大家知道，省高院发生了麦崇楷案件。尽管麦崇楷违法犯罪是其个人的事情，但对法院工作带来了很多不良的影响。在这种情况下，省高院党组以麦崇楷案件为反面典型，加大各级法院领导班子建设力度，包括领导班子的党风廉政建设力度，加大法官队伍建设

力度，取得了明显的成效。我们欣喜地看到，目前全省法院的领导班子和法官队伍总体上是好的。二是全省法院为维护社会稳定和为我省的社会主义建设营造良好环境作出了贡献。尤其是近两年来的“严打”整治斗争，有力地严惩了各类严重犯罪活动。我省发生了多起震惊国内外的大要案，最终都是由法院审理的。所以说，广东的发展离不开法院的工作，你们对广东的改革开放及经济发展作出了重要的贡献。三是各级法院承担了繁重的审判任务。全省法院去年办结的案件占全国的十三分之一，广大法官经常加班加点，辛勤工作，确保了审判任务的完成。四是全省法院的审判工作充分体现了“公正与效率”的主题。绝大多数法官，办的绝大多数案件是公正司法的，产生了很好的法律效益和社会效益、经济效益。省委对1998年以来全省法院的工作是十分满意的，李长春、张德江同志都多次做出批示和重要讲话，对全省法院的工作给予了充分肯定。

在抓好各项审判和执行工作的同时，各级法院党组高度重视党风廉政建设和纪检监察工作，紧紧围绕“公正与效率”主题，严肃查处队伍中极少数害群之马，推动了队伍建设的深入开展。去年，全省法院系统查处了违法违纪案件79起93人。对这些违法违纪案件及时予以查处，不仅没有损害法院的形象，反而更进一步纯洁了法院队伍。总之，我们要正确评价法院队伍，正确评价全省法院的工作。

前不久，社会上曾经刮起一股“翻案风”，有的人妄图诋毁我们的司法制度，有的人还想否定这几年法院工作的主流。这些都是别有用心的。维护司法权威和维护司法公正一样，都是维护党的权威，维护人民政权的权威。在当前形势下，充分肯定法官队伍的主流，充分肯定我们的成绩不仅仅是工作问题，而且也是政治问题。对此，我们各级政法机关要时刻保持高度的政治敏感性，要理直气壮地宣传我们的司法制度是符合中国国情的，要理直气壮地肯定法院工作取得的成绩，要理直气壮地肯定我们这些年围绕“公正与效率”主题开展的工作是卓越成效的。当然，不是说我们的法院就没有办过错案，也不是说我们对所有案件的处理都十分得体，没有出现偏差。正是因为还存在这样那样的问题，我们才要不断加强法制建设，不断加强党风廉政建设。我们也承认队伍中还有害群之马，但是绝不能以偏概全。

今天，各中院院长都来了。我要和院长们谈谈目前人大对法院工作的评价问题。每年人代会期间人大代表对法院工作要进行评议，对工作报告投赞成票、反对票或弃权票，我们要重视这个问题，认真处理代表们提出的意见和建议，以此作为加强和改进工作的动力，推动法院工作的开展。但是我们对自己的工作也要心中有数，不要因为票数的高低来挫伤我们的工作积极性，影响公正司法。实事求是地讲，司法裁判是个很复杂的工作。原告和被告哪一方胜诉了，就兴高采烈；败诉的一方，就意见多多；就是胜诉的一方也不一定感谢你，比如因为执行不到位，债权人拿不到钱，也会对你不满意。所以，我们自己要对自己的工作有信心，一方面重视我们队伍存在的问题，另外也不能因为存在这些、那些问题就挫伤我们的积极性，影响公正司法。随着民主法治进程的加快和人民群众法律意识的提高，同时随着政府逐渐变成服务型政府，越来越重视依法行政，起诉到法院的案件会越来越多，法院的工作任务也会越来越重。这也就意味着对法院工作不满意的人可能会越来越多。要解决这个问题，最根本的是增强我们自身依法办事的自觉性，坚持以事实为依据，以法律为准绳，公正司法。只有这样，我们才能立于不败之地。

二、必须高度重视法院系统党风廉政建设和反腐败工作

这次最高法院召开全国法院纪检监察工作会议，中央书记处书记、中纪委副书记何勇同志亲自到会讲话，表明中央对法院的工作高度重视。据我所知，肖扬同志历来都非常重视队伍建设，非常重视法官队伍的廉政建设。这几年，按照最高法院和中纪委、省委的要求，全省各级法院紧密联系工作实际，采取了许多有效措施狠抓队伍的廉政建设，取得了很大成绩。随着法院承担的任务越来越多，人民群众对法院寄托的期望也越来越大。法官队伍的一言一行，法官队伍的素质如何，法官是否公正司法，会越来越成为社会舆论的焦点、热点。法院是维护社会公平和正义的最后一道防线，各级法院必须高度重视党风廉政建设。

第一，要正视队伍中存在的问题。现在法官队伍的素质确实是参差不齐的，我们面临的任务，处理的案件与以前很不一样。以前刑事案件多，现在则大量的是民事案件，特别是商事案件，确实存在巨大的诱惑。加上我们的监督机制还不健全，极少数律师利用这种机制的不健全，和法官队伍内部的少数人相互勾结、相互利用徇私枉法。所以，正确认识队伍中存在的问题，对我们的队伍建设只有好处没有坏处。这几年，省高院对队伍中存在的问题小题大做，不隐瞒队伍中存在的问题和矛盾，严肃进行查处，表现出抓好队伍建设的坚强决心和信心。全省法院这么大的队伍，这么复杂的社会关系，处理一个案件，多少人打电话，队伍中出现个别意志薄弱的人是不可避免的。关键是我们应该采取什么态度，是放纵还是严肃查处，是袒护还是勇于揭示矛盾。省高院在这个问题上旗帜很鲜明。在这里，我也希望各中院的同志们在这个问题上要采取相同的态度，要“小题大做”。否则等问题严重之后，不仅伤害了同志，还损害了队伍的形象，有碍于司法公正。要早提醒，早教育。现在有一种很不好的现象，认为提醒就是与他过不去，只要批评，就耿耿于怀。这是不好的，要切实纠正这种风气。

第二，要对队伍中发生的问题“举一反三”。要就一件事情悟出道理，加强教育宣传。做到“查出一件，教育一片。”同时，要亡羊补牢，针对问题所暴露出来在管理监督方面的漏洞，进一步制定完善各项制度，建立起完善的预防机制，防止问题的再度发生。

第三，要积极探索符合法官队伍廉政建设规律的措施和办法。要结合法官队伍建设的特点，审判工作的特点，探索一些新的办法和路子。这次全国法院纪检监察工作会议，提出有条件地区可以试点廉政保证金制度，探索惩戒与激励机制并处，纪律要求与经济奖惩挂钩，促进法官保障机制形成等举措。我省珠江三角洲经济较发达，可以探索试行。同时有条件的地区，可以探索建立办案激励机制，对法官审结了多少宗案件，没有出现错案，法律效果、社会效果都很好的，要给予一定奖励，以调动大家的工作积极。

对如何保证在审判工作中实现公正司法，如何从制度上防止有些人可能因各种原因不公正司法的问题，也要不断探索，建立健全监督制约机制，防止个别人在审理、执行过程中搞名堂。通过机制制约干部，使其不想做、不敢做，就是做了也不能达到他不良的企图。

第四，要在队伍中大力弘扬求真务实、艰苦奋斗的精神。法官必须求真务实。法官的职业道德，就是要以事实为依据，以法律为准绳。同时，要艰苦奋斗。这不是唱高调，必须反复讲。如果这个不讲，任何道理都讲不通。要按照张德江同志的要求，有理想，有信念。理想动摇是最危险的动摇，信念滑坡是最致命的滑坡。要讲奉献，讲艰苦奋斗，耐得住清贫，顶得住诱惑，抗得住压力。千万不要见利忘义，不要因小的利益丧失了气节。艰苦奋斗是我们的政治品德，刚正不阿是法官的职业道德。这两条做到了，我们的队伍就不可能出现大的问题。

审判工作越重要，越要加强党风廉政建设和反腐败工作。我们这支队伍别人是打不倒的，要打倒你的只能是你自己。法官队伍要借“两个条例”的实施加强自身的管理和监督，自觉接受好各方面的监督。一方面要发挥主观能动性，高度重视这项工作，探索体制与措施；另一方面，要虚心接受上级的监督，群众的监督，舆论的监督，群众的监督，人大的监督。去年，省直机关开展行风评议活动，省委批准省法院不参加行风评议。不参加评议，不等于没有作风建设问题。我们自己更要加强各方面的工作力度。比如接受人大监督的问题，要从人大代表反映的意见中反思我们的工作，促进公正司法。一些案件，有的人在里面搞名堂。我们不能因此影响以事实为根据、以法律为准绳公正判案的决心。总之，我们一方面要理直气壮地肯定我们的成绩，另一方面要非常重视队伍中存在的问题，及时清除我们队伍中的害群之马。只有这样，我们的工作才能不断发展进步。

三、各级党委、纪委要进一步关心法院工作，支持法院公正司法

法院的工作和纪检监察工作离不开党委的领导和纪委的指导。当前，党委要加强对法院工作的领导，支持法院工作。要加强三个方面工作：第一，要配齐配强各级法院的领导班子。各地党委和各级法院，要按照有关规定配齐配强领导班子。第二，要支持法院公正司法，独立行使审判权。各级党委领导个人都不得干预个案的审理，这是一条纪律。如果这一点都做不到，怎么谈得上对司法公正的支持?另外，要支持法院克服执行过程中遇到的干预问题。第三，要帮助法院解决实际困难。如办公经费、法庭建设以及法官生活工作中的困难。在解决法院硬件建设中，这三年内要特别注意解决中心人民法庭的建设问题，各级政府财政部门都要支持这项工作。

各级纪委要进一步加强对法院反腐败和廉政工作的指导。主要是：第一，纪委要支持法院纪检监察部门贴近法院工作的实际开展工作，就像广东的纪检监察工作要为广东的社会和经济发展提供保障和服务一样，纪检检查工作要为保障法院公正司法创造条件，为公正司法服务。如果脱离这个，法院纪检组就没有存在的必要。不能游离于法院的中心工作之外，只有贴近实际，纪检检查工作才有生命力。第二，各级纪委要配合法院的纪检部门处理好违纪案件。第三，对诬陷法院干警的行为要严肃查处，予以澄清或处理。对抗法事件也要及时进行查处。最近抗法事件越来越多，要给予严肃处理，追究相关人员的责任。

各级法院的党组要进一步支持、关心纪检工作，为他们开展工作创造好的条件。他们工作任务重，也容易得罪人，如果党组不支持，不可能搞好工作。我建议建立一种工作机制，法院的主要负责人要定期听取纪检组的工作汇报。纪检组要围绕本院党组的工作中心制定自身的工作计划。比如说法院在党风廉政建设方面存在的不良倾向，应采取什么对策、办法和措施，纪检组应该主动跟院党组沟通。

除了上面三方面意见外，我还想强调两点：一是各级党委政法委要注意协调公、检、法之间的关系，特别是对有些案件要搞好组织协调工作，努力形成确保公正司法、维护稳定、打击犯罪的合力。对有些案件的处理，认识不一致是完全正常的，但也并不是完全不可避免的。这就要进行协调，这是我们党的优势，是党领导司法工作的优势。现在，对尤为突出的超期羁押问题。省委政法委正在开展调研，要制定一份关于提高办案质量和效率的文件，明确规定公、检、法三家的办案责任和办案质量、期限和要求。下发后，各级政法机关要认真执行。二是各级法院要进一步建立健全财务管理制度。诉讼费的使用要规范化。对在审判过程中保全、没收的钱物也要加强管理，依法处理。该花的钱要花在明处，该用的钱要用在明处。不要在这个问题上发生问题。越是到基层，越是要建立健全制度。

同志们，省法院及时召开这次全省法院进一步加强纪检监察工作会议，充分反映了院党组对这项工作的重视。希望全省法院系统继续深入开展向石伟文同志学习的活动，使法院队伍涌现更多的廉洁奉公、执法为民、人民群众欢迎的好法官。也希望法院系统在党风廉政建设问题上，结合法院工作实际，创造一些新的好的做法，推动全省党风廉政建设活动的开展。全省法院为促进全省的党风廉政建设和反腐败工作，为维护全省的社会稳定都作出了巨大的贡献，希望你们继续围绕“公正与效率”主题，取得更大成绩，在审判和执行工作、法院建设和队伍建设诸方面迈上新台阶。

广东省委副书记、省纪委书记王华元同志在全省法院进一步加强基层建设工作会议上的讲话

（2004年7月16日）

同志们：

经省委同意，省法院召开这次全省法院进一步加强基层建设工作会议，传达贯彻全国法院加强基层建设工作会议精神，结合我省实际，研究部署进一步加强全省法院基层建设工作的任务和要求，非常及时，非常重要。今天，我代表省委，来看望到会的全体中院和基层法院院长，也对进一步加强法院基层建设工作讲三点意见。

这些年来，全省法院坚持以邓小平理论和“三个代表”重要思想为指导，以服务改革、发展、稳定的工作大局为立足点和出发点，以提高审判效率和质量为核心，大力推进法院基层建设工作，措施有力，工作扎实，取得了非常显著的工作成效。在省法院党组向省委的报告中，讲到的三组数字，我认为最能体现这些成效。一是基层法院及其人民法庭办理的案件数占到全省法院办结案件总数的八成以上，98%以上的案件在审限内办结，上诉率仅为19%。这足以说明基层法院不仅办理的案件多，而且质量和效率也相当高。二是基层干警占到了全省法院的76%，四分之三还多一点，大专以上的占了83.2%，其中本科以上的27.6%。说明基层法院干警的素质也在逐步提高。三是全省132个基层法院中，83个已建成了新的审判办公大楼，20个正在建设。487个中心人民法庭，已建成131个，还有300多个将于三年内建成。同时，全省基层法院的物质装备建设也得到了很大改善。这三个方面的成效，足以说明全省法院基层建设成绩喜人，进步很大。这次全国法院加强基层建设工作会议也肯定了广东的成绩和做法，这既是各级党委、政府关心和支持的结果，更主要是各级法院扎实工作、公正司法、不懈努力的结果。借此机会，我代表省委，向全省法院基层建设工作取得的成绩表示祝贺，向长期奋战在基层工作第一线的广大干警，表示衷心的感谢和崇高的敬意！

进一步加强全省法院基层建设，是全省三级法院的共同任务，对于今后如何进一步加强全省法院基层建设工作，省法院党组已向省委作了报告，伯涛同志还将作具体部署，我完全赞同。希望各级法院认真贯彻落实，切实抓出成效。在这里，我强调三点意见。

一、要充分认识加强人民法院基层建设的意义

全国法院加强基层建设工作会议指出：进一步加强人民法院基层建设是全国法院工作的重点和关键，是全国法院的一项长期战略任务。罗干同志深刻指出：“基层人民法院是落实依法治国方略的重要载体，是党通过司法途径保持同人民群众血肉联系的桥梁和纽带，加强基层人民法院建设，直接关系到党的执政能力的建设。”对此，我们要认真学习，深刻领会，要从落实科学的发展观，实现国家长治久安，促进全面、协调和可持续发展的政治高度和战略高度，充分认识加强法院基层建设的深远历史意义和重大现实意义。

第一，加强法院基层建设，是固本强基、巩固基层政权的客观要求。最近，胡锦涛总书记在中央政治局就加强党的执政能力建设问题进行集体学习时指出：“加强党的执政能力建设，是我们党充分利用所面临的难得机遇、正确应对所面临的严峻挑战、从而完成所担负的历史使命的现实需要，也是关系到全面建设小康社会进程、关系到社会主义事业兴衰成败、关系到党和国家长治久安的重大课题。各级党委和全党同志都要充分认识加强党的执政能力建设的重大意义，坚持以提高党的执政能力为重点，全面推进党的建设新的伟大工程”。对我们党执政能力的最大考验来自基层工作，来自基层政权建设。我国经过25年来的改革开放，经济、社会发展取得了举世瞩目的成就，但是人口多、底子薄、科技落后的基本国情没有得到根本改变。我们党治国理政的核心，就是要把基层工作做好，要把基层的事情办好，要把人民群众的事情解决好。要实现这一目标，迫切需要提高我们党在基层的执政能力，迫切需要固本强基，不断巩固和加强基层政权建设。省委高度重视基层工作，反复强调要固本强基，切实把党和国家的各项方针政策落到基层工作的实处。司法是国家政权的重要组成部分，法院基层工作在基层政权建设中占据着极其重要的地位。尤其在实行依法治国方略，建设社会主义法治国家的新形势下，法院基层工作的状况直接影响和决定着基层政权依法行政、依法管理社会的水平，影响着基层政权的稳固与发展。因此，必须把法院基层建设作为巩固和加强基层政权建设的重要工作来抓。无论是党委还是法院的领导同志，都要充分看到这一点，自觉抓好。

第二，加强法院基层建设，是维护改革发展稳定大局，促进我省全面、协调和可持续发展的重要保障。省九次党代会、省委九届三次全会确立了加快发展、率先发展，全面、

协调、可持续发展，率先基本实现社会主义现代化的战略目标，要求珠江三角洲地区在2010年基本实现现代化、其他地区在2020年全面建成小康社会。在实现这一战略目标的过程中，社会要稳定，经济要发展，改革开放要深入，民主法制建设要进步。这四个方面相辅相成，缺一不可。随着经济和社会的发展，各种社会矛盾有进一步加剧的趋势，处理不好就会影响社会稳定，甚至出现社会动荡。近年来，群众上访逐年增多就是一个信号，大部分是来自基层的群众，其中许多上访涉及到的矛盾和纠纷需要通过司法途径来解决。因此，法制建设必须与社会经济同步、协调发展，否则就会引发司法功能滞后与经济、社会快速发展之间的尖锐矛盾，影响经济、社会的深入健康发展，影响全面、协调和可持续发展战略的深入实施。根据省委、省政府的部署，我省下一步经济发展的重点在大力发展县域经济，并要求为县域经济发展创造良好的法治环境。大力加强全省法院基层建设，事关全省社会稳定的大局，事关经济和社会发展所依赖的良好法制环境的建立。因此，必须高度重视这项工作，摆上重要的议事日程，不断加强领导和支持。同时，要以加强法院基层建设为契机，努力改善司法环境，力争使我省在创造文明法治环境方面走在全国的前列，为全省经济、社会事业的发展提供更加可靠的司法保障和司法服务，进一步增强我省的综合竞争力和发展后劲。

第三，加强法院基层建设，是维护好最广大人民群众合法权益，密切党同人民群众血肉联系的必然要求。随着党委和政府角色的转换，以前大量由党委、政府出面处理的矛盾纠纷，现在很多要通过司法手段，由人民法院依法裁判。这些社会问题如果都能得到妥善解决，群众的利益都能得到有效保护，不仅法院自身的执法水平、公正形象得到提高，而且也有利于提高党和政府的形象。基层法院处在审判第一线，负责处理全省法院80%以上的诉讼纠纷案件。每个案件从立案、开庭、裁判到执行，与人民群众打交道多，接触广，“抬头不见低头见”。依法及时公正处理好每一宗案件，维护好广大人民群众的切身利益，责任重大，必须做好。因此，我们要高度重视基层建设工作，高度重视基层审判队伍建设，努力提高他们的素质，以实现司法为民要求，维护好、实现好人民群众的合法权益。要深入开展向任长霞学习活动，扎扎实实地为老百姓办实事，做好事，解决他们存在的法律疑难问题。

二、各级法院要求真务实，切实推进基层建设

就加强法院基层建设而言，党委、人大、政府和社会各方面的重视、支持当然非常重要，但这只是搞好这项工作的外部条件，是外因；主要的还要靠内因起作用，靠法院自身的真抓实干，开拓进取。我着重强调三点：

一要狠抓公正办案。公正司法是人民法院的天职，也是人民法院一切工作的生命线。加强法院基层建设，从根本上讲就是要围绕“公正与效率”主题，确保公正办案。实践证明，法律是靠法官去执行的，同样的案件，不同的法院、不同的法官来审判，结果可能就不一样。因此，确保公正裁判取决于法院、法官司法为民的素养。由此，我们应当看到：司法的权威、法律的权威、法官的形象必须从基层树起，从每个案件抓起。加强基层的一切工作和措施，都必须围绕公正司法这个核心来进行。张德江书记最近要求全省党员干部特别是各级领导干部要做到为公为民，立足本职，用清廉政治去赢民心，用实在政绩去安民心，用热忱关爱去暖民心，用健全民主去顺民心，始终做到爱民、亲民、安民、利民、富民，真正为民撑起一片天地，为党干出一番事业。各级法院尤其是基层法院的同志们，要认真学习领会德江同志的讲话精神，时刻把广大人民群众的疾苦冷暖挂在心上，公正、及时地把各类纠纷案件处理好，确保司法公正。

二要狠抓队伍建设。这个问题我每次来都反复强调。法官作为执法者，是法律的化身、公正的化身。法官队伍抓不好，公正办案也是一句空话。要高度重视队伍中出现的极个别人员违法违纪的问题，要“小题大做”，加强教育，严抓严管。当前，各级法院要结合廉政纪律教育月活动和“司法公正树形象”教育活动，大力加强理想信念和纪律作风教育，努力教育广大法官和其他工作人员忠于党、忠于人民、忠于法律，切实改进审判工作作风，增强公正司法、为民司法的主动性和自觉性。要下大力气解决少数法官对当事人和人民群众态度粗暴，“冷、横、硬、推”等群众反映突出的问题。要自觉接受廉政监督，认真贯彻落实中纪委三次全会和省纪委三次全会精神，不断建立和完善监督制约机制，特别是要规范法官与律师的关系，筑好“隔离带”。同时，也要大力加强业务教育培训，不断提高基层法官的业务素质和司法水平。要在从严治警中从优待警，努力提高队伍的待遇，解决好他们的实际困难。

三要狠抓司法管理。管理水平的高低往往是决定事业成败的关键。一个企业也好，一个单位也好，要是出问题往往就出在管理上。广东法院案件多、标的大，审判任务重。全省基层法院每年要办理数十万件案件，执结款物数百亿元。这么多的案件，这么大的一个财产数目，不加强管理肯定是不行的，是要出乱子、出问题的。在这方面，我们是有过深刻教训的。各基层法院要把加强司法管理摆到一个十分重要的位置。要按照省委政法委的部署，深入推进规范化建设，努力建立健全各项管理制度，堵塞漏洞，严密管理，不断提高管理水平，尤其要紧紧抓住容易出问题的重点环节和重点部位，人民群众反映较多的热点问题、难点问题，进一步完善各项监督管理制度，并狠抓贯彻执行。要特别重视加强对中心人民法庭的管理，案件、队伍、财物都要进行规范化管理，切实建立起廉洁、高效、公正、文明的工作机制。在加强司法管理过程中，要加大科技投入，大力借助现代网络信息技术，逐步实现信息化管理。在这里，我要特别强调，各级法院领导班子一定要从严管好队伍，不要当老好人，发现干部有问题、案件有问题苗头的，要及时提醒，多加教育。这既是对工作负责，也是对干部负责。

三、各级党委要加强对法院工作的领导和支持

这次会议有很多新精神、新要求。我要求各级党委要认真贯彻落实，要把加强人民法院基层建设纳入党委总体工作部署，按照统揽全局、协调各方的原则，加强对法院基层建设的领导和支持，采取切实有效的措施，帮助法院解决基层建设中存在的困难和问题，为不断开创法院基层建设工作新局面提供组织保障。

（一）要提高认识，加强领导。人民法院是在党的领导下，代表国家行使审判权的司法机关，是我们党依法施政的重要力量。树立和维护司法权威，是维护法律尊严，保证国家法制统一，深入推进依法治国进程的重要保障。中央领导同志多次强调指出，维护司法权威，就是维护党和国家的权威。罗干同志在这次全国法院加强基层建设工作会议上，再次明确指出：各级党委要树立科学发展观和正确的政绩观，充分认识发展经济是政绩，支持人民法院依法独立公正审判，维护地区繁荣稳定也是政绩，没有良好的司法环境，经济的发展也就无从谈起。对于中央领导同志的这些重要指示，各中院、基层法院回去以后，都要及时向当地党委专门汇报一次。各级党委要深刻领会，自觉维护司法权威，确保各项法律制度得到严格的实施。要从维护社会稳定，构筑良好司法环境大局的高度，加强对法院工作的领导，支持法院依法开展各项工作。对待法制建设中出现的问题，必须坚持以法治的原则和方法加以解决，切实维护好司法权威。

（二）要切实抓好法院领导班子和队伍建设。加强法院基层建设，首先要抓好领导班子的建设。各级党委一定要把基层法院的领导班子配强、配好。政治上要强，综合素质要好。其中，选准、选好“一把手”是关键。“一把手”一个任期就是五年，五年的时间不是太短，一个好的“一把手”可以干成很大事业；相反，一个差的“一把手”就要耽误好多工作。所以，一定要把政治合格、业务素质高、年富力强、有实干精神、有事业心和进取心的优秀人才选拔到领导岗位上来。按照一贯原则和这次全国法院加强基层建设工作会议的要求，今后，在考察、选拔领导班子人选尤其是“一把手”人选时，当地党委要充分尊重上一级法院的协管意见。凡任免基层法院院长，必须事先征得上一级法院党组同意；任免基层法院领导班子成员，必须向上一级法院党组征求意见。要大力支持法院加强队伍建设，严格按照《法官法》和法官职业化建设的要求，支持法院把好“进人关”，确保“进出口”畅通。坚决反对通过打招呼、批条子，把不合格人员安排到法院，把法院当成安排就业的场所。要支持法院清退不合格人员，保证队伍的整体素质和形象。珠江三角洲等经济发达地区的党委、政府，要积极想办法解决法院“案多人少”的问题，中央政法编制暂时无法解决的，要想办法在地方编制中予以解决。要重视边远山区法院法官“断层”问题，积极创造条件，吸引年轻干部到法院工作。要认真解决好法官职业保障中存在的问题，按照罗干同志的要求，各级党委要像解决拖欠教育经费那样，解决好法官工资的足额发放问题。要努力提高法官待遇，积极探索解决法官办案补助和审判津贴等问题，以充分调动广大干警的工作积极性。

（三）要大力支持法院依法独立公正行使审判权。人民法院依照法律规定独立行使审判权，不受行政机关、社会团体和个人的干涉，这是一项宪法原则。各级党委要从维护党和国家权威、提高党的执政能力，转变执政方式的政治高度，不断改善和加强党对法院工作的领导，保障法院依法独立性行使审判权，维护国家法制的统一和尊严。要保证做到三个“不得”，即：“不得出于地方和部门利益就个案审判和执行向法院施加压力，不得组织法院参加行政执法等活动，不得要求法院从事招商引资、经济创收等经营性活动”。这三个“不得”，各地党委、政府要认真把握。尤其是要求法院干警参加征地征粮征税等活动，影响极坏，既损害了法院“公正司法”的形象，也损害了司法权威，必须坚决杜绝。同时，要坚决禁止个别党政领导以写条子、打电话等形式干扰法院公正判案。不管是出于什么动机和目的，这种情况发现一个，就要通报一个。各地党委要逐步实现对法院工作领导的法制化和制度化，重点加强对法院的政治、思想和组织领导，积极帮助法院排除各种干扰，尤其是地方和部门保护主义，确保法院在党的领导下，始终坚持正确的政治方向，不断加强自身建设，充分发挥审判职能作用，为我省经济社会发展和民主法制进步作出更大贡献。近年来，暴力抗法事件不断增多。各级党委要积极协调有关部门，加强对这一问题的处理，严肃追究有关责任人员，确保人民法院依法开展审判和执行活动。

（四）要大力支持法院物质装备建设。各级党委要一如既往地支持法院物质装备建设，为人民法院顺利开展审判、执行和其他各项工作提供有力的物质保障。要切实解决部分法院办案办公经费严重不足的问题，按照有关文件的要求，诉讼费要足额返还给法院用于业务开支，不得挤占、挪用。对于因收取诉讼费较少而入不敷出的法院，要适当加大财政拨付力度，以保证法院的办公办案经费。要从今年起，用三年时间全部完成“两庭建设”任务。对于人民法庭建设，省委、省政府一直很重视，是和公安局的派出所、司法局的司法所的建设作为一个整体来抓的。省委已同意省财厅分三年转移支付建设资金9000万元。当然，这笔资金远远不能满足人民法庭建设的需要，余下缺口主要还是要靠各级地方财政来补足。在建设用地、审批报建等方面，要优先予以解决。各级党委、政法委要加强对这项工作的领导协调，及时帮助解决存在的问题。要制定出具体计划和方案，分别报告省政法委和省法院。对于近50个未完成建设任务的基层法院也要在三年内按照省法院的统一部署，全面建成。要在省委政法委统一安排下，抓住广东政法信息网建设的大好机遇，抓好基层法院办公自动化和信息化建设。各级党委要帮助解决法院设施配套的问题，提高计算机等现代化技术手段的应用水平。

最后，我想强调一下，基层法院各位院长要积极争取党委的领导、人大监督、政府、政协以及社会各界支持。加强基层建设是一项涉及人、财、物诸多问题的重要工作，光靠法院自身努力，难以解决问题。我们各级党、政领导对法院工作是支持的，对基层建设也都是重视的。只要你们抓住时机，积极主动反映问题，提出解决问题的方案，党委、政府领导就能全面、准确了解情况，重视支持并帮助你们解决问题。因此，希望各位院长们，充分发挥你们的主动性、创造性和聪明才智，积极争取党委和政府的领导和支持，切实把法院基层建设工作搞上去。

同志们，今年是启动"9+2"泛珠三角区域合作与发展的开局之年，全省经济、社会、文化呈现良好的发展势头。省委对全省法院的工作寄予了厚望。希望各级法院按照这次会议精神的要求，求真务实，从严治院，扎实工作，努力开创法院基层建设工作的新局面，为我省实现"三个发展"作出新的、更大的贡献！

广东省委副书记、省纪委书记王华元同志在全省中级法院院长会议上的讲话

（2004年12月28日）

同志们：

再过三天，我们就将迎来崭新的2005年。在这辞旧迎新之际，省法院组织召开这次全省中级法院院长会议，传达贯彻全国政法工作会议、全国高级法院院长会议和省委九届六次全会精神，总结一年来全省法院的工作，部署明年的工作任务，非常及时，非常重要。今天，我代表省委来看望大家，也向会议的召开表示热烈祝贺！

即将过去的2004年，全省法院认真贯彻党的十六大和十六届四中全会，以及省委九届四次、五次全会精神，以邓小平理论和"三个代表"重要思想为指导，深入落实科学发展观要求，围绕全省法院工作的大局，狠抓各项审判和执行工作，积极推进法院工作规范化建设和队伍建设，促进了全省法院工作的发展，取得了非常显著的工作成效，为维护全省社会稳定、保障改革开放和经济发展作出了重要贡献。1–11月，全省法院共受理各类案件656137件，办结509406件，解决诉讼标的金额936亿元，执结标的金额近387亿元，出色完成了审判工作任务。审判质量和效率有了新的提高，一审案件上诉率、二审案件发回和改判率持续下降，98.97%的案件能够在法定期限内审结，表明了全省法院审判水平不断提高，准确适用法律解决各类纠纷的能力不断增强。各级法院狠抓规范化建设，基本建立起了比较完善的监督管理制度，取得了阶段性成果。全省法院内强素质、外树形象，违法违纪问题明显减少，公正司法形象得到广大人民群众和社会各界的普遍认同。这些成绩是全省法院在审判任务繁重，审判力量不足的情况下，同志们齐心协力，无私奉献得来的，成绩来之不易。对全省法院一年来的工作，省委是非常满意的。11月4日，中央政治局委员、省委书记张德江同志在省法院提交的报告中作出重要批示，充分肯定了全省法院工作取得的成绩。在这里，我代表省委，向参加会议的各中级法院院长，并通过你们，向全省法院广大法官和其他工作人员，表示衷心的感谢！

对于如何深入贯彻全国高级法院院长会议以及省委九届六次全会精神，切实搞好明年全省法院工作，吕伯涛院长将作全面部署。希望各级法院深入学习领会，回去后在"抓落实、重提高、促发展"上狠下工夫。在这里，我主要讲以下三点意见，供大家参考。

一、要深入学习贯彻十六届四中全会和省委九届六次全会精神

各级法院要深入学习领会中央和省委这两个会议的精神，采取有力措施增强司法能力、提高司法水平，促进全省法院工作的深入健康发展。一是要立足于建设经济强省、文化大省、法治社会、和谐广东、实现富裕安康的大局来开展工作。法院的审判和执行工作要为经济发展服务，通过充分发挥审判职能，深入开展"严打"斗争，依法调处各类经济关系，努力提高为大局提供司法保障的能力。二是围绕"公正与效率"的主题，发扬艰苦奋斗，无私奉献精神。全省法院的案件量还在持续增加，人员编制短期内却不可能有大幅度增加，这就要求我们的法官发扬特别能吃苦、特别能战斗、特别能奉献的精神，从严要求自己，完成好审判任务。三是下大力气狠抓班子和队伍建设。胡锦涛同志强调："队

伍建设是根本”。法官队伍抓不好，提高司法能力、确保司法公正也只能是一句空话。每次我来法院参加会议，都对班子和队伍问题作出强调，可以说是逢会必讲，我认为这是十分重要的。这几年我们狠抓了作风建设，法院队伍的素质、形象好了很多，但是，我们要看到法院仍然是人民群众关注的焦点，法官在市场经济的大潮中还面临着各种各样的诱惑。人民法院作为社会正义的最后一道防线，如果放松了对班子和队伍的管理、教育、监督、培训，那么，有些人就要出问题。所以，各中级法院的院长要“看好自己的门，管好自己的人”，经常敲敲警钟，吸取已有的教训，对发现的问题“小题大做”，是有利于我们推进法院干部队伍建设的。另外，各级法院在抓班子和队伍建设时，还要注意把从严治警和从优待警有机结合，二者本质上是统一的，不能孤立的来强调其中的一个方面。

二、要深入开展“严打”斗争，妥善调处各类矛盾纠纷，为建设和谐广东提供有力司法保障

依法惩治各类犯罪活动，妥善调处各类矛盾纠纷，维护国家安全和社会稳定，保障经济和社会健康发展，这是各级法院肩负的重要职责。各级法院要坚持“严打”方针不动摇，深入组织开展专项斗争，依法严惩各类严重犯罪活动，全力维护全省社会安定。尤其是杀人、绑架、“两抢”、毒品等严重影响人民群众生命财产安全、危害社会公共财产安全、危害社会公共秩序的犯罪，要作为打击的重点，依法从重从快惩治犯罪分子。广东的刑事犯罪率在全国来讲是比较高的，经过几年来的综合治理，治安状况有所好转，但是，形势还是很严峻的。省内外有的地方还发生了个别犯罪分子仇视党和政府，寻衅滋事，挑动不明真相的老百姓冲击国家机关的恶性事件。因此，法院要坚持“严打”方针不动摇，切实肩负起维护社会稳定的责任。当然，我们要坚持宽严相济的刑事政策，对法律政策界限不明确的，应当依法从宽处理。同时，也要进一步加强对各类民商事和行政案件的审判、执行工作，依法及时公正处理好案件，保护好当事人合法权益。各级法院在开展审判和执行工作中，必须注意围绕建设和谐广东的目标进行，努力增强审判能力和水平。不论是打击犯罪，还是调处矛盾纠纷，都要在坚持依法判案的同时，注意办案的社会效果，注重促进社会的谅解与宽容。比如在信访工作中，法院是可以有所作为的，要正确对待人民群众的来信来访，把信访看作是党和政府与群众之间的桥梁和纽带，理解老百姓的难处。我们处理各类人民内部矛盾，要坚持走群众路线，大力加强诉讼调解工作，努力以调解方式结案，使当事人定分止争，做到“案了事了”。不要因为我们的工作方式不当，沟通协调不够而激化矛盾。当然化解矛盾不容易，需要做大量的说服教育工作。在这方面，各级法院还要深入研究，不断总结新经验、新做法。

三、各级党委要进一步加强对法院工作的领导

关于这个问题，我也是多次讲了。第一，各级法院是党领导下的国家审判机关。随着审判范围的不断拓展，法院肩负的职责越来越重大。支持法院解决好各类纠纷矛盾，这是各级党委的重要职责，可以说是分内之事。对此，各级党委的领导同志要有正确的认识，要进一步重视法院工作，加强对法院工作的领导。党委要经常听取法院的工作汇报，认真解决法院工作中的实际困难，一年起码要听取两次汇报，党委领导对法院工作要心中有数，特别是分管领导要经常与法院领导沟通，帮助法院解决问题。党的领导和独立审判是完全统一的，并不矛盾，党对法院工作的领导，主要是路线、方针、政策的领导，重点是指导法院统一执法思想、监督公正司法，而不是某一个案件都要党委去讨论，都要某个领导批示，不要把这个问题理解偏了。我多次公开讲过，我决不会对法院的案件审判说三道四，任何个人都不能对案件的审判批条子。第二，各级党委要为法院配备好领导班子。党委要高度重视法院的班子建设，要把那些经过长期考验，既讲政治又懂法律，作风正、能力强的同志选配到法院班子中。法院工作的专业性比较强，政策水平要求也比较高，各级党委在法院班子的人选问题上，一定要与上一级法院加强联系，沟通到位，征得上级法院的同意，上级法院也要积极参与，负起责，把好关。第三，各级党委要支持法院加强基层基础建设。基层建设是一项长期任务，必须深入抓好，付出不懈努力。各级党委要满腔热情的帮助法院解决实际困难，不能坐视不管。基层法院的硬件建设要搞上去，要与我省的经济发展水平相适应，在原有基础上再上一个新台阶。要按照省委的要求，扎扎实实地搞好人民法庭建设，确保在2006年内完成建设任务。最高法院已经决定明年在我省佛山市召开全国人民法庭工作会议，肖扬院长特别指示省法院要做好会议准备工作，向全国法院提供经验借鉴。这是对广东法院工作的充分肯定，也是对我们工作的大力支持。希望各级法院以此为契机，在推进人民法庭建设上再加把劲，以优异的成绩迎接会议的召开。同时，要抓紧做好会议准备工作，确保圆满完成会议筹备任务。还要强调一点，各级法院要积极争取党委对法院工作的领导和支持。省法院这方面做得很好。各级法院要及时、经常地向党委汇报，这个汇报不是指某一个案件的汇报，而是让党委的主要领导同志知道法院在干什么，知道法院的工作任务有多么繁重，工作中有什么困难等等。

同志们，省委九届六次全会明确提出“抓落实、重提高、促发展”的要求，希望全省法院认真贯彻落实中央和省委的各项重大部署，真抓实干，开拓创新，扎实有效地推进各项法院工作，为建设经济强省、文化大省、法治社会、和谐广东、实现全省人民的富裕安康，提供公正、高效的司法保障。

广东省委常委、政法委书记梁国聚同志在全省法院院长会议上的讲话

（2004年1月9日）

在新的一年刚刚开始之际，经省委批准，省法院召开这次全省法院院长会议，认真传达贯彻全国政法暨公安工作会议、全国高级法院院长会议和全省政法工作会议精神，全面总结一年来全省法院工作取得的成绩，分析当前面临的形势，研究部署新一年工作任务及具体工作措施。我认为这是一个非常重要的会议，开好这次会议，对于促进全省法院工作的深入发展具有极其重要的指导意义。我相信，在省法院的组织指导下，今年全省法院的工作一定会取得更好的成绩，迈上一个新的台阶。

昨天，张德江同志接见了与会代表，并发表了重要讲话，充分肯定了全省法院工作所取得的成绩，并就进一步抓好全省法院工作作了重要指示，提出了明确要求。张德江同志的亲切会见和重要讲话，是对全省法院工作的极大鼓舞和鞭策，为做好法院工作明确了任务，指明了方向。各级法院务必深入学习，深刻领会，并切实抓好落实。要以张德江同志的讲话精神为动力，进一步认清形势、明确任务、振奋精神，增强责任感和使命感，为"三个发展"提供全面有力的司法保障，努力推进法院各项工作，开创法院工作的新局面。

过去的一年，在各级党委的领导、人大的监督、政府和社会各界的支持下，全省各级法院坚持以邓小平理论和"三个代表"重要思想为指导，围绕"公正与效率"主题，狠抓各项审判和执行工作，深入推进法院工作规范化建设和队伍建设，取得了极其显著的工作成效，为全省的改革发展稳定提供了有力的司法保障。对于全省法院的工作，省委是十分满意的。实践充分证明：全省法院队伍是一支公正司法、文明执法、坚强有力的队伍，是党和人民可以信赖的队伍。借此机会，我代表省委、省委政法委对过去一年全省法院工作取得的成绩表示热烈祝贺！向辛勤工作、开拓创新、取得佳绩的全省法院广大法官和其他工作人员表示亲切慰问，致以崇高的敬意！

在新的一年里，全省将深入学习贯彻党的十六届三中全会和省委九届四次会议精神，加快推进经济发展的步伐。伴随着经济和社会的深入发展，全省法院将肩负日益繁重的审判和执行任务。关于如何抓好全省法院工作，昨天，王华元同志的重要讲话和吕伯涛同志的工作报告都已提出了具体要求。对此我完全赞同，希望各级法院认真抓好落实。在这里，我想就"抓好基层，夯实基础"这个问题谈几点意见，供同志们参考。

一、把基层法庭的工作摆在比以往更为重要的位置上，聚精会神地把人民法庭建设好

人民法庭作为我国基层政权的重要组成部分，在维护社会稳定、调处民间矛盾纠纷、保护人民群众合法权益等方面发挥着重要的作用。人民法庭直接面向基层、面向农村、面对广大人民群众。全省近半数以上的民商事案件和部分刑事自诉案件都由人民法庭受理，大多数民间矛盾纠纷都要依靠人民法庭解决。在人民群众心目中，人民法庭的形象，就是人民法院的形象，对人民法庭工作的任何不满意，都会直接导致对法院整体工作的不满意。可见，人民法庭工作是整个法院工作的根基，这项工作搞得好不好，工作抓得实不实，将直接影响人民法院公正司法、为民司法的水平，直接关系到人民法院的整体形象和司法权威。各级法院要比以往更加重视人民法庭工作，首先要切实采取有力措施，努力提高人民法庭工作水平，更好地发挥人民法庭的职能作用。

在抓好人民法庭队伍和业务工作的同时，也要注重抓好人民法庭硬件的建设。省委一直重视和关心人民法庭建设工作，2000年批转了省法院党组《关于调整人民法庭布局的意见》。2003年，省委、省政府又针对我省人民法庭硬件建设存在的经费严重不足的问题，决定从2004年起3年内拨出9000万元专款，大力支持全省人民法庭建设，切实改变我省人民法庭硬件建设较为落后的局面，实现人民法庭建设与全省经济发展相一致的基本要求。这充分体现了省委、省政府对人民法庭建设的高度重视、关心和支持。我们要抓住机遇、把握好这个机遇，乘势而上，按照最高法院关于人民法庭建设要实现规范化、规模化、制度化的要求和人民法庭建设标准，搞好人民法庭的建设，要把规划搞好，要有专门的班子负责，要有统一的标准，做到高起点、高标准、大方实用，把它们建设成为法院一道亮丽的风景线。同时，我们要发扬"两个务必"的精神，降低建设成本，用好每一分钱，既要节约，又要把事情办好。

二、把抓规范化建设作为抓基层基础的一项重要工作，抓紧、抓好、抓落实

为什么要抓规范化？我认为有三点理由：一是抓规范化建设是社会进步、公正、法治的要求。建国50多年来，我国在政治上、经济上都有很大的发展，人民生活水平不断提高，法律也在不断完善，但在法律的实施和执行上，还很不统一。昨天张德江同志就突出讲了这个问题。还有，经过不断的普法，人民群众的法律意识增强了，这要求我们的执法机关要严格依法办事。今年全国政法暨公安工作会议提出要抓政法队伍的正规化建设，规范化建设就是正规化建设的重要一环。二是抓规范化建设是法律权威自身的要求。法律之所以权威，固然因为法律有强制性，但也离不开法律的规范和程序的保障。在司法实践中，同一法律条文，因为在实施过程中的不规范，往往会产生不一样的法律效果和社会效果，有的甚至掺杂个人意志及社会其他因素，严重影响了法律的公正和权威。三是抓规范化建设是衡量执法水平高低的要求。有了衡量执法部门执法水平高低的标准，一个单位的执法行为规范与否，一目了然。昨天，张德江同志参观了省

法院的立案大厅，感觉很满意。如果从上到下，法院的每一个执法环节都能做到这样，我们离正规化建设的要求就不远了，人民群众也放心了。特别是基层，直接面对广大人民群众，面对大量的审判工作，更要把规范化建设摆在重要的位置上。

去年，全省政法机关提出了用三到五年的时间大力加强政法各部门的规范化建设，把这项工作作为我们队伍政治建设和业务工作建设的一个重要方面，作为广东政法工作的一个抓手。在加强规范化建设中主要抓好三个方面的规范：一是把执法程序规范起来，特别是容易出问题、影响公正执法的环节，要具体规范起来。二是把干警的行为规范起来，把监督制约机制建立起来。三是把队伍的思想政治工作规范起来。规范化建设是一个较长的过程，不可能一蹴而就，要不断实践、不断完善。去年省法院成立了以吕伯涛同志为组长的规范化建设领导小组，力度很大，效果很显著。我相信，只要连续认真抓几年，法院规范化建设工作一定会上一个新台阶。

三、兑现承诺把各项司法为民措施落实好，体现人民法院践行“三个代表”重要思想、树立司法为民的良好形象

去年六月，全省政法机关针对我省发生的“孙志刚事件”，认真吸取教训，深入开展强化执法为民教育活动，努力增强广大干警的为民司法、为民服务意识。全省法院在这方面抓得很紧、抓得很实，效果非常好。尤其是省法院制定下发了《全面落实司法为民思想实施意见》，确定了十个方面42项便民、利民、为民措施，规定了在立案、信访、提高办案质量和效率、解决“执行难”、加强对弱势群体的保护、方便群众诉讼等方面贯彻落实司法为民思想的具体要求。这些措施很有针对性，深受广大人民群众的欢迎。各级法院要狠抓落实。基层老百姓文化素质较低，法律知识缺乏，对诉讼程序了解不够，往往没有钱请律师，在诉讼过程中非常需要指导和帮助。因此，基层法院、人民法庭更要紧紧围绕落实司法为民思想的要求，全面落实便民、利民、为民措施，努力转变工作作风，改进服务态度，切实做到为人民群众提供及时有效的司法保护。要进一步加强司法救助工作，认真执行诉讼费的缓、减、免制度，严格执行不预收申请执行费制度，使有理没钱的当事人打得起官司。要全面加强对当事人的诉讼指导和司法帮助工作，帮助当事人依法行使好应有的各项诉讼权利。要加大对拖欠工资、工伤、劳动保险等劳动争议案件的审判和执行力度，切实保护好劳动者的合法权益。要加强对婚姻家庭、继承、抚养、赡养等案件的审理，努力保护妇女、儿童和老人的合法权益，加强对群众反映强烈的征地、拆迁补偿、农村土地承包和损害消费者权益等类型案件的审判，快立、快审、快执行。要通过这些措施的不断落实，力争在我省率先解决“打官司难”的问题。

四、努力提高基层法官队伍政治思想素质和法律素质

基层工作搞得好坏，关键在队伍。要进一步采取有力措施加强基层法院和人民法庭的队伍建设。一是要大力加强基层领导班子建设。特别是选好一把手，这是基层队伍建设的关键。只有一流的班子，才能带出一流的队伍。要配好法庭庭长，切实把那些作风正、能力强、水平高的同志提拔到庭长岗位上来。二是要认真抓好政治思想教育。要紧密联系法院工作实际，从队伍中存在的最突出问题抓起，从人民群众反映最强烈的问题改起，有针对性地开展各种教育整顿活动。要按照这次会议的要求，大力开展理想信念教育活动和“公正司法树形象”活动，使基层法院干警不断提高政治思想素质，坚定理想信念和宗旨意识。同时，要不断加强法官职业道德教育，培养和树立法官爱岗敬业、秉公裁判、清正廉洁、热情服务的职业道德操守，切实端正审判工作作风和工作态度，树立文明司法、公正执法的良好形象。三是要加强制度建设，强化对队伍的监督管理。要把制度建设摆在队伍建设的重要位置，建立和强化对基层的监督制约机制，加强对基层行使审判权、执行权的监督和制约，以制度和纪律约束司法行为，规范司法活动，保持司法廉洁。四是要大力抓好对基层法官的教育培训工作。采取各种形式抓教育培训，努力提高基层法官的法律素质和审判技能，提高他们的审判工作水平和组织领导水平。

基层法官长期工作在基层，常年奋战在审判第一线，工作条件艰苦，工资收入不高。各级法院领导要切实关心他们的工作和生活，帮助他们解决实际困难和问题。英年早逝、被追授为“全国模范法官”和“人民好法官”的石伟文同志，长期扎根山区法庭，因为家境贫困、生活困难，长期带病工作，得不到及时医治，为人民的审判事业献出了年轻的生命。石伟文去世时年仅32岁，正值人生大好年华，实在令人扼腕痛惜。法官是人民司法事业的宝贵财富，不要等到生病了、逝世了，才想到他们。平时就要想到他们，关心他们。今后，要坚决防止这类不幸事件再次发生。各级法院要切实贯彻从优待警的原则，真正做到关心基层法官的困难和疾苦，为基层干警多办实事、办好事、解难事，为他们的工作、成长积极创造条件，使他们能更好地依法履行职责。

五、各级党委要进一步加强对法院基层工作的领导

张德江、王华元同志对此都提出了明确要求，我再次重申一下。各级党委要重视支持人民法院加强基层基础工作。第一，要支持法院抓好基层队伍建设，帮助法院选好领导班子。要选政治强、法律水平高、清正廉洁的同志出任法院院长。要支持法院严把“进人关”，不要把不符合条件的人硬塞进法院。第二，要支持人民法院依法独立行使审判权，排除地方保护主义和部门保护主义的干扰，保证宪法和法律的统一实施。维护司法权威，就是维护党的权威。对有损司法权威的事情，领导同志要敢于批评，为法院公正执法创造良好的法制环境。这一点非常重要。个别不负责任的小报、少数新闻记者乱报道、乱指责、说三道四，干扰了政法机关的工作。第三，要加强司法保障工作，切实帮助法院解决工作中存在的实际困难和问题，尤其要在物质经费保障方面给予支持和帮助。各市、县要在财政允许的条件下，大力支持人民法院的“两庭”建设，在政治上、组织上、物质上为人民法院的公正司法提供支持和保障，保证法院各项工作的正常进行。由于地区之间的发展不平衡，有些基层法院，特别是粤东、粤西、粤北的基层法院及人民法庭，硬件建设欠账比较大，很多人民法庭没有专门的房子，都是借的，连基本的工作条件都没有。所以，各市、县（市、区）党委、政府要高度重视基层法院和人民法庭的建设，在经费上给予足够的支持。法院也要在做好自身工作，抓好自身建设的同时，在各级党委的领导下，自觉接受人大的监督，争取政府和社会各界的支持，努力树立公正司法、执法为民的良好形象。

第二编

全省法院工作

第一章　工作概况

2004年，全省法院坚持以邓小平理论和“三个代表”重要思想为指导，牢固树立和落实科学发展观，深入贯彻落实中央和省委、最高法院的各项重大部署，紧紧围绕“公正与效率”主题和司法为民思想的要求，狠抓各项审判和执行工作，深入推进规范化建设，大力加强队伍建设和基层基础建设，各项工作都取得了新发展、新成效。主要体现在以下六个方面：

一、各项审判工作取得新发展

各级法院紧紧抓住审判工作这个中心，努力提高办案质量和效率，依法公正及时处理各类纠纷案件，促进了各项审判工作的深入发展。全年，全省法院共受理各类案件710401件，其中新收661300件，办结658244件，分别比上年增长2.68%、3.5%和2.41%；解决诉讼标的金额1226.54亿元，执结标的金额558.53亿元，分别比上年下降21.74%和3.44%。审判质量和效率进一步提高，一审案件上诉率为22.61%，二审案件改判、发回重审率为22.74%。全省法官人均结案69.71件，比上年增加2.57件，99.09%的案件在法定期限内办结。其中审结刑事案件70274件，审结各类民商事纠纷案件348858件，审结行政案件和国家赔偿案件6557件。为维护社会稳定、促进经济和社会协调发展、保障人民群众合法权益发挥了重要作用，得到了党委、人大、政府和人民群众的广泛好评。

针对我省超审限案件较多、清理任务极其繁重的形势，省法院先后召开八次清案工作会议，对清案工作进行检查部署。实行清案通报制度，由各级法院对清案活动每周一报，省法院每月一通报，不断增强清案工作的责任感和紧迫感。省法院还由院领导带队，组织检查组到存案较多的法院实行面对面指导、督办，加强检查、督促。同时，积极参与省委政法委组织的解决超期羁押问题调研活动，深入探索清案工作长效机制，各级法院采取有力措施开展清案工作，组织干警加班加点办案，实行清案责任制，提高审判效率，减少积存案件，促进了清案工作的深入发展。尤其是省法院两个刑庭及广州、深圳等中院，面对繁重的清案任务，同志们不畏艰难、顽强拼搏、不怕疲劳、连续作战，充分调动广大审判人员的积极性和主动性，确保完成了清案任务。至12月底，全省法院共清理超期羁押案件764件，民商事和行政超审限案件3155件，摘掉了自最高法院实行通报制度以来我省法院一直在全国法院居于超审限存案第一的帽子。

二、执行工作有了新起色

各级法院深入开展解决“执行难”竞赛活动，认真执行“老大难”案件挂牌督办制度，狠抓对来信、来电、来访反映“执行难”问题的案件执行，全面推行执行案件流程管理、执行款物管理、规范中止执行等项制度规定，努力规范执行活动秩序，促进了执行工作的深入发展。全年，全省法院共执结各类案件222086件，执结标的金额558.53亿元，分别居全国第二位和首位。我省法院推行的“打包执行”、提级执行、指定执行等项措施，受到了最高法院的充分肯定，并在全国法院执行工作座谈会上作了经验介绍。省人大常委会对全省法院执行工作进行专项检查、评议后，充分肯定了执行工作所取得的成绩。

三、解决“申诉难”问题有了新突破

各级法院深入开展集中处理涉诉上访案件活动，全面加强信访申诉工作，采取有效措施处理各类涉诉上访案件。全省法院共集中排查出重大涉诉上访案件2199件，已经妥善处理1097件，未发生一起严重影响社会稳定的事件。进一步加强对申诉案件的处理，制定实施了《再审诉讼暂行规定》，确定了“可能有错立案再审、确有错误依法纠正”的原则，在全国引起了广泛反响，得到了最高法院的肯定。同时，全面贯彻落实司法为民要求，深入开展立案、信访两个“文明窗口”建设活动，认真落实各项便民、利民、为民措施，推广假日法庭、速裁法庭、巡回办案、预约立案、异地立案等好经验、好做法，大力营造各项司法为民措施的氛围，努力改进审判工作作风，司法为民水平有了新提高；全面推进司法救助工作，加强对弱势群体和困难群众的司法保护，共对29129件案件的当事人实行了诉讼费缓减免，减免金额达2796.28万元，保证当事人不因经济困难打不起官司。加大对困难群众的司法保护，开展集中清理拖欠农民工和城市下岗职工工资专项活动，对此类案件实行快立、快审、快判、快执行，及时为他们讨回拖欠工资。同时，加强对涉及物业管理、医疗事故、交通肇事案件处于弱势方当事人的保护，积极运用司法手段维护其合法权益。

四、规范化建设取得阶段性成果

各级法院继续深入推进规范化建设，努力建立健全各项工作监督管理制度，提升工作管理水平。省法院制定并施行了本院机关的《工作规范》，在审判和执行、队伍管理、司法政务和后勤管理各方面建立起比较完善的制度规定。绝大多数中院和基层法院也都建立起了各项监督管理制度，制定了工作规范，基本实现了以制度保公正、促效率、树形象、求发展的目标要求。在11月省委政法委组织召开的全省政法机关规范化建设情况交流会上，佛山市南海区法院等5个法院作了经验介绍，得到了省委领导的充分肯定。同时，狠抓信息化建设，努力以信息化促进规范化建设，全省已有72个法院建立起了局域网，实现了利用计算机网络技术开展案件流程管理工作，省法院和部分中院、基层法院还开通了门户网站，大大增强了审判活动的公开性和透明度。各级法院基本建立起比较完善、规范的监督管理制度体系，为各项工作的深入健康发展提供了制度保障。

五、基层建设呈现新局面

全省法院深入开展基层建设专题调研活动，全面了解掌握基层建设的总体情况。在此基础上召开了全省法院加强基层建设工作会议，传达贯彻了全国法院加强基层建设工作会议精神，明确提出了当前及今后一段时期加强基层建设的总体目标和任务要求。为切实解决基层建设中存在的突出困难和问题，省法院向省委提交了“开创基层建设新局面”的报告。为了加强对基层工作的领导，建立了省法院领导包片负责指导各地法院加强基层建设等项制度。各级法院也积极争取同级党委的领导、人大的监督和政府的支持，采取有效措施推进基层建设，改善外部司法环境和条件，掀起了大张旗鼓推进基层建设的新高潮。大力加强人民法庭工作，进一步调整撤并中心人民法庭，把全省人民法庭调整为392个；以省财政划拨专款三年内完成法庭建设任务为契机，大力推进人民法庭建设。截至年底，已建成符合最高法院规定标准（800平方米）以上的人民法庭232个，有83个正在兴建。**同时，各级法院不断加强物质装备建设，交通、通讯等办公条件得到进一步改善，办公自动化水平也有新的提高。**

六、队伍建设稳步推进

各级法院大力加强领导班子和队伍建设，深入开展“司法公正树形象”教育活动、理想信念专项教育活动、廉政纪律教育月活动以及“三树立、五落实”教育活动，组织广大法官和其他工作人员认真学习中央和省委各次会议精神，学习贯彻两个《条例》，积极开展向任长霞、蒋庆、宋鱼水等先进人物学习活动，着力解决好世界观、人生观、价值观问题，树立爱岗敬业、公正司法、为民司法、勤政廉政的职业道德情操。深入推进党风廉政建设，省法院先后两次召开全省法院纪检监察工作会议，对完善教育、制度和监督并重的法院党风廉政工作机制，加强对审判效率、质量、执行工作、后勤和财务管理、信访工作、队伍建设等方面的监督，从源头上防止违法违纪问题的发生进行了具体部署。各级法院按照建立健全“教育、制度和监督并重的惩治和预防腐败体系”的要求，切实抓好廉政纪律教育，组织广大干警深入学习“两个条例”、“三个办法”等制度规定，不断增强他们的廉政自律意识，增强抵制诱惑、经受考验的能力。不断完善各项管理监督制度，进一步加大对投诉、举报的查处力度，严肃查处各类违法违纪人员，维护队伍的纯洁。全年，全省法院违法违纪案件比去年同期减少20.25%，有了明显好转。狠抓教育培训工作，大力支持审判人员参加“专升本”教育，加强法官任职、晋级、续职教育，广东法官学院先后举办了民事审判、行政审判、审判监督工作等培训班，对相关审判人员进行全面培训，有效地促进了队伍业务素质和审判业务水平的提高。

2004年全省法院各类案件收案比重图

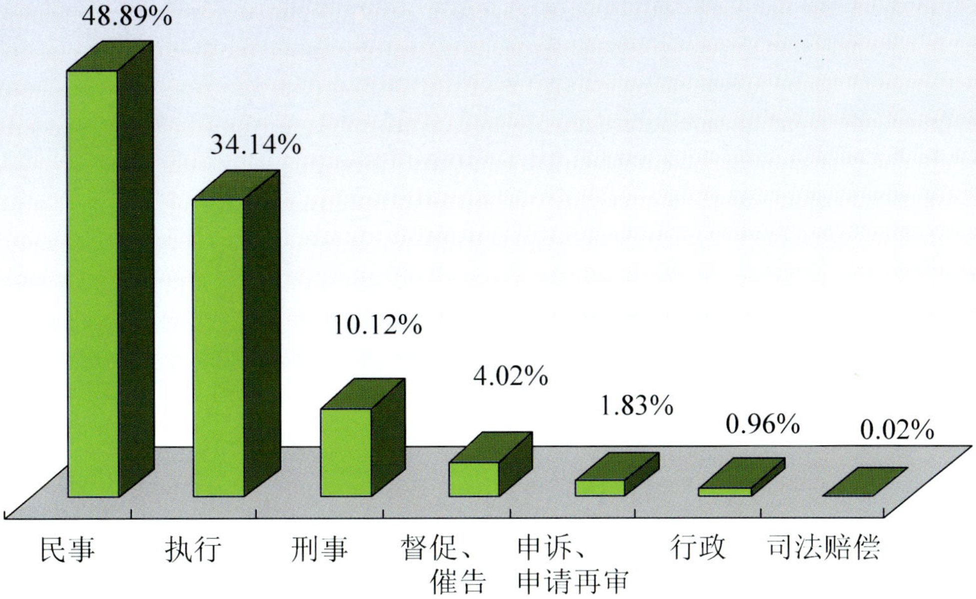

2004年全省法院办结各类案件比重图

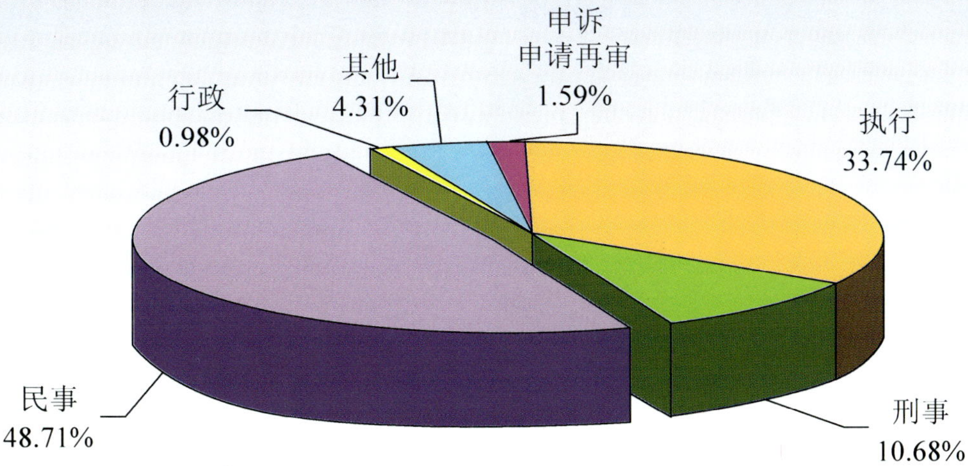

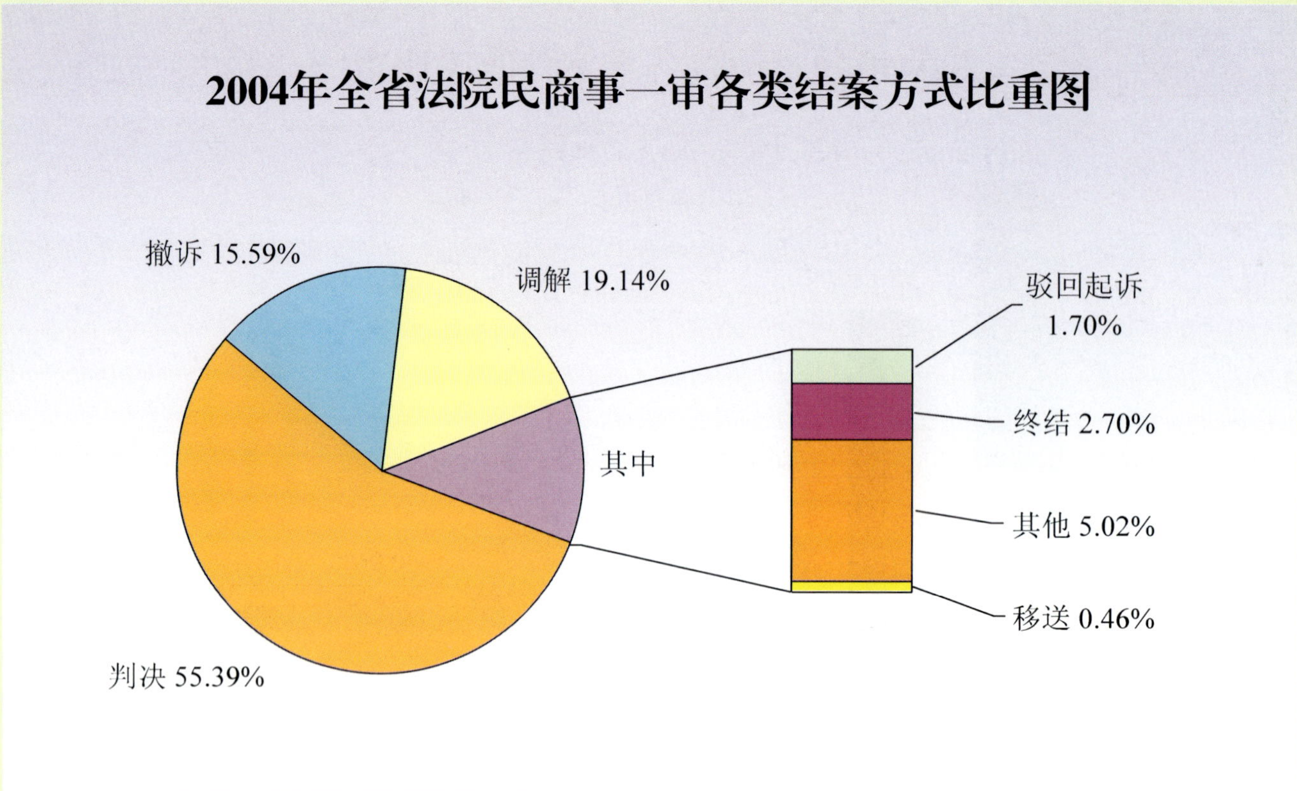
2004年全省法院民商事一审各类结案方式比重图
撤诉 15.59%
调解 19.14%
其中
判决 55.39%
驳回起诉 1.70%
终结 2.70%
其他 5.02%
移送 0.46%

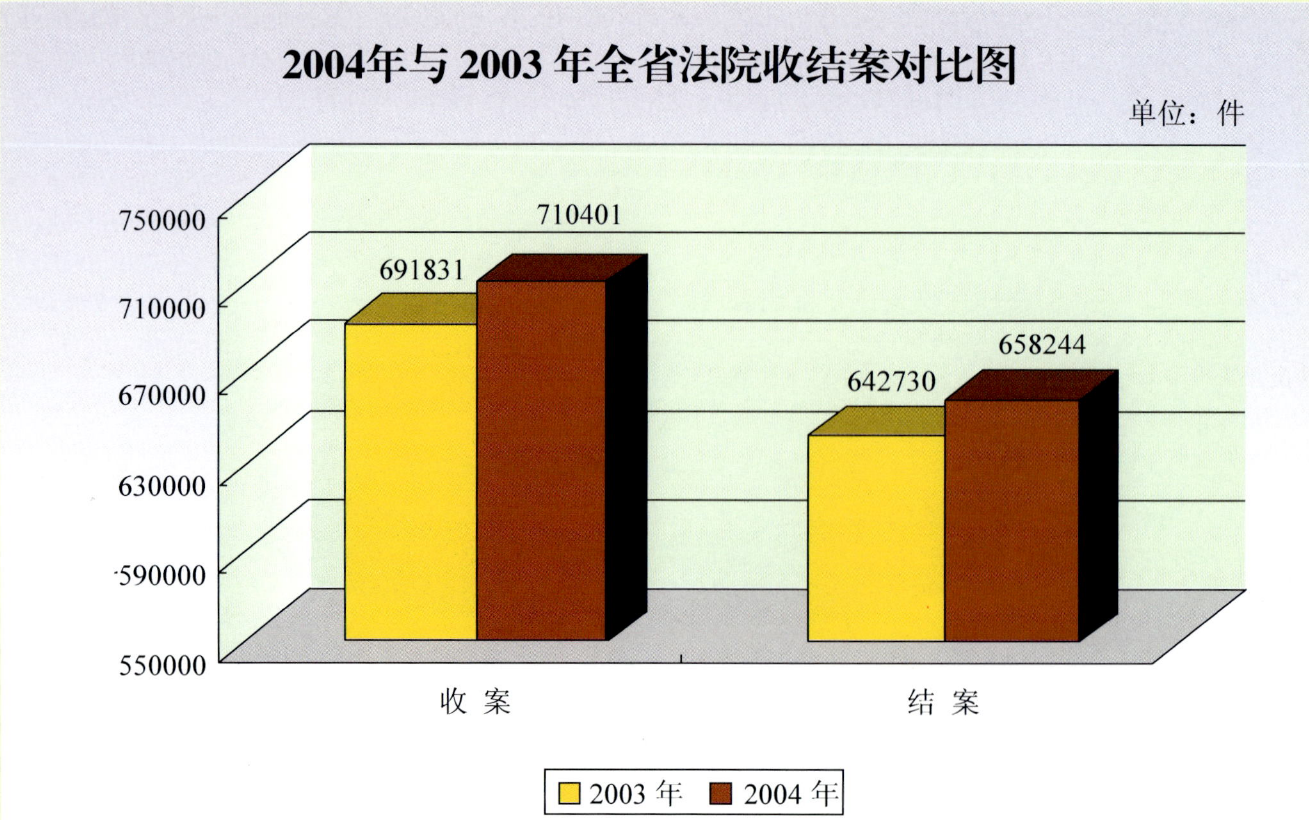
2004年与2003年全省法院收结案对比图
单位：件
750000
710000
670000
630000
590000
550000
691831
710401
642730
658244
收 案
结 案
2003 年
2004 年

第二章 各项审判和执行工作

2004年，全省法院紧紧围绕“公正与效率”的工作主题，认真开展各项审判和执行工作，努力提高审判效率和质量，加班加点，圆满地完成了各项审判和执行任务。从总体上说，2004年全省法院审判和执行工作取得了新成效。

▲2月20日，广州海事法院对受到海内外广泛关注的“航海者”轮78宗系列案全部审结。

一、刑事审判

根据中央和省委的统一部署，结合我省治安形势，全省法院继续坚持“稳定压倒一切”的方针，进一步加强刑事审判工作，深入开展“严打”斗争。继续坚持依法从重从快方针，严厉打击涉黑、涉恶犯罪、毒品犯罪、“两抢”、“两盗”等多发性犯罪，杀人、绑架、爆炸等严重暴力性犯罪，始终保持对刑事犯罪的高压态势。积极配合省委、省政府开展“严厉打击街头犯罪百日行动”以及“打击淫秽色情网站专项行动”和“禁毒03工程”，依法严惩各类街头犯罪活动和“黄赌毒”犯罪，促进全省社会治安状况的明显改善。依法打击各类破坏社会主义市场经济秩序犯罪，重点打击偷税骗税、走私贩私、逃汇骗汇、合同诈骗、洗钱、制贩假币、生产销售假冒伪劣产品、侵犯知识产权犯罪，维护市场经济活动秩序。全年，全省法院共受理各类刑事案件71917件，其中新收70038件，办结70274件,判处犯罪分子78218人，分别比上年增长了17.12%、17.77%和15.95%。加强对重大贪污、贿赂、渎职等职务犯罪案件的审判，共判处932人，其中原任处级以上职务的60人，为国家挽回经济损失6.01亿元。依法审结了涉及84名被告人的广州走私红油系列案。在审理刑事案件中，坚决贯彻惩治与宽大相结合的刑事政策，严格把好案件证据关、事实关、程序关和适用法律关，确保办案质量。强化程序公正意识，认真执行最高法院《关于推行十项制度，切实防止产生新的超期羁押的通知》精神，强化审限意识，努力提高审判效率。针对我省法院审判任务重、审判压力大的情况，不断加大“清案”工作力度，组织干警利用夜间和节假日办案，审委会加班加点讨论案件，最大限度地消除积案，坚决减少和杜绝超审限结案现象,对超审限案件实行任务到人、限期结案。全年共清理超审限案件764件2342

▲5月，茂名市蓝迪公司虚开增值税发票1.37亿元案在省法院终审审结。

▲陈满雄挪用公款案。

人，完成了超审限案件清理任务，全省法院年底前已经实现无超期羁押案件。认真组织开展减刑、假释专项检查活动，严查办理减刑、假释案件中存在的问题和漏洞，制定了《关于办理减刑、假释案件实施细则》，现正征求有关部门意见，促进减刑、假释工作的深入开展。积极参与社会治安综合治理，及时向有关部门和单位提出司法建议，切实做好对未成年罪犯的教育、感化、挽救工作，做好对适用缓刑、假释罪犯的回访、帮教工作，全面发挥好审判工作在维护社会稳定中的职能作用。

二、民商事审判

从切实维护社会主义市场经济秩序出发，加强对社会经济生活中产生的各类矛盾纠纷案件的审理，引导和规范经济与社会生活秩序。加强对国有企业改革和发展中出现的兼并、重组、股份制改造、债转股、股权转让、破产等案件的审判工作，确保国企改革的不断深化，促进现代企业制度的建立。认真执行省法院制定的《依法促进我省民营经济健康发展的指导意见》，依法平等保护民营经济主体合法权益，促进多种所有制经济的全面发展。加强对各类金融纠纷案件的审判，尤其是加强对借贷、金融电子化服务、证券服务等案件的审判工作。针对我省重大、疑难案件较多的情况，大力开展法律适用问题研究，及时提出各类指导性意见，确保公正、准确司法。制定下发了《广东省高级人民法院关于在审判工作中如何适用〈合同法〉第286条的指导性意见》等涉及审理商品房买卖纠纷、建设工程承包纠纷等类案件的指导性文件，统一审理此类案件的执法尺度。结合我省金融和房地产市场活跃，相关纠纷案件多的情况，与金融机构联合开展金融审判专项调研活动，积极探索金融机构不良资产处置的司法对策。全年，共审结各类金融、证券纠纷案件61934件。加强对科技成果转化、知识产权转让等方面案件的审判，依法促进科学技术的发展，全年，共审结商标、专利、著作权等纠纷案件1813件。认真执行内地与香港、澳门建立更紧密经贸关系安排的规定，及时妥善审理好涉港澳纠纷案件，审理好涉台案件，依法公正审理各类涉外案件和海事海商案件，维护良好的对外经贸活动秩序。全年，共审结涉外、涉港澳台民商事案件4780件。

依法保护民事主体合法权益，及时公正妥善调处普通民事纠纷案件，有效化解人民群众内部矛盾。加强对农村土地承包合同纠纷案件的审判工作，稳定农村土地承包关系，高度重视其他涉及“三农”问题案件的审判，切实维护农民合法权益，依法促进农业和农村经济的发展。加强对劳动者合法权益的保护，及时审理工资、工伤保险等纠纷案件，依法保护劳动者的合法权益。妥善处理好各类婚姻家庭、继承、人身损害赔偿、名誉侵权等纠纷案件，依法保护妇女、儿童和老人合法权益，倡导良好的社会风尚。全年，全省法院共受理各类民商事案件375889件，其中新收351043件，办结348858件，解决诉讼标的1226.54亿元，分别比上年增长2.32%、2.21%、1.85%和下降21.74%。加强和改进调解工作，努力提高调解结案率。全年，全省法院民商事案件的调解结案率达到19.14%。

三、行政审判和国家赔偿审判

按照依法治省工作的要求，大力加强行政审判工作，依法保护公民、法人和其他组织的合法权益，监督和支持行政机关依法行政，积极促进依法治省进程。按照《行政诉讼法》的规定及最高法院司法解释的要求，依照“依法、积极、稳妥”的方针审理各类“民告官”案件。在审理中，依法审查行政行为的合法性，促进依法行政。继续重视做好对与“入世”相关的商标、专利复审、反倾销、反补贴等新类型行政诉讼案件的审判工作，切实发挥好司法审查在维护国际贸易公平竞争和保护国家利益方面的作用，维护我国良好的对外法制形象。省法院行政庭成功审结了一批标的大、案件社会影响面广、备受各方关注的大要案件，如汉贤国际有限公司诉广州市规划局调整规划一审案，泰国贤成两合公司、深圳贤成大厦有限公司诉深圳市工商局组织成立清算组二审案等。全年，全省法院共受理行政案件6833件，其中新收6527件，办结6428件，分别比上年增长11.92%、14.51%和10.85%。认真办理各类国家赔偿案件，全年共办结129件。在2004年底召开的全国法院行政审判工作座谈会暨先进集体和先进个人表彰会上，省法院行政庭被最高法院授予“行政

▲4月22日至23日，省法院召开全省法院审判监督工作会议，要求全省各级法院下大力气解决好当事人“申诉难”问题。

审判先进集体”称号。

四、审判监督工作

全省法院进一步加强审判监督工作，依法纠正不当裁判，努力树立司法权威。积极研究探讨解决当事人反复缠诉的问题，省法院制定了《再审诉讼暂行规定》，下大力气解决“申诉难”，努力变无限申诉为有限申诉、无限再审为有限再审，确定了“有诉必理”、“可能有错立案再审”、“确有错误依法改判”等原则，依法保证了当事人的申诉权利，为解决“申诉难”提供了制度依据，在全国反响良好。11月，省法院召开全省法院审判监督工作座谈会，进一步规范全省法院审判监督工作。全年，全省法院共受理申诉、申请再审案件13002件，其中新收10157件，办结10469件，分别比上年增长3.27%、14.02%和7.43%。加强对审理抗诉案件的监督指导，全省法院共审结各类抗诉案件603件。认真抓好人大、政协、最高法院督办案件的审理工作，按照专人办理、依法审理、有错必纠、及时回复的原则，依法及时处理，并及时告知处理结果。同时，进一步健全自觉接受人大监督的制度，及时主动报告各项工作情况，加强与人大代表的联系和沟通，努力争取他们对法院工作的理解与支持。积极稳妥处理涉诉上访案件。各级法院深入组织集中排查、处理重大涉诉上访案件，共排查出案件2199件，已经妥善处理1097件，防止了矛盾激化。积极探索建立处理涉诉上访、申诉案件工作机制，在全省法院推行信访首接负责制、信访案件流程管理、重大信访情况报告和应急处理等项制度，初步建立起了“信息灵敏、反应快捷、责任明确、措施有力”的工作机制。

五、执行工作

继续深入贯彻党的十六大关于解决“执行难”问题的要求，进一步加强执行工作，大力解决“执行难”。进一步加强对执行工作的组织领导，建立起“统一领导、管理科学、监督有力、执法规范、廉洁高效”的执行工作运行机制。继续实行省、市党委政法委领导下的“老大难”案件挂牌督办制度，排除地方和部门保护主义干扰，执结久拖不执的案件。继续深入开展解决“执行难”竞赛活动，努力提高执行工作质量和效率，确保执行工作强劲势头。加强对执行工作秩序的规范化管理，促进执行管理从“粗放型”向规范化转变。在已有执行工作规范基础上，制定实施了《关于执行款管理工作的若干规定（试行）》，《关于对适用中止执行的若干问题的意见》等指导性文件，严密执行工作各环节的管理，同时开展执行款管理大检查，进一步严密各项管理制度和工作机制，规范工作秩序，提升执行工作管理水平。初步建立了包括规范流程管理、执行分权和执行监督、执行中止和执行终结、委托评估、拍卖工作、执行结案、协调监督执行、执行事项公开程序、执行款物管理、执行档案管理、法警参与执行在内的执行工作规范体系，其中规范执行款管理的做法得到最高法院肯定，并在全国法院执行款管理现场会上予以推广。全面加强协调监督力度，坚决消除地方和部门保护主义对执行工作的干扰，对久拖不结案件予以提级执行、指定执行、交叉执行，清理了一批案件。加强和规范对“三来”执行案件的处理，对申请执行人反映的问题进行逐件登记，抓紧执行并及时回复。坚持依法执行，文明执行，慎用警力、警械和强制措施，严防因个别执行措施失当导致矛盾激化。全年，全省法院共受理执行案件242599件，其中新收223394件，执结222086件，执结标的金额558.53亿元；全额实现债权案件的比例不断提高，部分法院全额执结率突破50%，有的法院已突破60%。省法院执行局被最高法院授予“执行工作先进集体”称号。

▲9月30日，佛山市、顺德区两级法院在顺德区北滘技术职业学校礼堂举行集中发放华龙家具公司拖欠工人工资款大会。

▲2月17日上午，省法院举行摇珠现场会，通过摇珠方式选定省法院委托评估、拍卖机构的代码序号。

2004年全省法院各类案件收结案情况

（表一）

单位：件

	刑事				民事				行政				司法赔偿	督促催告	申诉、申请再审	执行	总计
	一审	二审	再审	小计	一审	二审	再审	小计	一审	二审	再审	小计					
受理	63141	8683	93	71917	295716	49299	2335	347350	4412	2367	54	6833	161	28539	13002	242599	710401
其中新收	62565	7389	84	70038	277933	43003	1930	322866	4232	2244	51	6527	141	28177	10157	223394	661300
结案	62394	7804	76	70274	275963	42950	1716	320629	4171	2218	39	6428	129	28229	10469	222086	658244
未结	747	879	17	1643	19753	6349	619	26721	241	149	15	405	32	310	2533	20513	52157

2004年全省法院刑事一审收案、结案情况（按犯罪类别划分）

（表二）

单位：件（人）

	新收	已结	未结
危害国家安全罪	10	11	
危害公共安全罪	3437	3419	34
破坏社会主义市场经济秩序罪	1647	1683	52
侵犯公民人身权利、民主权利罪	10921	10851	235
侵犯财产罪	37650	37566	267
妨害社会管理秩序罪	7869	7833	109
危害国防利益罪	12	12	
贪污贿赂罪	947	949	45
渎职罪	70	68	5
九七年十月以前刑事案由	2	2	
合　　计	62565	62394	747

2004年全省法院刑事二审案件统计表

（表三）

单位：件（人）

	旧存	收案	结案	未结	已结案件中								
					维持原裁判		改判		发回重审	撤诉	调解	撤销或变更原裁定	其他
	件	件	件	件	件	人	件	人	（件）	（件）	（件）	（件）	（件）
上诉	1250	7289	7693	846	6397	12262	889	1436	342	37	2	4	22
抗诉	44	100	111	33	46	73	31	51	8	24			2
合计	1294	7389	7804	879	6443	12335	920	1487	350	61	2	4	24

2004年全省法院刑事再审案件统计表

（表四）　　　　　　　　　　　　　　　　　　　　单位：件（人）

		旧存	收案	结案	在审结案件中：维持原裁判（件）	在审结案件中：维持原裁判（人）	在审结案件中：改判或变更原裁判（件）	在审结案件中：改判或变更原裁判（人）	其中（人）：加重处罚	其中（人）：减轻处罚	其中（人）：免予刑事处罚	其中（人）：无罪	其中（人）：其他	改判原因（人）：错误适用法律	改判原因（人）：量刑不当	改判原因（人）：事实不清或证据不足	改判原因（人）：其他	发回重审（件）：事实不清或证据不足	发回重审（件）：违反诉讼程序	发回重审（件）：其他	发回重审（件）：小计	检察院撤诉	调解	其他	其中：开庭审理	其中：当庭宣判	其中：涉外	其中：涉港	其中：涉澳	其中：涉台	未结
一九八〇年以前	反革命罪																						–								
	其他刑事犯罪																														
一九八〇年至一九九七年九月	反革命罪																						–								
	经济犯罪																						–								
	其他刑事犯罪		1	1	1	1																									
一九九七年十月以后	危害国家安全罪																						–								
	危害公共安全罪	1	8	7	3	3	4	4	1				3			1	3						–		3						2
	破坏社会主义市场经济秩序罪		2	2	1	1	1	2				2				2							–								
	侵犯公民人身权利、民主权利罪	6	29	28	5	5	17	26	8	5		3	10	1	4	7	14	3		1	4			2	9			1			7
	侵犯财产罪		29	27	3	3	18	21	5	8			8	1	3	5	12	5			5		–	1	7	2					2
	妨害社会管理秩序罪		5	5			1	1	1							1							–	4							
	贪污、贿赂罪	1	9	5	1	1	1	1		1							1					2	–	1	2						5
	渎职罪	1	1	1			1	1		1							1						–								1
	危害国防利益罪																						–								
	军人违反职责罪																						–								
	小　计	9	83	75	13	13	43	56	15	15		5	21	2	7	16	31	8		1	9	2		8	21	2		1			17
合　　计		9	84	76	14	14	43	56	15	15		5	21	2	7	16	31	8		1	9	2		8	21	2		1			17
其中	本院决定再审	4	54	55	10	10	35	47	12	11		3	21	2	6	12	27	2		1	3	1		6	16	2					3
	提　审		6	2			2	2		2					1		1														4
	指令再审	3	15	13	3	3	3	3	1	2						1	2	5			5	1		1	2			1			5
	抗　诉	2	9	6	1	1	3	4	2			2				3	1	1			1			1	3						5

2004年全省法院婚姻家庭、继承纠纷一审案件统计表

（表五）

单位：件（万元）

		旧存	收案	结案	在审结案件中												未结	
					判决	裁定				调解	移送	其中					诉讼标的总金额（万元）	件	其中
						驳回起诉	撤诉	终结	其他			当庭宣判	涉外	涉港	涉澳	涉台			中止
婚姻家纠纷案件	离婚	1215	33653	33686	15252	196	4276	24	84	13757	97	1966	130	82	15	11	39824.50	1169	6
	解除非法同居关系	105	747	825	710	9	54		3	46	3	22	1		2		489.66	33	1
	婚姻无效纠纷	1	24	25	21		3			1		3						3	
	撤销婚姻纠纷	2	5	5	5													2	
	婚姻自主权纠纷		1	5			5												
	婚约财产纠纷	6	71	68	29	1	12			26		2					405.64	9	1
	登记离婚后财产纠纷	14	349	326	187	8	52		3	75	1	22					4478.10	38	
	夫妻财产约定纠纷	1	17	25	17		2			6		2					307.18		
	抚养、扶养关系纠纷	28	1734	1717	545	11	149	1	2	1005	4	146	9	4			665.62	61	
	抚育费纠纷	25	600	597	342	5	106	1	4	138	1	40					1034.34	26	2
	扶养费纠纷	23	280	268	137	5	53		1	72		23		2			641.62	14	
	监护权纠纷		112	107	43		11			53		2					53.63	4	
	生身父母确认	1	20	20	11		6			3		5					2.08	2	
	赡养纠纷	12	273	278	167	3	48	1		57	2	8					96.87	8	
	确认收养关系		6	6	4					2									
	解除收养关系	5	40	40	19		4	1	1	14	1	3					24.94	5	
	探视子女权纠纷	10	87	90	52	2	16			19	1	7		1			61.69	4	1
	分家析产	19	124	132	86	4	18		3	21		5	2	1			1219.22	19	2
	其　他	13	280	270	112	6	47		4	99	2	3	4				240.51	16	
继承纠纷案件	法定继承	52	201	211	132	2	27		1	48	1	11	1				1343.04	43	
	遗嘱继承	5	32	31	22	1	1			7		2					244.28	6	1
	继承权确认纠纷	9	28	33	23		6		1	3		2					493.62	4	
	被继承人债务清偿纠纷	1	11	12	8		3			1		2					140.33		
	遗　赠		4	3	3												12.00		
	遗赠扶养协议	3	5	7	5		1			1							24.20	1	
	其　他	12	137	131	82	3	17		1	27	1	5		1			857.10	18	3
合　计		1562	38841	38918	18014	256	4917	28	108	15481	114	2281	147	91	17	11	52660.17	1485	17

2004年全省法院婚姻家庭、继承纠纷二审案件统计表

（表六）

单位：件（万元）

		旧存	收案	结案	在审结案件中															未结	
					判决		裁定						调解	其中						诉讼标的总金额（万元）	件	其中
					维持	改判	发回重审	撤诉	驳回	终结	撤销原裁定	其他		开庭审理	当庭宣判	涉外	涉港	涉澳	涉台			中止
婚姻家庭纠纷案件	离婚	273	1698	1791	874	475	66	167	22	3	3	11	170	632		2	6		1	15548.14	183	2
	抚养、扶养关系纠纷	13	79	85	58	15		7		1			4	41						28.25	7	
	抚育费纠纷	20	87	100	54	33	2	2	1		1		7	28						196.72	7	
	扶养费纠纷	11	32	30	16	6		2	4				2	7						14.70	13	
	监护权纠纷		3	3	3																	
	赡养纠纷	7	29	34	28	4				1			1	14						19.74	1	
	确认收养关系		1	1			1															
	解除收养关系		3	1	1									1							2	
	探视子女权纠纷	3	14	15	13	1							1	7							2	
	其　他	28	135	141	70	41	5	9	7		1	1	7	33						1030.52	23	
继承纠纷案件	法定继承	17	44	47	20	20	3		1	1		1	1	31		3	1			632.61	12	1
	遗嘱继承	4	12	16	8	6	2							6		1				202.31		
	继承权确认纠纷	3	13	16	11	3	1	1						7						47.67		
	被继承人债务清偿纠纷		3	2	2															22.00	1	
	其　他	3	38	32	19	5	2	1	2		1		2	8			2			411.62	8	
合　计		382	2191	2314	1177	609	82	189	37	6	6	13	195	815		6	9		1	18154.27	259	3
其中	驳回起诉	1	1	2					1			1										
	不予受理		3	3					2		1											
	管辖异议	1	30	31					24	1	2	4										
	小　计	2	34	36					27	1	3	5										

2004年全省法院婚姻家庭、继承纠纷再审案件统计表

（表七）　　　　单位：件（万元）

		旧存	收案	结案	在审结案件中														未结	
					判决		裁定					调解	其中						诉讼标的总金额（万元）	件	其中
					维持	改判	发回重审	撤诉	驳回	终结	其他		开庭审理	当庭宣判	涉外	涉港	涉澳	涉台			中止
婚姻家庭纠纷案件	离婚	4	95	60	31	16	1			2	3	7	6		1				95.90	37	1
	抚养、扶养关系纠纷		3	4		3						1									
	抚育费纠纷		1	1								1							0.48		
	扶养费纠纷																				
	监护权纠纷																				
	赡　养																				
	确认收养关系																				
	解除收养关系																				
	探视子女权纠纷																				
	其　他		11	11	2	9							3			1			266.25	1	
继承纠纷案件	法定继承	5	6	8	1	6				1			1	1		1				3	
	遗嘱继承		1	1								1	1						8.90		
	继承权确认纠纷		2	1		1														1	
	被继承人债务清偿纠纷																				
	其　他	1	6	6	2	2	2						1						11.20	1	
合　计		10	125	92	36	37	3			3	3	10	12	1	1	2			382.73	43	1
其中	本院决定再审	9	57	51	6	29	2	–	–	3	2	9	10		1	1			132.42	15	1
	提　审		2	1		1														1	
	指令再审		5	4	1	3		–	–				1	1		1			75.31	1	
	抗　诉	1	61	36	29	4	1				1	1	1						175.00	26	

2004年全省法院合同纠纷一审案件统计表

（表八）

单位：件（万元）

	旧存	收案	结案	在审结案件中													未结	
				判决	裁定				调解	移送	其中					诉讼标的总金额（万元）	件	其中
					驳回起诉	撤诉	终结	其他			当庭宣判	涉外	涉港	涉澳	涉台			中止
合同代位权纠纷	26	256	272	175	2	53			40	2	11					20150.50	34	1
合同撤销权纠纷	13	244	242	214	4	18		1	3	2	3	1	2			3872.36	15	
悬赏广告纠纷		5	5	2	2	1										171.00		
买卖合同纠纷	2165	39721	39874	23628	482	7787	28	468	7146	335	2666	86	1031	16	79	871122.50	2073	15
房地产开发经营合同纠纷	1449	20392	20440	15189	301	2462	12	306	2140	30	3279	56	166	3	8	582917.31	1400	50
供用电、水、气、热力合同纠纷	32	371	380	228	3	93	6	2	43	5	48		3			12226.85	23	1
赠与合同纠纷	6	22	19	17	1				1		1		1			50.91	8	1
借款合同纠纷	3635	58594	58728	37243	662	8737	65	507	11135	379	4548	45	449	71	17	5187365.46	3518	147
借用合同纠纷	27	201	209	155		24		1	29		7					5465.84	15	1
租赁合同纠纷	676	8195	8211	5008	117	1689	3	80	1286	28	877	94	171	5	12	116107.51	660	8
融资租赁合同纠纷	33	75	88	63		8			17		4	1	48			20571.89	27	
建设工程合同纠纷	810	5795	5625	3504	137	1017	3	53	855	56	299	4	25	9	9	555200.01	958	33
承揽合同纠纷	336	4241	4277	2486	39	825	2	29	844	52	232	4	70	2	3	81026.41	288	1
运输合同纠纷	102	973	996	620	16	149	1	4	195	11	57		8		1	13720.01	77	
技术合同纠纷	9	29	33	21	1	6			5		1	1	4			706.69	5	
知识产权合同纠纷	4	85	67	62		3			1	1			1			1494.68	22	
仓储、保管合同纠纷	64	257	286	191	3	46		1	44	1	30		1			13957.52	41	
委托合同纠纷	73	1051	1031	726	14	148	1	10	128	4	52	2	19	2	4	26590.99	93	2
行纪合同纠纷	10	64	66	38	1	15		1	10	1	4	1				2072.25	12	1
居间合同纠纷	16	271	261	181	5	45		2	25	3	17		5			8172.05	26	2
担保合同纠纷	47	810	789	499	18	167	1	3	97	4	32	2	7	1	1	95771.73	68	
典当合同纠纷	2	34	31	17	1	8			4	1	1		1			10386.10	5	
保险合同纠纷	112	1670	1647	1070	40	301		40	194	2	96					17820.71	134	
海商合同纠纷	78	525	356	248	3	64	3		31	7		55	10			51824.69	247	10
储蓄存款合同纠纷	25	194	189	152	3	21		2	8	3	25					5902.57	30	6
信用卡纠纷	123	3074	3106	1684	27	800		248	346	1	447	2		1		5922.95	91	
信用证纠纷	11	24	26	14	3	2			4	3			4			34667.44	9	2
期货交易纠纷	2	5	6	1	1	2		1	1							43.56	2	
信托纠纷		2	2	1		1										4211.82		
证券合同纠纷	16	70	66	39	3	19		1	3	1	19					15094.54	20	4
经营合同纠纷	299	1710	1717	1079	41	344		10	204	39	66	5	31	5	4	155902.98	285	9
中外合作勘探开发自然资源合同纠纷	1	1	1						1							0.50		
农村承包合同纠纷	140	2177	2210	1030	23	726	2	17	409	3	39		4			20037.61	101	1
电信合同纠纷	64	6942	6948	1734	6	3285	6	783	1133	1	261				2	1652.25	56	
邮政合同纠纷		11	11	9					2							20.27		
演出合同纠纷	5	10	16	12		1			3		1					226.30	6	
服务合同纠纷	122	3580	3513	1920	49	1088		4	437	15	603		13	3	2	15076.59	172	3
劳动争议纠纷	549	22776	22858	14983	1151	3543	10	439	2697	35	1071	1	138		1	29286.15	483	5
劳务合同纠纷	100	1339	1378	723	36	229	1	2	387		160	3	2			7768.53	63	
其他	696	7946	7481	4628	127	1523	5	72	1063	63	567	35	179	14	23	492535.12	1092	15
合计	11878	193742	193461	119594	3322	35250	149	3087	30971	1088	15524	398	2393	132	166	8487115.17	12159	318

2004年全省法院合同纠纷二审案件统计表

（表九）　　单位：件（万元）

		旧存	收案	结案	在审结案件中															未结	
					判决		裁定						调解	其中							其中
					维持	改判	发回重审	撤诉	驳回	终结	撤销原裁定	其他		开庭审理	当庭宣判	涉外	涉港	涉澳	涉台	诉讼标的的总金额（万元）	件数	中止
买卖合同		448	5649	5678	3385	993	171	383	443		59	119	125	1460	27	19	125		13	94981.20	449	6
房地产开发经营合同		512	6091	5463	2599	1029	69	991	443		7	24	301	2372	41	39	21	1		303849.25	1111	5
供用电、水、气、热力合同		3	16	15	6	5		2					2							2827.77	4	1
借款合同		498	3351	3423	1590	741	162	247	458	1	49	95	80	974	9	3	65	1	2	564918.70	420	17
借用合同		2	24	21	10	6	3	1	1					11			1			2287.78	1	1
租赁合同		284	1755	1689	848	428	69	151	94		12	38	49	857	10	44	14	1	1	39095.08	351	3
融资租赁合同		4	5	7	5	2								1						1537.30	2	
建设工程合同		204	1328	1316	661	324	98	74	67	2	12	20	58	257	1		6		3	257830.99	215	2
承揽合同		84	909	934	475	169	40	62	89		7	54	38	224	6	1	41		3	13845.04	60	
运输合同		29	159	175	87	50	7	8	13		2	2	6	62	2		1		1	1597.03	12	1
技术合同		7	15	16	11	4		1						12						1420.26	6	
知识产权合同		2	23	22	2	2			14		3		1	5						633.75	3	
仓储、保管合同		27	93	108	62	31	5	1	1		1	1	6	74						3613.57	12	
委托合同		33	496	481	391	45	12	17	5		1	3	7	360		2	6		1	19407.55	46	
担保合同		20	108	101	44	32	3	6	13			3		55			12			38467.41	26	7
保险合同		21	292	267	157	50	10	18	19		1	2	10	120	2	1				4718.76	44	
海商合同			91	88	30	33	2	11	9				3	50		11	3			3961.80	3	
信用卡纠纷		7	25	29	12	14		1					2	17						29.63	2	
信用证纠纷		4	10	13	4	3	1	2	3					5			1			1171.02	4	
信托纠纷																						
证券合同		3	14	11	3	2	1	2	1		1		1	3	1					2993.67	6	
经营合同		110	522	573	235	159	69	35	48		4	7	16	225	1		20	1		38737.13	59	2
中外合作勘探开发自然资源合同			1	1	1															967.81		
农村承包合同		40	404	406	205	103	30	14	16		7	3	28	111			1			6616.52	35	
电信合同		3	12	13	9	2			1				1	6			1			167.24	2	
邮政合同		2	2	4	4									4								
服务合同		34	759	745	619	70	9	26	6		1	1	13	130			2			12969.12	43	
劳动争议		1714	8851	8935	5413	1995	58	470	434		45	70	450	3321	3	20	450	1	8	5392.19	1599	2
劳务合同		20	352	386	273	41	11	22	8		4	5	22	43						186.58	18	
其他		480	2115	2270	1100	494	86	167	263		53	19	88	1032	7	12	37	1	21	87457.85	344	19
合计		4595	33472	33190	18241	6827	916	2712	2449	3	269	466	1307	11791	110	152	807	6	53	1511682.00	4877	66
合计中	驳回起诉	56	563	604				58	437		80	29									15	
	不予受理	9	201	205				22	152		26	5									5	
	管辖异议	69	1856	1887				83	1561		103	140				5	1				38	
	小计	134	2620	2696				163	2150		209	174				5	1				58	

2004年全省法院合同纠纷再审案件统计表

（表十）

单位：件（万元）

	旧存	收案	结案	在审结案件中														未结	
				判决		裁定					调解	其中						件数	其中
				维持	改判	发回重审	撤诉	驳回	终结	其他		开庭审理	当庭宣判	涉外	涉港	涉澳	涉台	诉讼标的的总金额（万元）		中止
买卖合同	33	162	152	43	73	4			2	16	14	45						3315.01	42	
房地产开发经营合同	7	292	207	45	145	2	1		2	12		164						6559.72	93	
供用电、水、气、热力合同		3																	2	
借款合同	51	332	292	57	142	6	5	1	7	73	1	55	2		7	1		26519.42	89	3
借用合同		3	3		2	1												2.00	1	
租赁合同	14	52	53	16	30	1				5	1	16						2496.42	14	
融资租赁合同		1	1								1	1							1	
承揽合同	7	19	23	9	11			1	1		1	11						333.81	4	
建设工程合同	17	88	84	20	38	5			4	10	7	15	1					6366.19	19	
运输合同	3	3	6	2	4							1								
技术合同		1	1		1							1						4.81		
知识产权合同																				
仓储、保管合同		3	2		2							1						20.41	1	
委托合同	1	8	7	1	3	1				2		1						902.10	3	
担保合同	2	8	6		4				1	1		1						50.00	3	
保险合同		6	4		3				1			1						59.00	2	
海商合同																			1	
经营合同	11	33	27	6	17	2			1		1	5						2002.41	17	
中外合作勘探开发自然资源合同																				
农村承包合同	3	25	23		13	2			1	5	2	1						309.48	5	
电信合同		1	1								1							28.00		
邮政合同																				
服务合同		3	3		1					2		2						104.00	1	
劳动争议		188	178	32	119	1			1	19	6	47						399.33	9	
劳务合同	1	6	5	3	1	1												10.00	2	
其他	11	150	129	46	54	10			1	15	3	15	1	1	2	1		12474.20	32	
合计	161	1387	1207	280	663	36	6	2	22	160	38	383	4	1	9	2		61956.30	341	3
其中：本院决定再审	109	903	845	132	499	31			19	136	28	275	1		9			47586.21	167	
其中：提审	5	54	34	2	14	1				16	1	23						3246.55	25	
其中：指令再审	19	110	98	26	64	1				4	3	30	1			1		1720.45	31	2
其中：抗诉	28	320	230	120	86	3	6	2	3	4	6	55	2	1		1		9403.10	118	1

2004年全省法院权属、侵权纠纷及其他民事一审案件统计表

（表十一）

单位：件（万元）

	旧存	收案	结案	在审结案件中													未结	
				判决	裁定				调解	移送	其中					诉讼标的总金额（万元）	件	其中
					驳回起诉	撤诉	终结	其他			当庭宣判	涉外	涉港	涉澳	涉台			中止
所有权及与所有权相关权利纠纷案件	872	7295	7277	4376	256	1559	4	67	977	38	297	8	23	1	1	113532.06	890	45
票据、证券权益纠纷案件	58	459	479	328	9	85		4	52	1	29	1		1		17143.01	39	
股东权纠纷案件	103	531	525	345	19	83	4	16	45	13	15	3	15	2	3	58803.42	109	2
知识产权	542	2534	1715	676	16	897	6	5	95	20	8	9	9	1	12	23293.04	1361	70
不正当竞争纠纷案件	60	114	102	59	1	29			10	3		3	2			3691.14	68	
海事侵权纠纷	27	94	86	48		19	6		13			7	10			5241.91	35	2
人身权纠纷案件	1620	25286	24460	16448	193	2672	17	296	4783	51	1189	6	26	1	2	129181.49	2450	51
特殊侵权纠纷案件	69	499	506	303	27	79	1	44	49	3	25					4270.29	61	2
其他海事侵权纠纷案件	3	13	10	7					3			1				360.41	6	2
其他	111	3525	3377	1881	86	984	3	121	287	15	94		21	1	2	97168.72	258	6
合计	3465	40350	38537	24471	607	6407	41	553	6314	144	1657	38	106	7	20	452685.49	5277	180
不当得利	48	578	579	306	12	216		7	34	4	18	1	2		1	14636.24	46	1
无因管理	5	13	19	11		8					1					90.42	1	
适用特别程序案件	1187	32586	32678	6111	965	617	7984	16943	13	45	15	33	24	4	3	1490087.83	1095	2
总计	4705	73527	71813	30899	1584	7248	8025	17503	6361	193	1691	72	132	11	24	1957499.97	6419	183

2004年全省法院权属、侵权纠纷及其他民事二审案件统计表

（表十二）

单位：件（万元）

	旧存	收案	结案	在审结案件中															未结	
				判决		裁定						调解	其中						件	其中
				维持	改判	发回重审	撤诉	驳回	终结	撤销原裁定	其他		开庭审理	当庭宣判	涉外	涉港	涉澳	涉台	诉讼标的的总金额（万元）		中止
所有权及与所有权相关权利纠纷	222	1445	1446	787	266	99	57	123		19	72	23	512	1	11	13	1	1	38614.72	214	5
票据、证券权益	7	76	83	43	13	5	6	11		1	3	1	10		2	2			18679.34	2	
股东权纠纷	35	191	195	114	40	4	13	16			5	3	34		1	11			40215.64	31	1
知识产权	130	337	332	203	41	3	20	35		4	4	22	285		6	4		2	13077.13	135	9
不正当竞争	9	47	40	16	7		4	13					23		1				2348.43	15	
海事侵权纠纷		22	21	5	5		2	9					6						236.30	2	
人身权纠纷	533	2851	2922	1511	871	136	157	57		14	21	155	1040	4	2	12		2	39570.74	460	4
特殊侵权纠纷	16	109	107	36	42	10	9	2		1	2	5	12	1					1860.36	18	
其他海事侵权纠纷		2	2	1		1							1						26.47		
其　他	347	2083	2124	978	421	98	153	305		75	38	56	517	2	32	27	2	1	11609.58	315	8
合计	1299	7163	7272	3694	1706	356	421	571		114	145	265	2440	8	55	69	3	6	166238.71	1192	27
不当得利	18	164	160	103	22	11	6	9		1	4	4	62		1				7008.87	20	
无因管理	1	5	5	4	1								2						2.60	1	
对驳回破产申请裁定上诉	1	8	9					9													
总　计	1319	7340	7446	3801	1729	367	427	589		115	149	269	2504	8	56	69	3	6	173250.18	1213	27
其中　驳回起诉	6	277	275				27	148		63	37				3					8	
不予受理		159	156				2	131		11	12									3	
管辖异议	7	279	279				17	239		7	16									7	
小　计	13	715	710				46	518		81	65				3					18	

2004年全省法院权属、侵权纠纷及其他民事再审案件统计表

（表十三）

单位：件（万元）

	旧存	收案	结案	在审结案件中														未结	
				判决		裁定					调解	其中						诉讼标的总金额（万元）	件数	其中
				维持	改判	发回重审	撤诉	驳回	终结	其他		开庭审理	当庭宣判	涉外	涉港	涉澳	涉台			中止
所有权及与所有权相关权利纠纷	22	89	79	15	34	11				16	3	17			1			1790.75	25	
票据、证券权益	4	2	5	1		3					1	2						2.31	1	
股东权纠纷		4	14	1	5	1				1	6					1		20.70	1	
知识产权																				
不正当竞争																				
海事侵权纠纷																				
人身权纠纷	194	257	259	13	222	5	1	1		12	5	20						376.22	190	
特殊侵权纠纷	1	9	5	1	3						1							13.00	5	
其他海事侵权纠纷																				
其　他	12	54	53	15	33					3	2	8			1			607.56	12	2
合　计	233	415	415	46	297	20	1	1		32	18	47			2	1		2810.54	234	2
不当得利	1	2	1			1												25.00	1	
无因管理																				
适用特别程序案件		1	1					1												
总　计	234	418	417	46	297	21	1	2		32	18	47			2	1		2835.54	235	2
其中　本院决定再审	35	196	177	29	98	10				29	11	41			1			1076.32	54	2
其中　提　审	4	11	13		1	9		1		2								1134.49	2	
其中　指令再审	4	11	12	4	7	1						5						212.80	3	
其中　抗　诉	191	200	215	13	191	1	1	1		1	7	1			1	1		411.93	176	

2004年全省法院行政一审案件统计表

（表十四）

单位：件（万元）

	旧存	收案	在收案中 单独提起行政赔偿	在收案中 附带提起行政赔偿	结案	在结案中 单独提起行政赔偿	在结案中 附带提起行政赔偿	在审结案件中 结案方式 判决 维持	判决 撤销 全部	判决 撤销 部分	判决 撤销 其中 具体行政行为重新作出	判决 变更	判决 履行法定职责	判决 确认合法或有效	判决 确认违法或无效	判决 驳回诉讼请求	判决 赔偿	判决 不予赔偿	裁定 驳回起诉	裁定 撤诉 原告主动撤诉	裁定 撤诉 被告改变原具体行政行为，原告撤诉	裁定 移送	裁定 终结	裁定 其他	行政赔偿调解	赔偿方式 返还原物恢复原状	赔偿方式 支付赔偿金	赔偿方式 其中 行政赔偿金额（万元）	其中 当庭宣判	其中 涉外	其中 涉港	其中 涉澳	其中 涉台	未结 件	未结 其中 中止
公安	19	527	13	33	533	6	31	129	37		2	4	3	2	11	119	3	3	88	97	13	6		17	1		3	39.89	28					13	
安全		10	3		10			1	1							1			5	1	1														
资源	40	786	18	50	739	6	48	201	141	11	28	1	12	1	8	84	3		171	64	7	13	3	19			1	6.43	9		1			87	2
城建	52	1086	14	39	1081	13	41	117	196	8	15	1	28	9	51	357	3		193	76	14	16		12			3	48.88	13	1	5			57	6
工商	14	152	6	9	155	6	4	41	11	2			5	1	2	30	1		22	27	7	2		4					1	2	1			11	
技术监督		16			14			4	4							2			2	1				1										2	
计划生育	1	69	2	1	68	2	2	15	4	1	1					4	2		4	3	1			34		1								2	
卫生		34	2	2	33	1	3	12	3						1	4	1	1		5				6			1	7.78						1	
药品		11			10			3	1										1	4		1							1					1	
能源		11			11				2										9																
农业		31			31			2	9		9					4			6		1			9					9						
物价	1	8	1		9	1		1								1			6	1															
环保		15		1	15			3								3			1	3	2			3											
交通	5	83	6	3	84	6	1	25	6	1			2		1	11	1		17	17	1			2			1	2.00	2					4	
信息电讯																																			
邮电																																			
专利	2	5	2		5	2		4												1														2	
商标																																			
版权																																			
税务		17			17			4	1					2					3	6				1											

（续表十四）

单位：件（万元）

	旧存	收案	在收案中		结案	在结案中		在审结案件中																										未结	
								结案方式																	赔偿方式			其中							其中
								判决											裁定																
									撤销		其中									撤诉							其中							
	旧存	收案	单独提起行政赔偿	附带提起行政赔偿	结案	单独提起行政赔偿	附带提起行政赔偿	维持	全部	部分	具体行政行为重新作出	变更	履行法定职责	确认合法或有效	确认违法或无效	驳回诉讼请求	赔偿	不予赔偿	驳回起诉	原告主动撤诉	被告改变原具体行政行为，原告撤诉	移送	终结	其他	行政赔偿调解	返还原物恢复原状	支付赔偿金	行政赔偿金额（万元）	当庭宣判	涉外	涉港	涉澳	涉台	件	中止
金融		3			3	1								1			1			1								3.50							
外汇																																			
海关（含商检）	15	36	7	3	48	18	2	15	6	1	1				1	3		1	3	13	1	3		1				80.30	3		1			3	
财政		1			1															1															
劳动和社会保障	4	649	4	1	632	2	1	278	92	24	37		11	1	1	98			36	75	6	4		6							1			21	3
审计																																			
经贸	3	4		1	7		1	2											4			1													
外贸		6			5											2			2	1											1			1	1
水利	1	8	1		6			2		1						1			1	1														3	
旅游																																			
烟草专卖		5			5			2					1							2															
司法行政	3	55	6		55	3		10	11		2		1	1	1	6			11	7	3			4					1					3	1
民政		30			30	14		1	6							4	13		2	1	1			2											
教育	3	37		1	37				11	1	2		3		1	9			8	4									1					3	
文化		2			2			1											1																
乡政府	5	128	10	5	129	12	4	30	8				5	1	3	55	3		6	14	2			2			2	69.46						4	1
其他	12	407	25	19	396	23	18	94	42	7	4	1	6		8	70	6	1	57	56	12	6		30			3	78.42	6	1	1			23	
合计	180	4232	120	168	4171	116	156	997	592	57	101	7	77	19	89	868	37	6	659	482	72	52	3	153	1	1	14	336.65	74	4	11			241	14

2004年全省法院行政二审、再审案件统计表

（表十五）　　　　单位：件

		旧存	收案	结案	在审结案件中															未结	
					判决		裁定						调解	其中						件	其中
					维持	改判	发回重审	撤诉	驳回	撤销原定指令立案审理	终结	其他		开庭审理	当庭宣判	涉外	涉港	涉澳	涉台		中止
二审	公安	15	275	278	178	33	3	4	43	5		12		74	1					12	
二审	土地	25	416	400	264	36	23	14	34	9		20		77				1		41	
二审	其他	83	1553	1540	922	157	60	37	264	38		62		499	11	18	21	2	1	96	
二审	合计	123	2244	2218	1364	226	86	55	341	52		94		650	12	18	21	3	1	149	
二审其中	单独提起行政赔偿	28	27	7	2			4			14		2						1		
二审其中	附带提起行政赔偿	1	36	33	15	2	2	3	8	2		1		5						4	
二审其中裁定	驳回起诉	11	152	157				3	111	19		24				5	6			6	
二审其中裁定	不予受理	6	152	149				2	123	17		7								9	
二审其中裁定	小计	17	304	306				5	234	36		31				5	6			15	
再审	公安		1	1	1									1							
再审	土地	2	20	13	2	5					1	5		1						9	
再审	其他	1	30	25	6	3	5					10	1	10						6	
再审	合计	3	51	39	9	8	5				1	15	1	12						15	
再审其中	单独提起行政赔偿																				
再审其中	附带提起行政赔偿		1	1	1									1							
再审其中	本院决定再审	3	35	28	3	8	5				1	11		4						10	
再审其中	提审		1	1	1																
再审其中	指令再审		6	5	1							4		5						1	
再审其中	抗诉		9	5	4								1	3						4	

2004年全省法院申诉、申请再审案件统计表

（表十六）　　　　单位：件

		旧存	收案	结案	在审结案件中											未结
					驳回	撤诉	裁定或决定			终结	其中	其中	审查时间			
							本院决定再审	提起再审	指令再审			听证	不满三个月	三个月以上不满六个月	六个月以上	
刑事		181	554	574	504	2	29	7	2		30	28	421	105	48	161
民事	婚姻家庭、继承	232	449	479	400	16	37	7			19	17	235	215	29	202
	合同	1165	5516	5845	4787	67	642	140	48	10	151	377	4511	813	521	836
	权属及侵权	1009	2804	2735	2392	20	162	72	29	6	54	373	1861	672	202	1078
	适用特别程序	1	16	14	9	1					4		13	1		3
行政		212	500	514	450	7	29	6		4	18	46	347	99	68	198
其他		45	318	308	165	8	16	1		6	112	22	245	38	25	55
合计		2845	10157	10469	8707	121	915	233	79	26	388	863	7633	1943	893	2533
其中	海事海商	29	2	30	30								30			1
	知识产权	5	3	7	4		3						7			1

2004年全省法院赔偿案件统计表

（表十七） 单位：件（万元）

	旧存	收案	结案	在审结案件中				决定赔偿案件中赔偿案由												其中				赔偿金额（万元）	未结	
				撤回赔偿请求	决定赔偿	决定不赔偿	其他	错误刑事拘留	错误逮捕	错捕错判共同赔偿	再审改判无罪	刑讯逼供致人伤害、死亡	使用暴力、唆使他人使用暴力	违法使用武器、警械致人伤害、死亡	违法查封、扣押、冻结、追缴	错判罚金、没收财产	违法司法拘留、拘传、罚款	错误执行	其他	涉外	涉港	涉澳	涉台		件	其中：中止
刑事赔偿案件：法院为赔偿义务机关	5	27	27	8	11	3	5	1	1	2	7										1			55.89	5	
刑事赔偿案件：法院赔偿委员会受理：请求法院赔偿：不服赔偿义务机关决定	2	10	10	2	4	1	3		1	2	1													7.50	2	
刑事赔偿案件：法院赔偿委员会受理：请求法院赔偿：赔偿义务机关逾期不作决定																										
刑事赔偿案件：法院赔偿委员会受理：请求法院赔偿：小计	2	10	10	2	4	1	3		1	2	1													7.50	2	
刑事赔偿案件：法院赔偿委员会受理：请求其他机关赔偿：请求检察院	3	22	16	4	6	3	3		5	1														15.36	9	
刑事赔偿案件：法院赔偿委员会受理：请求其他机关赔偿：请求公安机关	7	25	24	1	11	3	9	9	1						1									0.67	8	
刑事赔偿案件：法院赔偿委员会受理：请求其他机关赔偿：请求安全机关		1	1				1																			
刑事赔偿案件：法院赔偿委员会受理：请求其他机关赔偿：请求监狱管理机关																										
刑事赔偿案件：法院赔偿委员会受理：请求其他机关赔偿：小计	10	48	41	5	17	6	13	9	6	1	–				1									16.04	17	
刑事赔偿案件：合计	17	85	78	15	32	10	21	10	8	5	8				1						1			79.43	24	
非刑事司法赔偿案件：法院为赔偿义务机关	1	43	39		2	26	11												2					0.01	5	1
非刑事司法赔偿案件：法院赔偿委员会受理：请求人不服赔偿义务机关决定	1	13	11	4		2	5																		3	
非刑事司法赔偿案件：法院赔偿委员会受理：赔偿义务机关逾期不作决定赔偿	1		1				1																			
非刑事司法赔偿案件：法院赔偿委员会受理：小计	2	13	12	4		2	6																		3	
非刑事司法赔偿案件：合计	3	56	51	4	2	28	17												2					0.01	8	1
总计	20	141	129	19	34	38	38	10	8	5	8				1				2		1			79.43	32	1

第三章　法院工作改革

2004年，全省法院继续深入贯彻落实最高法院《人民法院五年改革纲要》，大力推进以再审诉讼制度改革和执行工作改革为主要内容的诉讼制度改革，以司法审判管理、司法政务管理、司法人事管理为主要内容的司法管理制度改革和司法工作运行机制改革，制定施行了一系列改革措施，努力建立科学、公正、高效的审判工作运行和管理机制，积极探索在法律规定的范围内实行改革的新措施，以改革保公正，以改革促效率，以改革求发展，促进了法院工作的深入发展，保证了各项审判和执行工作的健康发展，取得了显著的成效。

一、深化审判方式和审判管理制度改革，建立权责统一的审判工作机制

2004年，全省法院在总结前些年开展审判方式和审判管理制度改革的基础上，不断深化审判方式改革，全面落实公开审判制度，强化庭审功能，继续推行"控辩式"、"诉辩式"的庭审方式，逐步完善民事案件庭前证据交换制度，加大调解力度，依法扩大适用简易程序审理民事、刑事案件的范围，促进了审判效率的不断提高。2004年全省基层法院适用简易程序审理民事案件的比率达到63%，法定期限内审结率达到了99%。不断改革和完善审判管理制度，全面落实公开审判和公开执行原则，实行立审分立、审执分立、审监分立，推行审判流程管理制度，积极运用计算机和网络技术开展审判流程管理，强化对审判、执行活动的管理监督，建立起了权责明确、相互配合、相互监督、高效运转的审判运行管理制度，促进了工作质量和效率的不断提高。2004年，全省法院审限内结案率达到99.1%，比上年提高了1.4个百分点，二审改判率19.4%，比上年下降了2.4个百分点。积极开展审判组织改革，在明确合议庭和审判委员会的职责分工，逐步取消院长、庭长层层审批案件制度的基础上，全面完成了审判长选任工作，改革审判委员会工作制度，明确审判委员会的工作职责。深入开展裁判文书改革，努力增强裁判文书的说理性和公开性，试行裁判文书公开上网。

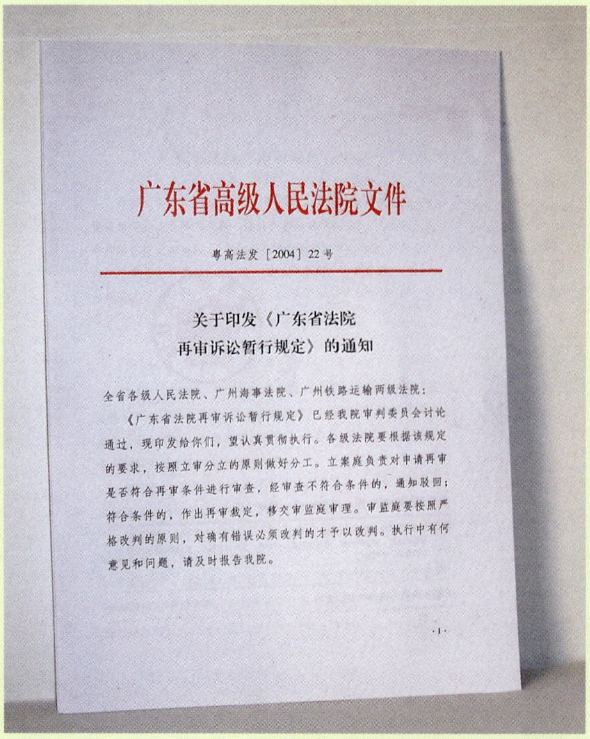

广东省高级人民法院文件

粤高法发〔2004〕22号

关于印发《广东省法院再审诉讼暂行规定》的通知

全省各级人民法院、广州海事法院、广州铁路运输两级法院：

《广东省法院再审诉讼暂行规定》已经我院审判委员会讨论通过，现印发给你们，望认真贯彻执行。各级法院要根据该规定的要求，按照立审分立的原则做好分工。立案庭负责对申请再审是否符合再审条件进行审查，经审查不符合条件的，通知驳回；符合条件的，作出再审裁定，移交审监庭审理。审监庭要按照严格改判的原则，对确有错误必须改判的才予以改判。执行中有何意见和问题，请及时报告我院。

·1·

二、深化再审诉讼制度改革，确保公正高效司法

由于现行立法对审判监督程序仅有原则性规定，未能根据审判监督程序的特点设立相应的独立、明确、具有可操作性的程序，导致各地法院实际操作中在立案标准、是否开庭、是否进行证据交换等问题上做法不一，也导致一些案件多次申诉、多次再审。为此，省法院在参考、借鉴其他兄弟省市制定的有关规定和外国的再审制度，广泛征求全省各中院和部分基层法院的意见，以及有关学者和有关部门意见的基础上，经过反复讨论，于2004年10月制定实施了《再审诉讼暂行规定》，确定了"有诉必理"、"可能有错立案"、"确有错误依法纠正"等原则，从再审诉讼的一般原则、管辖、申请与立案、审判等方面对申请再审的主体和期限、申请再审案件的管辖、裁定立案再审的条件、再审改判的条件等作了详细规定，明确了可进入再审程序的六类案件45种情形和不予再审的17种情形；创造性地提出把"可能有错"确定为再审立案的标准，克服了原再审立案标准要求原生效判决"确有错误"标准过高、将立案标准与再审改判标准混同的缺陷，降低了进入再审的门槛，拓宽了当事人申诉进入再审的渠道，依法保证了当事人的申诉权，为解决"申诉难"提供了制度依据。同时，赋予案外人申请再审的权利，让案外人直接介入到原生效裁判的再审之中，有效保护其合法权益；规定进入再审后，当事人提出中止执行申请并提供足额财产担保的，人民法院可以决定中止执行，或根据案件的情况决定中止执行，克服原作出再审裁定一律中止执行的做法可能导致当事人滥用再审申请权损害对方当事人权利的弊端。《再审诉讼暂行规定》的制定在全国属首创，是深化审判监督改革，实现申诉与申请再审模式诉权化、程序化、法定化的积极探索，在全国反响良好，得到了最高法院的肯定。2004年11月，省法院召开全省法院审判监督工作座谈会，检查

《再审诉讼暂行规定》的落实情况，要求全省法院正确认识新形势对审监工作的要求，有效实施对可能有质量问题的案件的监督，深入探讨进一步加强再审诉讼和案件质量监督两项工作的意见，努力破解“申诉难”。

三、深化执行工作改革，着力破解“执行难”

2004年，全省法院努力推进执行工作改革，采取有力措施，加大执行力度，增强执行能力，努力提高案件执结率。一是继续完善统一管理、统一协调的执行工作管理体制，强化省法院对全省法院执行工作的领导和管理职权。通过规范提级执行、交叉执行、指定执行，或由上级法院统一指挥进行联合执行，排除地方保护主义的干扰，力克“钉子案”、“骨头案”。二是强化执行职能，强调如果债权人不能提供被执行人财产线索，法院仍要依职权主动调查，并将调查情况告知债权人，充分发挥人民法院在执行中的职能作用；三是继续完善执行听证、合议、执行长会议讨论、审判委员会讨论决定重大执行事项制度，较好地解决以往权力过于集中、缺乏监督的弊端，进一步强化执行工作各环节的有效管理、控制和监督，形成有效制约的机制。四是全面规范委托评估、拍卖工作，制定《关于委托评估、拍卖工作的若干规定》，对评估、拍卖机构的选定和评估、拍卖的程序作出具体规定，确保执行权公正、高效行使，进一步提高了人民法院委托评估、拍卖工作的透明度和公信力，确保执行公正，依法保护当事人的合法权益。五是创新执行方法，加大强制执行力度。对赖债不还者实行限制高消费和上网曝光；对被执行人财产实行悬赏举报制度；积极建立与政府职能部门的财产协查机制，加大对被执行人财产的调查力度；穷尽执行措施，规范中止执行，对中止执行案件实行“四查一告知”制度；依法追究赖债者的刑事责任。对拒不履行法院判决裁定构成犯罪的赖债者依法追究其刑事责任；对暴力抗拒法院执行的抗法者依法予以严惩。

▲4月27日至29日，全省法院规范执行工作会议在佛山市顺德区召开。

六是严格规范执行款管理。在全省法院深入开展执行款管理专项检查行动，制定下发了《关于执行款管理工作的若干规定（试行）》，强调执行款管理工作的重要性，要求实行专人专户、专款专付、人款分离、转账收款、转账支付，执行部门和财务部门互相制约，严格审批付款制度，引入当事人监督机制，提出加强人民法庭收、付执行款的管理和试行执行员调离时进行审计的制度。最高人民法院专门在深圳市召开全国法院执行款管理现场会予以推广。七是强化执行流程管理，全面推行挂牌督办、“打包执行”以及实行超期执行周报、月报和预警等项制度，解决超期限执行。这些做法受到了最高法院的充分肯定，并在全国法院执行工作座谈会上作了经验介绍。

四、全面落实“司法为民”要求，扎实推进便民、利民工作

▲3月15日，省法院、广州中院、广州市越秀区法院在广州市西湖路联合举办“广东省法院3·15国际消费者权益法律咨询活动”。

为切实执行好2003年省法院提出的42项司法为民措施，全省法院以实现“立案便捷、审理透明、执行有力、监督到位”为目标，深入开展立案、信访两个“文明窗口”建设活动，共有15个中级法院和80个基层法院建立了公众服务大厅，设置有立案、资料收转、案件查询、接待接访、阅卷和便民服务等功能，为公众和诉讼参与人办理从立案到案件审结的有关手续提供一体化的服务。积极推广假日法院、速裁法庭、巡回办案、预约立案、异地立案、双休日立案、当值法官制度等好经验、好做法，大力营造落实各项司法为民措施的氛围，受到当事人的普遍欢迎。积极探索建立处理涉诉上访、申诉案件工作机制，在全省法院推行信访首接负责制、信访案件流程管理、重大信访情况报告和应急处理等项制度，初步建立起了“信息灵敏、反应快捷、责任明确、措施有力”的工作机制。深入开展集中处理涉诉上访案件活动，2004年，全省法院共集中排查出重大涉诉上访案件2199件，妥善处理1097件，未发生一起严重影响社会稳定的事件。省法院探索制定《创建立案、信访两个“文明窗口”考核验收标准》，分思想认识、基本设施和功能、工作制度和行为规范四部分，进一步规范全省法院的立案、信访工作。加强对弱势群体的保护，对涉及劳动者、消费者、就医者等弱势群体利益的案件，实行优先受理、优先审理、优先执行，积极运用司法手段维护他们的合法权益。2004年，共对29129件案件的当事人实行了诉讼费缓减免，减免金额达2796.28万元。加强对未成年人刑事案件的指导工作，制定了《关于加强未成年人刑事审判工作的指导意见》，规定了对符合条件的未成年被告人实行暂缓判决等新举措，依法促进对未成年被告人和罪犯的教育、挽救和改造工作。

▲6月17日，全省法院信息化建设工作会议在省法院召开。

五、深入推进规范化建设，不断巩固提高改革成果

2004年，全省法院坚持“依法、便民、廉洁、高效”的原则，深入推进规范化建设，努力建立健全各项工作监督管理制度，从加强管理监督、加大规范力度的角度促进改革进程，巩固改革成果，提升全省法院工作管理水平。2004年5月，省法院制定完成了本院机关《工作规范》，建立起了涵盖审判和执行工作、司法政务、队伍建设、后勤保障等各项工作的制度规定，全面清理完善原有的各项规章制度，对省法院各项工作实行全方位、规范化的管理，巩固了各项已有的改革措施，并确立了一系列新的改革措施，推动了改革工作的深入开展。各中院和基层法院也都深入开展规范化建设，建立健全各项监督管理制度。至2004年底，全省各中级法院和绝大多数基层法院制定了《工作规范》，基本上实现了以制度保公正、促效率、树形象、求发展的目标要求。在2004年11月省委政法委组织召开的全省政法机关规范化建设情况交流会上，佛山市南海区法院等5个法院作了经验介绍，得到了省委领导的充分肯定。2004年6月，省法院召开了全省法院信息化建设工作会议，要求各级法院以信息化建设促进规范化建设的深入实施，努力运用计算机和网络信息技术，开展审判流程管理和其他工作管理，建立权责明确、相互配合、相互监督、高效运转的审判运行管理制度，提高管理的科技含量，提升管理的层次和水平。截至2004年底，全省共有6个中院建立了对外门户网站，72个法院建立起局域网，实现了将“四排定”（即排定合议庭、承办法官、开庭时间和法庭）等情况在网上公布，当事人只要上网即可查询到与案件开庭审理相关的信息，既有效提高了管理效率和质量，也大大提升了审判活动的公开性和透明度。

▲省法院立案庭法官接待当事人。

六、积极开展人事管理制度改革，推进法官职业化建设

2004年，全省法院深入开展人事管理制度改革，法官职业化建设取得了初步成效。积极探索法官助理改革的新路子，我省的深圳中院、海事法院、深圳市罗湖区法院被确定为全国推行法官助理工作的首批试点单位，其中深圳中院还被确定为全国首家法官职业化改革试点单位。大力推行书记员单独序列管理，省法院与省委组织部、人事厅共同转发了中央组织部、人事部、最高法院《人民法院书记员管理办法（试行）》，提出了贯彻意见，全省法院的书记员已基本实现了单独序列管理。优化法官来源渠道，向社会公开招聘法官和其他工作人员，省法院通过笔试、面试、考察等程序面向全国公开招考了30名审判人员，向国家法官学院公开招聘了19名大专以上学历的合同制书记员，并试行向社会公开招聘法警，充实了队伍，提高了人才的层次，初步形成了法院工作人员分类管理模式。省法院出台了《干部人事管理暂行办法》，对干部录用、干部考核、干部选拔任用、干部调动、干部轮岗、干部辞退、考勤等作出了明确具体规定。

2004年广东省各级人民法院立功受奖的单位和个人

一、2004年度获省部级以上表彰的单位和个人名单

2004中国十佳人民法庭
东莞市人民法院东城法庭
全国法院指导人民调解工作模范人民法庭
佛山市顺德区人民法院容桂法庭
东莞市人民法院东城法庭
全省打击走私先进集体
广东省高级人民法院刑二庭
深圳市中级人民法院刑二庭
人民法院执行工作先进集体
广东省高级人民法院执行局
广州市东山区人民法院执行局
全国法院系统行政审判工作先进集体
广东省高级人民法院行政庭
深圳市福田区人民法院
人民法院纪检监察工作先进集体
梅州市中级人民法院纪检组监察室
广州市中级人民法院纪检组监察室
全国优秀“青少年维权岗”
佛山市南海区人民法院
兴宁市人民法院
全国法院财务管理工作先进单位
广东省高级人民法院
全国十杰法官（提名奖）
广州市天河区人民法院刑庭副庭长丁卫红
中国优秀青年卫士（提名奖）
中山市中级人民法院刑二庭庭长崔燕
全国“三八”红旗手
广州市天河区人民法院刑庭副庭长丁卫红
佛山市中级人民法院民一庭审判员黄学军
广东省“三八”红旗手
中山市中级人民法院刑二庭庭长崔燕
个人一等功
广东省高级人民法院副院长陈华杰
广东青年五四奖章
东莞市人民法院东城法庭庭长苏卫东
全国五一劳动奖章
广州市天河区人民法院刑庭副庭长丁卫红
广东省五一劳动奖章
广东省高级人民法院民二庭副庭长王建平
全省打击走私先进个人
广州市中级人民法院刑二庭审判员刘惠玲
珠海市中级人民法院刑一庭副庭长陈晓军
人民法院执行工作先进个人
佛山市顺德区人民法院执行局局长陈跃北
东莞市中级人民法院执行局助审员姚勇刚
全国法院系统行政审判工作先进个人
广州市中级人民法院行政庭庭长刘跃南
韶关市中级人民法院行政庭庭长吴伟成
人民法院纪检监察工作先进个人
汕头市中级人民法院纪检组副组长、监察室主任曾宪贵
湛江市中级人民法院纪检组组长朱宗华
广州市中级人民法院监察室纪检监察员王江
全国优秀“青少年维权岗”创建活动先进个人
广州市中级人民法院少年合议庭审判长赵俊

二、2004年度全省法院纪检监察先进集体和优秀纪检监察干部名单

(一) 集体三等功（1个）
梅州市中级人民法院监察室
(二) 先进集体（22个）
广东省高级人民法院监察室三室
广州市中级人民法院监察室
汕头市中级人民法院监察室
东莞市中级人民法院监察室
茂名市中级人民法院监察室
韶关市中级人民法院监察室
揭阳市中级人民法院监察室
潮州市中级人民法院监察室
云浮市中级人民法院监察室
阳江市中级人民法院监察室

湛江市中级人民法院监察室
中山市中级人民法院监察室
广州市黄埔区人民法院监察室
深圳市福田区人民法院监察室
英德市人民法院监察室
惠东县人民法院监察室
江门市新会区人民法院监察室
龙川县人民法院监察室
佛山市南海区人民法院监察室
广宁县人民法院监察室
汕尾市城区人民法院监察室
珠海市香洲区人民法院监察室

（三）记个人三等功（2名）

江燕玲（女） 省高级人民法院监察室副主任科员
赖少雄 佛山市顺德区人民法院监察室副主任

四、全省法院优秀纪检监察干部（34名）

王　江（女） 徐海发 曾宪贵 陈昌武
邱国光 龙光新 苏少红（女） 陈华科
骆红毅（女） 陈阜东（女） 马勤乐 林国儒
徐建伟 林永强 李守贵 刘光华
李祖强 叶有能 樊卫华 钟昌纯
张学浓 冯汉成 黄伟文 郑章新
邓正文 张泽光 曾志光 梁杏和
苏镇鹏 刘　越 苏启荣 陈　湘
吴志民 罗嘉浩

三、2004年度全省法院调研、信息工作先进单位和优秀信息员、司法统计员及优秀调研成果名单

（一）全省法院调研工作先进单位（15个）

广州市中级人民法院 深圳市中级人民法院
佛山市中级人民法院 珠海市中级人民法院
梅州市中级人民法院 东莞市中级人民法院
广州市番禺区人民法院 深圳市罗湖区人民法院
汕头市澄海区人民法院 佛山市三水区人民法院
江门市蓬江区人民法院 高州市人民法院
清远市清城区人民法院 东莞市人民法院
中山市人民法院

（二）全省法院信息工作先进单位（15个）

广州市中级人民法院 汕头市中级人民法院
深圳市中级人民法院 佛山市中级人民法院
梅州市中级人民法院 揭阳市中级人民法院
茂名市中级人民法院 江门市中级人民法院
河源市中级人民法院 阳江市中级人民法院
佛山市顺德区人民法院 佛山市禅城区人民法院
高州市人民法院 佛山市南海区人民法院
广州市东山区人民法院

（三）全省法院优秀信息员（10人）

陈永平（广州中院） 林思浩（汕头中院）
岳燕妮（深圳中院） 陈笑尘（佛山中院）
黄伟玲（梅州中院） 陈小强（揭阳普宁市法院）
叶　滢（茂名中院） 赵杏媛（江门鹤山市法院）
朱建华（河源和平县法院） 关天国（阳江中院）

（四）优秀司法统计员（10人）

郑英豪（佛山中院） 唐国丽（广州中院）
黎小域（梅州中院） 邬云利（珠海中院）
张林（汕头中院） 欧卫慧（茂名中院）
罗丽珍（东莞中院） 毛可安（湛江中院）
林　兵（韶关中院） 吴海燕（揭阳中院）

（五）优秀调研成果（30篇）

一等奖

1. 关于强化金融监管和金融债权的司法保护，进一步防范化解金融风险的调研报告（省法院民二庭）
2. 涉“三来一补”企业纠纷若干法律问题研究——以东莞市为典型的实证与理论考察（东莞中院）

二等奖

1. 维护劳动者合法权益，构建和谐劳动关系——广东劳动争议案件的现状及处理对策（省法院民一庭）
2. “入世”后广东知识产权司法保护面临的新问题及对策研究（省法院民三庭）
3. 广东涉港澳民商事审判工作的发展状况、存在问题及其对策与建议（省法院民四庭）
4. 关于全省法院开展未成年人审判工作的调研报告（省法院研究室）
5. 关于佛山市两级法院开展规范化建设情况的调研报告（佛山中院）

三等奖

1. 审理涉港澳刑事案件适用法律若干问题研究（省法院刑一庭）
2. 关于规范破产审判工作、完善破产审判机制的调研报告（省法院民二庭）
3. 关于城市建设行政案件中补偿问题的调研报告（省法院行政庭）
4. 当前法官违纪违法原因探析与对策（省法院监察室）
5. 关于加强人民法院督查工作的调研报告（省法院办公室）

6. 广州法院涉诉上访情况的调研报告（广州中院）
7. 关于消除超审限案件对策的调研报告（深圳中院）
8. 关于民事调解机制改革情况的调查报告（佛山市三水区法院）

优秀奖

1. 全省法院案件审理周期抽样调查报告（省法院立案庭）
2. 关于构建再审之诉的调研报告（省法院审监庭）
3. 关于我省法院书记员管理体制改革的调研报告（省法院书记员处）
4. 关于全省法院法官职业化建设情况的调研报告（省法院政治部）
5. 我省人民法庭建设情况调查报告（省法院行装处）
6. 论超审限之客观成因及其应对（广州中院）
7. 关于我市法院规范执行工作情况的调查报告（江门中院）
8. 关于中小型企业债务情况的调查报告（梅州中院）
9. 茂名市法院落实司法为民措施、狠抓司法公正的调研报告（茂名中院）
10. 关于我市法院执行的行政机关欠债案件的调研报告（阳江中院）
11. 公正司法呼唤规范监督——湛江市中级法院2003—2004年承办人大代表建议案有关情况的调研报告（湛江中院）
12. 珠海市破产案件审理工作的难点与对策（珠海中院）
13. 关于广州火车站刑事犯罪的调研报告（广铁中院）
14. 关于农村城市化过程中不动产遗留问题的调查报告（汕头中院）
15. 关于人民法院为发展壮大县域经济提供司法保障的调研报告（潮州中院）

四、2004年度全省法院新闻宣传工作先进单位和优秀新闻联络员名单

（一）全省法院新闻宣传工作先进单位

广州市中级人民法院　深圳市中级人民法院
汕头市中级人民法院　佛山市中级人民法院
梅州市中级人民法院　肇庆市中级人民法院
中山市中级人民法院　茂名市中级人民法院
阳江市中级人民法院　广州海事法院

（二）全省法院优秀新闻联络员

杨晓梅　王华兵　徐志锋　宿华文　李海荣
吕　强　关小健　李志金　关天国　胡后波
曹志明　张　敏　李　理　欧伟平　王家明

五、“2004年广东法院好新闻评选”获奖名单

特别奖（2篇）

1. **原梅州市兴宁法院法官石伟文生前先进事迹系列报道**

作者：黄日飞、邓新建、曾庆春、林　洁、孙　剑
苏　鹏、吴伟光、黎　辉、梁　音、张慧鹏、
周华娆、赵华、李志金等。
发表媒体：各大新闻媒体
报送单位：中央驻粤新闻单位、省主要新闻单位、省法院新闻办公室联合报送

2. **广东国投破产案系列报道**

作者：曾庆春、邓新建、黄日飞、林　洁、孙　剑
黎　辉、吴伟光、梁　音、苏　鹏、王　芮
张慧鹏、周华娆、赵华、朱丽斯
发表媒体：各大新闻媒体
报送单位：中央驻粤新闻单位、省主要新闻单位、省法院新闻办公室联合报送

一等奖（5篇）

1. **《借鉴国内外经验加强民商案件调解 深圳建立调解新模式》**

发表媒体：人民法院报
作者：李汝健、王华兵
推荐单位：深圳中院

2. **《执行法官的一天》（影视作品）**

发表媒体：广东电视台
作者：脱学叶、刘靖、邬耀广、杨晓梅
推荐单位：广州中院

3. **《“冰棍现象”是怎样避免的——广东蕉岭县法院审理企业破产案纪实》**

发表媒体：人民日报
作者：黄日飞
推荐单位：人民日报华南分社

4. **《法官门槛提高 断层现象日甚》**

发表媒体：南方日报
作者：曾庆春、梁锐（实习生）
推荐单位：南方日报

5. **《企业破产不停产 职工换岗不下岗》**

发表媒体：法制日报
作者：邓新建、章宁旦、殷水泉
推荐单位：法制日报社广东记者站

二等奖（10篇）

1. **《执行：莫雪兰三个“没想到”》**
   发表媒体：人民法院报
   作者：张慧鹏、任建新
   推荐单位：肇庆中院
2. **《中国法官执法公正令人敬佩!》**
   发表媒体：中国交通报
   作者：胡后波
   推荐单位：广州海事法院
3. **《打官司要考虑诉讼成本》**
   发表媒体：人民日报
   作者：黄日飞、李志金
   推荐单位：梅州中院
4. **《广州天河区法院法官丁卫红被评为全国模范法官昨从北京载誉归来 铿锵玫瑰一年结案300件》**
   发表媒体：信息时报
   作者：李朝涛、邬耀广、杨晓梅、奥国平、黄焕葆
   推荐单位：广州中院
5. **《全国首宗试管婴儿案一审判决》**
   发表媒体：法制日报
   作者：邓新建、宿华文
   推荐单位：汕头中院
6. **《珠海香洲区法院审理“出嫁女状告村委会”案件，维护出嫁女征地分红权的相关报道》（影视作品）**
   发表媒体：中央电视台
   作者：邵锐炼
   推荐单位：珠海中院
7. **《南山法院发挥人民陪审员作用开展审判工作》（影视作品）**
   发表媒体：中央电视台
   作者：李文海、徐志锋、杨洪涛
   推荐单位：深圳中院
8. **《优先清偿欠薪面临法律缺位》**
   发表媒体：南方日报
   作者：曾庆春
   推荐单位：南方日报
9. **《关注执行——佛山市中级法院执行工作的调查》**
   发表媒体：人民法院报
   作者：姜联润、杨树明、杨葵、陈笑尘
   推荐单位：佛山中院
10. **《省高院院长吕伯涛承诺广东率先解决执行难把老赖们送上网曝光》**
    发表媒体：羊城晚报
    作者：林洁、曾璇、黄丽娜、任宣
    推荐单位：羊城晚报

三等奖（20篇）

1. **《法官走出院门去赶墟 广东四会法院“巡回立案”方便群众》**
   发表媒体：人民日报
   作者：任建新、杨岭锋
   推荐单位：肇庆中院
2. **《做个“快乐法官”东城法庭庭长苏卫东被评为“全国模范法官”》**
   发表媒体：南方都市报
   作者：徐智慧、王家明
   推荐单位：东莞中院
3. **《判决书有了庄重封面花都法院在全省率先推出这一改革，有助法官责任心促进司法公正》**
   发表媒体：南方都市
   作者：赖颞宁、姚义堂、韩英
   推荐单位：广州中院
4. **《记者目击法院清案倒计时非常时期：刑事法庭庭长的一天》**
   发表媒体：新快报
   作者：杜宇轩、邬耀广、杨晓梅
   推荐单位：广州中院
5. **《法重如山清正守廉铸就人民满意的好法院》**
   发表媒体：《瞭望》新闻周刊
   作者：李典玮、张厚依
   推荐单位：广州中院
6. **《IP地址首次作证，网民败诉》**
   发表媒体：南方日报
   作者：郑君、赵南坚、曾庆春、阳静、毛智明
   推荐单位：阳江中院
7. **《快审快结　乐了民工》**
   发表媒体：法制日报
   作者：邓新建、张慧鹏、关天国
   推荐单位：阳江中院
8. **《“公开”带来刑审“0积案”》**
   发表媒体：人民日报
   作者：黄日飞、张慧鹏、吕强
   推荐单位：茂名中院
9. **《是“天灾”还是“人祸”》**
   发表媒体：人民法院报
   作者：宿华文
   推荐单位：汕头中院
10. **《越南孙媳中山劫杀奶奶中山法院首次同声传译审理犯人，凶手被判无期并驱逐出境》**
    发表媒体：南方都市报
    作者：李天天、洪文、林沛瑜
    推荐单位：中山中院
11. **《法官灵机一动千里汇欠薪》**
    发表媒体：南方日报
    作者：曾庆春、张赞天、阮锦平

推荐单位：江门中院

12. 《龙岗法院推出“文明窗口”新举措信息化建设实现远程异地立案》

发表媒体：人民法院报

作者：张华

推荐单位：深圳中院

13. 《走人才强院之路——深圳宝安区法院队伍建设纪实》

发表媒体：人民法院报

作者：李汝健、王华兵、米勇

推荐单位：深圳中院

14. 《省高院司法建议　保护小业主权益》

发表媒体：南方日报

作者：曾庆春、卢玉超

推荐单位：肇庆中院

15. 《诉讼风险告知》

发表媒体：广东电视台

作者：脱学叶、刘靖

推荐单位：广东电视台

16. 《为逃官司谎称得“非典”者被法院拘留》

发表媒体：广州电视台

作者：王芮

推荐单位：广州电视台

17. 《海丰法院“怪事多”》

发表媒体：人民日报

作者：黄日飞、张慧鹏、戚本祁

推荐单位：人民日报华南分社

18. 《佛山涉外审判开出一片新天地》

发表媒体：人民法院报

作者：陈笑尘

推荐单位：佛山中院

19. 《百姓有冤尽可放心大胆告》

发表媒体：羊城晚报

作者：林洁、周华娆

推荐单位：羊城晚报

20. 《庭前细调解　审判释法理》

发表媒体：人民法院报

六、广东省高级人民法院 2004 年度立功、先进集体和个人

（一）立功、先进集体

1. 先进庭、处、室（8 个）

办公室　刑事审判第一庭　民事审判第一庭
民事审判第二庭　审判监督庭　研究室
司法行政装备管理处　机关党委办公室

2. 记集体三等功合议庭（1 个）

立案庭第七合议庭

3. 先进科组（9 个）

刑事审判第二庭第八合议庭
民事审判第三庭庭长办公室
民事审判第四庭第二合议庭
行政审判庭庭长办公室
书记员处“民三庭跟案小组”
监察室三室
法警总队警政科
法官（培训）学院教育培训部
机关服务中心会议中心

（二）立功、先进个人

4. 记个人二等功（3 名）

吴铭泽　王　静　叶佐林

5. 记个人三等功（9 名）

杨建平　廖云海　郑兆麟　李　毅　陈学勇
吴铁城　陈吉生　李　继　黄建屏

6. 先进工作者（64 名）

刘清松　霍　敏　邱文宽　古锡麟　李　季
王海清　宾毅成　李平昌　余创基　屈　伸
姚卓梅　焉丽英　刘海文　杨文捷　刘孟浪
姜成罗　邓　宏　郭桂清　王一民　尹　宁
刘慧卓　崔志伟　史尊魁　文建平　李震东
林小娴　邱　丹　林广海　侯向磊　林俊盛
方　明　孙桂宏　陈东茹　邓敏波　陈小虎
钟向芬　何曲伟　刘　峰　李晓奋　刘祥发
王晓明　梁春祥　何晓敏　张慧鹏　龚肖兰
丘琼芬　胡跃丰　谢贤明　梁丽珠　黄伟锋
冯　强　陈学斌　韦广林　陈小雅　许文余
罗荣辉　李泽珍　何广珠　张润方　罗建良
莫日富　李　婷　周义良　薛卫东

第五章　基层工作

全省法院高度重视基层建设，把推进基层工作作为法院工作的重中之重，采取各种有效措施，加大基层工作力度，不断提高基层工作水平。积极争取各级党委、人大和政府对法院基层基础建设的支持，按照最高法院的各项要求和部署，全力解决基层法院在建设资金、用地、审批及减免税费等方面的困难和问题，努力改善基层工作条件，取得显著成效。大力推进基层司法能力建设，不断增强基层队伍的创造力和战斗力，推动基层各项工作的向前发展。

一、加强领导，精心部署

全省法院深入贯彻全国加强基层建设工作会议精神，采取有力措施大力推进基层建设。省法院分别在1月和7月，召开全省法院人民法庭工作会议和全省法院进一步加强基层建设工作会议，明确了用三至四年时间，全面完成基层法院及人民法庭建设任务，基本实现“规范化、信息化、现代化”的目标。要求结合我省基层审判和执行工作的实际，在实现案件上诉率、发回率、改判率和申诉率“四个明显下降”上狠下工夫，在提高诉讼调解率上狠下工夫，在切实解决人民群众反映强烈的问题上狠下工夫，在全面落实司法为民要求上狠下工夫，在加强对疑难、复杂法律问题的研究上狠下工夫。进一步加强对基层工作的组织领导，实行基层建设包片负责制度，为每一位院领导确定2-3个中院作为基层工作联系点，有效指导各地法院加强基层建设。为切实解决基层建设中存在的突出困难和问题，向省委提出了开创基层建设新局面的报告，提出了加强班子建设、增加基层审判力量、增加基本建设投入、提高基层法官待遇、改善外部司法环境等重要建议。省法院制定了《广东省人民法庭工作规范》和《广东省人民法庭基本建设管理规定》，明确要求人民法庭不参与地方行政执法活动和行风评议活动，加强人民法庭的党建工作，人民法庭变化的逐级报批和人民法庭的命名、设置、撤销等均应报高级法院批准，基层法院所在城镇不设人民法庭，人民法庭庭长应享受科级以上待遇以及人民法庭审理案件的范围等问题，对加强人民法庭工作制度建设，促进人民法庭工作规范化、制度化发挥了重要作用。

二、大力加强基层审判和执行工作，发挥好司法保障职能

全省法院围绕“公正与效率”主题，深入推进基层各项审判和执行工作。各基层法院严格实行岗位责任制，强化监督管理，不断增强基层法官的责任意识，全力确保案件得到公正、及时的处理。全年，全省基层法院及人民法庭新收各类案件57.53万件，结案56.12万件，解决诉讼标的金额600.29亿元，执结案件标的金额255.12万元，分别占全省法院总数的87%、85.3%、48.9%和45.7%。各基层法院注重加强调解工作，坚持把调解放在审判工作的首位，认真落实全面、全程调解的原则，把调解贯穿于立案、一审、二审及再审的全过程和审判过程的每个环节，创新调解方式，准确把握调解时机，努力做好化解矛盾纠纷、平息纷争的工作。全年，全省基层法院民商事案件的调解结案率达20.13%。大力推行夜间法庭、假日法庭、巡回办案、法官轮值等项制度，积极推行远程立案、预约立案、双休日立

▲4月27日，省法院院长吕伯涛视察佛山市顺德区容桂人民法庭建设工地。

案等措施，努力方便群众诉讼。深入推进裁判文书改革，加强裁判文书的说理性、公开性，增加裁判的说服力、亲和力和公信力，充分体现司法的人文关怀。各中院和基层法院加强对人民法庭办结案件进行检查，发现问题及时处理和纠正。许多基层法院积极开展人民法庭裁判文书评比、上网公开活动，极大地促进了审判质量的提高。省法院和各中院也通过办理各种批复、审理上诉案件、下发指导性文件等形式，加强对基层法院的业务指导。

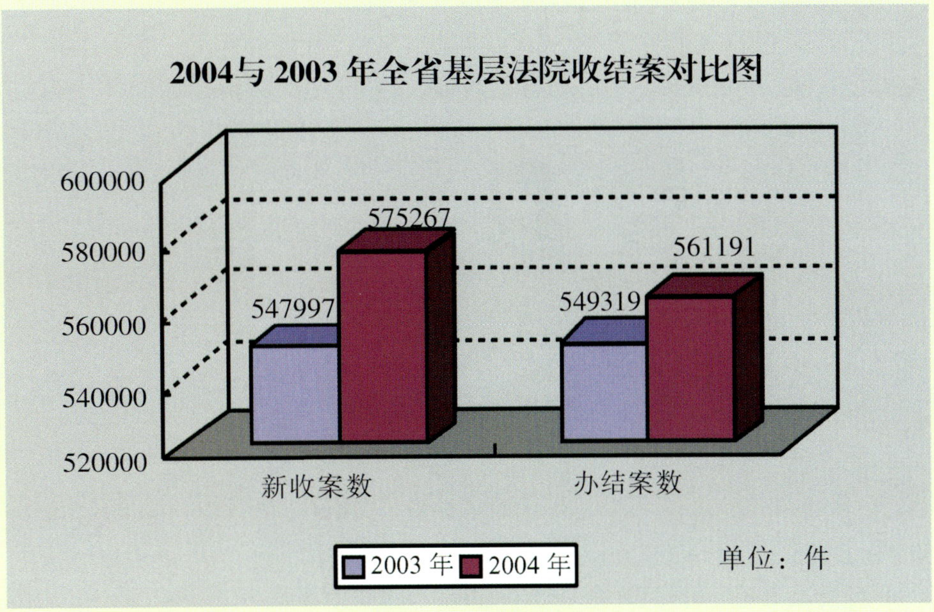

三、突出抓好人民法庭物质装备建设，努力提高人民法庭工作水平

为进一步促进人民法庭设置的规模化、科学化，2004年，省法院在原来调整、撤并的基础上，经过深入调研，对法官人数不足3人、年办案数不足100件及设在基层法院所在城镇的人民法庭再次进行调整、撤并，精简了90个人民法庭，将全省人民法庭调整为392个，使全省人民法庭审判力量得到优化组合。

各级法院立足于当地经济发展实际，紧紧依靠党委领导、人大监督及政府支持，千方百计筹措资金加强人民法庭办公大楼和物质装备建设。截至2004年底，全省已经建成符合最高法院规定标准（800平方米）以上的人民法庭232个，占人民法庭总数的60%。其中，建筑面积1000-1500平方米的有83个，超过1500平方米的有62个。对未达标的人民法庭，积极争取省委、省政府的大力支持，从2004年起，分三年安排9000万元专款及获批准5000多万元专项资金用于人民法庭建设。针对贫困地区人民法庭建设经费缺乏的情况，省法院科学制定三年建设计划和补助方案，公开补助计划，明确建设周期。按照欠发达地区人民法庭每个补助50万元，贫困地区人民法庭每个补助70万元的标准，要求已落实建设用地、报建和投资计划的人民法庭做好申报工作，经省法院审核后通过省财政厅专项下拨资金。为改善人民法庭物质装备条件，省法院先后筹集资金5000多万元，为每个法庭配备了交通车辆、复印机、传真机和计算机。至2004年底，共为人民法庭配备警车343辆，复印机、传真机500多台，电脑1000多台，使全部人民法庭实现了“三机一车”的装备目标，办公场所达到要求，基本满足了各项工作的需要。同时大力推进人民法庭办公自动化和信息化建设，各人民法庭基本做到用电脑制作法律文书。部分人民法庭已经利用电脑网络开展审判流程管理，案件排期、审批、催办督办、归档等各环节全部通过电脑网络完成，实现了办公自动化、电子化和网络化。全省二分之一的人民法庭实现了与上级法院的二级联网，佛山、江门等地法院实现了中级法院、基层法院与人民法庭三级联网。

▲“2004年中国十佳人民法庭”、广东人民法庭建设标兵——东莞市东城人民法庭。

四、大力加强基层队伍建设，不断提高基层队伍整体素质

大力加强基层法院队伍建设，不断提高基层队伍的政治素质和业务素质，增强队伍的创造力和战斗力。首先抓好基层班子建设，主要包括政治建设、业务建设和作风建设，要求基层班子不断提高政治理论水平、政治敏锐性和政治鉴别力，时刻保持清醒的政治头脑和坚定的政治立场。省法院和各中院会同当地组织部门，加强对基层法院领导班子成员的考察和协管工作，加强对基层法院领导班子的教

▲丰顺县汤南人民法庭努力提高当庭宣判率。

▲粤西的高州市石板人民法庭法官正在调查取证。

育、考核和管理。大力加强基层班子后备力量的选拔培养，让政治业务素质好、有培养前途的法官及早得到锻炼，尽快成长。其次，抓好思想政治建设，结合“廉政纪律教育月”和“司法公正树形象”等活动，深入开展法官职业道德教育和廉政纪律教育，努力提高广大干警公正司法、廉洁自律意识，增强勤政廉政的主动性和积极性。第三，抓好教育培训工作。根据工作需要，抓好对基层法官的各种专业培训，做好岗位培训、续职培训工作，强化审判人员对新法律、法规的学习和审判实务、审判技能的训练，努力提高他们的业务能力和法学理论水平。积极在基层法院推行法官助理改革试点,试行书记员单独序列管理,试行司法警察招聘制。截至2004年底，全省基层法院及其人民法庭共有在编人员12974人，占全省法院干警人数的75.5%。其中，审判人员7049人，书记员3145人，司法警察1283人，其他审判辅助人员1497人；具有大学本科学历以上的5735人，占总数的44.2%（其中博士生2人，硕士生302人）；专科学历以上的11127人，占85.76%。

2004年全省基层法院概况

	指　　标	数　　据
审判工作	2004年办结案件	56.12 万件
	审限（期限）内结案率	99.52%
	结案诉讼标的额	600.29 亿元
	民事案件调解率	20.13%
	2004年人均结案	79件
队伍建设	基层法院干警总数、比率	12974人，占全省法院干警 75.5%
	法官人数、比率	7049人，占 54.33%
	大专以上学历人数、比率	11127人，占 85.76%
	人民法庭庭均干警	5.86 人
	共产党员	1644人，占 71.57%
人民法庭建设	人民法庭总数	392个，比撤并前减少 622 个
	建筑面积 800 平方米以上	232个，占 60%
	800~1000 平方米	87个
	1000~1500 平方米	83个
	1500 平方米以上	62个
	2005 年安排新建	111个
	2006 年安排新建	49个

第六章 物质装备和信息化建设

2004年，全省各级法院积极争取党委、政府的支持，采取各种有力措施，不断从各方面改善审判、办公条件，推进物质装备建设和信息化建设，提高后勤管理水平，为法院顺利开展审判、执行和其他各项工作提供强有力的物质保障。

一、大力加强物质装备建设，努力改善执法条件

大力加强省法院的物质装备建设。到2004年底基本完成了广东法官学院教学楼的建设任务。该教学楼高19层，建筑面积达22000平方米，楼内配套设施齐全，设备先进。为改善办公条件，省法院积极争取省委、省政府立项同意，在办公大楼附楼——省法院会议中心加建三层，并将整幢会议中心大楼改建为办公大楼。该工程将于2006年动工。省法院办公大楼外墙装修、大楼内部改造工程也已列入计划。同时，省法院积极购置办公用电脑等设备，加快办公自动化步伐。至2004年底，省法院共有电脑1086台，基本做到全院所有干部职工每人一台电脑，主要审判业务部门达到每人两台电脑；积极购置复印机、打印机、传真机等办公设备，全院每个部门都配置了高性能的复印机、打印机、传真机，极大地促进了办公效率的提高；积极购置各类交通车辆，满足日益繁重的办案需要，至2004年底，省法院共有各类车辆117台。另外，省法院还深化车辆制度改革，努力建立办事高效、运转协调、行为规范、服务到位的车辆管理使用体制。

为了认真落实"十五"发展计划，全省各级法院按照最高法院《人民法院五年改革纲要》和《国家"十五"计划期间人民法院物质建设计划》的各项要求，立足当地经济发展实际，紧紧依靠党委、政府支持，千方百计筹措资金，加强办公大楼、审判法庭建设。从2002年至2004年底，全省共有101个中级法院和基层法院新建或改、扩建审判综合大楼，共投入建设资金181350万元（其中国债及省财政补助近6亿多元），93个中级法院、基层法院已完成新建、改（扩）建审判综合楼的任务。其中，2004年共建好基层法院近30个，有31个开工在建。同时，为了改善法院的装备条件，满足审判工作需要，自2001年以来，省法院筹集资金近亿元，购置业务用车642辆，分别配备给经济欠发达地区的两级法院和人民法庭。其中，2004年为中级法院购买车辆16台，为基层法院（含法庭）购买车辆151台。

为加强全省法院装备管理，完善装备管理措施，省法院制定了《广东省法院"两庭"建设和物资装备建设三年规划》、《全省法院警车管理》、《广东省法院枪支管理使用》等规范性文件，进一步规范了全省法院装备管理工作。全省各级法院按照有关文件的要求，为审判法庭配备了法台、法椅、音响等设备。一些条件较好的法院已全部配备了计算机，条件差点的法院也配备了部分计算机、打印机、复印机、传真机、扫描仪等现代办公设备。计算机及网络等现代化办公手段逐渐在审判流程管理、文书制作、法律法规检索、法院人事管理、档案管理、装备管理、司法统计及财务管理等方面得到应用。庭审录入设备、证据展示设备、监控安检设备、大屏幕公告牌、速印复印设备、新型警用装备等在全省法院逐步得到配置和应用，品种不断增加。

二、高度重视信息化建设，大力提高法院办公自动化水平

全省法院高度重视信息化建设，信息化建设的投入和管理力度不断加大。

一是信息技术和现代办公设备得到广泛应用。至2004年底，全省法院共有各种类型计算机11172台，其中中级法院4594台，基层法院6078台。以计算机为主的信息科技产品得到广泛应用。

二是局域网建设取得较好成绩。全省156个法院中，已有72个法院建成计算机局域网，其中高级法院1个、中级法院（包括海事法院和铁路运输中级法院）19个、基层法院52个，占全省法院总数的46.2%；正在建设的24个；其他60个法院也正在规划建设之中。

三是互联网门户网站建设进展良好。2004年1月和8月，省法院对由省法院主办的全省法院门户网站广东法院网进行了两次改版，改版后的网站内容包括法院简介、法院公告、新闻传真、执行信息、诉讼指南、裁判文书、案例选萃、法官风貌等几十个栏目，同时建立了案件查询、信访查询、网上信访、网上咨询、接访预约、高院邮件系统等系统性功能区，网站已为越来越多的网友所喜欢，至2004年底，网站的点击率已接近30万次。广州、深圳、汕头、佛山等9个中级法院和14个基层法院也相继开通了门户网站。这些网站，作为人民法院联系社会的桥梁和服务社会的窗口，在沟通社会、服务社会，提高法院工作透明度，以及便民、利民方面发挥了积极的作用。

四是全省法院计算机信息网建设全面展开。省法院成立了"全省法院信息专网工程建设领导小组"，负责全省法院计算机信息网项目的实施统筹工作，并下发一系列规范性文件供各地法院贯彻执行。至2004年底已完成了基础通信网络的总体设计和规划，完成了基础通信网络建设、实现省法院

到21个中级人民法院、广州海事法院和广州铁路运输中级法院的“二级专网”建设以及视频会议建设等工作。到最高法院的视频会议线路也顺利开通，共使用该系统参加最高法院召开的全国会议6次。各部门也通过视频会议系统召开远程会议，进行文件传达和业务讨论，加强了上下级法院的联系沟通，节省了大量会议经费。

五是在搞好硬件建设的同时，加强对信息设备的开发、利用和管理。以审判流程管理为主的业务系统建设取得较大进展。至2004年底，有66个法院使用了审判流程管理系统，27个法院启用了办公自动化系统，分别占全省法院总数的42.3%和17.3%。经过实际应用和不断完善，不仅有力地推动了审判工作的规范化管理，促进了办案质量和效率的提高，也为今后法院业务的全面信息化积累了丰富的经验。“广东法院信访管理系统”开发工作圆满完成，规范了全省法院信访工作流程，大大提高了信访工作效率，方便了群众诉讼。

六是制度建设初见成效。在总结多年经验的基础上，省法院制定了《广东法院计算机及其网络管理暂行规定》、《广东法院计算机信息安全保密管理暂行规定》、《广东法院信息化建设项目管理暂行规定》、《广东法院计算机局域网建设技术规范》、《广东法院计算机信息网建设指导书》等规范性文件，下发全省法院执行，使各地法院的信息化建设有据可依、规范发展。广州、深圳、阳江等中级法院和部分基层法院，也结合自身实际制定了一系列规章制度，对规范信息化建设发挥了积极作用。

▲省法院审判法庭。

▲省法院审判办公大楼。

▲深圳市龙岗区布吉人民法庭。

3

1 4

2

5

1. 广州市黄埔区人民法院审判办公大楼。
2. 佛山市中级人民法院新审判大楼。
3. 省法院警车。
4. 佛山市顺德区容桂人民法庭为每位法官配备了独立的办公室、审判庭、专用通道。
5. 佛山市顺德区容桂人民法庭大楼安装了智能识别系统。

◄省法院体育活动室。

▲惠州市中级人民法院审判综合大楼。

▲省法院机关食堂。

▲平远县人民法院新审判大楼。

►高州市人民法院审判综合大楼。

▶省法院立案大厅。

▲广东法院网。

▲佛山市三级法院联网监控室。在佛山市中院可总览全市各人民法庭的开庭、案件排期等各项工作动态。

▲“穷法庭也能搞信息化”。作为全国贫困县的丰顺县法院自2001年就实现了与人民法庭的二级联网。图为曾获得六次个人三等功的汤南人民法庭庭长罗仰龙正在查阅案件审理信息。

▲通过触摸屏可查询案件有关情况。

第七章　重大典型案件

深圳市福田区南天一花园业主委员会诉深圳市城市建设开发（集团）公司等房屋侵权案

案件提示：近年来，与物业管理有关的纠纷频频发生，一度成为媒体关注的热点。法院在受理此类纠纷时，首先遇到的一个疑难问题便是，业主委员会是否具备民事诉讼主体资格。在广东法院，此案首次明确了业主委员会在民事纠纷案件中的原告地位，解决了小业主诉讼难的问题。

上诉人（原审原告）：深圳市福田区南天一花园业主委员会（下称业主委员会）。

被上诉人（原审被告）：深圳市城市建设开发（集团）公司（下称城建集团）。

被上诉人（原审被告）：深圳市城建物业管理有限公司（下称城建物业公司）。

被上诉人（原审被告）：深圳市城建监理有限公司（下称城建监理公司）。

城建集团是南天一花园的开发商。城建集团将南天一花园房屋销售给小业主后，擅自改变公共开放空间的设计功能，将各栋大厦底层违章改建成商业铺位，同时又将作为公用配套设施的二栋小楼分别委托其下属的城建物业公司及城建监理公司对外出租，从中牟取利益。2000年11月，南天一花园业主大会依法选举产生业主委员会，并于同年11月20日经深圳市福田区建设局登记备案。2002年11月10日，业主大会通过决议，同意并授权业主委员会通过司法程序维护全体业主共同享有的房地产权利。随后，业主委员会以自己的名义向深圳市中级人民法院提起本案之诉，请求法院判令城建集团、城建物业公司和城建监理公司停止仍在进行的对小区的公用配套设施的出租行为，并索赔历年出租所得及赔偿金额共计800万元。

深圳市中级人民法院认为，本案系业主委员会要求城建集团等停止侵犯产权并赔偿侵权损失的侵权之诉，因业主委员会不拥有本案所涉南天一花园相关房地产的产权，与本案的侵权纠纷没有直接的利害关系，不能作为本案的适格原告，遂裁定驳回业主委员会的起诉。

业主委员会不服，向广东省高级人民法院提出上诉。

广东省高级人民法院二审审理认为，业主委员会以城建集团等侵犯了南天一花园全体业主对小区内物业共用部位和公用配套设施的共有权、使用权为由而提起本案的侵权之诉，请求法院依法判令城建集团等停止侵权并赔偿损失。业主委员会系经南天一花园业主大会选举产生并已在深圳市福田区建设局备案的组织，是南天一花园业主大会的执行机构，可履行业主大会赋予的职责。本案之诉系业主委员会依据2002年11月10日南天一花园业主大会关于“同意并授权业主委员会通过行政或诉讼程序恢复架空层的设计功能，追回小区内两栋小楼的产权，以及追索因上述公用面积和公用设施被侵害所遭受的租金及其他损失”的决议而提起的，故业主委员会在南天一花园业主大会赋予的职责范围内以自己的名义代表全体业主提起本案诉讼于法有据，其是本案适格原告。业主委员会的起诉符合《中华人民共和国民事诉讼法》第108条的规定，人民法院应予受理。据此，广东省高级人民法院裁定撤销原审裁定，指令原审法院对本案进行审理。

黄曼丽不服茂名市公安局交通警察支队道路交通事故责任认定申诉案

案件提示：本案涉及的核心问题是公安机关对道路交通事故责任认定的行为是否具有可诉性？根据最高人民法院和公安部1992年12月1日法发［1992］39号《关于处理道路交通事故案件有关问题的通知》的规定，公安机关的交通事故责任认定行为不具行政可诉性，不属法院行政诉讼审查范围。据此，对当事人不服公安机关的交通事故责任认定提起行政诉讼的，人民法院应裁定驳回其起诉。

再审申请人（原审被告人、上诉人）：黄曼丽。

被申请人（原审被告人、被上诉人）：茂名市公安局交通警察支队。

被申请人（原审第三人）：王慨。

2002年1月26日上午，黄曼丽驾驶粤K-T4483号小客车从电白县企业局往新湖路方向行驶，行至水东镇新湖一街幼儿园门口路段时，与王慨驾驶粤K-U7059号摩托车搭甘娟（女，70岁）出来左转弯时碰撞，造成王慨和甘娟受伤、车辆损坏的交通事故。

事故经电白县公安局交警大队现场勘查、研究分析后，于2002年2月5日作出第2002-060号道路交通责任认定书认定如下：1. 王慨违反《中华人民共和国道路交通管理条例》第43条第（1）项规定，根据《道路交通事故处理办法》第90条第2款规定，负主要责任；2. 黄曼丽违反《中华人民共和国道路交通管理条例》第7条第2款规定，根据《道路交通事故处理办法》第19条第2款规定，负次要责任；3. 甘娟不负事故责任。

王慨不服，向茂名市公安局交通警察支队申请复议。茂名市公安局交通警察支队2002年5月16日作出第22139号道路交通事故责任重新认定决定书认定如下：1. 王慨违反《道路交通管理条例》第43条第（1）项规定，应负事故的同等责任；2. 黄曼丽违反《道路交通管理条例》第26条第（13）项的规定，应负事故的同等责任。

黄曼丽不服该复议决定，向电白县人民法院提起行政诉讼。

电白县人民法院审理认为，最高人民法院、公安部1992年12月1日联合下发的法发（1992）第39号《关于处理道路交通事故案件有关问题的通知》第4条规定："当事人仅就公安机关作出的道路交通事故责任认定和伤残评定不服，向人民法院提起行政诉讼或民事诉讼的，人民法院不予受理。"据此，电白县人民法院依照最高人民法院《关于执行〈中华人民共和国行政诉讼法〉若干问题的解释》第44条第（1）项、第63条的规定，裁定驳回黄曼丽的起诉。

宣判后，黄曼丽不服，向茂名市中级人民法院提起上诉。茂名市中级人民法院认为，根据最高人民法院、公安部法发（1992）第39号《关于道路交通事故案件有关问题的通知》第4条规定："当事人仅就公安机关作出的道路交通事故责任认定和伤残评定不服，向人民法院提起行政诉讼或民事诉讼的，人民法院不予受理"，原审法院作出驳回原告的起诉裁定并无不当，应予维持。依照《最高人民法院关于执〈中华人民共和国行政诉讼法〉若干问题的解释》第63条第（15）项的规定，驳回上诉，维持原裁定。

黄曼丽不服该终审裁定，向茂名市中级人民法院申请再审，茂名市中级人民法院于2003年5月30日作出（2003）茂中法立申字第69号不予受理再审申请通知，对黄曼丽的再审申请，不予立案审查。

黄曼丽仍不服该决定，继续向广东省高级人民法院申诉。广东省高级法人民院审查后，于2004年9月15日作出《驳回再审申请通知书》，驳回黄曼丽的再审申请。

高强、程崇宾抢劫杀人案

案件提示：本案被告人利用房屋销售广告的手法引诱被害人上当并实施作案，案件类型较新。被告人程崇宾犯罪后虽能自首，但其罪行特别严重，不予从轻处罚，仍应判处死刑。

原公诉机关：深圳市人民检察院。

上诉人（原审被告人）：程崇宾。

原审被告人：高强。

2001年1月间，被告人高强、程崇宾一起密谋设置虚假出售房屋的圈套，引诱欲购房屋的人上当，从而劫取购买人钱财，并商定抢劫后要杀人灭口。同年2月间，高强和程崇宾通过刊登出售房屋虚假广告、伪造房产证等手段骗取事主袁欣昶上当。同年3月8日下午2时许，高强、程崇宾准备了五四式手枪1支、铁丝、绳子等作案工具，开车载上袁欣昶及陪同袁来买房的同事张军去办理购房手续。途中，两被告人用事先准备的绳索将袁、张的手、脚捆绑，用枕头套套住袁、张的头部，用事先准备的铁丝合力将袁勒死。在勒张军时，由于张军极力反抗，程崇宾即持车上的千斤顶及车锁猛击张头部，后掏出手枪对准张军头部开了1枪，将张打死。两被告人从被害人身上搜劫得银行卡、手机、手表以及3万元现金等一批财物，随后，高强、程崇宾将两被害人尸体抛入马路的水井中，后弃车而逃。同年3月26日，程崇宾在洛阳市向公安机关投案自首。

深圳市人民检察院指控高强、程崇宾犯抢劫罪。

深圳市中级人民法院一审审理认为，被告人高强、程崇宾合伙抢劫他人财物，数额巨大，抢劫后又杀死二人，其行为已构成抢劫罪和故意杀人罪，且手段特别残忍，后果特别严重，应予严惩，因此以抢劫罪和故意杀人罪判处两被告人死刑，剥夺政治权利终身，并处没收个人全部财产。

宣判后，被告人程崇宾不服，向广东省高级人民法院提出上诉。上诉人程崇宾及其辩护律师提出：原判认定其是主犯之一不当，其是被原审被告人高强纠合参与作案，租房、与被害人商量买卖房屋都是高强所为，其是在高强的督促下才拿出枪威胁被害人并开了1枪，是从犯；其能投案自首和有检举揭发他人犯罪的立功表现，要求减轻处罚。

广东省高级人民法院二审审理认为，程崇宾是由高强纠合参与作案，程崇宾没有和高强一起去租房均属实。但程崇宾参与结伙作案后，与高强一起去登虚假广告，欺骗被害人，其持枪威胁被害人，与高强合力用铁丝勒被害人袁欣昶颈部致袁死亡，又合力用铁丝勒被害人张军颈部，张军反抗，其则用千斤顶及车锁打张军头部，又持枪打了张军头部1枪，致张军死亡。这些事实有其和高强的多次供述相互印证，故原判认定其在共同犯罪中起了积极作用，是主犯之一正确。

程崇宾在被关押期间曾向看守所递交过一份检举信，检举同仓人犯的罪行。经查，被检举的罪行不成立。故程崇宾的检举不构成立功。

原审被告人高强的指定辩护律师辩护提出，法院适用没收财产刑时要适当留一部分给其一未成年人子女作为抚养费。对此，法院判决没收的是其个人财产，在执行时理当保留家庭成员应有份额。

程崇宾与高强为在短期内获取巨款而结伙有预谋地采取欺骗的手段引诱被害人上当后使用暴力劫取他人财物，并杀人灭口。抢劫数额巨大，杀死2人，其行为已分别构成抢劫罪和故意杀人罪，依法应数罪并罚。其二人有预谋地结伙抢劫，并商定要杀死被害人，犯罪主观恶性大，杀人手段残忍，后果严重。在共同犯罪中，其二人共同策划和实施抢劫、杀人、抛尸、分赃，均起积极作用，均系主犯，均应依法从严惩处。程崇宾犯罪后虽能投案自首，但其罪行特别严重，不予从轻处罚。程崇宾上诉及其辩护律师所提理由，经查均不能成立，要求从轻处罚，不予采纳。原审被告人高强的指定辩护律师所提没收财产时应留家庭成员的财产的意见，一审判决已明确没收的是高强的个人财产。原审判决认定事实清楚，证据确实、充分，适用法律正确，量刑适当，审批程序合法，遂于2004年3月9日裁定驳回上诉，维持原判。

叶翔等人组织卖淫案

案件提示：本案卖淫介绍人和卖淫人数众多，且对象特殊，涉及民族感情，影响较大。

原公诉机关：珠海市人民检察院。

上诉人（原审被告人）：叶翔、明珠、刘雪晶、张军英、周艳、胡静、叶雪敏、曾令莉、阎群、曹晓岚、刘文丽、李海英、赵英梅。

原审被告人：房银环。

2003年8月 27日，广边功、高桥俊至、福永孝治（均为日本籍，另案处理）与珠海市国际会议中心大酒店营销部副经理刘雪晶联系，称日本幸辉株式会社约300人将于9月中旬在该酒店举行表彰活动，要求刘帮助寻找500至600名“三陪小姐”陪侍、嫖宿事宜，后被告人叶翔授意刘答应对方要求，并要求明珠操办此事。8月29日，刘雪晶通过叶翔通知明珠与广边功、高桥俊至、福永孝治商谈提供小姐及嫖宿价格等事宜。尔后，明珠纠合被告人张军英分别联系了被告人周艳、曾令莉、曹晓岚、黄颖（刘文丽曾用名）及阎群等夜总会陪侍小姐组织者及协助管理员李海英，授意她们届时召集“三陪小姐”到场。9月16日下午6时许，该会社成员285人（均为男性）入境后即到珠海市粤海酒店丽晶殿宴会厅举行表彰会。会议进行过程中，被告人明珠、张军英分别通知被告人周艳等人将各自召集的“三陪小姐”总共300余名领到粤海酒店三楼丽晶殿外等候。其中，被告人明珠还直接召集到王某丽等人；张军英直接召集到任某萍等人；被告人周艳、胡静召集到代某兰等49人；被告人周艳还纠合被告人叶雪敏，由叶召集到杨某新等40多人；被告人曾令莉召集到何某香等30多人；被告人黄颖召集到董某等20多人；被告人曹晓岚纠合其助手被告人赵英梅召集到王某荣等20多人；被告人阎群指使其控制的“三陪小姐”被告人房银环先带领4名“三陪小姐”到场，后又召集来19人；被告人李海英召集到崔某娟等10多人。表彰仪式结束后晚宴开始前，被告人明珠、张军英指挥众“三陪小姐”分别坐到该会社成员身边预留的餐座陪侍并供挑选。宴会结束后，李某等100多名卖淫妇女分别乘车到“国会”大酒店与日本游客嫖宿。9月17日凌晨1时许，被告人刘雪晶在“国会”大酒店分两次从高桥俊至处收取了嫖资、“坐台费”人民币30万余元，叶翔从中抽取了人民币60000元，分给被告人刘雪晶一半，其余赃款交给随后来到的明珠和张军英分发给“三陪小姐”召集人。被告人明珠实得人民币99000元，将其中的人民币10000元分给被告人张军英。

珠海市中级人民法院一审认为，被告人叶翔、明珠为牟取非法利益，分别纠合被告人刘雪晶、张军英，直接或间接与境外不法分子相勾结，密谋组织人数众多的妇女卖淫，明珠和张军英还分别纠合周艳、胡静、叶雪敏、曾令莉、阎群、曹晓岚、刘文丽参与组织实施，各被告人的行为均已构成组织卖淫罪。被告人叶翔、明珠、张军英、刘雪晶是主犯，被告人周艳、胡静、叶雪敏、曾令莉、阎群、曹晓岚、黄颖是从犯。被告人李海英、赵英梅分别受被告人明珠、曹晓岚指使，实施了将卖淫组织者控制或纠集的卖淫妇女带引到组织卖淫场所等行为；被告人房银环作为一名“三陪小姐”，虽亦系被组织者，但按照阎群指使，带引阎控制、管理的卖淫妇女到组织卖淫场所，登记参与卖淫妇女的名单、领取嫖资，其三人已为卖淫组织者实施组织卖淫的行为提供帮助，属于协助组织卖淫行为，其行为均已构成协助组织卖淫罪。以组织犯组织卖淫罪分别判处被告人叶翔、明珠无期徒刑，剥夺政治权利终身，并处没收个人财产人民币6万元；判处被告人刘雪晶、张军英、周艳、胡静、叶雪敏、曾令莉、阎群、曹晓岚、黄颖有期徒刑15年至6年不等，并处罚金人民币35000元至15000元不等；以协助组织卖淫罪分别判处被告人李海英、赵英梅、房银环有期徒刑4年至2年缓刑3年不等，并处罚金人民币1万元至5000元不等。叶翔等13人不服一审判决，提起上诉。

广东省高级人民法院二审审理认为，被告人叶翔、明珠、刘雪晶、张军英、周艳、胡静、叶雪敏、曾令莉、阎群、曹晓岚、黄颖的行为均已构成组织卖淫罪，犯罪情节严重，应依法严惩。被告人李海英、赵英梅、房银环的行为均已构成协助组织卖淫罪。原判认定事实清楚，证据确实、充分，定罪准确，量刑适当，审判程序合法。故于2004年1月作出驳回上诉，维持原判的终审裁定。

肇庆市人民检察院诉莫兆军玩忽职守案

案件提示：在民事诉讼中依照法定程序履行职责的独任法官，按照诉讼证据规则认定案件事实并作出判决，没有出现不负责任或不正确履行职责的玩忽职守行为，客观上出现的当事人审判结果与其职务行为之间没有刑法上的必然因果关系，其行为不构成玩忽职守罪。

抗诉机关：肇庆市人民检察院。

被告人莫兆军，男，1963年8月15日出生于广东省四会市，汉族，中专文化，原是四会市人民法院审判员。

2001年9月3日，原告李兆兴持借款借据、国有土地使用证、购房合同等证据向广东省四会市人民法院提起诉讼。该借条的内容为："今借李兆兴现金壹万元正（10000元）作购房之用（张妙金跟陈超新购入住房一套），现定于今年八月底还清，逾期不还，将予收回住房。此致　借款人张妙金、父张坤石、母陆群芳、妹张小娇　2001年5月1日。"李兆兴诉称张妙金等四人未能按期还款，请求法院判令他们归还借款和利息并承担诉讼费用。四会市人民法院立案后，确定适用简易程序审理，排定由该院民庭审判员莫兆军独任审判。

2001年9月27日上午，被告人莫兆军依照法律规定的民事诉讼简易程序审理了该案。但被告张小娇辩称，借条是因2001年4月26日其装有房产证的手袋被一名叫冯志雄的人抢走，其后冯带原告李兆兴到张家胁迫其一家人签订的，实际上不存在向原告借款的事实；事发后张氏一家均没有报案。当天的庭审因被告一方表示不同意调解而结束。

庭审后，被告人莫兆军通知冯志雄到四会市人民法院接受调查，冯志雄对张小娇提出的借条由来予以否认。

2001年9月29日，四会市人民法院作出（2001）四民初字第645号民事判决，判令被告张坤石、陆群芳、张小娇于判决生效后10日内清还原告李兆兴的借款一万元及利息，并互负连带清还欠款责任；被告张妙金不负还款责任。同年10月12日，判决书送达双方当事人。因法定期限内没有上诉，一审判决发生法律效力。

2001年11月8日，李兆兴向四会市人民法院申请执行。该院依程序于同月13日向被告张坤石等人送达了执行通知书，责令其在同月20日前履行判决。同月14日中午，被告张坤石、陆群芳夫妇在四会市人民法院围墙外服毒自杀。

张坤石、陆群芳自杀后，四会市公安机关进行侦查，查明李兆兴起诉所持的"借条"确是李兆兴伙同冯志雄劫取张小娇携带的"国有土地使用证"后持凶器闯入张氏一家的住宅，胁迫张坤石、陆群芳、张小娇写下的。

肇庆市人民检察院2003年4月17日以被告人莫兆军犯玩忽职守罪向肇庆市中级人民法院提起公诉。

肇庆市中级人民法院经审理认为：被告人莫兆军对当事人张坤石夫妇自杀这一超出正常的后果不可能预见，主观上没有过失的罪过；其在案件审理中履行了一名法官的基本职责，没有不履行或不正确履行工作职责、致使公共财产、国家和人民利益遭受重大损失的玩忽职守行为，且张坤石夫妇自杀死亡的后果与被告人莫兆军履行职务行为之间没有刑法上的因果关系。因此，被告人莫兆军的行为不符合玩忽职守罪的构成要件。依照《中华人民共和国刑事诉讼法》第162条第（二）项之规定，于2003年12月4日作出（2003）肇刑初字第26号刑事判决，宣告被告人莫兆军的行为不构成犯罪。

肇庆市人民检察院以该判决认定被告人莫兆军不构成犯罪确有错误为由，提出抗诉。广东省人民检察院支持抗诉。

广东高级人民法院二审审理认为：检察机关抗诉提出被告人莫兆军开庭时工作极不规范、在被告强烈指责原告指控的情况下不按主管领导指示径行下判的问题，得不到证据证实。同时，合议庭或独任法官有权根据案件事实依照法律作出判决。关于是否存在发现犯罪嫌疑而不移送公安机关的问题，如果人民法院仅根据一方当事人的申辩就决定终结民事诉讼，移送刑事侦查机关，不但于法无据，更加是不严格履行法定职责、不体现司法公正的表现。关于被告人莫兆军是否不尽职尽责而导致了错误判决的问题。民事法官不可能也不允许采取类似于刑事诉讼的取证方式获取证据。因此，庭审认定的法律事实与公安机关采取刑侦手段以后最终查明的客观事实不符，并非因为被告人莫兆军不履行或不正确履行职责所导致。最后，当事人自杀的严重后果和重大损失与被告人莫兆军的职务行为不存在必然联系。遂于2004年4月28日终审裁定驳回抗诉、维持原判。

罗军、张涛、郑安、胡钢、吴远翠抢劫，谢家政转移赃物，王波窝藏案

案件提示：本案当时在全国引起巨大的反响。被告人作案手段极其残忍，连杀5人。其中一被告人虽未到案发现场，未参与实施抢劫，但因参与犯罪预谋、提供作案对象、确定作案时间，分得赃款赃物，具有共同犯罪故意和行为，仍被认定为本案抢劫犯罪的共犯和主犯，被判处死刑。

原公诉机关：深圳市人民检察院。

上诉人（原审被告人）：罗军、郑安、吴远翠、王波。

原审被告人：张涛、胡钢、谢家政。

吴远翠于2003年在深圳认识被害人向永进，1999年在东莞认识同乡罗军。2004年5月初的一天，罗军向吴远翠提出一起搞点钱，并提出要抢向永进家，吴远翠表示同意。后罗军纠合了张涛并要张涛找人一起作案。张涛纠合了郑安、胡钢后，与罗军四人一起密谋抢劫，并商定抢劫后杀人灭口。随后，罗军带张涛、郑安、胡钢一起到信托花园踩点。5月21日，吴远翠打电话通知罗军称有作案时间，罗军、张涛、胡钢、郑安四人于5月23日从湖南株洲返回深圳准备作案。

2004年5月26日14时43分，向永进打电话给吴远翠，约吴一起去买菜，吴将其与向永进及向的保姆林静一起去买菜的情况通过电话告诉了罗军。向永进买完菜后即去接其女儿杨诗逸。当日16时许，吴远翠将向永进家只有保姆林静一人在家的情况告诉罗军，并告知向永进家的电话号码及保姆叫“小林”。罗军、张涛、郑安、胡钢四人即携带作案工具赶到信托花园。郑安、胡钢在外等候，由罗军以送东西给向永进为名骗林静打开房门。罗军、张涛入室后，张涛持刀威胁并掐住林静的脖子，罗军则实施捆绑手脚及封嘴。随后张涛看住林静，罗军到外面叫郑安、胡钢进入房内。罗军到信托花园门口守候。

当日17时许，罗军发现向永进、杨诗逸回来，即用手机通知屋内的同伙。当向永进、杨诗逸进入房内时，郑安持刀并卡住向永进的脖子，张涛控制住杨诗逸，胡钢、张涛捆绑向永进、杨诗逸手脚及封嘴。郑安抢走向永进身上的财物，并逼问出保险柜和银行卡密码，张涛从保险柜中搜得人民币1万元。

作案期间，吴远翠又电话告知罗军、周一男所开白色奔驰汽车的牌号。当日19时许，罗军见周一男驾驶汽车回来，即打电话通知屋内的同伙。周一男进门后，张涛、胡钢持刀将其制服，胡钢将其捆绑。胡钢、郑安对周一男搜身，抢走周一男身上的财物。

当日21时许，郑安在9栋E101房门口将一张中国银行卡、两张建行卡及一张存折交给罗军。罗军随后到星河明居楼下农行柜员机，用向永进的建行卡取款人民币5000元。尔后，罗军到帝馨园吴远翠家，将已经把被害人控制住的情况告诉了吴远翠。

当日23时许，党振江来到信托花园9栋E101房。张涛、郑安对其进行捆绑。党振江反抗，张涛、郑安先后用铁锤击打其项部致死。

罗军入屋从郑安手中又拿走抢得的两张银行卡，到桂园路中行柜员机，分别提款人民币5000元。罗军在查询得知周一男的建行卡内有人民币600余万元后，即打电话将此情况告知张涛。张涛、郑安、胡钢得知这一情况，同时见党振江已死亡，遂决定杀人灭口。胡钢用布条将向永进勒死；张涛、郑安用铁锤击打头背、用刀刺颈，致周一男死亡；郑安用刀刺颈部致林静死亡；张涛用布条勒死杨诗逸。

此后，罗军、郑安、张涛、吴远翠、胡钢分别用向永进和周一男的建行卡提款及消费共60多万元。

2004年5月27日上午，罗军叫谢家政从惠州来到深圳，将向永进及周一男的建行卡各一张交给谢家政。谢明知银行卡系抢劫所得，仍帮助罗军从周一男的卡内取款人民币4万元，从向永进的卡内取款人民币1万元。事后，罗军给谢家政人民币1万元，并将向永进的建行卡和中行卡留给谢家政。谢家政用上述两张银行卡从柜员机取款共人民币6000元，用于还债及购买手机等消费。

提款后，罗军主持分给张涛人民币5000元，分给胡钢人民币9000元，分给吴远翠人民币5000元，余款由其自己获得。

2004年5月27日晚，吴远翠潜逃到东莞市长安镇找到王波，在其告知王波其参与抢劫后，王波仍将吴远翠留宿在自己住处。次日，王波又带吴远翠到梅丽云住处隐藏。期间，王波曾和吴远翠一起去当铺典当赃物，但因故未果。

深圳市中级人民法院一审审理审理认为，被告人罗军、张涛、郑安、胡钢、吴远翠入户抢劫他人财物，数额巨大，并致五人死亡，其行为均构成抢劫罪。被告人谢家政明知罗军提供的银行卡是犯罪所得，仍提取现金，其行为构成转移赃物罪。被告人王波明知吴远翠是犯罪的人，仍为其提供隐藏处所，其行为构成窝藏罪。在共同犯罪中，罗军、张涛、郑安、胡钢、吴远翠系本案的主犯，张涛、胡钢是累犯，依法均应从重处罚。依法认定被告人罗军、张涛、郑安、胡钢、吴远翠犯抢劫罪，均判处死刑，剥夺政治权利终身，并处没收个人全部财产；被告人谢家政犯转移赃物罪，判处有期徒刑二年，并处罚金人民币一万元；被告人王波犯窝藏罪，判处有期徒刑二年。被告人罗军、吴远翠、郑安、王波不服，提出上诉。

广东省高级人民法院经审理后认为原判决事实清楚，适用法律正确，于2004年11月10日裁定驳回上诉，维持原判，并核准以抢劫罪分别判处被告人罗军、张涛、郑安、胡钢、吴远翠死刑，剥夺政治权利终身，并处没收个人全部财产。

高州市石鼓镇三文田管理区黄头村经济合作社诉何子凡、何国萍、黄伯才、关汉波土地承包合同纠纷案

案件提示：本案主要涉及《承包土地开发资源经营合同书》的效力问题。在审判实践中，应注意区分合同效力的几种具体状况：合同"成立"、"未生效"与合同"无效"。

上诉人（原审原告、申请再审人）：高州市石鼓镇三文田管理区黄头村经济合作社（下称黄头村）。

被上诉人（原审被告、被申请再审人）：何子凡、何国萍、黄伯才、关汉波。

黄头村与何子凡等四人于1995年1月1日签订《承包土地开发资源经营合同书》约定：何子凡等承包黄头村的174.97亩土地，主要用于挖岩渣出售和开办砖厂，承包期从1995年1月1日至2025年12月30日，承包金每年按稻谷103853市斤计，按当时当地粮食部门收购的议价折款。何子凡等预交押金1万元、督成金29万元。合同签订后，何子凡等将303000元的存折交给黄头村经济合作社作为押金和督成金。在黄头村的协助下，办好了兴建红砖厂的审批手续。但由于黄头村的部分村民阻挠建厂，红砖厂直至1997年10月21日才复工建厂，于次年4月才建成。由于双方对应从何时开始交承包金产生争议，黄头村没有收取何子凡等的承包金。

黄头村在与何子凡等签订土地承包合同之前，多次召开了村民代表会议议定承包方案，各村民代表都在合同书上签了名。

本案再审期间黄头村经济合作社提供68份《承包合同书》，该68份合同内容包括承包户基本情况及承包土地产量情况，并未显示承包土地的地点。高州市矿山管理局给红砖厂颁发的《采矿许可证》有效期至2004年4月。

黄头村经济合作社1998年12月向原审法院提起诉讼，请求判令何子凡等支付4年来所欠的土地承包金人民币344329.6元及利息、两年来出售石仔的款项1382800元、土地承包押金1万元、督成金29万元及3年的利息。一审庭审时黄头村认为签订土地承包合同未经村民大会同意，请求解除承包合同。

茂名市中级人民法院认为：本案土地承包合同除约定逾期交付承包金按拖欠总额每天加罚10%的条款不符合法律规定而无效，其余为有效合同。何子凡等已依法办理了砖厂建设用地许可证和采矿许可证，应予保护。因黄头村的过错致使直至1997年10月21日才复工建厂，故应免除何子凡等在此期间的承包金。砖厂建成投产后，何子凡等依约向黄头村交付复工以后的承包金，而黄头村拒收。何子凡等并不构成违约。黄头村诉称何子凡等出售承包的土地上的石子得款1382800元，但未能举证证明，不予认定。对于何子凡等已确认出售承包土地上的石子得款11578元应依约付给黄头村。何子凡等未交押金，应依约补交10000元承包押金给黄头村。砖厂现已建成投产，再补交督成金已无必要。一审判决何子凡等支付1997年10月至1998年的承包金（按每年承包金稻谷103853市斤计，可折款）以及出售土地上的石子所得款11578元、补交承包押金10000元给黄头村，并驳回黄头村其他诉讼请求。

该判决生效后，黄头村申请再审。案经茂名市中级人民法院再审维持了原审判决。黄头村不服上诉。

广东省高级人民法院二审认为：黄头村与何子凡等的《承包土地开发资源经营合同书》，是双方当事人的真实意思表示，双方已履行合同主要义务。但本案合同是需经地矿主管部门批准才生效的合同，因此，双方签订的合同成立但未生效。经到高州市国土局矿产资源管理中心调查，在2004年4月前，当地地质矿产资源管理部门已向承包人何子凡等核发了《采矿许可证》，此期间双方应按合同的约定履行各自的权利和义务。而此后采矿能否获得批准，是当地地质矿产资源管理部门的行政职权管理范围，应由其作出认定。黄头村认为承包人何子凡等违法掠夺性开采、破坏土地，应先向当地地质矿产资源管理部门反映，由该部门作出认定。

关于黄头村上诉认为其签订承包合同并没有经村民大会通过的问题，因黄头村作为集体经济组织，拥有自己的土地使用权和独立的财产，其作为发包方签订承包合同主体适格，且本案土地承包方案经村民代表会议议定，在签订承包合同时还选了17名村民作为代表在承包合同上签名确认，故其主张依据不充分，不予支持。

关于黄头村上诉认为本案承包合同中所涉土地属重复承包，合同应无效的问题。本案再审期间黄头村提供的68份《承包合同书》内容仅包括承包户基本情况及承包土地产量情况，而并未显示承包土地的地点，故无法证明属重复承包。故对其上诉主张不予支持。

广东省高级人民法院于2004年8月作出终审判决，改判何子凡、何国萍、黄伯才、关汉波在判决生效后10日内支付1997年10月至2004年4月的承包金（1997年10月至12月的承包金按每月稻谷8654.4市斤计，1998年至2004年4月的承包金按年稻谷103853市斤计，可按当年8月当地粮食部门收购议价折款）给黄头村经济合作社。如果2004年4月以后承包人何子凡、何国萍、黄伯才、关汉波经地矿主管部门批准取得《采矿许可证》，则继续按合同的约定支付承包金。如果未取得《采矿许可证》，则承包合同终止履行。

蔡勉智、黄碧玉诉樟木头公司商品房预售合同纠纷案

案件提示：本案属于34个系列案之一，涉及众多香港业主利益，社会影响重大。案件的争议主要集中在对《重要通知》及随附《登记书》的解释问题上。该判决根据《重要通知》的目的和上下文内容及诚实信用原则对“原发展商”的含义作了明确界定。

上诉人（原审原告）：蔡勉智、黄碧玉。

被上诉人（原审被告）：东莞市樟木头房地产开发总公司。

1993年11月，蔡勉智、黄碧玉在香港与香港展樟发展公司（下称展樟公司）签订了《东莞市樟木头镇“翠景花园”买卖合同》（下称《买卖合同》）。合同列明的出售方为：1.东莞市樟木头房地产开发总公司（下称樟木头公司）；2.东莞市樟木头旅游商品服务公司（下称樟木头旅游公司）；3.展樟公司。但合同的出售方仅有展樟公司盖章及其负责人签名。合同约定蔡勉智、黄碧玉购买位于樟木头镇樟罗管理区的翠景花园景华阁4楼A室，楼房价款为199000港元，交楼时间为1995年6月30日前。除合同列明的八种情形外，如发展商逾期交楼，则应按中国银行香港分行港元贷款之优惠利率从合同规定之交楼之日起计算利息至实际交楼之日止。

展樟公司是满兴公司的子公司，两公司的法定代表人均为梁海。翠景花园是满兴公司提供资金进行全资开发的房地产项目，以满兴公司的名义进行建设，挂靠樟木头公司。在香港，由展樟公司销售有关翠景花园商住楼。满兴公司在销售广告中，承诺对所有购房者赠送价值68000元的家具、电器、灯饰，在与蔡勉智、黄碧玉所签合同附件中亦列明该价值68000元之家具、电器、灯饰的清单。翠景花园项目开发经营期间，满兴公司法定代表人梁海被香港破产署裁定破产，致使翠景花园开发建设处于停顿状态。

东莞市樟木头镇人民政府（下称镇政府）于1999年4月1日下发了樟府（1999）54号文件，成立了一个接管小组，负责对包括翠景花园在内的五个楼盘实行附条件的接管工作。经镇政府驻港公司——东江地产有限公司（下称东江公司）与业主协商，东江公司于1999年5月14日以《重要通知》形式通知各业主办理有关接管手续。该《重要通知》随附《登记书》，《登记书》内容为购房者同意樟木头公司以及东江公司接管有关楼宇（不包括承担满兴公司之债务、延期利息、家具、电器、灯饰事宜）及保留对原发展商追讨有关赔偿之权利。蔡勉智、黄碧玉于1999年8月12日在《登记书》上签名确认。樟木头公司对翠景花园楼盘进行后期开发建设，并于2000年8月书面通知蔡勉智、黄碧玉等业主收楼。由于蔡勉智、黄碧玉要求樟木头公司履行赠送家具、电器、灯饰义务及应支付违约金，双方协商未果，遂诉至东莞市中级人民法院。

东莞市中级人民法院于2003年12月30日判决樟木头公司立即交付房屋并驳回蔡勉智、黄碧玉的其他诉讼请求。蔡勉智、黄碧玉不服，向广东省高级人民法院提起上诉。

广东省高院二审审理认为，本案的争议主要集中在关于蔡勉智、黄碧玉签收《重要通知》时没有明确要求樟木头公司承担延期交楼利息和赠送家具、电器、灯饰责任，能否视为同意免除樟木头公司的责任的问题。从樟木头镇政府的文件、东江公司发的《重要通知》及所随附的《登记书》的内容和目的来看，其重点内容之一是要求业主同意放弃对樟木头公司主张赔偿延期交楼利息和赠送家具、电器、灯饰的权利。虽然该《登记书》最后一句注明业主“保留对原发展商追讨有关赔偿之权利”，但根据樟木头公司发出该通知的目的和该通知中上下文内容的有关字义及诚实信用原则，此处的“原发展商”指的是“满兴公司、宏友公司、展樟公司”，而不包括樟木头公司。且当时各业主也知道翠景花园实际是由满兴公司挂靠樟木头公司投资开发经营的，满兴公司法定代表人梁海在香港被香港破产署裁定破产后，翠景花园的建设处于停工的“烂尾楼”状态各业主也是清楚的。因此，蔡勉智、黄碧玉在签收《重要通知》时在随附的《登记书》上没有明确要求樟木头公司承担责任，可视为蔡勉智、黄碧玉同意免除了樟木头公司承担赔偿延期交楼利息和赠送家具、电器、灯饰的责任。一审法院判决驳回蔡勉智、黄碧玉该诉讼请求并无不当，故于2004年11月11日判决驳回上诉，维持原判。

中国建设银行揭西支行诉王锡明、揭西县房地产发展公司借款合同纠纷案

案件提示：抵押人在没有获得其他共有人认可的情况下以共有财产提供抵押的行为在审判实践中普遍存在。在此情形下，法院应优先保护共有人的所有权还是抵押权人的抵押权一直备受争议。本案依据不动产物权登记的公示、公信效力，确立了在登记权利与实际权利不一致情形下优先保护登记权利的原则，对处理同类型案件具有指导意见。

上诉人（原审原告）：中国建设银行揭西支行（下称揭西建行）。

被上诉人（原审被告）：王锡明。

原审被告：揭西县房地产发展公司（下称房地产公司）。

1995年3月24日，揭西建行与房地产公司签订《借款合同》和《抵押协议》。约定房地产公司向揭西建行借款60万元，房地产公司提供自有的产权证号为粤房字第0832819号的房屋作为借款抵押物。合同上分别有抵押人房地产公司及其法定代表人王锡明的签章。合同签订后，揭西建行依约发放贷款60 万元，王锡明则将粤房字第0832819号《房屋所有权证》交揭西建行存执。1998年7月16 日，揭西建行持该产权证及有关贷款手续到房地产管理部门办理了抵押登记。借款期限届满，房地产公司没有依约归还借款本金。揭西建行遂向揭阳市中级人民法院提起诉讼，请求判令房地产公司归还揭西建行借款本金60万元及相应利息并认定抵押关系合法有效。

据查，粤房字第0832819号《房屋所有权证》的所有权人一栏注明为王锡明。“房屋共有权保持证摘要”一栏为空白。所有权性质为私有，所有权来源为新建。据《私有房屋产权登记申请书》记载，该房屋产权登记申请人为王锡明，房屋共有人为王锡明的妻子张元音，儿子王伟群、王伟斌。张元音于1994年1月死亡，无遗嘱，王锡明于1994年3月1日与郭秀音结婚。原审诉讼中，郭秀音向法院提交《声明书》称第0832819号房屋属夫妻共有财产，其当时不知道王锡明将该房产提供抵押，事后也未征得其同意，故抵押应认定无效。

揭阳市中级人民法院一审审理认为：本案借款合同有效，贷款已实际发放。房地产公司借款后，没有依约归还借款本息，已构成违约，应承担清偿责任和逾期付款的违约责任，向揭西建行归还借款本金60万元及相应期内利息、逾期利息。在双方签订的贷款抵押协议中，王锡明提供抵押的房屋系夫妻共同财产，共同共有人以共有财产设定抵押，未经其他共有人同意的，抵押无效。揭西建行既没有按抵押协议的约定严格审查房地产公司提供的抵押物是否符合抵押协议的要求，又没有提供其与王锡明、郭秀音订立的抵押合同，也没有提供郭秀音追认或者默认抵押关系的证据，故造成抵押无效的过错在揭西建行，揭西建行应对损失自行承担责任。故判决房地产公司归还揭西建行借款60万元及利息并驳回揭西建行的其他诉讼请求。揭西建行不服提起上诉。

广东省高级人民法院二审认为：二审诉讼争议的焦点是王锡明在没有获得其他共有人认可的情况下以夫妻共同财产提供抵押的行为是否有效。首先，我国采取不动产物权登记制度，物权人经登记程序所取得的不动产权属证书具有产权推定公信力，即权利正确性推定效力。不动产权属证书所记载的当事人的权利内容为正确的不动产权利，不管权属证书上记载的物权与实际权利是否一致，相对于第三人都应该是正确的，如果第三人善意信赖权属证书上登记权利而与登记权利人交易，即可受到法律保护。在登记权利与实际权利不一致情形下，法律优先保护登记权利。涉案房屋产权证书上记载的产权人为王锡明，共有人情况空白，不管该记载与实际权利是否一致，在没有证据显示揭西建行明知该记载与实际权利不一致的情况下，揭西建行善意信赖该权利证书上登记的权利而与王锡明设立抵押合同关系并已在房产登记部门办理抵押登记，应受法律优先保护。其次，涉案房屋是否属共有财产，属哪些权利人的共有财产，在因婚姻、家庭关系发生纠纷时，尚需以婚姻法、继承法为依据予以确认，而不能直接以涉案房屋存在共有权人作为本案商事关系纠纷认定的依据。第三，王锡明在明知该房屋存在其他共有申请登记人的情况下，擅自以该财产设定抵押权为自己任职的公司的债务提供担保，若其他共有人对此有异议并对该房屋主张共有权的，应由王锡明负责赔偿其损失。综上，依照最高人民法院《关于贯彻执行〈民法通则〉若干问题的意见》第96条“部分共有人擅自处分共有财产或者非所有权人擅自处分所占有的财产，如果第三人是善意、有偿、依法定手续取得该财产所有权的，第三人不负返还义务，由擅自处分财产的人对所有权人予以赔偿”的规定，王锡明与揭西建行之间的抵押关系有效，揭西建行对拍卖或变卖该房屋所获得的价款享有优先受偿权。故于2004年5月终审判决王锡明与揭西建行之间的抵押合同关系有效。

广东发展银行惠州分行诉广东省对外经济发展惠州公司等借款合同纠纷案

案件提示：本案是一宗涉及到公司人格混同的典型案例。关于公司人格混同的认定和处理，目前我国缺乏具体法律规定，理论研究也较为薄弱，审判实践中碰到不少难题。通过本案，对理解法人人格混同的概念及主要表现形式、出现法人人格混同的原因、认定法人人格混同的标准以及承担责任的依据和责任方式等有一定帮助。

上诉人（原审被告）：广东省对外经济发展惠州公司（下称外经公司）。

上诉人（原审被告）：惠州市发展总公司（下称发展公司）。

上诉人（原审被告）：惠州市创源实业有限公司（下称创源公司）。

被上诉人（原审原告）：广东发展银行惠州分行（下称惠州发展行）。

1993年2月22日及12月29日，外经公司向惠州发展行分别借款400万元和33.8万元，借款期限分别至1994年2月26日及1994年3月29日，月利率为8.64‰及9.15‰。借款期满，经惠州发展行多次催讨，外经公司未能偿还借款本息。

外经公司和发展公司是分别于1986年和1983年成立的全民所有制企业；原主管单位均为惠州市对外经济贸易委员会，现主管单位均为惠州市商贸资产经营有限公司；1997年之前法定代表人均为毛保辉，1997年后法定代表人均变更为王增荣。1992年3月28日，外经公司向工商局申请重新登记注册，在申请资料中登记的主要从业人员有毛保辉（总经理）、叶映萍（会计）、谢珊珊（出纳）等人。根据发展公司提供的工薪表，上述人员多年来在发展公司领取工资。1992年4月13日，惠州市对外经济贸易委员会为外经公司申请重新登记注册,向惠州市工商局出具一份《证明》称，发展公司和外经公司是同一个单位。外经公司、发展公司1992年度《企业法人年检报告书》，载明两公司管理人员、技术人员、生产人员、其他人员人数相同；经营场所面积包括生产、营业、仓库、其他场所面积相同；资金平衡表内容及填写的法人代表、财务主管、制表人相同。此外，外经公司、发展公司1993年度至2002年度10份《企业法人年检报告书》记载，两公司的资产负债表、损益表、经营情况、对外投资情况、亏损原因、出资人和出资额等多项内容相同或基本相同。2001年3月28日，发展公司向惠州市工商局出具《证明》称，发展公司、外经公司一直以来实行“两套牌子一班人马”的运作方式。2002年6月10日，外经公司向中国人民银行惠州市中心支行出具《证明》称，该司与发展公司属同一套班子，该司的资产是发展公司的，因此该司没有资产评估表。2003年9月3日，惠州市商贸资产经营有限公司出具《证明》称，发展公司与外经公司是两个独立的法人主体。2003年9月5日，惠州市工商行政管理局出具《证明》称，发展公司与外经公司没有资产投资关系，是两个独立法人主体。

2000年12月12日，惠州市东方会计师事务所有限公司出具的验资报告中称，创源公司是以发展公司存量优质资产组建而成，创源公司实收资本934.31万元。同月18日，创源公司成立，注册资本934.31万元。2003年11月18日，惠州市财政局出具证明称，创源公司是在发展公司部分资产重组基础上设立的，资产评估结果已由原市国资办确认；现创源公司股权结构为实收资本934.3万元。

2003年1月，惠州发展行向惠州市中级人民法院提起诉讼，请求判令外经公司返还借款本金433.8万元及利息；发展公司承担连带清偿责任；创源公司在无偿接受发展公司财产价值范围内承担连带清偿责任。

惠州市中级人民法院一审认为：外经公司与发展公司是同一主体，发展公司应当共同承担债务。创源公司是由发展公司的优质净资产组建而成，创源公司应在接收发展公司的财产范围内与发展公司共同承担连带责任。故判决外经公司和发展公司应返还惠州发展行433.8万元并支付利息，创源公司应在接受发展公司的财产范围内对433.8万元及利息负连带清偿责任。

外经公司、发展公司、创源公司不服原审判决，共同提起上诉。

广东省高级人民法院二审认为：本案尚在诉讼时效之内。根据本案证据材料，可认定发展公司与外经公司人格混同。创源公司是以发展公司的净资产934.3万元组建的企业，创源公司应在所接收的财产范围内与发展公司共同承担连带责任。故于2004年3月作出驳回上诉，维持原判的终审判决。

哈尔滨市黑天鹅集团股份有限公司诉广东黑天鹅公司商标侵权案

案件提示：该案被最高法院公布为2004年十大知识产权案件之一。本案判决认为，在未注册商标中使用或在企业名称中突出使用与他人注册商标相近似的文字及图形组合，即侵犯注册商标专用权。

上诉人（原审被告）：广东黑天鹅饮食文化有限公司（下称广东黑天鹅公司）。

被上诉人（原审原告）：哈尔滨黑天鹅集团股份有限公司（下称哈尔滨黑天鹅公司）。

1994年11月27日，哈尔滨市黑天鹅大酒店注册“黑天鹅”文字及图形组合商标，核定使用的服务项目为第42类，包括餐馆、快餐馆、鸡尾酒会服务、咖啡馆、自助餐馆。2000年9月28日，哈尔滨黑天鹅集团股份有限公司经核准受让该商标。哈尔滨市黑天鹅大酒店于1997年9月注销，广东黑天鹅公司认为前述转让违法,并请求撤销该商标，但国家商标评审委员会不予受理。

广东黑天鹅公司在广东省各地开办的黑天鹅连锁饺子馆,各店牌匾、场景及物品上使用“黑天鹅连锁饺子馆”。广东黑天鹅公司认为其对商标等有在先使用权，黑天鹅饺子馆淡水第一分店、深圳宝安石岩镇黑天鹅饺子馆第七分店等的调查笔录认为,早就使用黑天鹅做企业名称等。哈尔滨黑天鹅公司认为上述分店即使在先使用,也不能延伸到广东黑天鹅公司使用。

2001年11月28日，哈尔滨黑天鹅公司以广东黑天鹅公司侵权为由，向广州市中级人民法院提起诉讼，请求判令：1. 立即停止使用“黑天鹅”商标和一切宣传活动，并赔礼道歉。2. 立即停止使用“黑天鹅”作为企业名称中的字号。3. 支付哈尔滨黑天鹅公司侵权赔偿费人民币1000万元。4. 承担本案的诉讼费用。

广州市中级人民法院一审审理认为，哈尔滨黑天鹅公司是“黑天鹅”文字及图形组合商标的注册人,其注册商标专用权受法律保护。将广东黑天鹅公司在经营和网站宣传中使用的“黑天鹅”商标与哈尔滨黑天鹅公司的上述注册商标相比较，两者相近似，广东黑天鹅公司在标示其企业名称时亦突出使用了“黑天鹅”三字，侵犯了哈尔滨黑天鹅公司的上述注册商标专用权。至于广东黑天鹅公司提交的在1989 年以来在深圳、惠州等地已有“黑天鹅”饺子馆的有关证据,不能作为广东黑天鹅公司在先使用黑天鹅商标的证据。广东黑天鹅公司的企业名称中字号虽使用了“黑天鹅”三字，不会造成与哈尔滨黑天鹅公司的主体相混淆,哈尔滨黑天鹅公司要求广东黑天鹅公司停止使用“黑天鹅”三字作为其企业名称中的字号依据不足,不予支持。原审判决：一、广东黑天鹅公司立即停止侵犯哈尔滨市黑天鹅集团股份有限公司“黑天鹅”文字及图形注册商标专用权；二、广东黑天鹅饮食文化有限公司在本判决发生法律效力之日起10日内一次性赔偿原告哈尔滨市黑天鹅集团股份有限公司经济损失人民币50万元；三、驳回原告哈尔滨市黑天鹅集团股份有限公司的其他诉讼请求。

广东黑天鹅公司不服一审判决，上诉认为：1. 广东黑天鹅公司应该是黑天鹅商标的在先使用人。2. 哈尔滨黑天鹅公司现持有的商标应属无效。3. 本案应当中止审理。4. 本案应该发回重审。上诉请求：1. 撤销原审判决。2. 裁定中止诉讼。3. 驳回哈尔滨黑天鹅公司的诉讼请求。4. 由哈尔滨黑天鹅公司承担诉讼费用。本案二审开庭时，广东黑天鹅公司又请求将此案发回原审法院重审。

广东省高级人民法院二审审理认为：哈尔滨黑天鹅公司的注册商标专用权，应受法律保护。由于广东黑天鹅公司已于2002年4月29日向国家工商行政管理局商标局提出撤销本案争议的“黑天鹅”文字及图组合商标的申请，该局不予受理。因此，广东黑天鹅公司认为该案涉及商标无效不应当保护，理由不成立。广东黑天鹅公司向法院主张该公司享有在先使用权。而本案中，从广东黑天鹅公司向法院提供的证据看，仅仅是表明惠州市淡水黑天鹅饺子馆等几家饺子馆在1993年7月1日以前使用“黑天鹅”商标和店名，并不是广东黑天鹅公司自己使用该商标,广东黑天鹅公司还明确表示这些饺子馆与其没有隶属关系。广东黑天鹅公司成立于1998年1月20日，在“黑天鹅”文字及图形组合商标注册之后，故该理由不成立，其行为仍构成商标侵权。原审法院认定事实清楚，适用法律正确，广东黑天鹅公司的各项上诉理由均不能成立，遂于2004年10月作出驳回上诉，维持原判的终审判决。

顺德市威凌摩托车实业有限公司诉日本本田技研工业株式会社等不正当竞争侵权纠纷案

案件提示：本案主要体现了对不正当竞争行为的认定标准，在他人先侵权的事实基础上对之进行报道，因报道有所偏差，但随后登报更正并道歉，可不认为构成不正当竞争。

上诉人（原审被告）：日本本田技研工业株式会社（以下简称本田会社）。

被上诉人（原审原告）：顺德市威凌摩托车实业有限公司（以下简称威凌公司）。

原审被告：《中国汽车报》报社。

原审被告：常州市通力达信息传播有限公司。

原审被告：《中国机电日报》报社。

2000年5月31日，广东省工商局对威凌公司涉嫌假冒本田会社注册商标的行为进行查处，在现场查获了威凌公司正在生产和已经生产好的并分别贴有本田公司注册商标SPACY、STREAM商标标识的威凌摩托车整车105辆及STREAM、SCR商标标识一批。之后，本田会社北京办事处的员工孙杰撰写了《假冒商标再露头　本田维权在广东——广东省工商局经济检查总队、本田公司、广东省顺德市威凌摩托车实业有限公司内维权现场实录》一文，声称威凌公司生产的WL125T-3摩托车对本田会社严重侵权。并将该文向《摩托车商情》、《中国汽车报》报社、《中国机电日报》报社投稿。上述三家报刊相继刊登此文。后来，三家报刊又分别刊登更正启事，称上述文章有误，假冒本田公司商标的摩托车的型号是WL125T，不是WL125T-3，并向威凌公司致歉。2002年7月13日，威凌公司以本田会社等被告行为构成不正当竞争为由，向佛山市中级人民法院提出起诉，请求判令本田会社等被告赔礼道歉，消除影响，赔偿威凌公司损失1500万元等。在一审审理过程中，威凌公司撤回了对《中国汽车报》报社、常州市通力达信息传播有限公司、《中国机电日报》报社的起诉。

佛山市中级法院一审审理后认为，本案涉嫌假冒本田会社注册商标的是WL125T型摩托车，本田会社对其维权实况进行宣传时，应遵守诚实信用的原则，实事求是地对其维权实况进行宣传和报道。但在《假冒商标再露头　本田维权在广东——广东省工商局经济检查总队、本田公司、广东省顺德市威凌摩托车实业有限公司内维权现场实录》一文中，本田会社将威凌公司并未假冒其注册商标的WL125T-3摩托车说成假冒了本田会社的注册商标。本田会社又通过报刊将该文向公众宣传散发，该文贬低了威凌公司WL125T-3型号摩托车的声誉，损害了威凌公司的商业信誉。因此，本田会社散布的WL125T-3型号摩托车假冒其注册商标的虚假事实，损害了其竞争对手威凌公司的商业信誉和该车的声誉，其行为构成不正当竞争。威凌公司要求被告本田会社赔偿损失、赔礼道歉的请求合理，应予以支持。判决本田会社赔偿威凌公司经济损失20万元，本田会社在判决发生法律效力之日起30日内在《摩托车商情》上向威凌公司赔礼道歉。本田会社不服该判决，向广东省高级人民法院上诉。

广东省高级人民法院经审理认为，商业活动应当遵守诚实信用的基本原则，经营者不得捏造、散布虚伪事实，损害竞争对手的商业信誉、商品声誉。威凌公司由于假冒本田会社注册商标的行为被广东省工商局查处，本田会社将工商行政管理机关依法查处和处罚威凌公司违法侵权行为的信息提供给相关媒体，本田会社职员在其撰写的《假冒商标再露头　本田维权在广东——广东省工商局经济检查总队、本田公司、广东省顺德市威凌摩托车实业有限公司内维权现场实录》一文中，对其维权情况进行宣传报道，是以威凌公司假冒本田会社注册商标并被行政机关查处这一事实为前提，是其行使自身言论权利、维护其合法权利的正当行为，并未违反我国法律的规定。尽管本田会社在文中将威凌公司假冒本田会社注册商标的WL125T型摩托车写成并未假冒本田会社注册商标的WL125T-3摩托车，但是，将这一情况放到威凌公司因侵权受查处，本田会社根据行政主管机关查处结果进行维权宣传整个过程来辩证分析，显然不宜认为系本田会社实施捏造、散布虚伪事实的行为，威凌公司的商业信誉和商品声誉也不会因本田会社对侵权车型的误写而受到贬损。案件事实表明，本田会社在得知报道中误将侵权的WL125T型摩托车写为WL125T-3型摩托车后，已经及时在登载原文的报刊上刊登更正启事，并向威凌公司致歉，本田会社已经就其疏漏行为采取了及时的补救措施，足以消除影响。可见，本田会社主观上也没有故意诋毁威凌公司的故意，本田会社的行为不构成不正当竞争行为。应特别指出的是，任何单位或个人如果侵犯他人知识产权，就应当承受权利人以及社会公众对其侵权行为的批评、揭露，这种正当的批评、揭露是维系法律权威和法律权利不可或缺的，即使有偏差，也决不可轻易当作不正当竞争予以追究。故于2003年12月17日终审判决撤销一审判决，驳回威凌公司的全部诉讼请求。

顺德市松本电工实业有限公司诉开平松本建设实业有限公司等不正当竞争、名誉侵权纠纷案

案件提示：本案属于典型的商标与企业名称权利冲突不正当竞争纠纷案件，体现了对驰名商标和非驰名商标在企业名称等方面的不同保护力度。非驰名商标不能适用驰名商标特殊保护和扩大保护范围的相关规定。

上诉人（原审被告）：邓振强。

上诉人（原审被告）：开平松本建设实业有限公司（简称开平松本公司）。

上诉人（原审被告）：广州市松本电工实业有限公司（简称广州松本公司）。

被上诉人（原审原告）：顺德市松本电工实业有限公司（简称顺德松本公司）。

1991年11月18日，林伟雄与邓振强协议拟成立松本电工照明实业公司，地址为顺德县容奇镇环塘街9号，公司注册资本300万元，由双方各出资150万元，合营公司的商标属双方共有。1991年11月，广州领先商业设计事务所（以下简称领先设计所）设计师邓力克为该公司的“松本”、“松本及图”、“松本电工”照明组合标志进行美术设计。1991年11月23日，以顺德县容奇镇振华管理区办事处作为组建单位申请成立顺德容奇松本电工照明实业公司，该企业实际由林伟雄和邓振强各投入150万元进行经营。1992年6月，该公司更名为顺德市容奇镇松本电工照明实业公司（简称容奇松本公司）。

1993年1月，容奇松本公司在第6类（连接器）、第9类（塑料线槽、圆管、调速器）、第11类（民用灯具、排气扇）商品上获得国家商标局核准注册的“松本及图”商标。

1996年6月，林伟雄与邓振强正式共同成立顺德松本公司。容奇松本公司注销，债权债务由转制后的顺德松本公司承担。1997年3月28日，顺德松本公司经国家商标局核准受让了上述三个商标。

1998年7月和10月，顺德松本公司在第9类（电阻材料等）商品上获得国家商标局核准注册的“松本电工”（电工放弃专用权）商标。2000年4月被认定为广东省著名商标。并被推荐为驰名商标，未获国家工商总局批准。

黄伟华、邓振盛于1998年3月出资成立广州松本公司，邓振盛股份系从邓振强处受让得来。从1997年12月21日开始，陆续在第37、19、7、20、9、11、6、24、4等类别商品上获核准注册“松本”商标。1998年8月将在第19类上注册的“松本”商标许可上诉人开平松本公司使用并已备案。

上诉人开平松本公司成立于1998年1月8日，由邓振强等出资成立，邓振强任法定代表人。

佛山市中级人民法院一审审理认为：原告顺德松本公司承受了容奇松本公司的所有权利义务，被告广州松本公司、开平松本公司的成立、广州松本公司申请及核准注册“松本”商标、开平松本公司被许可使用“松本”商标的时间均晚于容奇松本公司，故原告顺德松本公司对“松本”享有合法在先使用权。“松本及图”、“松本电工”商标为驰名商标。邓振强在任原告顺德松本公司的董事和经理期间，未经原告同意，与他人合作投资开办了开平松本公司，构成不正当竞争。黄伟华、邓振盛、邓振强登记注册了广州松本公司、开平松本公司均属恶意注册，构成不正当竞争。据此，一审判决开平松本公司停止在其企业名称中使用“松本”两字；三被告赔偿原告经济损失50万元，并相互承担连带责任；并登报向原告赔礼道歉，消除影响等。一审判决后，邓振强等不服，向广东省高级人民法院提起上诉。

广东省高级人民法院二审审理认为：国家工商行政管理总局在商标注册管理上没有认定“松本及图”、“松本”、“松本电工”等商标为驰名商标，给予驰名商标保护。我院经审查，也认为这几个商标尚未达到驰名程度，不宜认定为驰名商标。因此其不能适用驰名商标特殊保护和扩大保护范围的相关规定。由于广州松本公司的企业名称注册时间是1998年3月、开平松本公司的企业名称注册时间为1998年1月，均在2000年4月顺德松本公司的“松本电工”商标被评为“广东省著名商标”之前，没有违反《广东省著名商标认定和管理暂行办法》的规定。而且，案外人广州市松本电工有限公司在1997年12月注册“松本”文字商标，上述注册商标的注册时间先于顺德松本公司注册“松本”文字商标和“松本电工”文字商标的1998年7月和1998年10月，开平松本公司经许可使用商品第19类的“松本”商标合法。广州松本公司和开平松本公司与顺德公司位于不同行政区域，顺德松本公司无权限制他人在该公司登记主管机关辖区外注册字号相同的企业名称，本案中广州市松本公司和顺德松本公司分别拥有合法注册的“松本”注册商标，仅仅是核定使用的商品类别不同而已。开平松本公司经许可拥有“松本”商标的合法使用权，正当合法。上诉人广州松本公司是根据案外人广州市松本电工有限公司的股东邓振盛等的申请而成立的，其使用“松本”二字作为企业字号，也有合法的权利基础和正当的理由。且并无证据表明，普通消费者已经将顺德松本公司及产品与开平松本公司混淆。至于消费者是否会对两公司之间的关系产生某种联想，由于邓振强曾经是顺德松本公司的股东，后又在开平松本公司担任股东，因此消费者即使产生联想也是合理的。遂于2004年4月9日终审判决撤销一审判决并驳回顺德市松本电工实业有限公司的诉讼请求。

广东广合电力有限公司诉中国人民财产保险股份有限公司广东省分公司保险合同纠纷案

案件提示：本案为涉港保险合同纠纷，总标的金额达1.41亿美元，是我国法院受理的标的金额最大的保险合同纠纷。案件的处理不仅影响到双方当事人的股市行情和经营业绩，更由于本案所涉保险合同标的额巨大而影响到保险市场，其处理结果对保险业的发展具有重要意义。此外，本案审理所涉及的法律问题复杂，审理难度极大。最后，本案以和解并最终以撤诉的方式结案具有重要的意义。

原告：中国人民财产保险股份有限公司广东省分公司（下称保险公司）。

被告：广东广合电力有限公司（下称电力公司）。

第三人：广东省沙角（C厂）发电公司。（下称发电公司）。

第三人：迈朗沙角C投资有限公司。

第三人：迈朗（亚太）有限公司。

1999年12月30日，电力公司与保险公司签订保险合同，约定保险公司承保发电公司财产一切险、财产一切险项下后果损失险、机器损坏险、机器损坏险项下后果损失险。保险期限三年。保险金额为3645672000美元，保险费为17826972美元。2000年10月15日，发电公司二号发电机组主变压器发生爆炸，外壳变形，加强筋与壳体脱焊，外壳穿孔漏油，主变压器严重损坏。2000年10月26日，电力公司以人民币1880万元的价格购买一台临时性替代主变压器。2001年2月26日，替代主变压器高压套管发生爆炸。2001年3月7日，保险公司与电力公司签订贷款及信托协议，由保险公司向电力公司提供800万美元预付款。协议约定，如果上述事故原因不属于保险责任范围，电力公司应将该800万美元退还保险公司。

2002年4月18日，电力公司向广东省高级人民法院提起诉讼，要求保险公司赔偿重置二号发电机组主变压器及相关费用、营业中断损失、施救费用及违约利息等共约1.33亿美元，确认双方间的保险合同在原有效期内持续有效，保险公司承担诉讼费5003098元。

2002年12月17日，保险公司向广东省高级人民法院提起反诉，请求判令电力公司和第三人返还贷款800万美元并承担反诉诉讼费413933.77元。

关于本案的管辖权问题，因当事人在保单中约定了仲裁和法律适用条款。保险公司认为本案应通过仲裁解决。法院认为应适用当事人约定的中华人民共和国法律认定仲裁条款的效力，由于当事人没有约定明确的仲裁机构，因此仲裁条款无效，本案应由法院管辖。

在本案审理过程中，双方当事人曾向法院提出申请，请求准予电机和变压器方面的高级工程师等专业技术人员出庭作证，对10·15事故的原因进行技术说明，包括油样介质试验、高压端雷击计数的涌流记录、变压器冲击说明、变压器解体报告、低压升高座附近局部过热对变压器油绝缘性的影响等。另外，本案涉及营业中断损失的赔偿问题，这是一般保险合同纠纷所未遇到的新问题。双方当事人均提供了会计师事务所的评估报告，一份报告分别按照10·15事故中爆炸的二号机组单独计算，另一份以沙角C厂的三台发电机组的营业收入打捆计算，上述计算标准不同，加之计算依据也有区别，导致差额达2500万美元。

在主办法官召集下，当事人各方进行了十数次的调解与沟通，法官同时对双方当事人分别进行说服和协调工作，力争求同存异。最终，在2004年4月16日双方同意以保险公司向电力公司支付8600万美元作为双方间保险合同纠纷的了结。和解后，双方当事人向广东省高级人民法院申请撤诉。

招商银行股份有限公司诉百事利达国际有限公司等借款担保合同纠纷案

案件提示：本案法律问题复杂，涉及内地银行经营离岸贷款性质及效力、涉外担保效力、释放现汇担保对保证承诺的影响、划拨土地使用权及其上盖物业抵押效力、担保纠纷与担保人破产案件如何协调等诸多法律问题。以法院调解方式结案，化解了当事人之间的尖锐矛盾，有利于争议的全面、最终解决。

原告：招商银行股份有限公司（以下简称招商银行）。

被告：百事利达国际有限公司（以下简称百事利达公司）。

被告：北京利达海洋生物馆有限公司（以下简称北京利达公司）。

1996年3月18日，招商银行和百事利达公司签订一份《贷款合同》，约定招商银行向百事利达公司提供2500万美元的贷款，用于北京利达海洋生物馆项目；年利率为美元贷款优惠利率加3%；期限为4年2个月（自第一次提款日起），按约定期限分7期偿还，如逾期须加收2%的利息（以年利率计)。同日，北京利达公司向招商银行提供了承诺书，承诺：1. 为百事利达公司偿还欠款负连带保证责任；2. 以其正在建设之中的北京利达海洋生物馆项目的土地使用权及上盖物业提供抵押担保，在海洋生物馆物业建成并领取房屋所有权证书后，即办理抵押登记；3. 以北京利达海洋生物馆的经营权和收益权提供抵押担保。为落实上述承诺，北京利达公司与招商银行签订了《房屋抵押协议》、《土地使用权及其上盖物业协议》、《经营权、收益权抵押协议》。此外，北京利达公司与招商银行、招商银行北京分行三方签订了《偿债基金监管协议》，约定北京利达公司将其经营收入存入招商银行北京分行，首先用于偿还欠款。1996年4月1日至1997年3月21日，招商银行按照《贷款合同》的约定，根据百事利达公司出具的提款通知书，共9次向百事利达公司发放贷款合计2500万美元。上述贷款进入偿还期后，百事利达公司分别于1997年10月8日、2002年7月19日向招商银行偿还贷款本金50万美元、703.77美元；北京利达公司于2003年3月21日向招商银行偿还贷款本金159986美元。其余贷款本息经招商银行多次催收，但百事利达公司至今仍未偿还，北京利达公司也未承担担保责任，且至今仍未办理相关房地产抵押登记。截至2003年6月30日，百事利达公司拖欠招商银行贷款本金2433.94万美元，利（罚）息2176万美元。此后，招商银行诉请判令百事利达公司偿还借款本金2433.94万美元及至贷款还清之日止的全部利（罚）息；北京利达公司对此承担担保和赔偿责任。

本案在审理过程中，三方当事人于2004年4月19日达成如下和解协议：（一）百事利达公司、北京利达公司确认百事利达公司应向招商银行承担贷款合同项下的债务为：截止2004年1月12日共拖欠本金24339310.23美元及利息23626422.77美元；2004年1月12日以后形成的利息实际计算至贷款合同项下债务全部清偿之日。百事利达公司应在本调解书生效之日起10日内向招商银行清偿上述债务。（二）北京利达公司确认对招商银行担保责任的范围是：北京利达公司在贷款合同总额2500万美元本金及相应利息扣除以下款项的本金及相应利息后，就百事利达公司未偿还部分即16337963.57美元本金及相应利息承担连带保证责任：1. 百事利达公司已偿还款项及相应利息；2. 招商银行释放的800万美元现汇质押及相应利息；3. 招商银行从北京利达公司账户扣划的款项及相应利息。如百事利达公司未按调解书规定履行还款义务，北京利达公司应立即履行上述担保责任。（三）基于北京利达公司承担上项连带保证责任，招商银行承诺不再主张2500万美元贷款担保合同项下对北京利达公司的其他一切权益，包括不再依据《承诺书》、《房屋抵押协议》、《土地使用权及其上盖物业抵押协议》主张抵押权，不再主张《经营权、收益权抵押协议》项下的一切权益，不再主张《偿债基金监管协议》项下的一切权益。（四）鉴于三方签署了该协议，招商银行同意在调解书生效的同时，撤销在北京市高级人民法院提起的代位权诉讼，并撤回基于代位权诉讼提出的破产债权主张。（五）该协议适用中华人民共和国法律。（六）本案案件受理费人民币1914892元，由招商银行负担。

广东省高级人民法院于2004年4月16日以民事调解书的形式确认了上述和解协议。

丰浩江等17人诉广东省东莞市城建规划局房屋拆迁行政裁决案

案件提示： 城市房屋拆迁行政案件的焦点往往集中在拆迁房产价值的《评估报告》上。本案对城建规划局对一方当事人提供的《评估报告》应如何审查以及人民法院对城建规划局采纳的《评估报告》应如何审查等主要问题均作出了精要的回答，很有指导意义。

上诉人（原审原告）：丰浩江等17人。

被上诉人（原审被告）：广东省东莞市城建规划局。

原审第三人：广东省东莞市城区房地产开发公司。

原审第三人：丰燕芬等四人。

2001年12月10日，东莞市城建规划局颁发给东莞市城区房地产开发公司（下称房地产开发公司）拆许字（2001）第005号房屋拆迁许可证，房地产开发公司获准对本案上诉人等21人所有的商铺房屋进行拆迁。房地产公司与被拆迁人之间未能达成拆迁补偿安置协议。2002年4月，房地产开发公司向东莞市城建规划局申请行政裁决。8月30日，广东省东莞市城建规划局作出东规行裁（2002）1号《房屋拆迁行政裁决书》,对拆迁补偿方式、补偿标准、被申请人搬迁期限等作出了裁决。丰浩江等17人不服该行政裁决，向广东省东莞市中级人民法院提起行政诉讼。

本案的争议焦点主要是行政裁决所依据的《评估报告》是否合法有效。丰浩江等17人认为东莞市城建局裁决所依据的《评估报告》在委托主体、使用条件和范围、适用程序等方面违反《国有资产评估管理办法施行细则》的规定，适用法律错误；裁决所依据的《评估报告》的相关内容和鉴定人身份等没有经过上诉人质证；《评估报告》将上诉人的商铺分为商铺和仓库，且提出“如按拆迁房屋面积与该地新建成商铺以1：0.6的标准进行产权调换，双方不需要补偿差价”，显然有违公平。东莞市城建局则辩称作为评估人的广东省东莞市华联会计师事务所有限公司（以下简称华联公司）有评估资质，评估报告具有公信力且合法。至于《评估报告》的具体内容，因城建局并不是评估方面的专业人士，所以无法评判。

东莞中院一审审理认为，华联公司有评估资质，评估报告合法，行政裁决程序合法，适用法律正确。判决驳回丰浩江等17人的诉讼请求。丰浩江等17人不服，向广东省高级人民法院提起上诉。

广东省高级人民法院二审审理认为：东莞市城建局采纳华联公司作出的《评估报告》作为其行政裁决的根据，应当对作出该《评估报告》的评估人员的资格、评估程序等事项进行审查。人事部和国家国有资产管理局联合发布的《注册资产评估师执业资格制度暂行规定》规定，评估报告至少由两位注册资产评估师签署方为有效。本案《评估报告》上签名的张瑞明和肖晓康两位评估人员中，只有张瑞明具有注册资产评估师资格，肖晓康不具有该资格，因此该《评估报告》无效。另外，《评估报告》将涉案房屋区分为商铺和仓库两部分，该评估项目的负责人张瑞明在庭审中陈述，《评估报告》作出这一区分，其根据的是委托方房地产开发公司所提供的资料，该资料对涉案房屋区分为商铺和仓库。作为注册资产评估师的张瑞明，未对委托方房地产开发公司提供的资料进行审核，就直接采纳，违反了《中国注册资产评估师职业道德规范》的有关规定，因此，《评估报告》在程序上存在重大瑕疵。被上诉人东莞市城建局在未依法对该《评估报告》进行审查的情况下，径行采纳为被诉行政裁决的根据，属于认定事实不清。根据最高人民法院《关于行政诉讼证据若干问题的规定》，法院对《评估报告》不予采纳。

因此，广东省高院于2003年12月12日作出终审判决，认为东莞市城建局作出的行政裁决主要证据不足，一审判决认定事实不清，适用法律错误，判决撤销东莞中院一审判决及东莞市城建规划局作出的东规行裁（2002）1号《房屋拆迁行政裁决书》，要求东莞市城建规划局自收到判决书之日起60日内重新作出裁决。

李沛光诉东莞市城建规划局行政确认案

案件提示：本案对以下两个问题进行了明确：行政机关对其属下职能部门的答复对公民、法人或者其他组织权利义务产生实际影响的，应属于可诉的具体行政行为；行政机关在行政程序中非法剥夺公民、法人或者其他组织依法享有陈述、申辩或者听证的权利，其所采用的证据不能作为认定被诉具体行政行为合法的依据。

上诉人（原审原告）：李沛光。

被上诉人（原审被告）：东莞市城建规划局。

东莞市东城区政府与原告李沛光因房屋拆迁补偿纠纷进行了民事诉讼，诉讼过程中，东城区政府让东城区规划管理所向东莞市城建规划局咨询李沛光的《建筑许可证》是否有效。东莞市规划局作出《关于李沛光私房的意见》："李沛光在附城区涡岭村大草岭建的一栋三层半私人住宅，从东城区提供的资料来看，是李沛光于1988年3月5日从当时的附城区建设委员会领取到《建筑工程许可证》后于1995年才兴建的。我局认为该建筑属违法建筑。"李沛光不服向东莞中院提起行政诉讼。

东莞市中级人民法院一审认为，东莞市城建规划局对其下属职能部门的请示作出回复意见的行为，属不具有强制力的行政指导行为，不属于人民法院行政诉讼的受案范围，遂裁定驳回原告李沛光的起诉。李沛光不服该裁定，向广东省高级人民法院提起上诉。广东省高级人民法院二审认为，对东莞市城建规划局作出的《关于李沛光私房的意见》，认定李沛光所建的房屋属于违法建筑，对李沛光的财产权产生实际影响，东莞市城建规划局作出的该意见，属于行政诉讼的受案范围，裁定由原审法院继续审理本案。

原审法院经过审理认为，东莞市城建规划局依职权作出的《关于李沛光私房的意见》认定事实清楚，证据充分。认为原告李沛光兴建的房屋属违法建筑适用法律、法规正确，予以维持。且被告所作的《关于李沛光私房的意见》是基于其下属机构东莞市东城区规划管理所就原告持1988年3月签发的《建筑许可证》而于1995年建房是否有效的请示所作的回复意见，并非针对原告作出，原告不是该《意见》的相对人，被告没有听取原告的意见及没有将该《意见》送达原告并无不当。故判决维持了东莞市城建规划局《关于李沛光私房的意见》。李沛光不服该判决，提出上诉。

广东省高级人民法院二审认为，被上诉人东莞市城建规划局依职权作出的《关于李沛光私房的意见》，对上诉人李沛光所建的房屋进行了行政确认，该意见虽然是对其属下职能部门的答复，由于被案外人东城办事处作为认定上诉人房屋违章建筑的依据，对上诉人李沛光的财产权产生实际影响，一审法院对该具体行政行为依法进行司法审查是正确的。被上诉人认为其行为是对下级行政机关就工作事宜提出的咨询或请示作出回复，属于不可诉的内部行政行为，理由不成立，不予支持；被上诉人对上诉人房屋作出违章建筑的确认，其证据是从"东城区提供的资料"进行认定的，但东城区作为提供证据的人与上诉人李沛光由于房屋拆迁存在民事争议，已提起民事诉讼，双方存在利害关系，被上诉人根据有利害关系的一方当事人提供的证据进行作出行政确认行为，其证据的真实性难以确认，并且该证据并未听取相对人李沛光的陈述、申辩，依照最高人民法院《关于行政诉讼证据若干问题的规定》第60条第2款"被告在行政程序中非法剥夺公民、法人或者其他组织依法享有陈述、申辩或者听证权利所采用的证据"不能作为认定被诉具体行政行为合法的依据的规定，应认定被上诉人作出的具体行政行为缺乏合法证据，上诉人上诉的理由充分，应予支持，原审判决维持被诉行政行为，属于认定事实不清，适用法律错误，依法亦应予以撤销。故于2004年9月作出终审判决：一、撤销东莞市中级人民法院（2003）东中行初字第21号行政判决书；二、撤销被上诉人东莞市规划局作出的《关于李沛光私房的意见》。

广东金洋电缆有限公司诉中山市信诚电器线材厂返回货款纠纷案

案件提示：本案涉及因履行合同义务期间不明确引起债权人诉讼时效期间起算日的争议问题。再审判决认为若有交易习惯，应按交易习惯在最后一次收货日后的一个月左右。无交易习惯，则按《民法通则》有关规定处理。

申请再审人（一审原告、二审被上诉人）：广东金洋电缆有限公司（下称金洋公司）。

被申请再审人（一审被告、二审上诉人）：中山市信诚电器线材厂（下称信诚线材厂）。

金洋公司于1996年至1997年10月间供应了多批各种规格的金属线材料给信诚线材厂，但双方未签订书面合同，亦无证据证实双方对货款交付时间有一致的约定。截至1997年10月11日，金洋公司共供应了货值10977843.55元的金属材料给信成线材厂，并开具了等额的增值税专用发票给信成线材厂。信成线材厂收到金洋公司供应的线材和增值税发票后，分多次通过银行汇款向金洋公司支付货款10692896.35元，货款差额为284947.2元。对此，信成线材厂称已由金洋公司的业务员持增值税发票前来以现金的方式收取，但金洋公司否认。双方过往的交易习惯，是付款方式为银行转账。相隔一段时间（不定期，通常为一个月左右）后付款，且付款金额不等同于每次供货金额。金洋公司最后一次供货给信成线材厂是1997年10月11日。同日，信成线材厂曾将四张合共金额为48万元的银行承兑汇票背书转让给金洋公司。上述四张银行承兑汇票由金洋公司的业务员谢保赞于1997年10月11日签收,后已由银行兑付给金洋公司。金洋公司确认此次为信成线材厂最后一次付货款。信成线材厂在二审庭审时确认，最后一笔货款是分期付款，且是以现金支付。但均未能提供相关证据。

金洋公司于1999年10月向中山市人民法院提起诉讼，请求判令信成线材厂清偿所欠货款。

中山市人民法院一审审理认为，现有证据显示信成线材厂仅支付货款10692896.35元，尚余货款284947.2元，信成线材厂称金洋公司的供销员持发票前往信成线材厂处时其以现金方式支付的，但信成线材厂至今未能提出有关证据，故本院不予采信。金洋公司诉求理据充分，应予支持，故判决信成线材厂向金洋公司偿还货款284947.2元和滞纳金。

信成线材厂不服一审判决，向中山市中级人民法院提起上诉，除坚持涉案货款已用现金付清外，又提出金洋公司的诉讼时效期间已过，无胜诉权的主张。

中山市中级人民法院二审审理认为，现有证据显示，双方交易方式主要是银行汇款的方式，并无另外开具收款收据的习惯。信成线材厂并不能提供以现金支付尚欠货款的依据，且与双方一向付款方式不符，不符合交易习惯，信成线材厂仅凭金洋公司开出的同等数额的增值税发票就视同已经支付全部货款的理由不成立。双方确认最后一次付款给金洋公司是于1997年10月11日以四张银行承兑汇票为支付手段的，按票据理论，背书交付票据的当日即视为付款日，因此，信成线材厂最后付款日即为当日，而至金洋公司1999年10月20日提起诉讼已超过两年的诉讼时效。终审判决撤销一审判决并驳回金洋公司的诉讼请求。

金洋公司不服二审判决，向二审法院提出再审申请。二审法院经审查驳回申诉。金洋公司仍不服，向广东省高级人民法院申请再审。

广东省高级人民法院再审认为，对信诚线材厂拖欠金洋公司284847.2元货款的事实予以认定。关于金洋公司对本案债权的诉讼时效期限起算时间，既无书面亦无口头约定，根据双方过往交易习惯，信诚线材厂履行还款义务的期限通常是收货后10天至一个月左右。依照《合同法》第61条规定，信诚线材厂履行本案284847.2元拖欠货款的期限，应按交易习惯在为最后一次收货日后的一个月左右。若双方当事人不承认有该交易习惯，则应根据《民法通则》第88条第2款第（二）项规定，确定债务人还款义务履行期限为金洋公司向信诚线材厂提出主张的时间，而不应是信诚线材厂最后一次交货并交付四张汇票的1997年10月11日，而是按交易习惯在此日起计的一个月后或金洋公司向法院起诉信诚线材厂之日。按上述任意一种计算方法，本案均未过诉讼时效。故于2004年9月判决撤销中山市中级人民法院二审判决并维持一审判决。

新家园（珠海）置业有限公司与珠海市荣业投资发展有限公司土地使用权转让合同纠纷案

案件提示：本案主要涉及两个问题，一是当事人的约定违反税法强制性规定的责任应如何承担问题。二是非一方当事人原因造成对方的经济损失责任如何承担问题。对此，本案判决给予了明确的回答。

抗诉机关：最高人民检察院。

原审上诉人（一审本诉被告、反诉原告）：新家园（珠海）置业有限公司（下称新家园公司）。

原审上诉人（一审本诉原告、反诉被告）：珠海市荣业投资发展有限公司（下称荣业公司）。

1996年12月，家园国际贸易（香港）有限公司（下称家园公司）与荣业公司签订了一份《土地使用权转让合同》，约定荣业公司将自己拥有的商业用地面积约16000平方米全权转让给家园公司进行开发经营等。合同签订后，家园公司专门成立开发项目的全资子公司——新家园公司。新家园公司先后共向荣业公司支付土地款50428000元。1997年11月12日，荣业公司与新家园公司签订一份《协议》，约定新家园公司尚欠荣业公司地价款人民币6524927元，后新家园公司共付给荣业公司300万元。

另查明，新家园公司将楼房发包给珠海市珠建工程有限公司承建。桩基础施工期间，因边防设施建设问题，施工单位于1997年6月13日被有关部门通知停工，后经珠海市有关部门协调后，于同年 7月 3日恢复施工。施工单位因停工 21天向新家园公司请求赔偿误工损失511119.13元。

荣业公司于1998年9月 3日向珠海市中级人民法院起诉，请求判令新家园公司偿付土地款人民币3524927元及利息。新家园公司则反诉请求判令荣业公司赔偿损失1282709.53元及开具收款发票。

珠海市中级人民法院一审审理认为，荣业公司与新家园公司签订的《土地使用权转让合同》有效。新家园公司未能如期向荣业公司付清土地转让款，显已违约，应承担偿付欠款及利息的责任。荣业公司、新家园公司于1997年11月12日达成的协议，除对违约金约定过高确认无效外，其他条款确认有效。荣业公司、新家园公司在合同中未明确需开具发票而开具了收据，但收款后未开具发票确属偷逃税收行为，新家园公司反诉之请求应予采纳。荣业公司应按收款数额开具发票给新家园公司，考虑到双方在合同中对此有共同规避法律的故意，开具发票应缴纳的税款可由双方各负担50%。故判决（一）双方签订的《土地使用权转让合同》有效；（二）新家园公司向荣业公司付清所欠土地转让款3524927元及利息；（三）荣业公司向新家园公司付误工违约金515692.8元；（四）荣业公司应向新家园公司开具收款数额50428000元的发票，应缴纳的税款由双方各负担50%；（五）驳回荣业公司新家园公司的其他诉讼请求。

荣业公司与新家园公司均不服一审判决，向广东省高级人民法院提起上诉。广东省高级人民法院二审审理认为，荣业公司与新家园公司于1996年12月签订的合同及1997年11月签订的协议均有效，双方应继续履行。新家园公司尚欠土地转让费应以1997年11月12日确定的数额为准。原审对此所作认定正确，应予维持。家园公司商住楼停工，系由于政府国土、规划部门批地过程中与边防部门没有事先协调好边防设施建设造成的，荣业公司无过错，故其不应承担责任。终审判决：维持一审判决第（一）、（二）、（四）、（五）项并撤销第（三）项。

新家园公司不服二审判决，向最高人民检察院申诉。最高人民检察院抗诉意见认为，终审判决认定新家园公司亦有逃避国家税收的故意，主要证据不足，判决缺乏法律依据。判决因开具发票而增加的税费的损失由双方平均负担，违反了上述税法的强制性规定。且终审判决以荣业公司对停工损失无过错为由，不负责任错误。

广东省高级人民法院再审认为，荣业公司与家园公司在合同中关于开具单位收据的约定违反了我国有关税收管理规定，应确认无效，其余条款有效。荣业公司作为出让方，是纳税义务人。荣业公司一审诉讼中并未请求新家园公司分担其应缴纳的税款。因此，原终审判决新家园公司分担50%税款不当，应予纠正。如果荣业公司认为双方在合同中约定开具收据的做法及后果造成其经济损失，可另循法律途径解决。关于荣业公司是否应赔偿新家园公司停工损失问题。原审判决不认定荣业公司违约，未判决荣业公司对此承担违约责任亦无不当。为此于2004年9月判决撤销本院（1999）粤法民终字第75号民事判决第（一）项；变更珠海市中级人民法院（1998）珠法民初字第50号民事判决第（四）项为荣业公司应开具收款数额为50428000元的发票给新家园公司，维持珠海中院上述判决（一）、（二）、（五）项。

恩平市二建集团公司第九建筑队等三公司与开平市嘉怡食品有限公司建筑工程款纠纷执行监督案

案件提示：本案涉及抵押权的成立以及建设工程价款优先权在时间、是否竣工验收方面的条件以及带资建设是否影响优先权的成立等多个方面的问题。本案适用《合同法》及有关司法解释的规定对上述问题作出正确处理和认定。

申请执行人：恩平市二建集团公司第九建筑队（以下简称建筑队）。

申请执行人：开平市第八建筑工程公司（以下简称八建）。

申请执行人：开平市金鸡建筑工程公司（以下简称金鸡公司）。

被申请执行人：开平市嘉怡食品有限公司（以下简称嘉怡公司）。

另一案申请执行人：开平市农村信用合作社联合社（以下简称农信社）。

开平市人民法院分别于2000年9月判决嘉怡公司将拖欠的工程款1747187.27元及逾期付款违约金支付给二建九队，判决嘉怡公司清还工程款474235.55元及违约金给金鸡公司；2000年11月判决嘉怡公司将拖欠的工程款等1884546.11元清偿给八建。

1999年12月，开平市人民法院判决嘉怡公司偿还借款本金及利息1910088.83元给开平市信用社。1999年12月，开平法院判决嘉怡公司偿还借款本息2200209元给农信社。两份判决均有如逾期偿还，则依法拍卖或变卖嘉怡公司提供抵押借款的土地（面积为26710平方米）及地上附上物，所得价款偿还原告的债务的判项。

此后，江门检察院针对农信社与嘉怡公司案作出民事抗诉书，认为该两案中抵押借款合同均未到有关部门办理登记，因此，抵押无法律效力。开平市人民法院于2001年11月作出再审判决，改判为返还本金及利息。

2000年11月申请执行人三公司向开平市人民法院申请执行，开平法院立案执行。嘉怡公司欠款案经开平市人民法院审结的共24件，标的共1800万元。2000年9月，开平市人民法院将本案查封的标的物变卖给一单位得款5844184元，并将拍卖得款其中的430万元支付给开平农信社，余款按各债权人的比例分配，八建等三公司按债权比例分得6.6%的款项。2001年2月6日，开平市人民法院中止执行上述案件。

八建等三公司不服开平法院执行处理决定，向广东省高级人民法院申诉认为，其工程承包合同虽然发生在合同法实施日之前的1998年，但合同的履行期至2000年1月、4月，跨越了合同法实施日；况且双方的纠纷在2000年6月，已诉至开平市人民法院审理，据此，依照最高人民法院司法解释规定，应适用合同法第286条规定，享有优先权。而农信社与嘉怡公司之间的抵押未登记而无效。开平市人民法院执行部门在再审尚未作出再审判决的情况下于9月抢先执行，把变卖所得的工程价款5844184元优先偿付农信社本息430万元不当。

开平市人民法院认为，八建等三公司与嘉怡公司的合同纠纷发生在1999年10月1日合同法施行以前，不适用合同法建设工程价款优先权的有关规定。且如果工程没有竣工验收程序，不符合优先权的条件。故此，三公司不具备优先受偿权的条件。

广东省高级人民法院执行局审查认为，农信社与嘉怡公司之间的抵押未经登记无效，农信社不具有抵押优先权。八建三公司的建筑工程是带资承建的，按建设部有关规定合同无效。但在实践中这种情况比比皆是。且从法律适用原则的角度，上位法优于下位法，八建等三公司的工程款债权，应适用《合同法》第286条及有关《批复》的规定，而不应适用建设部行政法规。八建等三公司与被执行人签订合同的时间虽在合同法实施之前，但其合同履行期限至2000年4月，跨越了《合同法》实施日。可对其承建的建筑物拥有优先受偿权。对于开平法院提出工程款优先权应以竣工验收为前提条件，缺乏依据，并不成立。综上所述，开平法院执行不公，应予纠正。广东省高级人民法院执行局遂于2004年8月发函要求该院予以纠正。

第三编

省法院工作

第一章 工作概况

2004年，省法院坚持以邓小平理论和“三个代表”重要思想为指导，牢固树立和落实科学发展观，认真贯彻依法治国基本方略，积极实践“公正与效率”主题和司法为民要求，进一步加强各项审判和执行工作，充分发挥调研指导的职能作用，深入推进规范化建设，不断提升司法政务工作水平，努力提高队伍素质，各项工作均取得了新的进展。

一、充分发挥审判职能作用，各项审判工作得到全面加强

全年共受理各类案件13773件，办结11076件，比上年分别增长了9.71%和33.87%。其中办结一审案件48件，二审案件4149件，减刑、假释案件1678件，管辖权纠纷案件323件，申诉、申请再审案件2494件，执行监督、协调案件2322件，再审案件62件，均比上年有新的增长；涉案标的金额193.47亿元，93.76%的案件在审限内审结。

刑事审判方面。继续深入开展“严打”斗争，充分发挥刑事审判职能作用，依法惩治各类刑事犯罪分子。全年共审结各类刑事案件2416件，比上年增长46.96%，创历史新高。依法从重从快严厉打击黑恶势力犯罪和故意杀人、绑架、爆炸、毒品、抢劫、重大盗窃等严重危害社会治安秩序的犯罪活动，成功审结了香港凤凰卫视中文台董事局原副主席周一男一家五口被害案等一批重大恶性刑事案件，全力维护社会稳定。依法加大对重大贪污、贿赂、渎职等职务犯罪的打击力度，共判处该类罪犯132人，为国家挽回经济损失5.35亿元。加强对大要案件的审理，组织精干力量，依法审结了“8301”系列间谍案、莫兆军被指控玩忽职守案以及广州、佛山涉及128名被告人的走私红油系列案等一批大案要案，取得良好的社会效果。在审理刑事案件中，坚决贯彻惩治与宽大相结合的刑事政策，坚持质量第一原则，严把案件质量关，确保所办案件经得起历史的检验。

民商事审判方面。依法公正审理各类民商事纠纷案件，平等保护当事人的合法权益，促进经济与社会的协调发展。全年共受理各类民事案件2451件，审结2038件，分别比上年增长12.22 %和12.97%。坚持平等保护各类市场主体的合法权益，依法审结了各类贸易、投资等纠纷案件298件；注重维护金融秩序，促进金融安全，依法审结各类金融、证券等纠纷案件475件；立足建设文化大省，依法保护知识产权人合法权益，共审结商标、专利、著作权等纠纷案件363件；坚持主权原则、司法统一原则和非歧视原则，恪守我国参加和批准的国际条约，遵循国际惯例，依法审结涉外、涉港澳台民商事及海商海事案件371件。在审判工作中，坚持实体公正与程序公正并重原则，严格诉讼程序，规范质证、认证活动，确保准确认定案件事实、正确适用法律。强化诉讼调解，注意缓解当事人间的对立情绪，促使当事人息讼服判，民事案件调解成功率明显增长，成功调解了中大凯思集团公司诉广州市城建集团土地使用权转让纠纷、广东健力宝集团有限公司诉中海集团物流有限公司合作经营合同纠纷等一批重大复杂案件。同时，严格执行审限制度，强化对案件的流程管理，促使审判效率不断提高，当事人合法权益得到及时有效的保护。

行政审判方面。进一步加强对各类行政案件的审判，依法保护公民、法人和其他组织的合法权益，支持和监督行政机关依法行政。全年共办结行政案件153件。不断增强效率意识，实现了行政案件零超审限率。牢固树立“行政案件无小案”的意识，妥善处理了一批重大敏感案件。积极主动向党委、人大汇报工作，举办“纪念行政诉讼法颁布十五周年”座谈会，努力改善外部司法环境。省法院行政庭因工作成绩突出被最高法院评为“全国行政审判先进集体”。同时，积极、稳妥地开展国家赔偿审判工作，共办结司法赔偿案件15件。

二、加大执行工作力度，解决“执行难”有新的突破

坚持解决“执行难”首先从省法院抓起,大力加强对自立执行案件的执行,共执结案件42件，执结标的金额达52.21亿元。积极办理请示、协调、监督等各类案件，办结执行监督、请示批复、复议、异议、评估拍卖监督等各类案件800件。加强对“老大难”案件、当事人来信、来电、来访反映“执行难”案件的监督，坚决纠正因法院自身执行不力导致案件得不到执行的问题，认真履行统一管理、统一协调全省法院执行工作的职责，全面推行“打包执行”、提级执行、穷尽执行措施告知等项制度。深入组织开展集中统一执行活动和解决“执行难”竞赛活动，努力提高案件执结率，依法帮助当事人实现债权。进一步规范执行工作，全面提升执行工作管理水平。年初，省法院组织了6个工作组，对全省23个中院和22个基层法院的九项工作、4572件案件的31项规范指标情况进行细致检查，深度剖析执行工作存在的不规范问

题，在此基础上召开全省法院规范执行工作会议，提出从十个方面全面规范执行工作的要求，制定完善相关规范性文件和具体指导意见，严密各项管理制度和工作机制，指导工作的开展。尤其是对全省法院执行款管理进行专项检查，制定下发《关于执行款管理工作的若干规定（试行）》，此做法得到最高人民法院的充分肯定，在全国法院推广；积极配合省人大常委会对全省法院执行工作进行专项评议，受到高度评价和充分肯定。2004年10月，经中国证监委广东监管局的申请，省法院组织本院和17个中院的498名干警，分赴全国5个省、市和我省17个市，依法成功冻结了广东证券公司及其下属分支机构的535个客户交易结算资金账户和清算备付金账户，受到了省委、省政府的表扬。省法院执行局被最高法院授予“执行工作先进集体”称号。

三、突出抓好清案工作，全力以赴清理超审限案件

针对案件增幅大、审判任务繁重的状况，下大力气狠抓“清案”，组织干警加班加点办案，最大限度地消灭积存案件。审判委员会召开会议184次，共讨论重大、复杂、疑难案件924件。对超审限案件实行任务到人，限期结案。全年共清理超审限案件359件1056人，完成了超审限案件的清理任务。同时，加强对下级法院清案工作的指导，先后召开八次清案工作会议，进行检查部署。实行清案通报制度，由各级法院对清案活动每周一报，省法院每月一通报，不断增强各级法院狠抓清案工作的责任感和紧迫感。加强检查督促，对存案较多的法院进行重点指导，由院领导带队，组织检查小组面对面指导、督办，督促其落实清案责任、加快清案进度。同时，深入研究探索清案工作长效机制，研究解决超期羁押问题，取得显著成效。全省法院共清理超审限刑事案件764件2342人，民商事、行政案件3155件，较好地完成了清案任务，得到最高法院的充分肯定。

四、积极探索解决“申诉难”，率先构建再审诉讼程序

依法开展审判监督工作，全年共办结各类申诉、申请再审案件2491件，其中驳回2267件，裁定或决定再审112件。在案件审理中，坚持法律效果和社会效果相统一的原则，依法妥善处理了辽宁省信托投资公司清算组诉乔金岭等合作开发房地产纠纷、苏国成诉沈秋仪借款纠纷等一批重大疑难案件；坚持解决“申诉难”和维护司法权威相统一的原则，积极探索解决“申诉难”问题。经过深入调研、广泛征求意见和严格论证，在全国率先制定了《广东省法院再审诉讼暂行规定》，确定了“有诉必理”、“可能有错立案再审”、“确有错误依法纠正”的原则，依法保障当事人的申诉权利，为解决“申诉难”提供了制度依据，在全国反响良好。同时严把案件质量关，维护司法权威。通过再审程序，改判或发回重审的41件，占各类申诉、申请再审案件数的1.65%。

五、强化司法管理，深入推进法院工作规范化建设

继续推进规范化建设，进一步完善各项监督管理机制。上半年基本完成了自身的规范化建设任务，制定了《广东省高级人民法院工作规范》，该规范涵盖了审判和执行工作、司法政务、队伍建设、后勤保障等各个方面，明确规定了每个工作程序和每个岗位的职责范围及监督保障措施。通过广泛动员，狠抓落实，把规范化管理与岗位考评、领导“一岗双责”有机结合起来，保证了该规范的顺利实施。全院各部门还根据自身实际，以提高管理水平为目标，以公正与效率为准绳，积极探索本部门规范化管理之路，收到良好效果。同时，还注意加强对下级法院规范化建设的检查、指导。组织多个检查组分赴各地进行检查，确定了16个规范化建设试点法院，深入总结推广成功经验。在11月召开的全省政法工作规范化建设经验交流会上，佛山市南海区法院等5个法院介绍了经验，得到与会代表的肯定和好评。

大力加强信息化建设，以信息化促进规范化。2004年6月，专门召开了全省法院信息化建设工作会议，全面部署信息化工作，要求充分利用现代网络技术，完善流程管理机制，提高司法管理水平，并编撰了《广东法院信息化建设规范性文件汇编》下发全省法院，使各地法院的信息化建设有据可依，规范发展。目前，全省有72个法院建立了局域网，实现了审判流程网络化管理。省法院和部分中院还开通了门户网站，通过网络发布公告、公布赖债者名单、受理当事人的投诉。通过大力推进规范化建设，基本建立起了比较完善、规范的监督管理制度体系，为各项工作深入健康发展提供了制度保障。

六、广泛开展调研活动，强化审判业务指导

加大调研工作力度，除参与最高法院解决“打官司难”重大课题调研外，围绕为“三个发展”提供公正高效司法保障，确定37个全省法院重点调研课题，狠抓各个调研课题的落实和验收，千方百计地促进调研成果的转化和利用，推动了审判、执行以及其他各项工作的发展。组织全省法院深入开展加强和改善党对法院工作的领导、超审限案件、法院基层建设、少年审判等方面的调研活动，为上级单位和本院的重大决策提供参考。全院各部门还结合工作实际，有针对性地开展调研活动，形成操作性较强的调研报告，取得丰硕的调研成果。各部门在深入调研的基础上，积极开展学术研究，分别编写出版了《公正与效率》、《刑事法官的实践与思考》、《广东刑事审判手册》、《民事侵权法实证分析》、《民事审判工作政策法律文件选编》、《商事审判研究》、《公正树丰碑——审理广东国投破产案始末》、《广东知识产权案例精选》、《中国涉外商事审判丛书》、《涉港澳商事案例精选精析》、《涉港澳审判热点问题探析》等书籍。广大法官结合审判实践，深入研究法学理论问题，纷纷发表论文。民事审判庭的法官在《人民司法》、《法律适用》、《人民法院报》、《法庭》等刊物上共发表学术论文56篇，不少论文还获奖。在全国法院系统第十六届学术讨论会上，我省法院共有7篇论文获得二等奖、14篇论文获得三等奖，在全国名列前茅。省法院还获得论文组织工作先进奖。

省法院通过深入各地法院检查工作、召开座谈会、制定指导意见、认真办理下级法院的请示、编印审判指导书籍、组织培训等形式，加强对下级法院的业务指导。分别制定了《关于办理减刑、假释案件实施细则》、《关于在审判工作中如何适用〈合同法〉第286条的指导意见》、《关于〈道路交通安全法〉施行后处理道路交通事故案件若干问题的意见》《关于行政案件立案受理有关问题的意见（试行）》、《再审诉讼暂行规定》、《广东省法院审判监督工作规则（试行）》等各类指导性意见12件，统一了执法标准和尺度。指导处理了涉及骗贷105亿元的华光系列破产案、厦华公司诉长虹公司数字高清彩电的标志侵犯其商标权案、李子中诉李晓华“脑力智宝”知识产权侵权纠纷案等一批重大案件。针对审理二审案件中发现的问题，强化对各级法院审理各种类型案件的指导。积极组织各级法院开展案件质量检查、评查活动，及时、主动发现存在的问题，并依法定程序纠正，努力维护司法公正。

七、着力加强对基层建设的领导和指导，不断推进基层工作的发展

先后召开全省法院人民法庭工作会议和全省法院进一步加强基层建设工作会议，确定了加强基层建设的奋斗目标，专门成立基层建设工作领导小组，实行省法院院领导分片联系、指导各地法院推进基层建设制度。向省委提出了加强基层法院队伍建设和物质装备建设、改善法官待遇、优化司法环境等具体意见，积极争取省委、省政府的支持。继续加大对贫困和欠发达地区法院的扶持力度，向省财政争取到了未来五年专项集中全省法院诉讼费15%的政策，为欠发达地区法院配备车辆282辆。针对珠江三角洲地区法院普遍存在“案多人少”、边远山区法院存在法官“断层”等突出问题，组织开展调研，研究解决办法。进一步调整撤并中心人民法庭，把原来的1014个人民法庭调整为392个。争取省委、省政府拨专款9000万元用于人民法庭基本建设，并制定了人民法庭三年建设计划和分配方案。规范人民法庭工作管理，先后制定《人民法庭工作规范》、《人民法庭基本建设管理规定》等，加强对工作的指导。

八、狠抓班子和队伍建设，确保队伍的凝聚力和战斗力

进一步加强领导班子建设。省法院狠抓班子自身建设，强化对班子成员的教育和监督。修订完善了《党组中心组学习制度》、《党组民主生活会制度》、《审判委员会讨论决定案件规定》等项制度，确保民主集中制原则的落实。认真组织召开民主生活会，发出860余份征求意见函，广泛征求人大代表、政协委员、下级法院和本院干部的意见和建议，并据此狠抓整改和提高。同时，加强对各中级、基层法院班子建设的协管和监督，认真配合各地党委做好7个中院换届人选的遴选考察和“五长”交流工作。

加强政治思想教育和职业道德教育。组织广大法官和其他工作人员深入学习党的十六大精神和“三个代表”重要思想，树立科学发展观；深入开展“三项学习教育”活动、“公正司法树形象”教育活动、“三树立、五落实”教育活动和廉政纪律教育月等学习教育活动，狠抓政治思想教育和职业道德教育，深入开展向郑培民、任长霞、蒋庆、宋鱼水等先进人物学习活动，着力解决世界观、人生观和价值观问题，培养和发扬艰苦奋斗、乐于奉献、清正廉洁的工作作风，树立爱岗敬业、公正司法、为民司法、勤政廉政的职业道德情操，努力提高队伍的政治素质。

积极推进法官职业化建设。在全国各高级法院中首次面向全国公开招考30名法官，招揽高素质人才，法官素质和法官队伍结构得到了较大改善；实行交流、轮岗制度，共交流、调配干部68人，促进法官良性互动和人员合理配置；健全干部晋级考核评分制度，把干部考绩结果与提拔、晋级、评先、记功结合起来，调动工作积极性；实行下派任职或挂职制度，选派2名中层正职到中院担任一把手、14名中层干部和业务骨干到中院或基层法院挂职锻炼，充实和加强了下级法院领导班子力量，提高了挂职干部的领导水平和工作能力；积极推动法官助理改革试点工作，全省有3个法院被确定为全国推行法官助理工作的首批试点单位；与省委组织部、人事厅共同下发实施意见，推动书记员单独序列管理和聘任制管理；严格执行任命法官审核制度，确保全省法院进人质量，严把新进人员“入口”关。全年批准招录、选调法院工作人员913人。

大力加强教育培训工作。多渠道、多形式开展学历教育，积极支持在职人员参加“专升本”教育；加强法官岗位培训、续职资格培训和新法律法规培训，全年共举办各类培训班7期，并对全省2275名达不到法官法要求的法官进行了专项培训。注意加强对高素质人才的培养，选派113名干部到最高法院、省委党校学习；与香港大学合办两期普通法研究生课程班，选派42名优秀法官赴港攻读硕士学位；组织31名法官到香港参加知识产权协议培训班；加大对在职干部的培养力度。截至2004年底，全院在编干部516人（具有法官资格的314人）中，获博士学位的7人，硕士学位的114人，本科学历的245人，本科以上学历的人员占全体干警人数的70.9%。

强化队伍的管理和监督。围绕构筑完善的教育、制度和监督并重的反腐败工作机制，狠抓党风廉政建设。不断加强队伍监督管理制度建设，制定落实《党内监督条例》的十项细化规定以及《规范法官与律师关系实施细则》等项规定；配合廉政纪律教育月活动，编写《违法违纪典型案例汇编》，邀请省纪委领导作廉政教育讲座；坚持从源头上预防和治理腐败，层层签订党风廉政责任状，建立一级抓一级，层层抓落实的廉政工作制度；组织检查各部门落实党风廉政建设责任制的情况及对领导干部在企业兼职、因私出境等问题的专项清理，加强对工程招投标、办公物资采购、干部招考及委托评估、拍卖等活动的监督；先后召开两次全省法院纪检监察工作会议，制定下发《党风廉政建设和反腐败工作要点》，加强对下级法院党风廉政建设和反腐败工作的指导。进一步加强对各类投诉、举报问题的查处，严肃处理违法违纪人员，有效维护队伍的纯洁。

第二章　重要会议

全省法院院长会议

1月8日至9日上午，全省法院院长会议在广州召开，会议主要任务是传达贯彻全国高级法院院长会议、全省政法暨公安工作会议精神，回顾总结过去一年全省法院工作，分析当前面临的形势，研究部署2004年全面加强法院工作，为我省“三个发展”提供公正高效的司法保障的各项任务。会议期间，中央政治局委员、广东省委书记张德江视察省法院，看望刑事审判庭法官、广东国投破产案合议庭法官及其他工作人员，参观四楼大法庭和立案、信访大厅，接见模范法院代表和模范法官以及会议代表，并作了重要讲话。广东省委副书记、省纪委书记王华元，省委常委、省政法委书记梁国聚，省法院院长吕伯涛出席会议并作了重要讲话。省法院院领导李琦、陶凯元、陈华杰、李毅峰、凌祁漫、林梦春以及全省各中级法院院长、省法院各部门主要负责人、全省各基层法院院长以及各中级法院研究室（办公室）主任共210多人参加了会议。

王华元要求全省法院认真学习贯彻张德江书记的讲话精神，努力发挥好司法职能部门作用，为我省经济建设和各项事业的发展提供全面有力的司法保障。他指出，省法院在2003年取得了很大成绩，省委对此是满意的。他对2004年全省法院工作提出了五项要求：一是要深入学习贯彻党的十六届三中全会、省委九届四次全会和全省政法暨公安工作会议精神，为完善我省社会主义市场经济体制、建设经济强省和文化大省创造稳定和谐的社会环境和公正高效的法治环境；二是要深入开展“严打”斗争，全力维护社会稳定；三是要抓公正、树形象，认真落实司法为民思想；四是要狠抓班子和队伍建设，努力增强凝聚力和战斗力；五是各级党委要进一步重视法院工作，要加强对法院工作的领导，大力支持法院的物质装备建设，特别是加强基层基础建设。

梁国聚就人民法庭建设工作作了重要讲话。他说，人民法庭工作是整个法院工作的根基，直接关系到人民法院的整体形象和司法权威，因此要高度重视人民法庭工作、推进法庭建设；要深入推进法院基层工作的规范化建设；要牢固树立司法为民思想，抓好各项相关措施的落实。

省法院院长吕伯涛在会上作了题为“统一思想，真抓实干，为我省‘三个发展’提供公正高效的司法保障”的重要讲话，传达了全国高级法院院长会议和全省政法暨公安工作会议精神，回顾总结了2003年全省法院工作，分析了全省法院工作面临的形势和任务，并就深入学习贯彻张德江书记重要讲话精神、充分发挥全省法院工作为全省“三个发展”提供公正高效的司法保障的职能作用、进一步开创全省法院工作新局面作出部署：一、迅速组织广大干警认真学习、深刻领会张德江书记的讲话精神；二、要牢固树立为全省“三个发展”提供公正、高效司法保障的思想；三、要深入开展理想信念教育和“公正司法树形象”活动，进一步加强班子和队伍建设；四、要全面贯彻司法为民要求，进一步抓好为民、便民、利民措施的落实；五、要全面强化司法管理，深入推进法院工作规范化、制度化建设；六、要进一步加强法院基层基础工作，推进人民法庭建设。

省法院党组副书记、副院长李琦主持了会议。省法院副院长吴宏斌就人民法庭建设工作作了讲话，他在讲话中总结了三年多以来全省法院人民法庭在审理民事案件、完成法庭的撤并、改善物质装备、加强队伍建设和规范化、制度化建设等方面工作取得的主要成效，同时深入分析了法庭布局建设、物质条件、队伍整体素质和审判执行工作等方面仍然存在的问题，指出各级法院党组要高度重视这项工作，力争在今后三年使全省法院人民法庭工作迈上一个新台阶，并对今后三年如何进一步加强人民法庭的建设提出了几点具体的要求和建议。

全省法院纪检监察工作会议

2月24日，省法院在广州召开全省法院纪检监察工作会议，传达学习中纪委省纪委五次全会、全国法院系统纪检监察工作电视电话会议的精神。省纪委副书记丘海专门到会作重要指示，省法院院长吕伯涛和纪检组组长林梦春出席会议并作重要讲话。省法院副院长李琦、陶凯元、陈华杰、李毅峰、凌祁漫、吴宏斌以及全省各中院主管纪检监察工作的院领导、各中院监察室主任、省法院廉政监督员、省法院机关纪委委员、省法院各部门政治协理员和省法院监察室全体人员共90多人参加了会议。

丘海副书记充分肯定了省法院领导班子对法院党风廉政建设和纪检监察工作的重视，指出：搞好法院系统的廉政建设，是司法公正和建设社会主义法制国家的重要课题，必须在标本兼治的基础上，坚持以预防为主，强化监督，从源头上遏制腐败。

吕伯涛院长强调，要深入贯彻中纪委省纪委五次全会和全国法院系统纪检监察工作电视电话会议的精神，切实增强做好法院反腐倡廉工作的紧迫感和责任感；认真贯彻落实中央颁布的《建立健全教育、制度、监督并重的惩治和预防腐败体系实施纲要》（以下简称《实施纲要》），积极构建以“四不为”机制为核心的惩防体系，即“不愿为”的自律机制、“不能为”的防范机制、“不敢为”的惩治机制、“不必为”的保障机制；扎实有效地开展保持共产党员先进性教育活动，深入推进党员干部的党风廉政建设；加大纪检监察工作力度，严肃查办违纪违法案件；进一步加强纪检监察部门的自身建设，努力提高全省法院纪检监察工作水平。

省法院纪检组组长林梦春在会上代表省法院党组对全省法院纪检监察工作作了专门的部署，要求全省各级法院认真组织学习三个会议的精神，按上级部署抓好各项工作的落实；全面贯彻党风廉政建设责任制，教育检查并重推进队伍的廉政建设；继续抓好领导干部廉洁自律工作，坚决维护党的政治纪律和组织纪律；大力查办违纪违法案件，清除害群之马；切实纠正各种不正之风，坚决维护群众利益；加强监督检查，狠抓制度落实；认真贯彻《实施纲要》，加大治本力度；积极开展专题调研，在源头治腐上下功夫；加强法院纪检监察队伍建设，提高法院纪检监察工作能力。

全省法院政治工作会议

3月25日至26日，全省法院政治工作会议在东莞召开。会议传达学习了全国法院队伍建设座谈会精神，总结回顾2003年全省法院政治工作的情况，研究部署今年政治工作的主要任务，表彰先进政工集体和优秀政工干部。省法院院长吕伯涛出席会议并作了重要讲话，省法院副院长、政治部主任吴宏斌作了工作报告。会上，部分中级法院还交流了政治工作的经验。东莞中院院长陈国辉、省法院政治部副主任刘春龙、政治部宣教处处长熊正良以及全省各中级法院政治处主任、政治处宣教干部以及省法院政治部部分干部共50多人参加了会议。

吕伯涛院长在讲话中对我省法院政治工作寄予了很高的期望，并就如何进一步加强人民法院思想政治工作提出了五个方面的意见。一是要充分认识人民法院思想政治工作的重要性，不断加强和改进法院的思想政治工作，力保法院队伍不出问题；二是人民法院的思想政治工作必须做到以人为本，把教育、管理、关心和爱护统一起来，不断提高法院队伍的凝聚力和战斗力；三是人民法院思想政治工作必须弘扬求真务实的精神，坚持与时俱进，开拓创新，在讲实效、抓落实上下功夫；四是法院政工部门必须与业务部门紧密联系、互相配合，把思想政治工作做活、做到位；五是政工部门和政工干部要不断加强自身建设，做到公道正派，给广大法院干警树立好的榜样。

吴宏斌副院长在会上作了题为《大力加强思想政治工作，全面推进法院队伍建设》的报告，他在报告中回顾了2003年全省法院的政治工作情况，指出在过去的一年中，各方面工作都取得了明显成效。主要体现在队伍的思想政治素质进一步提高、领导班子建设进一步加强、法官和其他工作人员的业务水平进一步提升、人事管理制度改革进一步深入、人民法院和法官形象进一步改善、政治机关职能作用进一步发挥等方面。在肯定过去一年工作成绩的基础上，他总结了全省法院政治工作的经验做法。这些经验是，首先必须坚持用"三个代表"重要思想统领全局，这是做好政治工作的根本依据。其次，必须坚持严格管理和监督，这是做好政治工作的重要手段。第三，必须坚持以审判工作为中心，这是做好政治工作的基本方向。第四，必须坚持改革与创新，这是做好政治工作的不竭动力。最后，必须坚持加强政治部门自身建设，这是做好政治工作的组织保证。他在讲话中指出，根据全国法院队伍建设座谈会、全省法院院长会议精神和最高法院政治工作安排，结合我省实际，2004年全省法院政治工作总的指导思想和任务要求是：以邓小平理论和"三个代表"重要思想为指导，深入贯彻党的十六大、十六届三中全会精神，紧紧围绕"公正与效率"工作主题和司法为民要求，以加强法官职业化建设为主线，以深化人事管理制度改革为动力，以加强领导班子建设为重点，努力造就一支政治坚定、业务精通、纪律严明、作风优良、品格高尚的法院队伍，为人民法院审判工作和其他各项工作的发展，提供强有力的组织保障和人才支持。围绕这个总的任务，今年我省法院政治工作必须抓好五个方面的工作。一是以深入学习"三个代表"重要思想为重点，加强思想政治教育；二是以实施"人才强院" 为重点，加强领导班子和法官职业化建设；三是以续职资格培训和学历教育为重点，加强教育培训工作；四是以培养宣传先进典型为重点，加强表彰奖励工作；五是以提高素质为重点，加强政治部门和政工队伍自身建设。全省法院要按照"三个代表"重要思想的要求，不断增强政治意识、大局意识、改革意识和服务意识，开创全省法院政治工作新局面，努力建设一支高素质的法院队伍。

广州、深圳、佛山、汕头等七个中院在会上介绍了自己开展法院政治工作的经验和做法。

会议还对全省法院24个先进政工集体和48名优秀政工干部进行了表彰。

全省法院进一步加强纪检监察工作会议

4月16日，省法院召开全省法院进一步加强纪检监察工作会议，传达贯彻全国法院纪检监察工作会议精神，研究进一步加强党风廉政建设和反腐败斗争的措施，强调大力加强基层廉政建设和法院工作规范化建设。省委副书记、省纪委书记王华元出席大会并作了讲话。省纪委副书记丘海，省法院院领导吕伯涛、李琦、陶凯元、陈华杰、李毅峰、凌祁漫、吴宏斌、林梦春、许达雄，全省各中院院长、政治处主任、纪检组组长、监察室主任，省法院各部门负责人和副处级以上干部共210多人参加了会议。

王华元充分肯定了全省法院近年来加强廉政建设和反腐败工作所取得的成效，他指出，省法院和各级法院党组始终注意抓好班子建设和队伍建设，不断加强对队伍的教育、管理和监督，促进了队伍廉政建设的深入发展，确保了法院各项工作的健康发展。法院工作为维护社会稳定、维护市场经济法制环境做了大量工作，取得了较好的成效。他要求各级法院按照为民、务实、清廉的要求及中纪委三次全会的部署，进一步加强纪检监察工作，抓好廉政建设。对存在的问题要"小题大做"，对查出的案件要"举一反三"。要在队伍中大力弘扬求真务实、艰苦奋斗精神，加强对法官的思想道德教育和廉政纪律教育，探索建立廉政保障机制和办案激励机制，促进"公正与效率"的实现。王华元强调，各级党委、纪委要加强对法院廉政建设的领导和支持，支持法院配强配齐领导班子，支持法院依法独立行使审判权和执行权，帮助法院解决好存在的实际困难和问题，近期要大力抓好中心法庭建设。各级法院纪检监察部门要贴近法院工作实际，为公正司法提供有力保障。同时要认真查办法院内部违法违纪案件，并严肃查处诬告、陷害、打击报复法院干警及暴力抗法案件。

省法院院长吕伯涛在会上对进一步加强法院纪检监察工作作了部署，要求突出抓好基层廉政建设和法院工作规范化建设，严肃查处各类违法违纪案件，切实解决人民群众反映强烈的问题，深入开展好"司法公正树形象"活动。他强调，各级法院要在狠抓各项廉政纪律工作措施的落实上下功夫，要从思想认识、组织保障、制度的完善和创新、督促检查和查办案件上下功夫，努力促进全省法院党风廉政建设和反腐败工作的深入推进。

全省法院规范执行工作会议

4月27日至29日，省法院在佛山市顺德区召开了全省法院规范执行工作会议。各中级法院、海事法院主管执行工作的院领导、执行局长，各基层法院主管执行工作的院领导，省法院执行局正副局长、处长和执行长共200人参加了会议。省法院吕伯涛院长、最高人民法院执行工作办公室葛行军副主任、省法院李毅峰副院长出席会议并作了重要讲话。

吕伯涛院长在讲话中指出，1999年以来，全省各级法院认真学习贯彻中央11号文件、省委10号文件精神，深入推进执行工作改革，不断探索解决“执行难”问题的新思路、新办法，深入开展解决“执行难”竞赛活动，执行工作取得了长足的进步。但这些年来，执行队伍违法违纪现象时有发生，甚至出现个别性质严重的、很大的案件。要避免这种情况，就要靠制度建设和规范化建设。这几年省法院制订了不少规范，但落实得不好，虽然一些地方可能确实存在某些客观困难，但政令不通、有禁不止、省法院的规定在某些中院和基层法院贯彻不到底的情况始终存在。这次会议的主要目的就是要使规范化工作能够贯彻到底。他要求大家要认真总结经验，坚定改革信心；要深入剖析问题，全面抓好落实；并对扎实推进各项执行工作改革提出了包括着重抓好继续完善由省法院统一管理和协调的执行工作管理机制，深入推进执行工作规范化建设，深入探索实行执行工作便民、利民、为民的措施和办法，改进执行方法，努力争取各方面的支持和配合、进一步建立健全执行队伍管理制度，加强执行工作的宣传，努力改善外部执法环境等六个方面的要求。

最高法院执行办葛行军副主任对这次会议给予了高度评价，提出要正确实践司法为民要求。分析了执行工作面临的形势，并对今后工作作出安排。

李毅峰副院长在讲话中，首先对2002年全省法院执行工作改革现场汇报会以来全省法院的执行工作进行了回顾，充分肯定了一年多来执行工作取得的成绩，但同时指出要高度重视存在的问题和薄弱环节，采取切实可行的措施加以解决。要以规范化建设为主线，切实解决全省法院执行工作存在的突出问题，全面提升执行工作的管理水平，推动全省法院执行工作再上新的台阶。他特别强调要下大力气狠抓“十个方面”的规范，全面提升执行工作管理水平。一是规范执行流程管理，明确执行人员从立案到执结的执行各个阶段的权限和职责，切实解决超期限执行和消极履行职权；二是规范执行分权和执行监督，确保执行裁决权和实施权分离行使，强化上级法院对下级法院的监督，进一步规范和加强对群众来电、来信、来访反映的案件的办理；三是规范执行中止和执行终结，裁定中止执行前必须穷尽各种执行措施，不具备法定条件的不得裁定终结执行，裁定终结执行的不能再恢复执行；四是规范委托评估、拍卖，法院在审判、执行中涉及财产需要进行评估、审计、拍卖的，一律归口管理，按年度择优选定，并通过公开摇珠确定，任何人不得擅自指定委托；五是规范执行结案，除全部执结生效法律文书确定的内容、裁定终结执行或不予执行、当事人和解并已履行完毕、穷尽执行措施后裁定中止执行外，其他情况下均不算结案，发放债权凭证必须办理中止执行的法律手续，且要严格审批程序；六是规范提级执行、交叉执行和指定执行程序；七是规范执行事项公开程序；八是规范执行款物管理，实行专户管理、专人管理、人款分离、监督制约，严格执行款物的收取、保管、支付、领取制度；九是规范执行档案管理；十是规范法警参与执行，法警参与执行只能实施送达、调查、拘留、拘传、搜查、查封、冻结、扣押等执行实施行为，且必须在执行局的安排下凭法官签发的裁定、命令、通知等法律文书履行职责。

在会上，佛山中院等15个法院交流了执行工作经验，省法院执行局长杨贤才作了总结讲话。

全省法院知识产权审判工作座谈会

5月27日至28日，全省法院知识产权审判工作座谈会在广州召开。会议全面回顾和总结了我省知识产权审判工作十年来取得的成绩和经验，分析我省知识产权审判工作面临的形势和存在的问题，研究和部署当前和今后一段时期加强我省知识产权审判工作的主要任务与措施。

据了解，省法院近年来受理的知识产权案件大幅上升，一批标的大、境内外广泛关注的大要案得到公正处理。许多案件被选为案例，刊登在《最高人民法院公报》上。同时，省法院还从实行案件相对集中管辖、严格控制专利诉讼中止、严把审计关、积极稳妥实施知识产权禁令制度等四方面创立知识产权审判工作新机制，使知识产权案件的审判质量不断提高。

省法院吕伯涛院长为此次会议致词，热烈祝贺此次会议的顺利召开，指出十年来全省法院知识产权审判工作取得了显著的成绩，要求各级法院充分认识新形势下进一步做好知识产权审判工作的重大意义；增强责任感和使命感，不断提高知识产权审判工作水平；大力加强知识产权审判队伍建设，努力提高队伍整体素质。

最高法院民三庭蒋志培庭长应邀出席会议并作了重要讲话。他对广东省十年的知识产权审判情况作了回顾。广东高院的知识产权审判庭是1994年1月18日成立的，到现在已经十年多了。他说这次会议总结了十年来的成功经验，畅谈十年的执法体会，交流学术观点，探讨知识产权理论和实践中的一些前沿问题，进一步加强沟通和合作。他高度评价了广东知识产权审判工作，认为广东法院的知识产权审判工作在全国占有重要的地位并取得了令人瞩目的成绩，广东法院的知识产权审判应当做得更大、更好、更强。

省法院副院长陶凯元作了工作报告。她首先对十年来我省知识产权审判工作的发展历程及所取得的巨大成绩进行了回顾，对我省知识产权审判工作的主要经验进行了总结，并对当前我省知识产权审判工作面临的形势和存在的问题进行了深入的分析，明确了今后一个时期我省知识产权审判的主要任务：以邓小平理论、“三个代表”重要思想和党的十六大、十六届三中全会精神为指导，围绕“公正与效率”工作主题，以依法保护知识产权为中心，全面推进我省知识产权审判的队伍建设、业务建设、纪律作风建设，为实施国家知识产权战略和我省加快率先实现社会主义现代化服务。

省法院助理巡视员、民三庭庭长刘建强作了全省法院审理知产案件情况分析报告。会议还举行了首批知识产权专家咨询委员会委员授聘仪式。省知识产权局、省工商行政管理局、海关总署广东分署以及中山大学和暨南大学知识产权研究中心有关负责同志应邀出席会议。省法院相关审判业务庭、执行局、研究室和书记员处负责人，全省各中院主管副院长、知识产权审判业务庭庭长，省法院民三庭全体人员及指定受理知识产权案件的三个基层法院的主管院长、庭长和审判长（员）共90多人参加了会议。

座谈会上，省法院还正式聘请了十位长期从事知识产权理论研究和行政执法的专家以个人身份担任全省法院系统的知识产权法律咨询顾问。

这次会议受到新闻媒体的广泛关注。会议召开之前，《中国知识产权报》以《公正高效，创立知识产权审判新机制》为题，整版报道了广东知识产权审判工作情况。会议召开后，《人民日报》、《人民法院报》、《南方日报》、《羊城晚报》和广东卫视电视台等新闻媒体对会议作了报道。《人民司法》也安排推出广东知识产权审判工作的专题报道。

全省法院“司法公正树形象”电话会议

6月3日上午，省法院召开全省法院“司法公正树形象”电话会议，传达贯彻全国法院“司法公正树形象”电视电话会议精神，并结合我省实际，对全省法院开展“司法公正树形象”教育活动进行动员和部署。省法院院领导吕伯涛、李琦、陶凯元、陈华杰、李毅峰、吴宏斌、林梦春以及全院干警参加了在省法院主会场的会议。

前不久，最高人民法院决定在全国法院系统开展“司法公正树形象”活动，组织全体法院工作人员广泛开展“公正与效率”工作主题学习、“司法为民”宗旨意识学习、科学发展观学习和法官职业道德学习，重点解决法院工作中存在的司法不公、违法审判、违法执行、贪赃枉法等问题以及法院工作人员工作作风、工作态度方面存在的损害法院和法官形象的突出问题，查处法院队伍中以权谋私、徇私舞弊、贪赃枉法等违法违纪行为，树立人民法院、人民法官公正司法、司法为民的良好形象。这次全省法院“司法公正树形象”电话会议标志着最高人民法院统一部署的“司法公正树形象”活动在广东正式拉开了帷幕。

省法院院长吕伯涛在会上作了重要讲话。他指出，“司法公正树形象”活动是最高法院认真贯彻党的十六大、十六届三中全会精神，科学分析当前法院工作面临的形势，客观评价法院队伍现状所作出的正确决策，是“三个代表”重要思想在司法领域的切实体现，为法院“公正与效率”工作主题注入了新的内涵。全省法院广大干警要认清自己肩负的重要历史使命，站在政治的高度、全局的高度认识开展这项活动的重要性、必要性和紧迫性，以饱满的政治热情自觉投身到活动中去。他要求全省法院要结合广东实际，紧密结合法院六项工作开展好此项活动，确保“司法公正树形象”活动取得实效。一是与深入推进规范化建设工作相结合，建立公正司法的长效机制。二是与集中处理涉诉上访工作相结合，千方百计帮助群众解决实际问题。三是与清理超期羁押、超审限案件工作相结合，采取有力措施提高办案效率。四是与全面落实各项司法为民措施相结合，努力提高为民司法、为民服务水平。五是与加强基层基础建设工作相结合，扎扎实实地帮助基层法院和人民法庭解决困难和问题，夯实法院工作基础。六是与贯彻全国、全省法院纪检监察工作会议精神和开展纪律教育月活动相结合，有效地提高队伍素质，促进“司法公正树形象”教育活动取得实实在在的成效。

全省法院信息化建设工作会议

6月17日，全省法院信息化建设工作会议在广州召开。会议全面回顾总结了近年来全省法院信息化建设工作取得的成效和经验，分析了当前面临的形势和未来三年全省法院信息化建设的主要任务。省法院院长吕伯涛到会并作了讲话。副院长李琦、李毅峰、凌祁漫、吴宏斌，广东政法信息网建设领导小组副组长兼办公室主任李关水，全省各中级法院主管信息化建设工作的院长，全省各基层法院院长以及省法院各部门负责人等近200人参加了会议。

会议期间，吕伯涛院长作了讲话。凌祁漫副院长代表省法院党组作了题为“与时俱进，规范发展，努力开创全省法院信息化建设新局面”的工作报告。李关水代表广东省委政法信息网建设领导小组作了专题讲话。会议要求全省各级法院要认清形势，配套目标任务，将信息化建设作为“一把手”工程抓紧、抓好，全面落实最高人民法院“以规范化为主线、信息化为手段、现代化为目标”的战略决策，通过信息化建设的发展，促进审判工作的质量与效率，强化审判监督，增强法院工作透明度，确实保障司法公正。

据此，会议部署了今后一个时期全省法院信息化建设的工作任务，要求各级法院根据最高人民法院《关于人民法院计算机信息网络建设规划》和《广东政法信息网建设规划》，以及广东政法信息网建设的总体规划和要求，全面启动广东法院计算机信息网的建设工程，积极推进各项业务信息系统的开发与应用，实现各级法院之间业务信息资源的综合利用和高度共享，最终建立统一的全省法院司法数据库。总体目标是用三年左右时间，建成适应广东省现代化发展需求的法院信息化网络体系，支持各级法院实现“优质、高效、服务好”的审判业务流程，更好地为审判工作服务。

会议指出，全省法院计算机信息网是广东省法院信息化建设的重大项目，作为广东政法信息网的重要组成部分，对广东省政法工作信息化具有重大的意义，也将有力地配合全国法院计算机信息网的建设，有力促进审判工作的全面发展。为了落实广东政法信息网的建设，2004年2月26日，广东省委在广州召开了“全省政法信息网建设工作会议”，各地级以上市党委分管政法工作的书记、分管财政的副市长、政法委书记，以及省计委、省财政厅、省人事厅、省信息产业厅、省保密局和省政法各部门的领导出席了会议，就广东政法信息网建设的总体框架、建设原则、目标任务、配套资金、管理措施等问题作了全面的部署和说明。为此，全省各级法院必须抓住机遇并高度重视，积极协调各方面的工作，为项目建设和运行创造良好的环境。

会议明确，全省法院计算机信息网，将建设支持语音、数据、视频等多种业务系统应用的覆盖全省法院的综合业务网，能为各级法院提供专用电话网、专用数据网、专用视频会议系统，以及跨区域的法院业务信息查询和检索服务，实现审判、行政、后勤、人事、国有资产的一体化管理，实现对各级法院各项业务信息的高度集成和综合利用，使全省各级法院实现信息共享、业务协同、远程办案、网络调阅卷、视频观摩和评议案件、证人远程作证等业务功能，全面提升广东法院审判和各项业务的综合管理水平。同时配合广东法院网（国际互联网站）“一站式”电子业务平台建设的总体规划，建设各级法院面向社会的便民服务窗口体系。

在这次会议上，省法院下发了一系列信息化建设及其项目管理、应用和安全方面的规范性制度，全面论述了全省法院计算机信息网的架构，明确了各级法院的建设任务、重点以及相应的要求，要求各级法院在计算机信息网项目的建设过程中，要按照这次会议的精神，认真做好信息化建设项目的规划、设计、建设和管理工作，避免重建设、轻管理，重设备、轻应用，重本位、轻共享的问题出现，将基础建设和各业务系统的应用以及信息共享作为首要任务抓紧、抓好，全面提升广东法院服务社会的综合水平。

全省法院进一步加强基层建设工作会议

7月16日，全省法院进一步加强基层建设工作会议在广州市召开，省委副书记、省纪委书记王华元到会并作了重要讲话。省法院院长吕伯涛就如何全面推进基层法院的审判执行工作作了重要讲话。省法院党组副书记、副院长李琦和副院长陶凯元、李毅峰、吴宏斌及各部门负责人，全省各中级法院院长、研究室（办公室）主任，全省各基层法院院长共200多人参加了会议。

王华元要求各级党委要大力支持法院基层建设，把加强人民法院基层建设纳入党委总体工作部署，采取切实有效的措施，帮助法院解决基层建设中存在的困难和问题。他要求各级党委树立科学和正确的政绩观，支持人民法院依法独立公正审判。他指出，各级党委要从维护社会稳定、构筑良好司法环境的高度加强对法院工作的领导，支持法院依法开展工作。王华元强调，对待法制建设中出现的问题，必须坚持以法治的原则和方法加以解决，切实维护好司法权威。他说，各级党委要务必做到三个“不得”，即：“不得出于地方和部门利益就个案审判和执行向法院施加压力，不得组织法院参加行政执法、行风评议等活动，不得要求法院从事招商引资、经济创收等经营性活动”。王华元还就基层法院领导班子队伍建设和物质装备建设等问题作出明确要求。他说，各级党委在选配基层法院领导班子时，要充分尊重上一级法院的意见，严格按照《法官法》和法官职业化建设的要求，支持法院把好“进人关”，疏通“出口”，坚决反对通过打招呼、批条子，把不合格人员安排到法院，把法院当成安排就业的“窗口”。要切实解决法院物质装备建设方面面临的困难和办案经费严重不足的问题。

省法院院长吕伯涛在会上要求各级法院从五个方面狠下工夫，全面推进基层法院的审判执行工作：一是要在实现案件上诉率、发回重审率、改判率和申诉率“四个明显下降”上狠下工夫，提高审判质量和效率；二是在提高诉讼调解率上狠下工夫，化解矛盾，息纷止争；三是在解决人民群众反映强烈的个别案件超审限、裁判不公、执行难上狠下工夫；四是要在落实司法为民要求上狠下工夫，全面实行各项便民、利民措施，增强审判透明度，加强司法救助工作；五是在加强对疑难、复杂法律问题的研究上狠下工夫。

吕伯涛还就如何当好基层法院院长提出三点要求：首先要把管好案件，带好队伍作为第一要务，俯下身来实实在在为维护人民群众的合法权益办实事；其次要开拓进取，善言敢为，要为法院的发展说别人不敢说的话，做别人不好做的事；第三是要像珍惜眼睛一样爱护法院的形象。

全省法院进一步贯彻实施涉外商事审判集中管辖制度座谈会

8月31日，省法院民四庭和立案庭在广州市联合召开了全省法院进一步贯彻实施涉外商事审判集中管辖制度座谈会。省法院副院长陶凯元出席会议并作了重要讲话。最高人民法院民四庭审判长张进先出席会议。省法院民四庭全体工作人员、立案庭负责人以及立案庭有涉外商事案件管辖权的中级法院以及基层法院主管副院长以及涉外审判庭、立案庭主要负责人共90余人参加了会议。

陶凯元副院长在讲话中首先对实施集中管辖制度的成效进行了充分的肯定，主要表现在：一是集中管辖制度的实施有力地推动了我省以“特定管辖法院、专门审判机构、专业审判人员”为特征的涉外商事审判新格局的形成；二是集中管辖制度的实施进一步提高了我省涉外商事案件的审理质量；三是集中管辖制度的实施大力促进了全省涉外商事审判领域善于发现、研究新情况新问题的良好风气的形成。在肯定成绩的同时，陶副院长也指出了我省法院在贯彻落实集中管辖制度的过程中存在的一些不容忽视的问题。主要是：第一，有个别法院违规受理属于集中管辖范围的案件；第二，少数法院对涉外商事审判工作还不够重视，没有响应最高院和省法院提出的涉外商事审判专业化的要求；第三，个别地区案件流失严重，产生这一问题的原因是多方面的，但其中一个重要原因是有些没有管辖权的法院违规受理和审理了属于集中管辖的案件；第四，部分立案人员和审判人员对应予集中管辖的案件范围和理解不够准确。省法院对上述问题十分重视，展开了深入的调研，并有针对性地采取了一系列措施。近日，最高院下发了［2004］民四他字第15号《关于指定广东省江门市等四个中级人民法院管辖一审涉外民商事案件的批复》，省法院下发了粤高法［2004］212号《关于重新确定我省第一审涉外涉港澳台民商事案件的区域管辖和级别管辖事项的通知》，这两个文件对我省第一审涉外涉港澳台民商事案件的区域管辖和级别管辖进行了调整和优化。我省有管辖权的法院已达到19家，居全国第一。为了使有关人员更好地把握这两个文件的内容和精神，陶凯元副院长对这两个文件中的重点内容进行了说明。

为了进一步贯彻实施集中管辖制度，陶凯元副院长代表省法院向各级法院提出了几点要求：一是各级法院要认真学习有关集中管辖问题的司法解释和省法院的文件，深刻领会其精神；二是各级法院要严格执行最高院司法解释和省法院下发的文件，切实有效地贯彻实施集中管辖制度；三是新获指定或授权受理涉外商事案件的法院要加强涉外商事审判的组织建设和队伍建设；四是各级有集中管辖权的法院应注意研究新情况、新问题，上级法院要加强对下级法院的审判指导；五是各级法院要树立品牌意识，齐心协力，共同打造涉外商事审判的广东品牌。最后，陶凯元副院长还强调了海事海商案件专门管辖的问题，要求各级法院认真学习和严格执行《中华人民共和国海事诉讼特别程序法》、《最高人民法院关于适用<中华人民共和国海事诉讼特别程序法>若干问题的解释》、《最高人民法院关于适用<中华人民共和国民事诉讼法>若干问题的解释》等法律和司法解释关于海事海商案件专门管辖的规定，严格执行我国海事海商案件专门管辖制度。在本次会议中，省法院民四庭还推出了《关于进一步明确实行集中管辖的涉外民商事案件范围的意见（征求意见稿）》，对实行集中管辖的案件的范围作了明确的解释，意见稿已提交本次会议讨论，这在全国高院中尚属首次。

全省法院新闻宣传工作会议

9月2日至3日，全省法院新闻宣传工作会议在佛山市南海区召开。会议的主要任务是总结回顾2002年以来全省法院新闻宣传工作取得的成效和经验，研究部署进一步加强新闻宣传工作的任务要求和具体措施。省法院党组副书记、副院长李琦出席会议并作了重要讲话。南方日报、广州日报、羊城晚报、广东电台、南方网、广东电视台、人民法院报社等媒体负责人，省委宣传部新闻出版处处长曾少华及广东新闻媒体特约记者等应邀出席会议。省法院研究室主任王海清，研究室副主任、新闻办主任云利珍，省法院各部门负责人，各中院主管研究室和新闻宣传工作的院领导，各中院研究室主任及省法院研究室、新闻办部分干部共100多人参加了会议。

会议期间，省法院院长吕伯涛发来致辞，对会议的召开表示祝贺，并对下一步加强全省法院新闻宣传工作提出了明确要求：一是要明确目标，营造声势。全省法院新闻宣传工作的任务目标就是大力弘扬“公正与效率”主旋律。要围绕这一总目标，加大新闻宣传工作的力度，多出新闻宣传作品。在“多”的基础上，还要尽可能出“精品”。通过努力开展新闻宣传活动，营造人民法官公正司法的良好社会形象。二是要狠抓机构和队伍建设，努力健全工作机制。各级法院都要进一步加强新闻宣传机构和队伍建设，切实选调政治素质好、工作作风扎实、既懂法律又懂新闻的人充实新闻宣传队伍。同时，进一步加强管理，严密各项制度规定，健全新闻宣传工作机制。最后，还要做到进一步加强与新闻媒体的联系和沟通。

李琦副院长在讲话中肯定了过去两年来全省法院新闻宣传工作所取得的成就。2002年全省法院新闻宣传工作会议以来，各级法院深入贯彻落实会议精神，围绕“一个主题”、“三件大事”不断强化新闻宣传工作力度，突出抓好重大典型案件、重大工作措施及其成效、先进单位和先进人物的宣传，新闻稿件的数量有了较大的增加，质量有了明显提高。两年来，全省法院仅在《人民法院报》上发稿就近600篇，几乎每天一篇。专题报道得到全面加强，一些题材深入挖掘，取得了极好的宣传效果。如对广东国投破产案和石伟文先进事迹的宣传报道，在全国范围都起到了很好的效果。李琦副院长在充分肯定全省法院取得成绩的基础上，对进一步与新闻媒体携手共创全省法院新闻宣传新局面提出了六点要求：一是各级法院要及时挖掘、采编新闻素材，多发稿、快发稿、发好稿。在抓“量”的同时，要深入挖掘重大新闻宣传素材，精心策划组织专项宣传活动。二是各级法院要加强新闻宣传队伍建设，选调政治素质好、工作作风扎实、懂新闻和法律的同志从事新闻宣传工作，并积极创造条件和机会对他们进行培养锻炼。三是各级法院要抓好新闻发言人、新闻联络员等项制度建设，使全省法院新闻宣传生动有序开展。四是省院和各中院要加强对各下级基层法院的组织、协调和指挥，当好两级法院的“龙头”，形成统一的新闻宣传网络体系。对于重大新闻宣传题材的报道，要切实做到三级法院联手，集中攻关，发挥整体优势。五是各级法院要不断加强与广大新闻单位的沟通和联系，主动地向新闻媒体发送新闻稿件，适时组织新闻发布会和重大案件审判情况介绍会，多邀请新闻单位和新闻记者参与采访报道活动。六是各级法院要抓好向党政领导、人大代表、政协委员订阅《人民法院报》的工作，努力通过法院报这一途径，让他们更多更好地了解法院工作，支持法院工作。

会议下发了省法院制定的《关于进一步加强和规范全省法院新闻宣传工作的意见》，表彰了全省法院新闻宣传工作先进单位、优秀新闻联络员以及优秀记者。深圳、佛山等六个法院就近两年来的新闻宣传工作进行了总结和交流。为畅通与新闻单位联系沟通渠道，这次会议还聘请了20名广东法院系统特约记者。

全省法院审判监督工作座谈会

11月29日至12月3日，全省法院审判监督工作座谈会暨审判监督业务培训班在国家法官学院广州分院举行。会议主要任务是传达贯彻最高法院2004年召开的三次审监工作会议精神，结合我省实际，分析审监工作面临的新形势，进一步深化审监制度改革。全省各中院主管审监工作的副院长、审监庭庭长，各基层法院审监庭庭长及省法院审监庭全体同志共190多人参加了会议（培训班）。

省法院党组副书记、副院长李琦出席会议并作了讲话。他说，一是要正确认识新形势对审监工作的要求，进一步加强审监工作。二是要有效实施对可能有质量问题的案件的监督，破解如何进一步全面提高案件质量这一难题。三是要认真做好对可能有错的案件的再审，破解“申诉难”这一难题。我省法院在全国率先探索破解“申诉难”，于2004年10月1日实施了《广东省法院再审诉讼暂行规定》。四是关于破解两道难题的保证，包括统一认识抓教育、落实制度抓规范、提高能力抓培训、完成任务抓实干、领导重视抓落实五个方面。李琦副院长强调，要通过破解上述两道难题来统一和规范全省各级法院审监庭的工作，努力开创全省法院审监工作的新局面。省法院审监庭庭长李季传达了有关会议精神。

会议还讨论了《关于进一步加强再审诉讼和案件质量监督两项工作的意见（征求意见稿）》。待讨论意见汇总修改后，再在全省法院发布实施，以进一步推进全省法院审监工作的规范化。

全省中级法院院长会议

12月28日，省法院在广州召开全省中级法院院长会议，传达贯彻全国高级法院院长会议和省委九届六次全会精神，研究部署明年的工作。省委副书记、省纪委书记王华元出席会议并作了重要讲话。省法院吕伯涛院长部署了2005年各项工作任务。省法院领导李琦、陶凯元、陈华杰、李毅峰、凌祁漫、吴宏斌、林梦春和许达雄及审委会专职委员、各部门主要负责人，全省各中级法院院长、政治部（处）主任、研究室主任共120多人参加了会议。

王华元在讲话中充分肯定了全省法院一年来取得的成绩，他强调指出，各级法院要深入学习贯彻党的十六届四中全会和省委九届五次、六次全会精神以及全国高级法院院长会议精神，认清形势，明确任务，围绕建设经济强省、文化大省、法治社会、和谐广东，实现全省人民富裕安康，进一步加强各类审判和执行工作，落实好公正与效率主题；要求推进审判队伍建设，大力推进司法能力建设；要深入开展“严打”斗争，依法惩治各类犯罪活动，妥善调处各类矛盾纠纷，维护国家安定和社会稳定；要进一步狠抓基层工作，推进人民法庭建设。王华元特别要求各级党委要进一步加强对法院工作的领导，每年至少要听取两次法院工作的汇报，及时帮助解决遇到的困难和问题，支持法院推进物质装备建设，维护好司法权威。

吕伯涛院长在工作报告中，传达了全国高级法院院长会议和省委九届六次全会会议精神，部署了2005年工作。指出2005年全省法院工作总的指导思想是：以“公正与效率”为主题，以司法为民为基点，以司法能力建设为重点，以基层建设为基础，以充分发挥司法职能作用为目标，进一步加强各项审判和执行工作，深入推进法院工作改革、基层基础建设和队伍建设，在“抓落实、重提高、促发展”上狠下工夫，促进法院工作的深入健康发展。重点抓好八个方面的工作：一是推进司法能力建设，以此统领各项法院工作；二是依法惩治各类刑事犯罪，全力维护国家安全和社会稳定；三是大力加强对改革和发展中发生的各类纠纷案件的审判，依法促进和规范市场经济秩序；四是坚持群众路线，依法保障当事人和人民群众合法权益；五是强化审判监督和指导，努力提高整体司法水平；六是继续全力推进规范化建设，狠抓法院工作改革；七是扎实有效地做好基层工作，改善物质装备条件；八是进一步狠抓班子和队伍建设，努力增强创造力、凝聚力和战斗力。

第三章　重大活动

1月

8日　中央政治局委员、省委书记张德江视察省法院，看望了省法院刑事审判庭法官和广东国投破产案合议庭法官，接见了模范法院代表、模范法官以及参加全省法院院长会议的代表，并作重要讲话。

8日　至9日上午，全省法院院长会议在省法院六楼多功能厅召开。会议传达贯彻全国高级法院院长会议、全省政法暨公安工作会议精神，回顾总结2003年全省法院工作，研究部署2004年全面加强法院工作、为我省"三个发展"提供公正高效的司法保障的各项任务。省委副书记、省纪委书记王华元，省委常委、省政法委书记梁国聚，省法院院长吕伯涛分别出席会议并作重要讲话。

15日　省法院2003年度总结表彰暨2004年度党风廉政建设责任书签订大会在省法院六楼多功能厅召开。省法院党组副书记、副院长李琦代表院党组对全院2003年度工作进行总结，省法院院长吕伯涛作了重要讲话。吕伯涛院长与各位主管院领导签订了党风廉政建设责任书，各位主管院领导与分管部门领导签订了党风廉政建设责任书。

2月

17日　省法院举行摇珠现场会，通过摇珠方式入选省法院2004、2005年委托评估、拍卖机构的代码序号，以确定具体业务的承接。

17日　至18日上午，全省法院纪检监察工作会议在省法院召开。会议传达贯彻中纪委、省纪委三次全会精神，总结2003年全省法院纪检监察工作，研究部署2004年全省法院纪检监察工作。

3月

1日　至2日，全省法院第五次司法警察工作会议在广州召开。会议研究和部署今后一段时期全省法院司法警察工作任务，并进行了射击竞赛和业务技能汇演。

2日　全省中级法院信访工作会议在省法院召开。

3日　至5日，2004年全省法院教育培训工作会议在韶关召开。会议主要总结2003年全省法院教育培训工作，部署2004年全省法院教育培训工作任务。

11日　至12日，全省法院调研工作会议在江门召开。会议总结2003年以来全省法院调研工作的成效和经验，表彰2003年度全省法院调研、信息工作先进单位和个人以及优秀调研成果、优秀司法统计分析成果，研究部署2004年调研工作。

15日　由省法院、广州中院、广州市越秀区法院联合主办的"广东省法院3.15国际消费者权益法律咨询活动"在广州市繁华商业街西湖路举行，三级法院的法官针对日常生活中侵犯消费者权益所涉及的法律问题和诉讼程序向人民群众进行了解答。

19日　全省法院执行款清理进展情况汇报会在省法院召开。

25日　至26日，全省法院政治工作会议在东莞召开。会议传达学习全国法院队伍建设座谈会精神，总结回顾2003年全省法院政治工作的情况，研究部署2004年政治工作的主要任务，表彰先进政工集体和优秀政工干部。

4月

7日　省法院院长吕伯涛会见香港本地法官协会会长胡国兴一行。

16日　全省法院进一步加强纪检监察工作会议在省法院六楼多功能厅召开。省委副书记、省纪委书记王华元，省法院院长吕伯涛出席会议并分别作讲话。

22日　至23日，全省法院审判监督工作会议在省法院六楼多功能厅召开。会议回顾和总结了2001年以来全省法院审判监督工作的情况，认真讨论了《广东省法院再审诉讼暂行规定》，提出了解决“申诉难”问题、全面推动全省法院审判监督工作的意见。

27日　至29日，全省法院规范执行工作会议在佛山市顺德区召开。会议要求全面推进全省法院执行规范化建设。

27日　至5月3日，应香港大学法学院邀请，省法院副院长李毅峰访问香港大学，并对我省法官学员在港学习、生活情况进行考察。

28日　省法院、中共佛山市委在佛山市政府大礼堂隆重举行“全国三八红旗手”黄学军表彰大会。省法院院长吕伯涛，佛山市委副书记吴志强、徐萍华出席表彰大会并作重要讲话。“全国三八红旗手”黄学军在会上作了简短而生动的发言。

30日　省法院面向全国公开招考30名法官正式开考。这是省法院加强审判力量、改革法院人事管理制度、拓宽法官选拔任用渠道的新尝试。

5月

8日　至14日，全省法院行政审判业务培训班在广州举办。全国人大内司委委员、国家行政学院法学部主任、博士生导师应松年教授，中山大学法学院院长刘恒教授等应邀出席开班典礼并给培训班学员授课。

10日　省法院赔偿委员会和省行政法研究会联合举办纪念《中华人民共和国国家赔偿法》颁布十周年学术研讨会。会议对赔偿法实施现状及改革方向进行了全面研究和讨论。

10日　至14日，全省法院调研、信息、宣传人员培训班在广州举办。《南方日报》报社总编辑杨兴峰等应邀给培训班学员授课。

12日　省法院副院长李毅峰会见俄罗斯联邦司法学院叶尔绍夫院长一行。

27日　至28日，全省法院知识产权审判工作座谈会在省法院召开。会议全面回顾和总结了我省知识产权审判工作十年来取得的成绩和经验，研究和部署当前和今后一段时期加强我省知识产权审判工作的主要任务与措施。会议还举行了首批知识产权专家咨询委员会委员授聘仪式。

6月

省法院开始试行法律文书“司法专邮”的投递业务，为最高法院2005年在全国推行“法院专递”积累了有益的经验。

3日　省法院召开全省法院“司法公正树形象”电话会议，传达贯彻全国法院“司法公正树形象”电视电话会议精神，并结合我省实际，对全省法院开展“司法公正树形象”教育活动进行动员和部署。

8日　至10日，省法院院长吕伯涛率调查组深入清远山区基层法院调查人民法庭的调整、撤并和建设情况，并与当地党委、人大、政府就人民法庭的基础建设和队伍建设交换了意见，对围绕“公正与效率”主题切实加强人民法庭建设提出了要求。

17日　全省法院信息化建设工作会议在省法院召开。会议全面回顾总结了近年来全省法院信息化建设工作取得的成效和经验，研究部署用三年左右的时间基本完成全省法院信息化建设的任务。

20日　至7月1日，省法院副院长李琦应南非共和国司法及宪法发展部邀请，对南非进行为期13天的司法制度考察。

21日　省法院代表队在省直机关“三树立、五落实”主题教育活动电视知识竞赛中获得第一名。同月，省法院合唱队获得省直机关庆祝建党83周年演唱比赛第二名。

7月

1日　省法院举行“七一”歌咏比赛，庆祝中国共产党建党83周年。

7日　省法院举行中共中央下发11号文件大力解决“执行难”问题5周年新闻发布会，公布了加大执行力度的五项新举措。

16日　全省法院进一步加强基层建设工作会议在省法院六楼多功能厅召开。会议传达贯彻了全国法院加强基层建设工作会议精神，总结近年来全省法院加强基层建设工作的成效，研究部署如何进一步开创全省法院基层建设工作新局面。

18日　至29日，省法院院长吕伯涛应加拿大BC省高等法院邀请访问加拿大，考察法院改革及规范法官行为准则。

8月

11日　至13日，全省法院司法警察工作规范化建设现场会在广州从化市召开。会议部署落实全国法院司法警察专业技能考核准备工作，研究全省法院司法警察工作规范化建设。

26日　全国模范法官于昌明、唐汉华先进事迹报告会在广州举行。省法院院长吕伯涛主持报告会。最高人民法院党组副书记、副院长姜兴长，广东省委副书记、省纪委书记王华元作重要讲话。

31日　全省法院进一步贯彻实施涉外商事审判集中管辖制度座谈会在省法院六楼多功能厅召开。

9月

2日　至3日，全省法院新闻宣传工作会议在佛山市南海区召开。会议总结回顾了2002年以来全省法院新闻宣传工作取得的成效和经验，表彰先进单位、先进个人和优秀新闻作品，研究部署进一步加强新闻宣传工作的任务要求和具体措施。

10月

10日　省人大常委会对省法院执行工作进行了专项评议。省人大常委会副主任汤维英表示，将围绕“公正与效率”的工作主题，通过评议，深入剖析“执行难”的原因，探索创新执行工作新机制。省法院院长吕伯涛要求全省各级法院积极配合评议活动，并以此为契机，促进执行工作上新台阶。

11日　至21日，最高人民法院巡视组对省法院、深圳中院和罗湖区法院、佛山市南海区法院等加强基层建设和开展“司法公正树形象”等五项工作进行了巡视检查，并走访了省委、省人大、省政协、省府法制办等部门，分别听取这些部门对我省法院工作的意见和建议。

24日　至29日，全省法院2004年高级法官晋级资格培训班在省法院会议中心举办。

28日　至11月11日，省法院副院长吴宏斌应日本日中协会和韩国豪华国际交流中心的邀请，赴日本、韩国进行为期13天的司法管理工作考察。

11月

8日　至16日，省法院院长吕伯涛随最高人民法院院长肖扬率领的最高人民法院代表团访问香港、澳门，对香港、澳门进行为期9天的司法考察活动。

29日　至12月3日，全省法院审判监督工作座谈会暨审判监督业务培训班在广州花都国家法官学院广州分院举行。会议主要任务是传达贯彻最高人民法院2004年召开的三次审监工作会议精神，结合我省实际，分析审监工作面临的新形势，进一步深化审监制度改革。

12月

11日　至26日，省法院副院长陶凯元应澳大利亚澳中文化交流中心和新西兰国际交流服务中心的邀请，赴澳大利亚、新西兰进行司法考察。

28日　全省中级法院院长会议在广州召开。会议传达贯彻了全国高级法院院长会议和省委九届六次全会精神，研究部署了2005年全省法院的工作。省委副书记、省纪委书记王华元，省法院院长吕伯涛出席会议并分别作重要讲话。

29日　广东省法官协会第三次暨广东省女法官协会第二次会员代表大会在省法院召开。大会听取和审议了两协会的工作报告，圆满完成了两协会的换届选举工作。省法院院长吕伯涛当选为第三届省法官协会会长，省法院副院长陶凯元当选为第二届省女法官协会会长。

▲11月8日至16日，省法院院长吕伯涛随最高人民法院院长肖扬率领的最高人民法院代表团访问香港、澳门，对香港、澳门进行为期9天的司法考察活动。

▲7月18日至29日，省法院院长吕伯涛应加拿大BC省高等法院邀请访问加拿大，考察法院改革及规范法官行为准则。

▲4月7日，省法院院长吕伯涛会见香港本地法官协会会长胡国兴一行。

◀6月20日至7月1日，省法院副院长李琦应南非共和国司法及宪法发展部邀请，对南非进行为期13天的司法制度考察。

▲12月11日至26日，省法院副院长陶凯元应澳大利亚澳中文化交流中心和新西兰国际交流服务中心的邀请，赴澳大利亚、新西兰进行司法考察。

▲5月12日，省法院副院长李毅峰会见俄罗斯联邦司法学院叶尔绍夫院长一行。

▶10月28日至11月11日，省法院副院长吴宏斌应日本日中协会和韩国豪华国际交流中心的邀请，赴日本、韩国进行为期13天的司法管理工作考察。

◀2月17日上午，省法院举行摇珠现场会。

▲2月17日至18日上午，省法院召开全省法院纪检监察工作会议。

▲1月15日下午，省法院召开2003年度总结表彰暨2004年度党风廉政建设责任书签订大会。

►3月15日，省法院、广州中院、广州市越秀区法院在广州市西湖路联合举办“广东省法院3·15国际消费者权益法律咨询活动”。

►6月8日至10日，省法院院长吕伯涛率调查组深入清远山区基层法院调查人民法庭的调整、撤并和建设情况，并与当地党委、人大、政府就人民法庭的基础建设和队伍建设交换了意见，对围绕“公正与效率”主题、切实加强人民法庭建设提出了要求。

▲6月21日，省法院代表队在省直机关“三树立、五落实”主题教育活动电视知识竞赛中获得第一名。

▲7月1日，省法院举行“七一”歌咏比赛，庆祝中国共产党建党83周年。

◄10月11日至21日，最高人民法院巡视组对省法院、深圳中院和罗湖区法院、佛山市南海区法院等加强基层建设和开展“司法公正树形象”等五项工作进行了巡视检查，并走访了省委、省人大、省政协、省府法制办等部门，分别听取这些部门对我省法院工作的意见和建议。

第四章 人大报告和其他重要文件

广东省高级人民法院工作报告

——2005年1月23日在广东省第十届人民代表大会第三次会议上

广东省高级人民法院院长 吕伯涛

各位代表：

我代表省高级人民法院，向大会报告工作，请予审议，并请政协委员和列席人员提出意见。

2004年，省高级人民法院在省委领导和最高法院指导、省人大监督、省政府、政协及社会各界的支持下，坚持以邓小平理论和“三个代表”重要思想为指导，牢固树立和落实科学发展观，贯彻依法治国基本方略，积极实践“公正与效率”主题和司法为民要求，进一步加强各项审判和执行工作，全面发挥审判职能作用，深入推进规范化建设，努力提高队伍素质，各项工作取得了新进展。

一、全面履行审判和执行职责

省法院作为国家审判机关，依法公正审判和执行各类案件是基本职责。一年来，我院大力加强自身担负的审判和执行工作，采取各种有力措施确保质量，提高效率。全年共受理各类案件13773件，办结11076件，比上年分别增长了9.71%和33.87%。其中办结一审案件48件，二审案件4149件，减刑、假释案件1678件，管辖权纠纷案件323件，申诉、申请再审案件2494件，执行监督、协调案件2322件，再审案件62件，均比上年有新的增长。涉案标的金额193.47亿元，93.76%的案件在审限内审结。

加强刑事审判工作，依法惩罚各类犯罪。坚持“严打”方针不动摇，依法惩罚各类刑事犯罪分子。全年共办结各类刑事案件2416件,同比增长了46.96%。突出重点，依法从重从快严厉打击各种严重危害社会治安秩序的犯罪活动。成功审结了香港凤凰卫视中文台董事局原副主席周一男一家五口被害案等一批重大恶性刑事案件。加强对重大贪污、贿赂、渎职等职务犯罪案件的审判，共判处132人，为国家挽回经济损失5.35亿元。依法审结了广州涉及84名被告人的走私红油系列案。对我院负责核准的死刑案件，严格掌握判处死刑的法定条件，对罪行极其严重、社会危害极大的犯罪分子，坚决依法核准死刑；对罪行虽然严重，但具有法定从轻、减轻处罚情节的，或依法可不必立即执行死刑的依法改判；对事实不清、证据不足的依法发回重审。在审理刑事案件中，坚决贯彻惩罚与宽大相结合的刑事政策，坚持质量第一原则，确保经得起历史的考验。同时,针对去年案件大幅度增长、审判任务非常繁重的状况，下大力气狠抓清案，组织刑事审判人员加班办案。审判委员会召开会议184次，讨论重大、复杂、疑难案件924件。对超审限案件，实行任务到人，限期结案。全年共清理超审限案件359件1056人，完成了超审限案件清理任务。

全面抓好民事审判工作，依法促进经济与社会协调发展。依法公正处理起诉到省法院的各类一、二审民事纠纷案件，保护当事人合法权益，规范经济和社会活动秩序。全年共办结各类民事案件2038件，同比增长了12.97%。坚持平等保护各类市场主体的合法权益，依法审结各类贸易、投资等纠纷案件298件。注重维护金融秩序，促进金融安全，依法审结各类金融、证券等纠纷案件475件。立足建设文化大省，依法保护知识产权人合法权益，共审结商标、专利、著作权等纠纷案件363件。坚持主权原则、司法统一原则和非歧视原则，恪守我国参加和批准的国际条约，遵循国际惯例，依法审结涉外、涉港澳台商事及海商海事案件371件。在审判工作中，坚持实体公正与程序公正并重原则，严格诉讼程序，规范质证、认证活动，确保准确认定案件事实、正确适用法律。同时，严格执行审限制度，强化对案件的流程管理，不断提高审判效率，及时有效地保护当事人合法权益。

积极开展行政和司法赔偿审判工作，充分发挥司法监督职能作用。加强对各类行政案件的审判，积极、稳妥开展司法赔偿审判，依法保护公民、法人和其他组织合法权益，支持和监督行政机关依法行政。全年共审结各类行政案件153件，审结司法赔偿案件15件。省法院行政审判庭被最高法院授予“行政审判先进集体”称号。

加大执行工作力度，依法帮助当事人实现债权。坚持解决“执行难”首先从省法院抓起，大力加强对自立执行案件的执行，共执结案件42件，执结标的金额达52.21亿元。认真履行统一管理、统一协调全省法院执行工作的职责，深入开展挂牌督办、提级执行、指定执行、联合执行等项活动，积极办理请示、协调、监督等各类案件。去年10月，经中国证监委广东监管局申请，我院组织本院和17个中院的498名干警，分赴全国5个省、市和我省17个市，在两天内依法成功冻结了广东证券公司及其下属分支机构的535个客户交易结算资金账户和清算备付金账户，受到了省委、省政府的表扬。省法院执行局被最高法院授予“执行工作先进集体”称号。

二、依法加强对下级法院的监督和指导

监督指导各中级、基层法院审判和执行工作，是我院肩负的重要职责。一年来，我院认真履行监督指导职责，努力促进全省法院工作的深入开展。去年全省法院共受理各类案件710401件，办结658244件，同比分别增长2.68%和2.41%。涉案标的金额1226.54亿元，执结标的金额558.53亿元。

一是大力加强审判宏观指导，确保坚持正确方向。组织各级法院深入学习贯彻党的十六大精神、“三个代表”重要思想和科学发展观，坚持党的领导、人民当家作主与依法治国的有机统一，坚持走中国特色的社会主义道路，解决好为谁执法、为谁服务等根本问题，努力增强大局意识和使命意识，保证法院工作坚持正确的政治方向。把维护社会稳定作为首要工作任务，努力提高各级法院维稳意识，及时制定下发具体意见要求，精心组织开展“严打”专项斗争，严惩各类严重刑事犯罪活动，努力维护全省社会安定。围绕为全省经济社会发展提供公正高效司法保障，制定下发了《为全省经济与社会全面、协调、可持续发展提供司法保障的指导意见》，明确了工作思路和工作重点，并组织各级法院深入开展专项调研活动，促进了审判职能作用的充分发挥。积极参与依法治省工作，广泛开展社会治安综合治理和法制宣传，组织各级法院为建设文明法治社会作出应有的贡献。

二是大力加强审判业务指导，着力解决法律适用问题。针对全省法院受理的新类型、重大、疑难案件较多的情况，有针对性地开展专题调研活动，积极研究制定具体指导意见。我院先后参与了最高法院解决“打官司难”重大课题调研，与金融机构联合开展强化金融债权司法保护的专题调研，都形成了操作性较强的调研报告。针对《合同法》第286条关于工程款优先权的理解掌握不一致的问题，制定了《关于在审判工作中如何适用〈合同法〉第286条的指导意见》；针对《道路交通安全法》施行后出现的新情况、新问题，与省公安厅联合调研，制定了《关于〈道路交通安全法〉施行后处理道路交通事故案件若干问题的意见》；针对开展减刑、假释大检查中发现的程序不规范、标准不统一等问题，制定了《关于办理减刑、假释案件实施细则》；为保护当事人诉权，规范全省法院行政案件立案工作，制定了《关于行政案件立案受理有关问题的意见（试行）》等等。全年共制定各类指导性意见12件，促使各级法院统一执法标准，不断提高审判水平，保障法律准确实施。加强对重大案件的审判指导，去年我院成立了由主管院长为组长的指导小组，专门对涉及骗贷105亿元的华光系列破产案的审理工作进行指导。同时，针对审理二审案件中发现的问题，强化对各级法院审理各种类型案件的指导，努力提高一审案件的审判水平。积极组织各级法院开展案件质量检查、评查活动，及时、主动发现存在的问题，并依法定程序纠正，努力维护裁判公正。

三是加大对清案工作的指导，全力以赴清理超审限案件。近年来，我省法院受理案件持续增多，各级法院审判任务日益繁重。为完成工作任务，我院不断加强对各级法院开展清案工作的指导，采取有效措施提高审判效率，减少积存案件。去年先后召开了八次清案工作会议，对清案工作进行检查部署。实行清案通报制度，由各级法院对清案活动每周一报，省法院每月一通报，不断增强各级法院狠抓清案工作的责任感和紧迫感。加强检查督促，对存案较多的广州、深圳、佛山等地法院进行重点指导，由院领导带队，组织检查小组面对面指导、督办，促使他们努力加快清案进度，落实好清案责任。同时，深入研究探索清案工作长效机制，积极参与省委政法委组织的解决超期羁押问题调研活动。经过全省法院艰苦努力，共清理超审限刑事案件764件2342人，民商事、行政案件3155件，较好地完成了清案任务，清案工作得到最高法院充分肯定。

四是大力加强对执行工作的监督，努力破解“执行难”问题。深入组织开展集中统一执行活动，督促各级法院采取有力措施加大强制执行力度，努力提高案件执结率。加强对“老大难”案件、当事人来信、来电、来访反映执行难案件的监督，坚决纠正因法院自身执行不力导致案件得不到执行的问题，使一大批久拖不执案件得到执行。进一步规范执行工作秩序，在全省法院深入开展了执行款物管理专项检查行动，制定下发了《关于执行款物管理工作的若干规定（试行）》；规范中止执行、变更强制执行措施听证等活动，制定下发了具体指导意见。全面推行“打包执行”、提级执行、穷尽执行措施告知等制度，这些做法受到了最高法院的充分肯定，并在全国法院执行工作座谈会上作了经验介绍。去年10月至11月，认真接受了省人大常委会对全省法院执行工作进行的专项检查，组织各级法院积极主动向各检查组汇报工作情况，对检查组提出的意见和建议积极进行整改。

三、深入落实司法为民要求

司法为民是“三个代表”重要思想和科学发展观在法院工作中的具体体现。全省法院坚持司法为民思想不动摇，积极采取有效措施，为群众办实事、解难事、做好事。一是狠抓42项司法为民措施的贯彻执行。2003年我院提出42项司法为民措施，为指导、督促各级法院切实执行好这些措施，我院深入开展检查验收活动，重点查找工作中存在的问题和不足，要求认真整改，确保把各项司法为民措施落到实处。同时在全省法院推广假日法庭、速裁法庭、巡回办案、预约立案、异地立案等好经验、好做法，大力营造落实各项司法为民措施的氛围，受到当事人的普遍欢迎。二是全面推进司法救助工作。加强对各级法院执行诉讼费缓、减、免制度和不预收申请执行费制度的检查监督，保证当事人不因经济困难打不起官司。去年，全省法院共对29129件当事人经济困难的案件实行了诉讼费的缓、减、免，减免金额达2796.28万元。依法保障刑事被告人的诉讼权利，为7398名符合救助条件的刑事被告人指定了辩护人。三是加大对困难群众的司法保护。经常组织各级法院开展集中清理拖欠农民工和城市下岗职工工资专项活动，对此类案件实行快立、快审、快判、快执行，及时为他们讨回拖欠工资。去年底至今年1月中旬，我们对涉及弱势群体权益保护案件开展了集中执行活动。同时，加强对涉及物业管理、医疗事故、交通肇事案件处于弱势方当事人的保护，积极运用司法手段维护他们的合法权益。四是积极稳妥处理涉诉上访案件。组织各级法院集中排查、处理重大涉诉上访案件，共排查出案件2199件，已经妥善处理1097件，防止了矛盾激化。积极探索建立处理涉诉上访、申诉案件工作机制，在全省法院推行信访首接负责制、信访案件流程管理、重大信访情况报告和应急处理等项制度，初步建立起了“信息灵敏、反应快捷、责任明确、措施有力”的工作机制。五是下大力气解决“申诉难”。按照最高法院要求，我院制定并在全省法院实施了《再审诉讼暂行规定》，确定了“有诉必理”、“可能有错立案再审”、“确有错误依法改判”等原则，依法保障当事人的申诉权利，为解决“申诉难”提供了制度依据，在全国反响良好。同时，加强对审理抗诉案件的监督指导，全省法院共审结各类抗诉案件603件。

四、继续推进规范化建设

在2002年、2003年连续狠抓规范化建设的基础上，去年我们继续把规范化建设作为重要任务来抓，进一步完善各项监督管理机制。我院经过反复讨论、修改，制定完成了《广东省高级人民法院工作规范》。该《工作规范》涵盖了审判和执行工作、司法政务、队伍建设、后勤保障等各个方面，明确规定了每个工作程序和每个岗位的职责范围及监督保障措施。为保证《工作规范》的实施，去年5月以来，我们广泛动员，狠抓落实，把规范化管理与岗位考评、领导“一岗双责”有机结合起来，经过半年来的实践，效果较好。

同时，加强对各级法院规范化建设的检查、指导，组织检查组分赴各地进行检查，确定了16个规范化建设试点法院，深入总结推广成功经验。在去年11月召开的全省政法工作规范化建设经验交流会上，佛山市南海区等5个法院介绍了经验，得到了与会代表的肯定和好评。突出抓好“窗口”规范化，深入开展创建立案、信访两个“文明窗口”活动。全省80%以上法院完善了立案、信访服务设施，规范了工作制度，基本实现了严格执法与热情服务的有机结合，取得了良好的效果。大力加强信息化建设，以信息化促进规范化。去年6月，省法院专门召开了全省法院信息化建设工作会议，全面部署信息化工作，要求充分利用现代网络技术，完善流程管理机制，提高司法管理水平。目前，全省共有72个法院建立了局域网，实现了审判流程网络化管理。省法院和部分中院、基层法院还开通了门户网站，通过网络发布公告、公布赖债者名单、受理当事人的投诉。通过大力推进规范化建设，各级法院基本建立起了比较完善、规范的监督管理制度体系，为各项工作深入健康发展提供了制度保障。

五、进一步加强基层建设

去年，最高法院召开了全国法院加强基层建设工作会议，我院抓住这一契机，进一步加大了推进基层建设的力度。一是明确目标，加强领导。各级法院深入开展全省法院基层建设专题调研活动，检查2000年提出的加强基层建设“十项目标”的完成情况，全面了解存在的困难和问题。1月和7月，先后召开了全省法院加强基层建设工作会议，确定了在三至四年内，基本实现“规范化、信息化、现代化”，全面完成基层法院及人民法庭建设任务的奋斗目标。为指导加强基层建设工作，我院成立了基层建设工作领导小组，实行了省法院院领导分片联系、指导各地法院推进基层建设制度。二是积极争取支持，狠抓落实。根据全国法院加强基层建设工作会议精神的要求，结合我省法院实际，我院向省委提交了《关于开创全省法院基层建设新局面的报告》，对加强基层法院队伍建设和物质装备建设、改善法官待遇、优化司法环境等提出了具体意见。省委主要领导都对此作了重要批示，各项措施正在分步落实。针对一些欠发达地区法院基建任务重、装备条件差等困难，积极争取省财政的支持，加大帮扶力度，解决燃眉之急。针对珠江三角洲地区法院普遍存在的“案多人少”、边远山区法院存在的法官“断层”等突出问题，组织开展调研，研究解决办法。三是突出重点，深入推进人民法庭建设。进一步调整撤并中心人民法庭，对年收案不足100件、审判人员不足3人的法庭进行撤并精简，逐个核实审定，把原来的1014个人民法庭调整为392个，优化了法庭布局，促进了法庭的规模化。在省委、省政府和各级党委、政府的大力支持下，争取到2006年全部完成全省人民法庭建设任务。去年，全省已有131个人民法庭建成，83个法庭已经开工建设。为规范人民法庭工作制度，我院制定了《人民法庭工作规范》、《人民法庭基本建设管理规定》，下发全省法院贯彻执行。

六、大力加强队伍建设

搞好全省法院工作，队伍建设是根本。过去的一年，省法院进一步加强对各级法院队伍建设的领导和指导，队伍建设有了新的进步。

一是深入开展“三项学习教育”活动。按照最高法院和省委的部署，组织各级法院深入开展“公正司法树形象”教育活动、“三树立、五落实”教育活动和廉政纪律教育月等学习教育活动。省法院成立领导小组，专门进行动员和部署。狠抓政治思想教育和职业道德教育，组织广大法官和其他工作人员深入学习党的十六大精神和“三个代表”重要思想，树立科学发展观。学习贯彻两个《条例》及最高法院有关规定。深入开展向郑培民、任长霞、蒋庆等先进人物学习活动，解决世界观、人生观、价值观问题，树立爱岗敬业、公正司法、为民司法、勤政廉政的职业道德情操。

二是进一步加强领导班子建设。省法院狠抓自身班子建设，从各方面强化对班子成员的教育和监督。建立健全了《关于落实党内监督制度实行集体领导和分工负责规定》、《党组中心组学习制度》、《党组民主生活会制度》、《审判委员会讨论决定案件规定》等十项制度，保证了民主集中制原则的落实，该十项制度被省纪委印发推荐给省直各单位。认真组织召开民主生活会，广泛征求人大代表、政协委员、下级法院和本院干部的意见和建议，狠抓整改和提高。同时，加强对各中级、基层法院班子建设的协管和监督，认真配合各级党委做好7个中院换届人选的遴选考察和部分中级法院、基层法院院长交流工作。

三是积极推进法官职业化建设。认真开展法官助理改革试点工作，我省有3个法院被确定为全国推行法官助理工作的首批试点单位。推动书记员单独序列管理，与省委组织部、人事厅共同下发了实施意见，全省法院的书记员已基本实现了单独序列管理。严把新进人员“入口”关，严格执行任命法官审核制度，对各地执行情况进行了专项检查。

四是狠抓党风廉政建设。去年我院先后召开了两次全省法院纪检监察工作会议，制定下发了《党风廉政建设和反腐败工作要点》，加强对各级法院党风廉政建设和反腐败工作的指导。围绕构筑完善的教育、制度和监督并重的党风廉政工作机制，不断加强各项队伍监督管理制度建设，制定下发了《规范法官与律师关系实施细则》等项规定，努力从源头上防止违法违纪问题的发生。进一步加强对各类投诉、举报问题的查处，严肃处理违法违纪人员。去年全省法院违法违纪事件明显下降，有效维护了队伍的纯洁。

五是大力加强教育培训工作。继续狠抓学历教育和素质教育，积极支持在职人员参加“专升本”教育，加强法官岗位培训、续职资格培训和新法律法规培训。全年共举办各类培训班7期，培训1400余人（次），并对2275名达不到本科学历要求的法官进行了专项培训。加强对高素质人才的培养，选派113名干部到最高法院、省委党校学习；与香港大学法学院先后合办了两期普通法研究生课程班，选派了42名优秀法官赴港攻读硕士学位；组织31名法官到香港参加知识产权协议培训班。

一年来，我院及全省法院取得的成绩，与省委领导、省人大监督、省政府和政协及社会各界的大力支持是分不开的。省委高度重视全省法院工作，中央政治局委员、省委书记张德江同志在去年年初视察我院并接见了参加全省法院院长会议的代表，对全省法院工作提出了具体要求和殷切期望。去年11月4日，他又作出重要批示，肯定了我院的工作，对做好2005年工作提出了要求和希望。省人大及各位代表也十分重视和支持法院工作，去年省人大常委会先后审议了我院所作的开展社会治安综合治理工作、解决“执行难”工作报告，对进一步抓好工作提出了具体要求。各位人大代表、政协委员对法院工作提出了不少好意见、好建议。省政府、省政协及社会各界对加强全省法院工作也给予了大量支持。借此机会，我代表省高级人民法院，向各级党委、人大、政府、政协及人大代表、政协委员、社会各界对全省法院工作的理解、重视与支持，表示衷心的感谢！

当前，我院及全省法院工作中还存在着不少的困难和问题。由于我们正处于人民内部矛盾凸显、刑事案件高发、对敌斗争复杂的时期，因而各级法院受理的案件持续增多，审判任务非常繁重，审判力量严重不足；重大、疑难、新类型案件不断增多，审理难度不断增大。与此同时，部分法院基层基础工作薄弱、物质装备条件亟待改善；法官队伍整体素质和审判水平与工作要求还有一定差距；个别审判人员违法违纪问题仍然存在。对于这些困难和问题，我们将进一步采取有力措施加以解决。

根据中央、省委和最高法院的部署，结合我省法院实际，2005年全省法院工作的指导思想是：以邓小平理论和“三个代表”重要思想为指导，牢固树立和落实科学发展观，认真贯彻执行中央和省委各项重大部署及最高法院要求，以“公正与效率”为主题，以司法为民为基点，以司法能力建设为重点，以基层建设为基础，以充分发挥司法职能作用为目标，进一步加强各项审判和执行工作，深入推进法院工作改革、基层基础建设和队伍建设，在“抓落实、重提高、促发展”上狠下工夫，促进法院工作深入健康发展，为建设经济强省、文化大省、法治社会、和谐广东、实现富裕安康提供公正高效的司法保障。重点要抓好六项工作：一是深入学习贯彻党的十六届四中全会和省委九届五次、六次全会精神，以增强司法能力、提高司法水平统领各项法院工作。二是全面加强各项审判和执行工作，为建设和谐广东提供有力司法保障。三是坚持群众路线，依法保障当事人和人民群众的合法权益。四是积极稳妥开展法院工作改革，强化内部监督制约机制，深入推进规范化、信息化建设。五是进一步加大基层基础建设力度，全面推进人民法庭工作。六是扎实有效地推进班子和队伍建设，深入开展保持共产党员先进性教育和“理想、责任、能力、形象”教育活动，努力增强创造力、凝聚力和战斗力。

各位代表，在新的一年里，我们真诚地希望省人大及各位人大代表继续加强对我院及全省法院工作的监督和支持，帮助我们及时改进工作，加强司法能力建设，完成好各项工作任务，为全省经济和社会发展提供更加公正高效的司法保障。

广东省高级人民法院关于印发《广东省高级人民法院〈关于加强未成年人刑事审判工作的指导意见〉》的通知

粤高法［2004］78号

全省各级人民法院、广州铁路运输两级法院：

为进一步加强未成年人刑事审判工作，依法维护好未成年被告人在刑事诉讼中的合法权益，更好地落实教育、挽救、感化方针，根据法律和最高法院有关司法解释，结合我省法院工作实际，省法院制定了《关于加强未成年人刑事审判工作的指导意见》。现印发给你们，请认真贯彻执行。各地法院贯彻执行过程中的具体情况及遇到的问题，请及时报告省法院研究室少年法庭指导组。

特此通知。

2004年4月10日

广东省高级人民法院关于加强未成年人刑事审判工作的指导意见

第一章　一般规定

第一条　为了加强全省法院未成年人刑事审判工作，切实维护未成年被告人在刑事诉讼中的合法权益，完善工作制度和审判程序，根据法律和最高人民法院有关司法解释，结合我省的实际情况和实践经验，制定本意见。

第二条　审理未成年人刑事案件，应当严格适用《中华人民共和国刑事诉讼法》、《最高人民法院关于执行〈中华人民共和国刑事诉讼法〉若干问题的解释》和《最高人民法院关于审理未成年人刑事案件的若干规定》中的有关规定，以事实为依据，以法律为准绳，坚持教育为主、惩罚为辅的原则，执行教育、感化、挽救的方针，以维护未成年被告人的合法权益。

第三条　本意见所称的未成年人刑事案件是指全省各级法院受理的被告人在实施被指控的犯罪行为时不满十八周岁的刑事案件，包括被指控的单独犯罪案件和参与共同犯罪案件。

第四条　省法院少年法庭指导小组负责指导全省各级法院未成年人刑事案件的审判工作，总结和推广审判工作经验，促进该项工作在我省法院的深入发展。

各中级法院也要设立少年法庭指导小组，加强对审判未成年人刑事案件的指导，及时总结审判经验，开展法制宣传，促进未成年人刑事审判工作的深入发展，更好地维护未成年人的合法权益。

第五条　各级法院在抓好未成年人刑事审判工作的同时，要认真贯彻落实团中央和最高法院提出的创建优秀“青少年维权岗”活动，积极参与社会治安综合治理工作，切实维护青少年的合法权益，为青少年健康成长提供法律服务和司法保障，促进社会文明进步。

对在创建活动中表现突出的先进单位和个人应予表彰、奖励。

第六条　各级法院要加强对未成年人刑事审判工作的调查研究，深入摸索出符合未成年人刑事审判特点的新路子，不断研究新情况、新问题，准确适用法律，“寓教于审，惩教结合”，努力做好“两个延伸”工作，以达到对未成年罪犯的矫治目的。

第七条 未成年人刑事案件在宣判前，审判人员不得向外界披露未成年被告人的姓名、住所、照片及可能推断出该未成年人的资料，不得接受新闻采访；宣判后，遇有特殊情况，确实需要接受采访和报道的，应当报请中级法院新闻办商少年法庭指导小组批准；但影响特别重大的案件，应当报请省法院上述部门审查批准。

未成年人刑事案件的裁判文书，不得以任何可能推断出被告人身份的方式在公开出版物或者互联网上刊载。

第二章 审判组织

第八条 中级法院应当在刑事审判庭内设立专门审理未成年人刑事案件的合议庭。

有条件的中级法院，可以设立独立建制的未成年人刑事审判庭。

第九条 基层法院至少确定一名有二年以上刑事审判工作经验、熟悉未成年人特点、善于做未成年人思想教育工作的审判人员，在一个较长的时期内，主要负责办理未成年人刑事案件。

有条件的基层法院，可以设立专门审理未成年人刑事案件的合议庭，或者建立独立建制的未成年人刑事审判庭，审判长或者庭长，应当由符合前款规定条件的审判人员担任。

设区的市中级法院，经与人民检察院协商同意，可以尝试指定一个基层法院对未成年人刑事案件集中管辖。

第十条 参加审判第一审未成年人刑事案件的人民陪审员，应当由熟悉未成年人生理、心理特点，作风正派，责任心强，热心于教育、挽救失足未成年人工作，有一定刑事审判基本知识，并经过上岗培训的共青团、妇联、工会的干部、学校教师或者离退休人员、未成年人保护组织的工作人员等担任。

人民陪审员的确定和培训工作，由中级法院少年法庭指导小组负责，并报省法院少年法庭指导小组备案。

第三章 开庭前的准备工作

第十一条 人民法院至迟应当在开庭十日前向未成年被告人送达起诉书副本；送达之日被告人未满十八周岁的，起诉书副本应当同时送达其法定代理人。

人民法院送达起诉书副本时，应当以书面形式告知下列事项：

（一）案件的来源，是公诉案件还是自诉案件；

（二）适用的程序，是简易程序还是普通程序；

（三）被告人及其法定代理人的诉讼权利和义务。

第十二条 未成年被告人的法定代理人享有下列诉讼权利：

（一）申请合议庭组成人员、书记员、公诉人、鉴定人和翻译人员回避；

（二）亲自为被告人提供辩护、或者委托辩护人、或者同意人民法院为被告人指定辩护人；

（三）向人民法院申请收集、调取证据、通知证人出庭作证；

（四）在法庭调查的过程中，经审判长许可向被告人、证人发问；

（五）在法庭辩论的过程中，对证据和案件情况发表意见并且进行辩论；

（六）在法庭辩论终结后、被告人作最后陈述前，就案件的处理发表意见；

（七）宣判后，对被判有罪的被告人进行法制教育；

（八）被告人在宣判时未满十八周岁的，其法定代理人享有独立的上诉权。

第十三条 人民法院审理未成年人刑事案件，为被告人指定承担法律援助义务的律师为其辩护人，以决定受理该案时被告人不满十八周岁为限。

人民法院在向未成年被告人及其法定代理人送达起诉书副本时，应当就他们是否自行委托辩护人作出询问。

未成年被告人及其法定代理人明确表示自行委托辩护人的，接受委托的辩护人应当在开庭前三日内向人民法院提交其身份证明和辩护委托书。

未成年被告人及其法定代理人就其是否自行委托辩护人不作表示或者表示不明确、或者同意人民法院指定辩护人、或者逾期不提交前款规定的材料的，辩护人由人民法院指定。

第十四条 人民法院应当在开庭三日前向未成年被告人的法定代理人送达出庭通知书。经通知，法定代理人无正当理由不到庭的，不影响人民法院开庭审判。

人民法院认为法定代理人不适宜出庭的，可以确定适宜出庭的其他监护人或者其他成年近亲属，并在开庭三日前通知其出庭。经通知，其他监护人或者其他成年近亲属不到庭的，不影响人民法院开庭审判。

前二款规定的有关人员不到庭的情况，人民法院应当记录在卷。

第十五条 开庭审理时，被告人已满十四周岁不满十六周岁的未成年人刑事案件一律不公开审理；被告人已满十六周岁、不满十八周岁的未成年人刑事案件，一般不公开审理。如有必要公开审理的，必须经本院院长批准，并应限定旁听人员的人数、范围。

旁听人员的范围，除与该被告人的日常生活有密切关系的成年人员，如近亲属、教师、同学外，还可邀请人大代表、政协委员、社区帮教人员参加旁听。

旁听人员参加旁听，可以经申请而被准许，或者被邀请到庭，但不得向外界传播或者提供案件审理情况。

第十六条 人民检察院提起公诉的未成年人刑事案件，被告人实施被指控的犯罪时的经常居住地在所属中级法院辖区范围内的，受理该案的人民法院可以在开庭审理前要求起诉该案的人民检察院提交社会调查报告；必要时也可以自行或者委托有关社会组织制作社会调查报告。

社会调查报告应当采取书面形式，包括关于该被告人的下列情况：

（一）姓名，出生年、月、日；

（二）家庭成员的基本情况；

（三）成长的生活条件和接受教育的程度；

（四）性格特点和社会交往的情况；

（五）日常行为、成长经历和病史；

（六）促成其实施被指控的犯罪的原因和条件；

（七）有无成年人的教唆者或者其他共犯；

（八）在实施被指控的犯罪前、后的表现；

社会调查报告应当由调查单位当庭宣读，可以作为合议庭处理案件时的参考。

第四章 审 判

第十七条 人民法院审理未成年人刑事案件，应当注意营造良好的法庭气氛，有条件的法院可以设置专门用于审理未成年人刑事案件的审判法庭，尝试通过各种形式对被告人进行教育、感化、挽救。

第十八条 在未成年人刑事案件的庭审过程中，司法警察可以不在审判区内值庭。

第十九条 人民法院可以在宣判前召开有未成年被告人、法定代理人及其他近亲属、辩护人和学校教师等有关人员参加的座谈会，听取他们对案件处理的意见。

第二十条 对经过开庭审理，认定被告人有罪的，法官、人民陪审员、公诉人、辩护人、法定代理人等可从不同侧面，在法庭上对未成年被告人进行法制教育，促其悔罪服判。

第二十一条 有条件的法院，在审理未成年人刑事案件时，对于经过开庭审理认为有罪、应判处三年以下有期徒刑、拘役的被告人符合下列条件的，可以试行暂缓判决。

（一）主观恶习不深，认罪态度好，而且是初犯；

（二）其本人愿意遵守法律法规，服从帮教工作；

（三）其家长有暂缓判决的意愿，并以书面形式提交保证书；

（四）公安、社会组织愿意接受对其进行监管、帮教，并制定有经人民法院认可的帮教计划。

暂缓判决，是指人民法院在规定的审理期限内，对未成年被告人采取的先以决定书确定其所犯罪名，但暂不判处刑罚的方法，让其在确定的考察期内接受有关社会组织的帮教矫治，再结合其悔罪表现才进行判决。

暂缓判决的考察期，最长为六个月，但不得少于三个月。考察期间，被告人应每月向法院报告一次自己的学习、工作和其他活动情况。

第二十二条 审判未成年人刑事案件的裁判文书，应根据未成年人的特点，在判决书的说理和适用法律部分，增加教育内容，说理要充分，措辞、用语应当为未成年被告人易于理解和接受。

第五章 庭后工作

第二十三条 各级人民法院应当为每一名未成年被告人设立专门的未成年人刑事案件档案，包括基本数据档案、审理卷宗档案和庭后跟踪档案。

基本数据档案，是指人民法院对未成年人刑事案件中基本情况的数据整理档案。

审理卷宗档案，是指人民法院审理未成年人刑事案件所形成的卷宗档案。

庭后跟踪档案，是指人民法院对被判有罪的罪犯进行回访考察等有关工作的记录档案和被判无罪、但责令家长进行督促管教的被告人的档案。

对未成年被告人的刑事案卷，应实行分类归档，各级法院为此应设立专门的未成年人刑事档案库。

第二十四条 少年法庭应当认真贯彻执行《最高人民法院关于审理未成年人刑事案件的若干规定》第三十九条至第四十三条的有关规定，主动做好对每一名未成年被告人的庭后追踪、回访工作；并积极与有关单位协商建立少年犯帮教基地，或专门的异地籍少年犯帮教基地，对判处非监刑的少年犯放在基地内进行帮教、改造，尽力帮助被判处缓刑、拘役、管制的未成年被告人联系解决学习、就业等方面的困难，使其重新回归社会。

第二十五条 对未成年罪犯及其法定代理人、近亲属的申诉，应当优先办理；久拖不结的，上级法院可以指令下级法院限期办理并报告结果。

第二十六条 本意见自下发之日起试行。

广东省高级人民法院 关于重新确定我省第一审涉外涉港澳台民商事案件的区域管辖和级别管辖事项的通知

粤高法［2004］212号

全省各级人民法院、广州海事法院、广州铁路运输两级法院：

根据最高人民法院法［2002］5号《关于涉外民商事案件诉讼管辖若干问题的规定》、法［2002］22号《关于认真学习贯彻<关于涉外民商事案件诉讼管辖若干问题的规定>的通知》、法［2002］103号《关于指定广东省东莞市等五个中级人民法院管辖一审涉外民商事案件的批复》、法［2003］1号《关于指定广东省佛山市和江西省赣州市中级人民法院管辖一审涉外民商事案件的批复》和［2004］民四他字第15号《关于指定广东省江门市等四个中级人民法院管辖一审涉外民商事案件的批复》等有关司法解释的精神，为提高涉外商事审判效率，便利当事人诉讼，结合我省的具体情况，现将我省涉外、涉港澳台民商事案件的区域管辖和级别管辖事项通知如下：

一、广州经济技术开发区人民法院、湛江经济技术开发区人民法院、惠州市大亚湾经济技术开发区人民法院管辖本辖区内的标的金额为人民币600万元以下（不含本数，下同）的第一审涉外、涉港澳台民商事案件；

二、东莞市人民法院、深圳市福田区人民法院、深圳市罗湖区人民法院、深圳市宝安区人民法院、深圳市龙岗区人民法院管辖本辖区内的标的金额为人民币100万元以下的第一审涉港澳台民商事案件；

三、广州市中级人民法院管辖广州、韶关、清远市的除广州经济技术开发区人民法院管辖之外的所有标的金额为人民币一亿元以下的第一审涉外、涉港澳台民商事案件；

四、深圳市中级人民法院管辖本辖区内的除深圳市福田区人民法院、深圳市罗湖区人民法院、深圳市宝安区人民法院、深圳市龙岗区人民法院管辖之外的所有标的金额为人民币一亿元以下的第一审涉外、涉港澳台民商事案件；

五、珠海市中级人民法院管辖珠海、阳江市的所有标的金额为人民币一亿元以下的第一审涉外、涉港澳台民商事案件；

六、汕头市中级人民法院管辖汕头、潮州、揭阳、汕尾、梅州市的所有标的金额为人民币一亿元以下的第一审涉外、涉港澳台民商事案件；

七、东莞市中级人民法院管辖本辖区内的除东莞市人民法院管辖之外的所有标的金额为人民币一亿元以下的第一审涉外、涉港澳台民商事案件；

八、佛山市中级人民法院管辖佛山、肇庆、云浮市的所有标的金额为人民币一亿元以下的第一审涉外、涉港澳台民商事案件；

九、江门市中级人民法院管辖本辖区内的所有标的金额为人民币一亿元以下的第一审涉外、涉港澳台民商事案件；

十、湛江市中级人民法院管辖湛江、茂名市的除湛江经济技术开发区人民法院管辖之外的所有标的金额为人民币一亿元以下的第一审涉外、涉港澳台民商事案件；

十一、中山市中级人民法院管辖本辖区内的所有标的金额为人民币一亿元以下的第一审涉外、涉港澳台民商事案件；

十二、惠州市中级人民法院管辖惠州、河源市的除惠州市大亚湾经济技术开发区人民法院管辖之外的所有标的金额为人民币一亿元以下的第一审涉外、涉港澳台民商事案件；

十三、标的金额为人民币一亿元以上（含本数）的涉外、涉港澳台民商事案件的第一审由广东省高级人民法院管辖。

本通知于2004年9月1日起施行。本通知施行前已经受理的案件由原受理的人民法院继续审理。本院此前作出的规定与本通知不一致的，以本通知为准。

全省各级法院必须严格执行涉外商事案件集中管辖制度。有涉外商事案件管辖权的法院应高度重视涉外商事审判工作，配备符合涉外商事审判要求的机构和人员。没有涉外商事案件管辖权的法院，不得越权受理涉外、涉港澳台民商事案件。凡发现越权受理涉外、涉港澳台民商事案件的，各有关法院应当通知或者裁定将案件移送有管辖权的人民法院审理。对拒不移送，作出实体裁决的，上级人民法院应当以程序违法为由撤销该裁决，并将案件移送有管辖权的人民法院审理。

2004年8月10日

广东省高级人民法院 关于不再适用《广东省法院裁定终结执行几类案件的暂行规定》的通知

粤高法发［2004］11号

全省各级人民法院、广州海事法院、广州铁路运输两级法院：

根据各地法院反映，我院于1999年10月11日印发全省法院执行的《广东省法院裁定终结执行几类案件的暂行规定》（粤高法发［1999］46号），因与《中华人民共和国民事诉讼法》和《最高人民法院关于人民法院执行工作若干问题的规定（试行）》的有关规定不符，在实践中导致中止执行和终结执行不分，结案方式不规范。经研究决定，从本通知下发之日起，此文不再适用。

特此通知

2004年3月26日

关于执行款管理工作的若干规定（试行）

2004年5月28日粤高法发［2004］17号

为规范执行款的管理，确保执行款的收取、管理和划付安全，保护当事人的合法权益，参照有关财务管理规定，结合本省执行工作实际，制定本规定。

一、总　则

第一条　执行款实行专户专人管理、专款专付的原则。各级法院应当开设执行款专户并指定专人负责管理专户内的执行款项。

第二条　执行款的管理实行执行局与财务部门分工负责、相互配合、相互监督、相互制约的原则。

第三条　执行款的管理实行人款分离原则。执行员原则上不得收取被执行人交纳的现金或票据，不得向当事人转交、支付现金或票据。

第四条　财务部门实行执行款记账与票据管理分离的原则。负责记账的财务人员不得管理执行款的收、支票据。

第五条　执行款的收、付情况实行告知案件当事人原则。自执行款到账之日起七日内，执行员应当将收款时间与收款数额告知相关案件的申请人；自执行员将划款通知书送交财务部门之日起七日内，财务部门应当将划出时间与划出数额通知执行局，由执行局告知收款人和被执行人。

第六条　执行款的划付分别由执行员、合议庭报批。小额执行款的划付由执行员直接报批，其余执行款的划付由合议庭讨论决定后报批，多个债权人分配执行款应经过听证或告知程序后才能报批。

各级法院应当根据本院执行工作的实际，制定执行长、局长和院长对执行款划出数额的审批权限。

第七条　财务部门对每个案件执行款的收付分科目进行登记，对每个执行案件的执行款往来情况建立登记科目明细记账。

执行局应当指定专人负责对全局执行款的收付情况设立台账，在台账账簿上每案均设专页，对每个案件实行明细记账；系列案件的收款情况应记至各案件的科目之下，在划付后注明款项在各案件中的分配情况并作冲减。

第八条 基层法院对所辖人民法庭的执行款实行统一管理。人民法庭收取的执行款原则上存入所属基层法院的执行款专户，由基层法院统一实施财务管理，并由基层法院审批划付。

二、执行款的收取

第九条 执行员在执行过程中搜查、收取、扣划、变卖和拍卖的款项以及执行担保款项应直接划进本院开立的执行款专户。

人民法庭办理的执行案件，向被执行人收取现金但不能在当日清付给申请人的，应由庭长指定的专人收款，并向交款人出具格式收据，收款人员应于二十四小时内移交院财务部门或存（汇）入执行款专户。

被执行人履行一万元以下小额债务，当场交付现金，能于当日交付给申请人，经执行局长或院长同意，执行款项可以不划入执行款专户。

第十条 付款人即时支付现金或票据的，执行员应当通知其直接向专户开户行缴交并将银行回单送交法院财务部门。

异地执行、搜查扣押、小额标的执行或情况紧急，确需执行员直接代收现金或票据的，收取现金或票据应当符合以下程序：

1. 应当有两名执行员在场；

2. 应当即时向交款人出具格式收据，收据应当注明在场执行员的姓名并将执行公务证交付款人核对；

3. 将收款情况记入笔录并由交款人签名。付款人要求复印该笔录的，应当准许；

4. 收取现金的，应当于4小时内移交本院财务部门或将款项汇入本院执行款专户；收取票据的，应在票据有效支付期内将票据交给本院财务部门。

执行员违反一至三项之其中一项的，付款人有权拒绝付款或交票。

第十一条 执行员向被执行人发布执行命令、通知被执行人支付执行款时，应在相关法律文书中告知本单位执行款专户的开户银行、账号、单位全称，同时将支付执行款的通知复印件交财务部门备查。

被执行人委托其他单位和个人代付款的，代付款人必须在写明汇款单位或个人详细名称、汇款用途的同时，注明案件当事人的名称、案号和执行员的姓名，如汇款单无法填写上述内容的，应当另附书面说明。

第十二条 执行款、物收据由省法院统一编号印制。中级法院向省法院领取、基层法院向中级法院领取以及执行员向所在执行局领取，均应当根据编号进行登记。

执行员外出执行未使用收据的，必须于回院上班的第一日交回执行局并进行登记。

第十三条 在申请人与执行员在场的情况下，被执行人当场交付现金或票据的，执行员不应转交亦不应出具收据。由执行员责成被执行人直接交付给申请人并记录交付情况，由双方当事人签名确认。

第十四条 执行局委托拍卖机构拍卖被执行人财产时，应当在拍卖委托书中要求拍卖行必须将拍卖款全额（含可以抵作拍卖款的定金）由竞买人直接汇入法院执行款专户。汇款应注明汇款单位，拍卖标的物名称、拍卖机构名称、被执行人名称、执行案号和执行员姓名。

第十五条 对案号、经办人与用途不明的款项，财务部门应当在三个工作日内向汇款银行查询汇款人联系电话并向汇款人询问案号、案件承办人和汇款用途。

第十六条 执行款汇入专户之日起，财务部门应当在二日内记账并开具多联收款收据。第一联为存根联；第二联交付款人收执；第三联用于财务入账；第四联交案件承办人附卷；第五联交执行局记账人员存档。

付款人通过汇款或转账缴交执行款的，财务部门应将收款收据第二、第四、第五联一并交给执行局，由案件承办人将第二联转交付款人。

第十七条 执行员应当及时掌握执行款的进账情况，并把相应进账凭证归入执行卷宗。

三、执行款的划付

第十八条 案件承办人应当自接到财务部门交付的收款收据之日起七日内办理执行费的有关费用结算，并于结算完毕之日起七日内向申请执行人发出取款通知，并告知取款手续。

如需要等待分配方案的确定、不动产的过户或有其他原因，不能在七日内付款的，承办人应在七日期限届满前书面说明原因报局长审查批准

局长批准延期付款的，应当将批准件复印一份交财务部门备案。

第十九条 案件承办人将划款通知书呈报审批时，应当同时附送以下文件和凭证：

1. 生效法律文书、立案审批表；

2. 扣划款项裁定书、拍卖或变卖的成交确认书；

3. 财务部门开具的第四联收款收据复印件。

向土地、房管、税务、车辆等行政管理部门支付有关税费，需提交收取税费部门开具的缴税、缴费通知书。

向审计、评估、拍卖机构支付审计费、评估费、拍卖佣金时，需提交审计、评估、拍卖机构开具的缴费通知书、发票或财政部门统一印制的收费收据

向医疗机构支付医疗费用，需提交医疗机构的催缴通知书或相关证明。

按规定应当支付的其他费用，应当附送相关证明书或通知书。

第二十条 执行局通知财务部门划款，应当填写划款通

知书。

划款通知书应当具备以下内容：

1. 案号、申请执行人名称、被执行人名称、执行担保人名称；

2. 执行款的来源（搜查、扣划、主动履行、拍卖或变卖款等）、汇款单位及账户、已进账款项的时间和金额、划付款项的时间和金额、收款人及收款账户；

3.划付的理由；

4.合议庭决定；

5.执行局或院领导的审批情况；

6.财务部门的签字确认。

第二十一条 执行员必须在本案执行款进账的数额范围内填写划款通知书，财务部门发现划出款项超过进账款项或超过账面余额的，有权拒绝划款并将情况通知执行局领导。

第二十二条 已入执行款专户的款项不得以现金形式支付。

申请执行人为法人或其他组织的，支付执行款应以转账方式直接汇入申请执行人提供的、以申请执行人名义开设的银行账户。

申请执行人为自然人的，执行员应当告知其开具实名银行存折，由执行法院直接将执行款划入其存折账户。

第二十三条 执行拖欠工人工资案件，可以直接支付现金，但必须制作工人工资发放表，由每一位收款人签收。

执行法院将执行款附工人工资表交诉讼前处理纠纷的劳动管理部门发放的，劳动部门收取执行款时应向执行法院出具收款收据。工资发放后，劳动管理部门应将附有工人签名并加盖公章的工资表交回执行法院，换回其出具的收款收据。

第二十四条 申请执行人是香港企业或居民，指定境内企业、律师或居民代收执行款，未能在执行法院直接办理委托手续的，应提交由司法部指定的香港律师公证，并经中国法律（香港）服务公司加章转递的特别授权委托书原件。

申请执行人是境外企业、自然人，指定境内企业、律师或自然人代收执行款，未能在执行法院直接办理委托手续的，应提交由所在国公证机构公证，并经我国驻该国使、领馆认证的特别授权委托书原件。

第二十五条 向申请执行人划付执行款前，应当扣除案件受理费、申请执行费、评估拍卖费用及执行实际费用。

第二十六条 收款人是法人或其他组织的，收款后应向执行法院出具加盖单位财务章、财政部门认可的收款收据。

收款人是自然人的，收款后应向执行法院出具本人亲笔签名或有本人指印的收款收据。

收款收据应当存入执行档案。

四、财务部门划款的审查责任

第二十七条 财务部门在执行款管理中，应对本院执行局收、付执行款的真实性和合法性进行审查。在审查过程中发现问题的，应及时向执行局领导通报

第二十八条 财务部门在办理划款时，应当坚持专款专付的原则，认真审查核对收款案号、付款案号、单位、金额是否吻合。有下列情况之一的应当拒绝划款：

1.《划款通知书》未按审批权限批准的；

2.《划款通知书》字迹不清、未填写完整或有涂改的；

3. 随《划款通知书》所附的文件不齐全或不完整的；

4. 收款案号与付款案号不符的；

5. 本案执行款未进账的；

6. 付款金额超出进账金额的。

如因数案并案执行导致收款案号与付款案号不符的，执行员应在付款通知书中说明理由，附相关法律文书，并经局长批准。

第二十九条 财务部门应当在支付执行款次日将执行款支付凭证复印件交案件承办人附卷存档。

第三十条 财务部门应当定期向执行局通报执行款账务情况，在每月的前十个工作日内将上月《执行款发生金额收付情况表》送执行局核对。

附　则

第三十一条 执行员调离执行局或因工作调整需要移交其所经办的执行案件时，必须同时移交收、付执行款的单据和执行款收付《情况说明》。

执行款收、付情况复杂的，可以在交接时进行审计。

执行款交接不清的，不能办理调离换岗手续。

第三十二条 本规定所称的“执行款”，是指执行程序中用于清偿申请人债权的款项，包括被执行人的现款、人民法院将被执行人财产变现后的款项以及担保人用于执行担保的款项。

第三十三条 本规定所称“执行员”是指参与执行的院长、执行局长、审判人员、执行员、司法警察。

第三十四条 本规定所称的“票据”，是指支票、汇票和本票。

第三十五条 本规定自公布之日起试行。

关于印发广东省2004年度人身损害赔偿计算标准的通知

粤高法发［2004］18号

全省各级人民法院：

根据省统计局公布的2003年度统计数据及有关规定，现将《广东省2004年度人身损害赔偿计算标准》印发给你们。2004年5月1日起新受理的一审人身损害赔偿纠纷案件，在一审法庭辩论终结时尚未公布2005年度人身损害赔偿标准的，均依据最高人民法院《关于审理人身损害赔偿案件适用法律若干问题的解释》（法释［2003］20号）规定的赔偿项目和计算方法，适用本标准计算赔偿数额。

2004年6月30日

广东省2004年度人身损害赔偿计算标准

序号	项目			标准（元/年）	说明
一	城镇居民人均可支配收入（元/年）	计划单列市	深圳	23905.92	
		经济特区	珠海	16757.40	
			汕头	10001.64	
		一般地区		12380.40	
二	农村居民人均纯收入（元/年）			4054.58	
三	城镇居民人均消费性支出（元/年）	计划单列市	深圳	17372.04	
		经济特区	珠海	11690.28	
			汕头	8491.92	
		一般地区		9636.24	
四	农村居民人均年生活消费支出（元）			2927.35	
五	职工平均工资（元/年）	计划单列市	深圳	30413	
		经济特区	珠海	19108	
			汕头	11959	
		一般地区		18979	
六	住宿费	深圳、珠海、汕头经济特区（元/每人每天）		130	省财政厅“粤财文［1996］10号”文规定
		一般地区（元/每人每天）		90	
七	伙食补助费	深圳、珠海、汕头经济特区（元/每人每天）		50	省财政厅“粤财文［1996］10号”文规定
		一般地区（元/每人每天）		30	

序号	项目			标准
			行业	元/年
八	国有同行业平均收入	（一）	农、林、牧、渔业	8132
			1. 农业	6570
			2. 林业	8046
			3. 畜牧业	18397
			4. 渔业	11494
			5. 农、林、牧、渔服务业	11288
		（二）	采矿业	12603
			1. 煤炭开采和洗选业	10927
			2. 石油和天然气开采业	13543
			3. 黑色金属矿采选业	10443
			4. 有色金属矿采选业	12088
			5. 非金属矿采选业	12670
		（三）	制造业	17949
			1. 农副食品加工业	8942
			2. 食品制造业	15146
			3. 饮料制造业	15155
			4. 烟草制品业	60755
			5. 纺织业	11160
			6. 纺织服装、鞋、帽制造业	14840
			7. 皮革、毛皮、羽毛（绒）及其制品业	10022
			8. 木材加工及竹、藤、棕、草制品业	10063
			9. 家具制造业	8786
			10. 造纸及纸制品业	8282
			11. 印刷业和记录媒介的复制	15112
			12. 文教体育用品制造业	13101
			13. 石油加工、炼焦及核燃料加工业	32352
			14. 化学原料及化学制品制造业	14715
			15. 医药制造业	29222
			16. 化学纤维制造业	13507
			17. 橡胶制品业	17634
			18. 塑料制品业	11253
			19. 非金属矿物制品业	9915
			20. 黑色金属冶炼及压延加工业	26039
			21. 有色金属冶炼及压延加工业	16919
			22. 金属制品业	17089
			23. 通用设备制造业	14648
			24. 专用设备制造业	15144
			25. 交通运输设备制造业	21032
			26. 电气机械及器材制造业	17298
			27. 通信设备、计算机及其他电子设备制造业	17563
			28. 仪器仪表及文化、办公用械制造业	19194
			29. 工艺品及其他制造业	13532
			30. 废弃资源和废旧材料回收回工业	21641

（续上表）

序号	项目		标准
		行　　业	元/年
八	国有同行业平均收入	（四）	电力、燃气及水的生产和供应业	27283
			1. 电力、热力的生产和供应	29576
			2. 燃气生产和供应业	28109
			3. 水的生产和供应业	19613
		（五）	建筑业	18588
			1. 房屋和土木工程建筑业	17639
			2. 建筑安装业	30957
			3. 建筑装饰业	17689
			4. 其他建筑业	14178
		（六）	交通运输、仓储和邮政业	25789
			1. 铁路运输业	23052
			2. 道路运输业	16588
			3. 城市公共交通业	26227
			4. 水上运输业	33407
			5. 航空运输业	48742
			6. 管道运输业	20588
			7. 装卸搬运和其他运输服务业	21377
			8. 仓储业	29696
			9. 邮政业	24998
		（七）	信息传输、计算机服务和软件业	38323
			1. 电信和其他信息传输服务业	38368
			2. 计算机服务业	37045
			3. 软件业	35613
		（八）	批发和零售业	18725
			1. 批发业	20192
			2. 零售业	13159
		（九）	住宿和餐饮业	14316
			1. 住宿业	15459
			2. 餐饮业	11808
		（十）	金融业	35354
			1. 银行业	35028
			2. 证券业	90182
			3. 保险业	25061
			4. 其他金融活动	53615
		（十一）	房地产业	20320
			1. 房地产开发与经营业	22871
			2. 物业管理	18181
			3. 房地产中介服务	22646
		（十二）	租赁和商务服务业	19913
			1. 租赁业	17548
			2. 商务服务业	19922

（续上表）

序号	项目			标准
			行　　业	元/年
八	国有同行业平均收入	（十三）	科学研究、技术服务和地质勘查业	32959
			1. 研究与试验发展	33129
			（1）自然科学研究与试验发展	23593
			（2）工程和技术研究与试验发展	40393
			（3）农业科学研究与试验发展	28543
			（4）医学研究与试验发展	38484
			（5）社会人文科学研究与试验发展	35093
			2. 专业技术服务业	36223
			（1）气象服务	25775
			（2）地震服务	43077
			（3）海洋服务	18201
			（4）测绘服务	28754
			（5）技术检测	34910
			（6）环境监测	31740
			（7）工程技术与规划管理	39079
			3. 科技交流和推广服务业	24171
			4. 地质勘查业	18752
		（十四）	水利、环境和公共设施管理业	16606
			1. 水利管理业	14409
			2. 环境管理业	15253
			3. 公共设施管理业	22820
		（十五）	居民服务业和其他服务业	26199
			1. 居民服务业	25684
			2. 其他服务业	33602
		（十六）	教育	20481
			其中：1. 初等教育	16822
			2. 中等教育	20549
			3. 高等教育	43955
		（十七）	卫生、社会保障和社会福利业	25469
			1. 卫生	25416
			2. 社会保障业	27437
			3. 社会福利业	26252
		（十八）	文化、体育和娱乐业	28549
			1. 新闻出版业	37992
			2. 广播、电视、电影和音像业	24588
			3. 文化艺术业	23796
			4. 体育	33242
			5. 娱乐业	19649
			公共管理和社会组织	25662
			其中：1. 中国共产党机关	26901
			2. 国家机构	25929
			3. 人民政协和民主党派	36168
			4. 群众社团、社会团体和宗教组织	29478

说明：除特别说明外以上数据均采自省统计局公布的2003年数据。

关于印发《广东省高级人民法院关于委托评估、拍卖工作的若干规定》的通知

粤高法发〔2004〕21号

全省各级人民法院、广州海事法院、广州铁路运输两级法院：

为规范全省法院委托评估、拍卖工作，确保人民法院公正审判和执行案件，依法保护当事人的合法权益，提高法院委托评估、拍卖工作的透明度和公信力，省法院根据近年来全省各级法院委托评估、拍卖工作的实践经验，对原来委托评估、拍卖工作的有关规定进行了修改和完善。现将《广东省高级人民法院关于委托评估、拍卖工作的若干规定》印发全省实施，请认真贯彻执行，贯彻执行中遇到的问题，及时向省法院报告。

2004年8月4日

关于委托评估、拍卖工作的若干规定

为规范全省法院的委托评估、拍卖工作，确保公正审判和执行案件，依法保护当事人的合法权益，依照国家法律、法规和最高人民法院司法解释，结合工作实际，制定本规定。

一、　总　则

第一条　人民法院委托评估（含审计、价格核算，下同）、拍卖工作，应当严格遵守国家法律、法规，执行最高人民法院的有关规定，遵循公平、公开、公正的原则。

第二条　人民法院选择委托评估、拍卖机构，实行自愿参与、公平竞争、择优选定的原则。

第三条　人民法院审判、执行案件需对涉案财产委托评估、拍卖的，应当由一个部门统一归口对外办理委托事务。

人民法院审理破产案件组织成立的破产清算组织，需对破产财产进行评估、拍卖的，应当在法院选定的受托机构中摇珠选定，接受人民法院的监督。

第四条　上级法院应当监督下级法院的评估、拍卖工作，省法院应当监督全省各级法院的委托评估、拍卖工作。

下级法院应向上级法院报告每年开展委托评估、拍卖工作的情况。影响重大、复杂的评估、拍卖活动应及时向上一级法院请示报告。

上级法院对下级法院委托评估、拍卖工作的监督，依照法律、司法解释和本院《关于加强执行监督工作若干问题的意见（试行）》的有关规定进行。

第五条　上级法院发现下级法院委托评估、拍卖工作违反法律、法规和上级法院有关规定的，应当及时指令其自行纠正，也可以直接予以纠正。

第六条　接受人民法院委托办理评估、拍卖事项的机构，必须依法办理委托事项，遵守上级法院和委托法院关于规范评估、拍卖工作的有关规定和制度。

委托法院对受托机构办理评估、拍卖的活动必须进行监督，发现评估、拍卖机构违反法律法规和人民法院有关规定的，应当及时指令其纠正或依法作出处理。

第七条　人民法院工作人员在办理委托评估、拍卖事项中，必须坚持公正执法，严禁牟取私利，不得参与竞买或委托他人代为竞买拍卖物。

第八条　当事人、利害关系人对人民法院工作人员和评估、拍卖机构的违法违规违纪行为，可以向办理委托事项的法院及其上一级法院提出投诉或申诉，人民法院必须对事实进行核查，对投诉和申诉事项依法作出裁定或答复。

二、　评估、拍卖机构的选定

第九条　各级法院统一实行选定年度受托机构，并从年

度受托机构中选定办理具体委托事项机构的制度。

选定年度受托机构，应当预先公布入选条件，经审判委员会审查决定入选名单。

人民法院应当通过摇珠选号确定各受托机构参与具体案件委托摇珠的代码序号，选定具体案件涉案财产的委托评估、拍卖机构时，应当在已选定的年度受托机构中通过摇珠选号确定。

各级法院每年选定各类别的年度受托机构数一般不得少于5家。基层法院在选择年度受托机构时无法达到5家以上（含5家）的，应当改为在中级法院选定的年度受托机构中摇珠选定具体案件的受托机构。

第十条 评估、拍卖机构自愿参与人民法院委托工作的，应当在指定时间到人民法院申请登记，提交相关资料。

申请参与委托评估（审计）的机构应提交如下审验资料：

（1）申请书（登记表）及机构简介；

（2）经年检合格的企业法人营业执照副本和税务登记证副本；

（3）经年检合格的机构资质、资格证书副本；

（4）机构评估（审计）人员名单及其相关资质、资格证书；

（5）机构营业场所证明资料；

（6）注资证明及资产明细表；

（7）税务机关出具的纳税证明；

（8）法院指定提交的其他资料。

申请参与委托拍卖的机构应提交如下审验资料：

（1）申请书（登记表）及机构简介；

（2）经年检合格的企业法人营业执照副本和税务登记证副本；

（3）经年检合格的机构资质、资格证书副本；

（4）机构的特种经营许可证、专营许可证书副本；

（5）经年检合格的本机构注册拍卖师名单及其执业资格证书；

（6）其他拍卖从业人员名单及相关资质证书；

（7）机构有固定营业场所和拍卖场地证明资料；

（8）注资证明及资产明细表；

（9）税务机关出具的纳税证明；

（10）法院指定提交的其他资料。

第十一条 人民法院可以根据年度委托工作的要求，确定入选受托机构应当具备的条件，确定入选机构应当具备的条件包括：

（1）对机构工商登记注册等级、经营范围的要求；

（2）对机构注册资金的要求；

（3）对机构资质等级和从业人员资质、人数的要求；

（4）对机构经营场所的要求；

（5）对机构经营业绩、信誉的要求；

（6）完成委托工作的其他要求。

第十二条 人民法院根据各机构报送的相关审验资料，审查各申请机构具备的条件情况，根据年度委托工作量的实际，按照择优选定原则确定入选机构的数量和具体名单，经审判委员会讨论决定后公布。

第十三条 人民法院可以根据工作实际，以每年或每两年以上（含两年）进行一次选定委托机构的工作。两年以上进行一次选定工作的，每年应当对入选的受托机构的年审资料进行审验，年审不合格的，可以中途取消其受托资格。

各中级法院应将本院及所辖基层法院选定的受托机构名录报省法院备案。

三、评　估

第十四条 人民法院对下列涉案财产，应当委托评估机构进行价格评估：

（1）审判、执行中涉及价格争议的；

（2）强制执行变卖、拍卖的动产、不动产；

（3）强制执行变卖、拍卖的股权、证券、知识产权；

（4）当事人协商自愿以物抵债又对价格存在争议的抵债物；

（5）其他应当评估价格的财产。

人民法院委托评估标的物的价格，可以根据办理案件的需要，要求按照现时市场价评估，也可以要求按照其他确定的基准时间市场价评估。

对属于季节性商品、鲜活、容易腐烂变质或其他不宜长期保存的物品，以及小件低值的生产、生活物品，可以责令当事人及时处理，由法院保存价款；当事人不愿意处理的，可不经评估，由人民法院直接处理。

第十五条 对不同的评估标的，人民法院应分别从不同类别（房地产、土地、资产、证券等）的年度受托评估机构中摇珠选定。对同一案件的不同类别财产进行评估的，可以按照其财产类型，分别摇珠选定不同类型的受托评估机构；也可以在同时具有不同类别财产评估资质的机构中摇珠选定办理整个案件的受托评估机构。

第十六条 对不在已选定的年度受托评估机构业务辖区和业务范围的涉案财产进行评估的，在当地法院选定的机构中摇珠选定；当地法院没有选定年度受托机构的，委托法院可以依照本规定精神，另选5家以上符合资质和业务范围的评估机构，从中摇珠选定。

第十七条 对于大宗涉案标的，人民法院可根据案件具体情况摇珠选定两家以上的评估机构联合评估。

对小件低值涉案财物，人民法院可以采取捆绑方式委托评估。

第十八条 人民法院审判、执行的案件需对涉案财产价格进行评估的，案件承办人应填写申请委托评估报告，报审判（执行）长、庭（局）长批准后，将申请委托评估报告送统一办理委托事务的管理部门办理摇珠委托。

办理摇珠选定受托机构的有关资料原件应随案附卷存档，办理委托事务的管理部门保留复印件。

第十九条 通过摇珠选定涉案财产的具体受托评估机构后，由负责办理对外委托事务的部门向评估机构出具委托书。委托书应包括下列内容：

（1）委托评估标的的名称、地点等现状情况；

（2）评估内容、评估基准日；

（3）评估期限要求；

（4）评估费用的计算标准和支付；

（5）其他需要明确的内容。

委托法院向评估机构出具的委托书正本应随案附卷归档。

委托法院除向评估机构出具评估委托书以外，还应根据委托评估的具体要求，向受托机构提供评估标的物的财产清单、权属资料、财会资料以及人民法院对标的物裁定（决定）评估、拍卖的生效法律文书等必要资料。

第二十条 评估机构应对评估的标的物实施勘查。需对评估标的物进行测绘或鉴定的，经报告法院同意后，由评估机构委托相应机构进行。

评估所需的相关资料应当由当事人提供的，人民法院可以通知当事人在7日内提交，当事人不予提交的，人民法院实行强制提取。

第二十一条 评估机构在接受委托评估期间，评估人员不得与双方当事人直接接触，需要当事人提交有关评估资料的，应通过委托法院进行。

第二十二条 评估机构接受委托后，应当在法院指定的期限内向委托法院提交评估报告。

因案情复杂不能在指定期限内提交评估报告，需要延长提交报告期限的，应当在期限届满前书面报请委托法院批准。

第二十三条 评估机构应当根据委托法院的评估要求提交包括下列内容的评估报告书：

（1）委托单位和受托单位名称；

（2）对委托评估的标的物概况，如权属、位置、数量、瑕疵等情况的描述；

（3）估价目的、估价的基准时间；

（4）关于评估依据、原则、方法以及评估过程的说明；

（5）估价结果、评估报告的起止时间；

（6）评估依据的标的物的权属资料复印件、现状照片、委托评估书（函）的复印件、评估机构盖章和评估师的签名及其资质证书复印件等附件；

（7）其他应当说明的情况。

第二十四条 委托法院收到评估报告后，应依法进行审查。审查应当包含下列内容：

（1）评估报告是否按照国家规定的专业规范和委托要求作出；

（2）评估报告对评估标的物的描述是否准确真实；

（3）评估结果是否与相同或相类似资产的市场价格明显不相符；

（4）评估内容是否存在遗漏或者重复；

（5）评估报告的签署机构及评估人员的资质证书是否与登记相符；

（6）其他应当依法审查的内容。

委托法院经审查发现评估报告上述内容存在明显错误的，应要求评估机构作出修正。评估机构拒绝修正的，委托法院可以撤销委托，另行摇珠选定评估机构重新评估。

第二十五条 委托法院经审查评估机构提交的评估报告，认为没有错误的，将评估报告副本送达双方当事人及对评估标的物依法享有担保物权和优先受偿权等权利的其他利害关系人。

当事人及其他利害关系人对评估报告有异议的，应当在收到评估报告后7日内向法院提交书面异议书，委托法院应当在3日内转交评估机构，评估机构应在10日内对异议的内容进行复核和解释。

第二十六条 评估机构根据异议人的异议对评估报告进行复核，发现评估报告存在错误的，应当在10日内作出修正。修正后的评估报告应提交委托法院，并通过委托法院送达双方当事人及其他利害关系人。

被执行人下落不明的，法院应以公告通知的形式送达评估报告。自公告发布之日起满7日的视为已经送达。

第二十七条 当事人对评估结果争议较大，且提供充分证据证实评估价格与市场价格相差较大而请求重新评估的，委托法院可以委托物价部门价格认证中心进行价格复核，也可以报告上级法院，由上级法院委托其同级政府物价部门价格认证中心进行价格复核。

第二十八条 评估费统一按照国务院及其有关部委规定的有关标准计付。评估机构与委托法院或申请评估人协商收费的，不能高于国家规定的收费标准。在国家没有明确新的收费标准前，按照如下标准执行：

土地评估费按照《国家计委、国家土地管理局关于土地价格评估收费的通知》（1994年12月10日计价格［1994］2017号）规定的标准执行。见下表：

1. 宗地地价评估收费标准如下：

档次	土地价格总额（万元）	累进计算费率（‰）
1	100以下（含100）	4
2	101—200部分	3
3	201—1000部分	2
4	1001—2000部分	1.5
5	2001—5000部分	0.8
6	5001—10000部分	0.4
7	10000以上	0.1

2. 基准地价评估收费标准如下：

档次	城镇面积（平方公里）	收费标准（万元）
1	5以下（含5）	4—8
2	5—20（含20）	8—12
3	20—50（含50）	12—20
4	50以上	20—40

房地产评估费按照《国家计委、建设部关于房地产中介服务收费的通知》（1995年7月17日计价格［1995］第971号）规定的标准执行。见下表：

档次	房地产价格总额（万元）	累进计算费率（‰）
1	100以下（含100）	5
2	101—1000部分	2.5
3	1001—2000部分	1.5
4	2001—5000部分	0.8
5	5001—8000部分	0.4
6	8001—10000部分	0.2
7	10000以上	0.1

资产评估费按照《资产评估收费管理暂行办法》（1992年12月10日［1992］价费字625号）规定的标准执行。见下表：

档次	计费（万元）	差额计算率（‰）
1	100以下（含100）	6
2	100以上至1000（含1000）	2.5
3	1000以上至5000（含5000）	0.8
4	5000以上至10000（含10000）	0.5
5	10000以上	0.1

第二十九条 同一委托书有多个评估标的或多个评估基准日的，按照同类资产评估价累计的总额计算收费，不得分别计算收费。

第三十条 评估费的实际计算和支付根据标的物的不同类别分别按照下列方式执行：

（1）评估标的不需拍卖的，按评估价计算评估费，评估费应于收到评估报告30日内支付；

（2）评估标的经拍卖成交的，按拍卖成交价计算评估费，评估费应在拍卖款中优先支付；

（3）评估标的已经委托拍卖，当事人协商要求撤销拍卖自行处理的，按评估价计算评估费，评估费应在制作撤销委托拍卖裁定之前支付；

（4）评估标的经降价拍卖未能成交以物抵债的，按抵债的价格计算评估费，评估费应于制作以物抵债裁定之前支付。

第三十一条 人民法院因执行案件必须对执行标的物进行评估的，因评估执行标的物所产生的费用，是执行实际费用，应由被执行人承担。被执行人下落不明或暂无力支付的，由申请执行人预付，最后在执行款额中扣除。

第三十二条 审判案件过程中，当事人或其他利害关系人因主张权利申请评估财产价格的，由提出申请的一方承担评估费。当事人之间协商负担评估费的，人民法院应当允许。

当事人或其他利害关系人申请评估财产价格的，应当预付评估费；不同意预付评估费的，人民法院可以按其放弃评估要求处理。

第三十三条 经价格认证中心复核，原受托机构的评估结论显失公平的（一般掌握在与复核价格相差20%以上），人民法院对作出原评估结论的机构不支付评估费用。

复核的费用，由申请复核的当事人预付。复核结果与原评估价不存在明显差距的，由申请复核的当事人实付复核评估费。价格复核费用的计算按广东省物价局《关于我省价格认证机构收费问题的通知》（2004年1月14日粤价［2004］14号）的有关规定执行。见下表：

项目	档次	结论金额（万元）	收费标准	备注
刑事、民事、经济、行政、仲裁等案件涉及的各种标的及纠纷财物价格鉴定、复核裁定	1	1以下	200(元)	1. 本项收费采取差额累进计费方法计算收费金额。 2. 结论金额栏中，以下含本数，以上不含本数。 3. 对刑事涉案物的价格鉴定、复核裁定，如认证机构获得财政专项拨款的，不得收费。
	2	1-10 部分	1%	
	3	10-100 部分	0.45%	
	4	100-1000 部分	0.20%	
	5	1000-2000 部分	0.10%	
	6	2000-5000 部分	0.05%	
	7	5000-10000 部分	0.02%	
	8	10000以上部分	0.01%	
价格认证	结论为总价的，参照上述标准执行；结论为单价的，基本收费 3000 元，每增加一个单价，加收 500 元。			
价格咨询、调定价项目可行性研究	由委托方与被委托方根据服务内容、成本、风险大小等因素协商议定。			

四、拍　卖

第三十四条 人民法院决定拍卖涉案财产，应当经合议庭讨论决定，制作《决定拍卖涉案财产呈批表》及裁定书，层报庭、局领导、主管院长审批。

裁定书应当在拍卖日7日前送达申请执行人、被执行人。

第三十五条 经层报审批裁定拍卖涉案财产的，由合议庭讨论决定委托拍卖的方式及拍卖的保留底价。

第三十六条 合议庭讨论确定委托拍卖的方式和保留底价后，应当填写《办理委托拍卖报告》，附拍卖裁定书、评估报告、生效法律文书和其他相关资料，报办理委托事项的部门审查，经审查可以委托拍卖的，通过摇珠方式确定拍卖机构。

第三十七条 选定拍卖机构后，人民法院应当向被选定的拍卖机构出具委托书委托拍卖。委托书包括下列内容：

（1）委托拍卖的标的名称及有关情况；

（2）委托拍卖的方式和保留底价（视拍卖标的情况，必要时交拍卖师在拍卖前启封），并要求对保留底价保密；

（3）拍卖价款的收取方式和指定账户；

（4）其他要求事项。

在出具委托书时还应附上评估报告、拍卖标的物的权属文件、拍卖裁定以及其他相关资料。

第三十八条 委托法院应当在选定拍卖机构的次日起3日内将所选定的拍卖机构情况告知当事人及其他利害关系人。

当事人及其他利害关系人可直接向拍卖机构了解拍卖时间、地点等事宜，拍卖机构必须如实告知有关情况。

第三十九条 拍卖机构应对委托法院提供的有关资料进行核实。拍卖机构发现实际交付拍卖的标的物与委托书载明的拍卖标的物状况不相符的，可以请求委托法院变更或撤销拍卖委托。

第四十条 拍卖机构核实有关资料，确认委托拍卖的标的物后，应当确定拍卖日，确保在委托法院指定的期限内完成拍卖。

第四十一条 拍卖机构应当在拍卖日7日前，按照《中华人民共和国拍卖法》第四十六条规定应当载明的事项，在当地主流报纸明显位置或委托法院指定的媒体发布拍卖公告。公告资料应当送交委托法院备案。

第四十二条 拍卖机构应当按照委托法院的委托要求进行拍卖，在拍卖前安排展示拍卖标的物，提供查看标的物的条件和相关资料。

展示时间不得少于2日。

第四十三条 拍卖机构展示拍卖标的物时，必须如实说明拍卖标的物存在的瑕疵。

第四十四条 拍卖机构与竞买人签订拍卖合同中约定拍卖价款缴交时限，应由委托法院审查确定。

拍卖机构可以与竞买人约定向竞买人收取保证金。保证金的数额不得超过起拍价的10%。

第四十五条 拍卖应当由具有相应资质的拍卖师主持。

第四十六条 拍卖机构在委托要求期限内不能完成拍卖的，应当向委托法院书面说明原因。是否继续委托拍卖，由委托法院决定。

第四十七条 拍卖成交与否，拍卖机构均应当向委托法院提交拍卖报告。拍卖报告内容包括：

（1）公告情况；

（2）竞买情况；

（3）拍卖结果。

拍卖成交的，拍卖机构还应附带提交如下资料：

（1）成交确认书副本；

（2）买受人的基本情况；

（3）拍卖价款的收取情况；

（4）委托法院要求提交的其他材料。

第四十八条 委托法院应当及时审查拍卖机构提交的拍卖报告，没有违法违规操作的，裁定确认拍卖效力。

第四十九条 拍卖成交的，拍卖机构应当监督买受人按照委托法院确定的交款期限将全部拍卖款直接缴交或汇入委托法院指定的账户。拍卖保证金转做拍卖定金的，拍卖机构应于拍卖成交后10日内，将拍卖保证金转入委托法院指定账户。

拍卖款没有全额交足的，委托法院可以责令拍卖机构和有关部门不得办理拍卖标的物的交付（产权、证照过户、股权变更登记等）手续。

第五十条 拍卖机构不能从拍卖款中直接扣留拍卖佣金和其他交易费用，需要从拍卖款中支付拍卖佣金及其他交易费用的，应向委托法院提交书面申请及相关依据，由委托法院审核支付。

第五十一条 拍卖标的物经拍卖未成交的，拍卖机构可以申请委托法院批准降价拍卖，每次降价不得超过评估价的20%，总降价幅度不得超过评估价的40%。

降价幅度达到评估价的40%仍未能成交的，委托法院可以将拍卖标的物按最后一次拍卖的保留底价直接裁定以物抵债。申请执行人不同意以物抵债要求继续拍卖，被执行人表示没有其他财产清偿债务的，可以继续降价拍卖。

以降价幅度超过评估价的40%拍卖的，应报上一级人民法院审查批准。

拍卖机构申请降价拍卖的，必须向委托法院说明降价的理由、幅度及次数。

委托法院向上级法院申请批准以超过评估价的40%降价拍卖的，必须提出书面请示，并附案件合议庭讨论意见，当事人意见等相关资料。

审理破产案件拍卖财物参照上述规定执行。破产债权人不同意以破产财产抵债，必须降价拍卖破产财产，以降价幅度超过评估价的40%拍卖的，应当报上级法院审查批准。破产企业为国有控股企业的，应当提交破产企业主管部门或国有资产管理部门同意降价拍卖的批准文件。

第五十二条 人民法院委托拍卖后，遇有下列情形之一的，应当暂缓或撤销拍卖：

（1）发现委托拍卖的标的物财产权属不清或共有人份额不清的；

（2）发现委托拍卖的标的物是依法禁止流通的；

（3）其他法院对委托拍卖的标的物权属提出争议的；

（4）有利害关系人对委托拍卖的标的物提起财产权属诉讼或仲裁，拍卖可能损害案外人合法权益的；

（5）申请人同意暂不拍卖的；

（6）委托拍卖的标的物有合法抵押权，拍卖后不能保障抵押权人实现优先受偿权的；

（7）执行案件被依法暂缓或中止执行的；

（8）拍卖机构的拍卖活动违法或违反本规定的。

委托法院发现拍卖机构已经拍出标的物的，可以责令拍卖机构暂缓或停止办理确认成交和标的物交付手续。

第五十三条 人民法院委托拍卖需支付拍卖佣金的，按照下列方式和标准执行：

（1）拍卖成交的，从拍卖价款中支付，拍卖佣金根据拍卖成交价款的具体金额，按照分档递减累加的方法计算。具体标准如下表：

拍卖佣金支付标准计算表

档次	拍卖成交价款金额	支付佣金计算比例	速算增加额
1	200万元（含200万元）以下的	5%	0
2	超过200万元至500万元部分	2%	60000元
3	超过500万元至1000万元部分	1.5%	85000元
4	超过1000万元至1亿元部分	1%	135000元
5	超过1亿元部分	5%	635000元

（2）拍卖未成交的，委托法院不支付拍卖佣金。申请人同意的，可由申请人支付拍卖机构的实际支出费用。

（3）拍卖已经开始或已经成交，当事人申请委托法院撤回委托或撤销拍卖结果的，由提出申请的当事人支付拍卖机构的实际支出费用。

（4）委托法院非因拍卖机构违法、违反本规定而决定暂缓、中止拍卖，后又决定撤销拍卖的，由委托法院支付拍卖机构的实际支出费用。

第五十四条 委托法院可以决定对某项委托拍卖不支付佣金。决定不支付佣金的，必须在摇珠选定委托机构时作出说明，入选的年度受托拍卖机构可以选择不参加该项摇珠。

委托法院不支付佣金的，不影响拍卖机构依法与买受方协商收取佣金。

第五十五条 委托法院因拍卖机构违法或违反本规定而撤回委托或撤销拍卖结果的，不支付佣金或实际支出费用。

第五十六条 拍卖机构在完成拍卖活动或拍卖成交以后才能申请收取拍卖实际费用或拍卖佣金。

第五十七条 海事案件的评估、拍卖，执行有关法律和最高法院司法解释的特别规定，法律和司法解释没有规定的，执行本规定。

被执行的财产是船舶需要扣押委托拍卖的，应当委托船籍港所在地或船舶所在地的海事法院办理。

第五十八条 委托法院必须加强对本院委托拍卖事项的监督，当事人及其他利害关系人认为拍卖机构损害其合法权益，或者违法、违规操作的，可以向委托法院申诉，委托法院应当进行审查处理。

第五十九条 委托法院发现拍卖活动具有下列情形的，应当撤销委托或撤销拍卖结果：

（1）拍卖公告不符合规定或不作公告的；

（2）拍卖不按照规定告知当事人和其他利害关系人拍卖的时间、地点的；

（3）拍卖未按规定展示标的物，不如实披露拍卖标的瑕疵或擅自夸大拍卖标的瑕疵的；

（4）拍卖机构未经委托法院批准，擅自降价拍卖的；

（5）拍卖机构未经委托法院同意，擅自取消或暂缓拍卖的；

（6）拍卖机构采取不正当手段限制竞买人参与竞买，或对竞买人参加竞买实行不同等条件的；

（7）拍卖机构及其工作人员以竞买人身份参与自己组织的拍卖活动或委托他人代为竞买的；

（8）委托法院认为应当撤销的其他情形。

五、其他规定

第六十条 委托法院发现受托评估、拍卖机构具有下列行为的，可以责令其纠正或取消其受托资格：

（1）有本规定第五十九条规定的行为的；

（2）利用虚假、失实的资质材料获取参选年度委托资格的；

（3）无正当理由拒绝接受已经摇珠选定的委托事项或者未按期完成委托事项，又不向委托法院申请延期的；

（4）评估结果出现明显错误，经价格复核认定出现高估或低估委托标的价格（以物价局价格认证中心复核价格为标准，误差超过20%）3次以上的；

（5）与竞买人恶意串通，泄露拍卖保留底价，压低拍卖成交价格的；

（6）向法院工作人员行贿的；

（7）挪用拍卖款的；

（8）有其他违法经营行为的。

六、附　则

第六十一条 本规定自公布之日起实施，本院此前制定实施的规范性文件与本规定相抵触的，以本规定为准；法律、法规和最高人民法院的司法解释有新的规定的，依照新的规定执行。

本规定实施后，《广东省高级人民法院关于人民法院委托评估、拍卖工作若干问题的暂行规定》（粤高法发［2000］41号）、《广东省高级人民法院关于严格规范全省法院委托评估、拍卖收费标准等问题的规定》（粤高法发［2000］51号）不再适用。

广东省高级人民法院
关于印发《广东省法院再审诉讼暂行规定》的通知

粤高法发［2004］22号

全省各级人民法院、广州海事法院、广州铁路运输两级法院：

《广东省法院再审诉讼暂行规定》已经我院审判委员会讨论通过，现印发给你们，望认真贯彻执行。各级法院要根据该规定的要求，按照立审分立的原则做好分工。立案庭负责对申请再审是否符合再审条件进行审查，经审查不符合条件的，通知驳回；符合条件的，作出再审裁定，移交审监庭审理。审监庭要按照严格改判的原则，对确有错误必须改判的才予以改判。执行中有何意见和问题，请及时报告我院。

2004年9月7日

广东省法院再审诉讼暂行规定

为依法保障当事人的申请再审权利，规范再审诉讼程序，确保司法公正，依照《中华人民共和国刑事诉讼法》、《中华人民共和国民事诉讼法》、《中华人民共和国行政诉讼法》和最高人民法院有关司法解释，结合我省审判监督工作的实际情况，制定本规定。

一、一般原则

第一条 刑事、民事、行政案件的当事人，或者与案件的处理结果有直接利害关系的案外人，对人民法院作出的已经发生法律效力的判决、裁定和调解（以下统称原生效裁判）认为有错误的，可以向人民法院申请再审。

第二条 人民法院对再审申请进行审查，认为原生效裁判可能存在错误并且符合本规定的再审立案条件的，予以再审。

第三条 再审诉讼遵循立审分立、依法纠错、维护正确裁判的原则。

第四条 对民事、行政再审案件，再审申请人提出中止执行申请并且提供足额财产担保的，人民法院可以决定中止原生效裁判的执行。

人民法院审理再审案件，认为确有必要，也可以自行决定中止原生效裁判的执行。

中止执行的具体做法参照《最高人民法院关于正确适用暂缓执行措施若干问题的规定》第八条的规定办理。

第五条 人民法院审理再审案件，应当以原生效裁判作出时应适用的法律、法规和司法解释为依据。

第六条 人民法院依照审判监督程序对本院原生效裁判进行再审的，只再审一次。

上级人民法院依照审判监督程序提审后作出裁判的，该上级人民法院不再进行再审。

二、管　辖

第七条 申请再审的案件，由作出原生效裁判的人民法院管辖。

第八条 上级人民法院可以指令下级人民法院对案件进行再审。

第九条 上级人民法院认为必要时，有权提审下级人民法院管辖的再审案件。

下级人民法院认为案情重大、复杂，审理确有困难，需要由上级人民法院审理的，可以报请上一级人民法院审理。

第十条 上级人民法院有权对下级人民法院已经作出再

审裁判的案件进行提审。

三、申请与立案

第十一条 下列主体，有权申请再审：

(一) 刑事案件的当事人及其法定代理人、近亲属；

(二) 民事、行政案件的当事人或者其法定代理人；

(三) 与案件的处理结果有直接利害关系的案外人。

第十二条 民事、行政案件的当事人申请再审，应当在原生效裁判发生法律效力后二年内提出。

民事、行政案件的当事人不服原审人民法院作出的驳回通知或者再审判决，向上级人民法院申请再审的，应当在收到驳回通知或者再审判决后6个月内提出。

第十三条 再审案件应当收取受理费用的，由再审申请人按照人民法院诉讼收费的规定预交。

第十四条 当事人申请再审，应当提交下列材料：

(一) 再审申请书（并按照被申请再审人的人数提供副本)。再审申请书应包含以下内容：

1. 再审申请人以及被申请人的基本情况（企业法人营业执照〈复印件〉、法定代表人身份证明书、居民身份证〈复印件〉、住所地或住址、电话和其他联系方式)；

2. 申请再审的具体请求；

3. 申请再审所依据的生效法律文书的名称和案号，写明法律文书生效的时间，证明申请再审是在规定期间内提出的；

4. 符合本规定条件的申请再审的理由和依据；

5. 以新证据申请再审的，应当说明新证据的来源和获得新证据的时间和方法。

(二) 原生效裁判文书（复印件)；

(三) 一、二审诉讼已提交的主要证据（复印件)；

(四) 其他需要提交的材料。

案外人申请再审应当提交的材料参照前款规定办理。

第十五条 人民法院收到当事人申请再审材料后，认为符合本规定第十四条规定的，经立卷登记后向申请人出具收据；认为当事人提交的材料不符合本规定第十四条规定的，告知申请人重新整理后提交。

第十六条 立卷登记的材料经审查后，在6个月内分别情形予以处理：

(一) 对符合立案再审条件的，作出立案再审的裁定或者决定；

(二) 对不符合立案再审条件的，予以驳回。

第十七条 对不属于本院管辖的再审申请，告知申请人向有管辖权的人民法院申请再审。

第十八条 当事人申请再审的请求，应当在原审的诉辩范围内提出。超出原审诉辩范围的，人民法院不予审查，但原生效裁判违反法律禁止性规定，或侵害国家利益、社会公共利益、他人合法利益的除外。

第十九条 对再审申请，经审查具有下列违反诉讼程序情形之一的，应当再审：

(一) 依法应当受理而不予受理或者驳回起诉的；

(二) 违反管辖规定的，但当事人在原审时没有提出管辖权异议的除外；

(三) 审判组织组成不合法的；

(四) 依法应当回避的人员未回避的；

(五) 诉讼文书未依法送达且损害当事人诉权的；

(六) 未经合法传唤作出缺席判决的；

(七) 依法应当公开审理而未公开审理的；

(八) 当事人依法应当享有的辩护、上诉等重要诉讼权利被剥夺的；

(九) 作为裁判依据的主要证据未经法庭质证的；

(十) 一审未经开庭审理而作出判决的；

(十一) 遗漏应当参加诉讼的当事人的；

(十二) 遗漏或者超出了当事人的诉讼请求作出裁判的；

(十三) 其他审判程序不合法，可能影响案件公正裁判的情形。

第二十条 对刑事生效裁判的申诉，经审查具有下列情形之一的，应当再审：

(一) 原生效裁判认定原审被告人主体资格、行为性质或者行为结果的主要证据不充分或者相互矛盾的；

(二) 原生效裁判依据的主要证据可能系伪造、变造、虚假或者取得方式不合法的；

(三) 有审判时未收集到的或者未被采信的证据，可能证明被告人罪轻或无罪的；

(四) 量刑超出法律规定幅度的；

(五) 原生效裁判的主要事实依据被依法变更或者撤销的；

(六) 引用法律条文错误或者适用失效、未生效法律的；

(七) 违反法律关于溯及力规定的；

(八) 原生效裁判损害国家利益、社会公共利益或者他人合法利益的；

(九) 其他应当立案再审的情形。

第二十一条 对民事生效裁判的再审申请，经审查具有下列情形之一的，应当再审：

(一) 原生效裁判依据的主要证据可能系伪造、变造、虚假或者取得不合法的；

(二) 原生效裁判的主要事实依据被依法变更或者撤销的；

(三) 原生效裁判采信证据明显违背民事诉讼证据规则，可能导致认定案件事实出现错误的；

(四) 就同一法律事实或者同一法律关系，原生效裁判与生效的其他裁判相矛盾，原生效裁判可能有错误的；

(五) 引用法律条文错误或者适用失效、未生效法律的；

(六) 违反法律关于溯及力规定的；

（七）再审申请人提供了新的证据，可能推翻原生效裁判的；

（八）原生效裁判依据的鉴定结论可能错误、鉴定人不具备鉴定资格或者鉴定程序严重违法的；

（九）原生效裁判损害国家利益、社会公共利益或者他人合法利益的；

（十）其他应当立案再审的情形。

第二十二条 对行政生效裁判的再审申请，经审查具有下列情形之一的，应当再审：

（一）原生效裁判的当事人提供了最高人民法院《关于行政诉讼证据若干问题的规定》第五十二条规定的新证据，可能推翻原生效裁判的；

（二）原生效裁判依据的鉴定结论可能错误、鉴定人不具备鉴定资格或者鉴定程序严重违法的；

（三）原生效裁判的主要证据可能系伪造、变造、虚假或者取得不合法的；

（四）原生效裁判采信证据明显违背最高人民法院《关于行政诉讼证据若干问题的规定》，可能导致认定案件事实出现错误的；

（五）就同一法律事实或者同一法律关系，原生效裁判与生效的其他裁判相矛盾，原生效裁判可能有错误的；

（六）引用法律条文错误或者适用失效、未生效的法律、法规、规章的；

（七）违反法律关于溯及力规定的；

（八）原生效裁判损害国家利益、社会公共利益或者他人合法利益的；

（九）其他应当立案再审的情形。

第二十三条 对发生法律效力的调解书的再审申请，经审查具有下列情形之一的，应当再审：

（一）违反自愿原则的；

（二）内容违反法律、法规禁止性规定的；

（三）损害国家利益、社会公共利益或者他人合法利益的。

第二十四条 原生效裁判的审判人员在审理案件时索贿受贿、徇私舞弊，当事人因此申请再审的，应当再审。

第二十五条 当事人申请再审，经审查属于下列情形之一的，不予再审：

（一）申请人主体不适格的；

（二）刑事案件的申诉人在刑罚执行完毕后超过两年提出申诉，且不具有《最高人民法院关于规范人民法院再审立案的若干意见（试行）》第十条规定的情形的；

（三）民事、行政案件一审判决后，当事人无正当理由没有提起上诉的；

（四）民事、行政案件的判决、裁定、调解发生法律效力后超过两年的；

（五）民事、行政案件的当事人在一、二审期间无正当理由不提交证据，现以该证据申请再审的；

（六）调解书发生法律效力后，当事人申请再审，但不能证明调解违反自愿原则或者调解内容违反法律规定的；

（七）再审申请人在再审期间撤回再审申请，或者经合法传唤后拒不到庭，在人民法院按自动撤回再审申请处理后，又以相同理由申请再审的；

（八）当事人达成执行和解协议并已履行完毕的；

（九）涉外、涉港澳台案件的裁判文书发生法律效力后，已申请外国法院或港澳台法院承认和执行的；

（十）已经本级人民法院再审的；

（十一）人民法院依照督促程序、公示催告程序和破产还债程序审理的案件；

（十二）人民法院依照特别程序审理的选民资格案件；

（十三）人民法院判决、调解解除婚姻关系、确认婚姻关系无效的案件，但当事人就财产分割问题申请再审的除外；

（十四）人民法院裁定撤销仲裁裁决或者驳回撤销仲裁裁决申请的；

（十五）人民法院裁定不予执行仲裁裁决或者驳回不予执行仲裁裁决申请的；

（十六）人民法院认定仲裁协议效力的案件；

（十七）依照有关法律、司法解释的规定，应不予再审的其他情形。

四、审　判

（一）一般规定

第二十六条 对于再审案件，应围绕再审申请人提出的请求，就有关事实和适用法律进行审理。

当事人没有提出请求或者请求超出原审诉辩范围的，不予审理。但原生效裁判违反法律禁止性规定，或者侵害国家利益、社会公共利益、他人合法利益的除外。

第二十七条 再审案件按照第一审程序审理的，应当开庭；按照第二审程序审理的，可以根据案件具体情况决定是否开庭。

第二十八条 再审案件经审理，原生效裁判认定事实清楚，适用法律正确的，应当予以维持。

再审案件经审理，原生效裁判在事实认定、理由阐述、适用法律方面基本正确的，可以予以维持。

第二十九条 对本院生效裁判予以撤销或者改判，或者对刑事提审案件拟改判被告人无罪的，应当提交本院审判委员会讨论决定。

第三十条 案件的审理期限，刑事案件为3个月，民事、行政案件为6个月。

因特殊原因不能在前款规定的期限内审结，需延长审理期限的，应当在审限届满15日前报请院长批准，但刑事案件延长的期限最长不得超过3个月，民事、行政案件延长的期限最长不得超过6个月。

因特殊原因仍需延长的，报请省高级人民法院批准。

（二）刑事案件

第三十一条 原生效裁判具有下列情形之一的，应当依法改判：

（一）罪与非罪认定错误的；

（二）定性错误的；

（三）已经庭审质证的证据应采信而未采信，导致原生效裁判错误的；

（四）有新的证据足以推翻原审定罪量刑的；

（五）经人民法院同意进行重新鉴定，鉴定部门作出的鉴定结论与原生效裁判依据的鉴定结论不一致，根据证据规则应当采信新鉴定结论的；

（六）认定事实清楚，定罪准确，但量刑明显不当的；

（七）具有法定应当从轻、减轻或者免除处罚情节而未从轻、减轻或者免除处罚的；

（八）认定事实有重大错误，导致定罪不准或量刑不当的；

（九）其他应当改判的情形。

第三十二条 再审认为原生效裁判证据不足又无法查清事实的，应当作出无罪判决。

第三十三条 刑事再审案件的申诉人申请撤回申诉，应当裁定终结再审诉讼，但再审裁判应当改判原审被告人无罪或者减轻原审被告人刑罚的除外。

再审期间，原审被告人死亡的，裁定终止诉讼，但再审裁判应当改判原审被告人无罪的除外。

（三）民事案件

第三十四条 原生效裁判具有下列认定事实的主要证据不足的情形之一，导致裁判错误的，应当依法改判：

（一）证明当事人主体资格的；

（二）证明案件事实存在的；

（三）证明法律关系的；

（四）原审对证据的认定违反民事诉讼证据规则的；

（五）证明当事人承担法律责任的；

（六）其他认定事实的主要证据不足的情形。

第三十五条 原生效裁判的主要事实依据出现下列情形之一，影响裁判正确性的，应当依法改判：

（一）以另案裁判为定案依据，另案裁判被依法撤销或者变更的；

（二）以仲裁机构作出的裁决为定案依据，仲裁裁决被依法撤销或者变更的；

（三）以公证机构的公证文书为定案依据，公证文书被依法撤销或者变更的；

（四）经人民法院同意进行重新鉴定，鉴定部门作出的鉴定结论与原生效裁判依据的鉴定结论不一致，但根据证据规则应当采信新鉴定结论的；

（五）其他主要事实依据发生变化，影响裁判正确性的情形。

第三十六条 原生效裁判适用法律错误，导致裁判明显不当的，应当改判。

第三十七条 适用二审程序审理的再审案件，具有下列情形之一的，应当裁定撤销原生效裁判，发回原一审法院重审，或者根据案件的具体情况依法改判：

（一）原生效裁判违反法定程序，可能影响案件正确裁判的；

（二）原生效裁判认定事实错误，或者原生效裁判认定的主要事实不清，证据不足的；

（三）其他应当裁定撤销原判或者发回重审的情形。

第三十八条 原一、二审裁判遗漏了应当参加诉讼的当事人的，再审法院可以根据当事人自愿的原则进行调解。调解不成的，裁定撤销原生效裁判，发回原一审人民法院重审。

第三十九条 原审具有下列情形之一，应当裁定撤销原判，驳回起诉：

（一）不属于人民法院民事诉讼受案范围的；

（二）法律规定必须经过前置程序，未经前置程序直接诉至法院的；

（三）当事人双方约定仲裁而一方直接诉至法院，对方在首次开庭前对人民法院受理该案提出异议，且不参加诉讼的。但人民法院终审裁定驳回其异议后，当事人已参加诉讼的除外；

（四）诉讼主体不适格的；

（五）其他应当不予受理或者驳回起诉的情形。

第四十条 除损害国家利益、社会公共利益或者他人合法利益外，原生效裁判虽有瑕疵，但当事人在申请再审时未提出有关请求，或者当事人在二审时未提出有关请求而在申请再审时提出的，不予改判。

第四十一条 原审违反一般管辖规定，且案件实体处理错误的，应当裁定撤销原生效裁判，移送有管辖权的人民法院管辖。

原审违反专属、专门管辖规定受理、审理案件的，应当裁定撤销原生效裁判，移送有管辖权的人民法院管辖。

第四十二条 决定再审或者提审的案件，当事人在再审期间达成调解协议的，调解书送达后，原判决、裁定、调解即视为撤销。

第四十三条 人民法院审理民事再审案件，具有下列情形之一的，裁定终结再审诉讼：

（一）申请再审的自然人死亡后，没有继承人，或者继承人放弃诉讼权利的；

（二）申请再审的法人或者其他组织被依法撤销或者注销后，没有权利义务继受人，或者权利义务继受人放弃诉讼权利的；

（三）被申请再审人死亡，没有遗产，也没有应当承担义务的人的；

（四）被申请再审人是法人或者其他组织，被依法撤销或者注销后，没有财产，也没有应当承担义务的人的；

（五）当事人达成和解协议，且已经全部履行完毕的；

（六）申请再审的当事人经传票传唤，无正当理由拒不到庭或者未经法庭许可中途退庭的；

（七）再审申请人撤回再审申请并经法院准许的；

（八）再审申请人经通知预交再审案件诉讼费后，无正当理由拒不交纳的。

（四）行政案件

第四十四条 原生效裁判具有下列认定事实错误或者适用法律错误的情形之一，影响裁判正确性的，应当依法改判：

（一）被诉行政行为主要证据不足，原生效裁判维持该行政行为、确认该行政行为合法或有效，或者驳回原告诉讼请求的；

（二）行政机关提交的用以证明行政行为合法性的证据是在作出行政行为之后或者在诉讼中擅自调取的，且被原审确认为有效证据的；

（三）被诉行政行为是由无相关行政职权的机关或者组织作出，原生效裁判维持该行政行为、确认该行政行为合法或有效，或者驳回原告诉讼请求的；

（四）被诉行政行为是由行政机关超越职权或者滥用职权作出，原生效裁判维持该行政行为、确认该行政行为合法或有效，或者驳回原告诉讼请求的；

（五）被诉行政行为违反法定程序，原生效裁判维持该行政行为、确认该行政行为合法或有效，或者驳回原告诉讼请求的；

（六）行政机关不履行或拖延履行法定职责，原生效裁判确认合法或者驳回原告诉讼请求的；

（七）行政处罚显失公正，原生效裁判未予变更的；

（八）被诉行政行为合法，依法应予维持，原生效裁判确认为违法或无效，或者判决撤销或变更的；

（九）其他认定事实错误或者适用法律错误的情形。

第四十五条 原生效裁判以其他案件的生效裁判、仲裁机构的生效裁决或者行政机关生效的行政决定为主要依据作出，再审时有关依据被依法变更或者撤销，影响原生效裁判结果的，应当依法改判。

第四十六条 再审申请人在再审期间提供了《最高人民法院关于行政诉讼证据若干问题的规定》第五十二条规定的新证据，足以推翻原生效裁判的，应当依法改判。

第四十七条 人民法院审理行政再审案件，符合下列情形之一的，裁定终结再审诉讼：

（一）符合《最高人民法院关于执行〈中华人民共和国行政诉讼法〉若干问题的解释》第五十二条规定的；

（二）行政赔偿案件的当事人达成和解协议，且已经全部履行完毕的；

（三）向人民法院申请再审的当事人经传票传唤，无正当理由拒不到庭或者未经法庭许可中途退庭的。

五、附　则

第四十八条 本规定所称申请再审，包括对民事、行政案件的申请再审和对刑事案件的申诉。

第四十九条 因检察机关抗诉而提起的再审诉讼，参照本规定执行。

第五十条 本规定由广东省高级人民法院负责解释。

第五十一条 本规定自二〇〇四年十月一日起试行。

关于《广东省法院再审诉讼暂行规定》的说明

一、关于制定目的及经过

胡锦涛总书记在十六届三中全会上要求解决好老百姓“打官司难”的问题，肖扬院长指示要“把切实解决一些群众申诉难的问题放在重要位置”。制定《广东省法院再审诉讼暂行规定》，是省法院解决申诉难、落实司法为民要求，畅通申诉渠道、保障宪法规定的申诉权利的一个重要举措，是深化审判监督改革，实现申诉与申请再审模式诉权化、程序化、法定化的积极探索。

近年来，全省各级法院围绕“公正与效率”主题，落实司法为民思想，认真履行审判监督职责，深入开展审判监督工作改革，取得了显著成绩。但是，随着改革的深入和经济、社会的发展，各类矛盾和纠纷大量发生，表现在审判监督领域，就是当事人或案外人通过各种途径申诉、申请再审大量增加，“申诉难”的问题进一步突出。我省作为改革开放的前沿阵地，这一问题尤为明显。

现行立法对审判监督程序只有几条原则性的规定，未能根据审判监督程序的特点设立相应的独立、明确、具有可操作性的程序，这使得各法院实际操作中在立案标准、是否开庭、是否进行证据交换等问题上无所适从，做法不一，甚至有时自相矛盾。

2003年在深圳召开的全国法院审判监督工作座谈会，明确提出要完善再审程序，通过改造现行审监程序，构建再审之诉，将现行的带有行政化色彩的申诉与申请再审模式诉权化、程序化、法定化。沈德咏副院长提出，希望申诉、申请再审案件比较多、新情况新问题较突出的广东在这个问题上大胆探索、实践创新。省法院经过认真调研，认为申诉是宪法赋予公民的权利，以前处理申诉问题制度不健全，做法不规范，现在对此进行程序化、规范化很有必要。广东的"申诉难"问题突出，按最高法院的要求，广东先走一步是可行的。因此，在参考、借鉴其他兄弟省市制定的有关规定和外国的再审制度，广泛征求全省各中院和部分基层法院的意见，并征询有关学者和有关部门意见的基础上，制定了本《暂行规定》。《暂行规定》的出台，有利于解决上述长期困扰审判监督工作的问题，实现再审诉讼的规范化、程序化，增加再审诉讼的透明度，有利于保障当事人诉权的行使，有利于提高再审诉讼的效率。

二、关于结构

针对再审诉讼的特点，参照现行三大诉讼法的结构，《暂行规定》分一般原则、管辖、申请与立案、审判、附则五个部分做了规定。一般原则部分主要规定了再审诉讼的概念、再审立案的标准、中止执行的条件、再审诉讼的法律适用及再审次数等内容。管辖部分主要规定了由作出原生效裁判的法院受理的原则。申请与立案部分主要规定了有权申请再审的主体、申请再审的期限及请求范围、申请再审案件应具备的程序方面或实体方面的条件、不予再审的情形、法院立案庭审查材料的期限等内容。审判部分主要规定了审理范围、是否开庭、提交审委会讨论情形、审理期限等内容，并对刑事、民事、行政案件依法应予改判与裁定终结再审诉讼等情形分别作了具体规定。附则部分规定了《暂行规定》的适用范围等内容。

三、关于再审案件"可能有错"的立案标准

现行三大诉讼法将再审立案的标准确定为原生效裁判"确有错误"，标准过高，而且将立案标准与再审改判标准混同，不够科学合理，也不符合诉讼规律。司法实践证明，立审分立对于提高审判效率、保障司法公正具有重要意义，而"确有错误"的法律标准导致再审案件长期游离于这项制度之外，再审案件立审混合，立审倒置。

根据社会主义法制发展和我国司法体制改革的方向、诉讼法律制度的规律，确立"可能有错"作为再审立案的标准是科学的、合理的。以"可能有错"作为再审立案标准，降低了进入再审的门槛，使符合再审立案条件的申请人能依法得到救济，符合司法为民的要求，可以有效解决申诉难问题。为使"可能有错"的原则具体化，具有可操作性，《暂行规定》分程序性条件和实体性条件两个方面，对刑事、民事、行政三大类案件的再审立案标准作了具体规定。"可能有错"的立案标准，同时有利于理顺立案庭与审监庭的关系，整合两个庭的审判力量，提高案件的流转效率，解决申诉案件久拖不决的问题。

四、关于案外人的申请再审权

司法实践中，因种种原因，损害案外人利益的裁判时有发生。但现行法律缺乏对案外人申请再审权利的明确规定，案外人难以通过申请再审保障其权益。《暂行规定》赋予案外人申请再审的权利，让案外人直接介入到原生效裁判的再审之中，能够有效保护案外人的合法权益，符合司法为民要求，也符合诉讼经济原则。

五、关于中止执行的条件

以原生效裁判"可能有错"作为再审的准入条件，放宽了再审立案的标准，如果作出再审裁定仍一律中止执行，当事人有可能为了延期执行，滥用再审申请权，损害对方当事人权利。因此，有必要规定进入再审后，当事人提出中止执行申请并提供足额财产担保的，人民法院可以决定中止执行，或根据案件的情况决定中止执行。这样做，既可以保护申请人的权利，又可以兼顾对方当事人的权益，解决判决与执行之间的矛盾。该规定虽表面上与现行法律规定的中止执行不一致，但因后者是以"确有错误"为立案标准，而前者即《暂行规定》是以"可能有错"为立案标准，两个标准存在实质性区别。《暂行规定》关于中止执行的规定，符合保障当事人合法权益的基本法律原则。

关于加强全省法院司法鉴定管理工作的通知

粤高法发［2004］23号

全省各级人民法院、广州海事法院、广州铁路运输两级法院：

为全面落实最高人民法院法发［2001］23号、法释［2002］8号文件精神，进一步加强全省法院司法鉴定管理工作，确保司法公正，经省法院党组研究决定，对全省各级人民法院司法鉴定工作实行统一归口管理。现就有关问题通知如下：

一、全省各级人民法院实行审判与鉴定相分离的机构建制和工作机制。

1. 各中级法院应设立司法鉴定机构。已设立的要配足人员，积极开展工作；未设立的应积极创造条件设立。未有独立机构编制的，一般应挂靠在非审判部门，独立开展司法鉴定及管理工作。基层人民法院，应明确司法鉴定管理部门，配备专职司法鉴定工作人员。

2. 全省各级人民法院的司法鉴定管理工作应归口各级人民法院司法鉴定机构及管理部门统一管理。

二、全省各中级人民法院须依照全省法院司法鉴定工作会议的要求，对自愿接受人民法院委托的社会鉴定机构及鉴定人向人民法院提交的申报材料应做好登记、审查、报批、入册工作，加快建立《鉴定人名册》，统一在《人民法院报》予以公告。

三、全省各级人民法院审判（执行）庭在审理、执行案件中，需要进行会计审计、房产评估、土地评估、资产评估、工程造价、质量检测、价格鉴证、海事类、法医鉴定、文件检验等司法鉴定的，均应归口本法院的司法鉴定机构（管理部门）进行统一管理。司法鉴定管理部门根据鉴定要求进行统一登记、立案、按序排定并进行鉴定。因限于本院司法鉴定机构技术条件或其他原因不能作出鉴定的，司法鉴定管理部门可以委托有鉴定条件的上级人民法院司法鉴定机构进行鉴定，或根据鉴定对象对专业技术的要求，主持双方当事人协商或随机选择《鉴定人名册》中的社会鉴定机构及鉴定人进行鉴定。

四、司法鉴定管辖与案件管辖原则上相一致，即需要进行司法鉴定的案件应先委托受案人民法院司法鉴定管理部门进行统一归口管理；没有明确司法鉴定管理部门的基层人民法院，对需要进行司法鉴定案件的管理应委托上一级法院司法鉴定管理部门代管。送外省鉴定的，须经省法院司法鉴定管理部门批准。

五、需要进行司法鉴定的案件，有关审判（执行）庭应当收集鉴定的有关资料，填写“司法鉴定委托书”，交本院司法鉴定机构办理有关手续。鉴定机构及鉴定人需要补充材料的，案件承办人或当事人应予配合。

六、司法鉴定管理部门委托社会鉴定机构及鉴定人鉴定时，应向社会鉴定机构及鉴定人出具司法鉴定委托书，规定权利和义务，明确鉴定项目、目的、时限、鉴定费用及责任追究等。

社会鉴定机构完成检验、鉴定、审计、评估等工作后应当按有关规定制作鉴定书或审计评估报告等文书，同时将检验、鉴定、审计、评估等工作底稿装订成册，与鉴定书等一并送回委托部门。人民法院司法鉴定管理部门在初步核查鉴定结论、审计评估报告等文书后，随卷送回原审判庭。

七、审判（执行）人员在审查鉴定书、审计评估报告等文书后如需要鉴定人员进行解释，或需要鉴定人出庭作证、需要鉴定人或其他有关专业技术专家参加庭前听证、专业咨询、作为专家证人出庭的，应当向司法鉴定管理部门提出要求，由司法鉴定管理部门统一安排。

八、本通知自下发之日起实施。全省各级人民法院应当根据本通知精神，结合本地情况，制定相关实施细则。全省各级人民法院原下发的文件与本通知相抵触的，按本通知执行；与最高人民法院今后下发的有关文件相抵触的，按最高人民法院规定执行。

2004年9月7日

广东省高级人民法院 关于印发《广东省法院审判监督工作暂行规则》的通知

粤高法发［2004］24号

全省各级人民法院、广州海事法院、广州铁路运输两级法院：

为了进一步规范我省各级人民法院审判监督工作，配合《广东省法院再审诉讼暂行规定》的贯彻执行，根据法律的有关规定，以及最高人民法院有关司法解释和文件的精神，结合我省审判监督工作实际，制定了《广东省法院审判监督工作暂行规则》。现将该规则印发全省各级法院，执行中有何意见和问题，请及时报告。

2004年9月14日

广东省法院审判监督工作暂行规则

一、基本原则

第一条 为进一步规范我省审判监督工作，根据法律的有关规定，以及最高人民法院有关司法解释和文件的精神，结合我省审判监督工作实际，制定本规则。

第二条 审判监督工作主要是依法审理再审案件，审理人民法院国家赔偿确认案件，审查审判行为是否违法，进行审判质量监督与业务指导。

第三条 审判监督工作应当坚持公正司法、依法纠错、质量与效率并重的原则。

第四条 上下级法院审判监督庭之间的关系是业务指导和监督关系。

高级法院审判监督庭负责部署、指导和监督全省各级法院审判监督工作。

中级法院审判监督庭具体部署、指导和监督本辖区内基层法院的审判监督工作。

二、再审案件审理

第五条 审判监督庭审理下列再审案件：

（一）本院决定再审或提审的案件；

（二）抗诉引起的再审案件；

（三）上级法院指令再审的案件；

（四）下级法院报请再审的案件；

（五）罪犯因在死缓考验期内故意犯罪，应当执行死刑的案件。

第六条 再审案件应当严格按照《广东省法院再审诉讼暂行规定》进行审理。

第七条 审判长对下列再审案件的裁判文书可以签发：

（一）调解结案的民事案件、行政赔偿案件、附带民事案件；

（二）撤回再审申请、申诉或抗诉的案件。

第八条 再审案件的审理报告、裁判文书应由审判长审核、签发，但承办人是审判长的，审理报告、裁判文书由主管庭长审核、签发。

第九条 下列再审案件的审理报告层报庭长审核，裁判文书可由审判长签发，本规则另有规定的除外：

（一）提审的案件，合议庭一致意见维持原裁判的；

（二）提审的民事、行政案件，合议庭有两种或以上意见，或一致意见改判的；

（三）提审的民事、行政案件，合议庭意见驳回起诉的；

（四）提审的刑事再审案件，合议庭意见拟对被判处有期徒刑、管制、拘役的原审被告人改判较轻刑期的；

（五）提审的案件，合议庭意见发回重审的；

（六）本院决定再审的案件，合议庭意见维持原判的；

（七）中止诉讼的；

（八）审判长认为应当层报庭长审核的其他案件。

第十条 下列再审案件的审理报告应当层报主管院长审核，裁判文书可由审判长签发：

（一）审判委员会讨论决定对本院生效裁判进行再审的；

（二）本院决定再审或者提审的刑事再审案件，合议庭意见拟对原审被告人由死缓改判为无期徒刑、有期徒刑，由无期徒刑改判为有期徒刑，或者由无罪改有罪、加重刑罚的；

（三）院长或者主管院长批示要求呈报处理意见的；

（四）在全国、全省有重大影响或者新闻媒体关注的；

（五）庭长与合议庭多数意见有分歧的；

（六）抗诉而启动再审的；

（七）上级法院指令再审的；

（八）终结诉讼的；

（九）庭长认为应当报主管院长审核的其他案件。

第十一条 下列再审案件的审理报告层报主管院长审核后，由主管院长提请审判委员会讨论决定，裁判文书可由审判长签发：

（一）对本院生效裁判拟予以撤销或改判的；

（二）本院提审的刑事案件，合议庭意见拟对被告人改判无罪或者原审被告人可能被改判死刑的；

（三）主管院长认为应当提请审判委员会讨论决定的其他案件。

第十二条 合议庭决定对原生效裁判中止执行的，裁定书应层报主管院长审核签发；合议庭决定对原生效裁判暂缓执行的，暂缓执行建议书层报庭长审核签发。

第十三条 主管庭长审核意见中与合议庭意见不一致的，可建议合议庭复议一次。

庭长审核案件也可建议合议庭复议一次或提交审判长会议讨论。审判长会议意见与合议庭意见不一致的，合议庭应对审判长会议意见进行复议。

院长审核再审案件，可以建议合议庭或审判长会议再议。

第十四条 合议庭拟对本院生效裁判予以改判或撤销的，应听取原作出裁判的审判业务庭的意见，经听取原业务庭意见后，原业务庭与审判监督庭合议庭意见不一致的，合议庭应复议一次，经复议仍坚持改判意见的，由庭长报院长审核。

三、国家赔偿确认案件审理

第十五条 审判监督庭负责审理公民、法人或者其他组织请求确认人民法院及其工作人员司法行为违法的案件。

国家赔偿确认案件的审理，适用《国家赔偿法》、最高人民法院《关于审理人民法院国家赔偿确认案件若干问题的规定（试行）》等有关司法解释及《广东省法院司法赔偿案件办案规程（暂行）》等有关规定。

第十六条 审判监督庭对于受理的国家赔偿确认案件，应当认真审查案件的有关材料，可以对申请人或申诉人进行询问，可以依法进行有关调查工作。

第十七条 审判监督庭对于受理的国家赔偿确认案件，可以进行书面审理，也可以根据案件的具体情况进行听证，是否听证由合议庭决定。

第十八条 人民法院审理国家赔偿确认案件，应当在六个月内作出裁定。需要延长期限的，应当在期限届满十五日前提出，经本院院长批准，可以延长三个月。

第十九条 上一级人民法院审理不服下级法院裁定而申诉的国家赔偿确认案件，应当在三个月内作出裁定，需要延长期限的，报经本院院长批准可以延长三个月。

四、违法审判案件审查

第二十条 审判监督庭根据《广东省高级人民法院关于违法审判责任追究的暂行规定》，负责对原审案件是否存在违法审判问题进行审查并提出意见。但对于是否属于法官违法办案和应否给予处罚，不属于审判监督庭的职责。

第二十一条 审判监督庭负责审查下列涉嫌违法审判的案件：

（一）本院再审改判的案件；

（二）上级法院提审作出改判的案件；

（三）本院纪检监察部门受理检举材料认为需要审查的案件；

（四）其他需要审查的案件。

第二十二条 审判监督庭对上条规定的案件围绕下列内容进行审查：

（一）是否存在最高人民法院《关于严格执行〈中华人民共和国法官法〉有关惩戒制度的若干规定》第四条至第十五条规定的情形；

（二）是否存在最高人民法院《人民法院执行工作纪律处分办法》第二条至第三十三条规定的情形；

（三）是否存在《广东省高级人民法院关于违法审判责任追究的暂行规定》第六条和第七条规定的情形。

第二十三条 凡经本院审判委员会决定改判的再审案件，再审承办人必须填写《改判案件情况登记表》，说明改判原因，在结案时连同裁判文书备案。

第二十四条 审判监督庭对再审改判的案件认为原审存在违法审判情形的，写出报告连同《改判案件情况登记表》一并移送纪检监察部门。

对纪检监察部门移送的检举揭发材料，经审查后，将审查结果以书面报告回复纪检、监察部门。

五、审判业务监督与指导

第二十五条 审判监督庭对再审的案件，应当进行业务总结、提出指导意见和建议。

第二十六条 合议庭评议案件时，应就原判对案件处理存在的问题进行分析，并提出纠正建议。

第二十七条 再审案件审结后，应当填写《结案登记表》。《结案登记表》的内容包括当事人基本情况、立案和结案案由、督办情况、审理和审批意见、维持或改判的理由和依据、备考等项目。

案件结案时，将结案登记表复印件和裁判文书一同报请结案登记。

第二十八条 再审维持原生效裁判的案件，对案件存在瑕疵的，应在备考栏注明。

再审作出改判的案件，应具体写明改判的原因，并在备考栏写明改进的建议。

第二十九条 审判监督庭根据再审案件情况，每半年至少进行一次小结，对审结的案件进行研究分析，写出本半年度或季度的审判监督情况通报，指出案件原审办理的优点和存在问题，对存在的问题提出改进意见和建议。

第三十条 报送请示案件，应符合最高法院和省法院有关请示案件的条件、范围的规定。

第三十一条 下级法院就再审案件的审理程序和适用法律等问题向上级法院请示的，由上级法院审判监督庭负责答复；因业务需要与上级法院其他业务部门联系的，通过上级法院审判监督庭进行。

上级法院审判监督庭答复下级法院的请示，根据需要可以与其他业务部门联系；上级法院审判监督庭需要与下级法院其他业务部门联系的，可通过审判监督庭进行，也可以直接进行联系。

第三十二条 上级法院审判监督庭应加强对下级法院审判监督庭的业务指导。

第三十三条 各级法院应加强对审判监督法官的培训，审判监督庭应努力为审判监督法官的培训创造条件。

上级法院在举办各类业务培训时，应为下级法院的审判监督法官提供一定的名额。

第三十四条 根据受理重大、复杂、疑难案件上报制度的规定，下级法院认为再审案件需要报告上级法院的，应向上级法院审判监督庭报告。

第三十五条 上级法院审判监督庭对下级法院再审的重大、复杂、疑难的案件，可以督促依法审理。

第三十六条 各级法院审判监督庭应加强调查研究工作，围绕司法为民、便民，解决申诉难，完善再审案件的审理程序等课题做好调研，根据有关方面反映的问题进行必要的案件质量评查，并及时交流、上报所取得的调研成果，切实做好调研成果的转化、利用工作。

六、附　则

第三十七条 本规则适用于广东省各级法院。

第三十八条 本规则由广东省高级人民法院负责解释。

第三十九条 本规则自二〇〇四年十月一日起执行。

关于调整全省基层人民法院受理第一审民事纠纷案件级别管辖标准的通知

粤高法发［2004］28号

全省各级人民法院：

近年来，随着我省社会、经济的不断发展，各地法院受理的民事纠纷案件不断增多，争议标的金额也越来越大。为了适应新形势发展的要求，科学界定各中院和基层法院受理民事纠纷案件的管辖标的额，现对《广东省高级人民法院关于民事、经济纠纷案件级别管辖的通知》（粤高法发［1999］39号）所确定的各地基层人民法院受理第一审民事纠纷案件级别管辖标准作如下调整：

一、原《通知》第一项确定的各地基层人民法院管辖第一审民事纠纷案件修改为：

1. 广州、深圳、佛山市所辖的基层人民法院管辖争议标的金额调整为1000万元以下（不含本数，下同）的案件。

2. 珠海、东莞、中山市所辖的基层人民法院管辖争议标的金额调整为500万元以下的案件。

3. 汕头、惠州、江门、湛江市所辖的基层人民法院管辖争议标的金额调整为300万元以下的案件。

4. 茂名市所辖的基层人民法院管辖争议标的金额调整为100万元以下的案件。

5. 其他中院所辖的基层人民法院管辖争议标的金额不变。

二、前一项调整所涉及的案件仅为普通民事纠纷案件，知识产权案件和涉外、涉港澳台民事案件级别管辖标准，仍按有关规定执行。

三、原《通知》其他规定仍然有效，各级法院要严格执行。

四、本规定自2005年1月1日起施行。

特此通知。

2004年12月2日

关于印发《关于涉外商事审判若干问题的指导意见》的通知

粤高法发［2004］32号

全省各中级人民法院、广州海事法院：

为了规范我省的涉外商事审判，提高涉外商事审判的质量，我院在调查研究的基础上，根据我国的相关法律和最高人民法院的司法解释的精神，对我省涉外商事审判实践中出现的疑难问题进行了认真研究，起草了《关于涉外商事审判若干问题的指导意见》（以下简称《指导意见》）。该《指导意见》在去年全省涉外商事审判续职资格培训班上广泛地征求过各级法院涉外商事审判法官的意见，后经过多次修改和完善。现将《指导意见》印发给你们，供参照执行。对执行中遇到的问题，请认真总结，并提出意见，及时向我院报告。

2004年12月17日

关于涉外商事审判若干问题的指导意见

一、管　辖

（一）如何理解《最高人民法院关于涉外民商事案件诉讼管辖若干问题的规定》所规定的实行集中管辖的案件的性质？

从《最高人民法院关于涉外民商事案件诉讼管辖若干问题的规定》的出台背景和内容来看，实行集中管辖的案件在性质上应限定为涉外商事案件。该规定的标题使用的“民商事案件”一词仅仅是为了从概念上照应“大民事”审判格局，并不意味着对传统的涉外民事案件也实行集中管辖。

涉外商事案件是指具有涉外因素的商事案件。所谓涉外因素，根据《最高人民法院关于适用〈中华人民共和国民事诉讼法〉若干问题的意见》第三百零四条的规定，是指法律关系当事人一方或者多方是外国人、无国籍人、外国法人或其他经济组织，或者产生、变更、消灭法律关系的法律事实发生在外国，或者法律关系的标的物在外国。所谓商事案件，是指因当事人一方或双方在其营利或营业活动中基于契约性或非契约性关系而产生争议的案件，商事案件所涉及的争议包括但不限于基于下列事项而产生的争议：货物买卖、财产租赁、工程承包、加工承揽、合资经营、合作经营、勘探开发自然资源、合伙、保险、信贷、贸易支付、证券、期货、破产、信托、担保、代理、客货运输、仓储、产品责任。涉港澳台商事案件参照涉外商事案件处理。

实行集中管辖的涉外商事案件限于《最高人民法院关于涉外民商事案件诉讼管辖若干问题的规定》第三条规定的范围。某一涉外商事案件是否应当实行集中管辖，应当根据该案件的性质来判断，若案件在性质上属于集中管辖案件的种类，则无论主体是自然人还是法人或其他组织，都应当实行集中管辖，由负责审理涉外商事案件的审判庭审理。

（二）有集中管辖权的法院收到其他法院移送的不属于集中管辖的案件时，应如何处理？

根据《中华人民共和国民事诉讼法》第三十六条和第三十七条的规定，有集中管辖权的法院收到其他法院移送的不属于集中管辖的案件时，应当与相关的法院协调，协调不成的应报上级法院指定管辖，不得再自行移送。

（三）没有集中管辖权的法院受理了属于集中管辖的涉外商事案件，或者受理时不属于集中管辖的涉外商事案件，但在审理过程中出现了涉外因素而转变为属于集中管辖的涉外商事案件的，受案法院应如何处理？

没有集中管辖权的法院受理了属于集中管辖的涉外商事案件，或者受理时不属于集中管辖的涉外商事案件，但在审理过程中出现了涉外因素而转变为属于集中管辖的涉外商事案件的，受案法院应当依照《中华人民共和国民事诉讼法》第三十六条和第三十七条的规定，将案件移送到有涉外商事案件集中管辖权的法院审理。如果受案法院不主动移送，对该案有管辖权的法院可以与受案法院进行协商，协商不成的，应当向上级法院报告，或者不经协商直接向上级法院报告，由上级法院依照《最高人民法院关于涉外民商事案件诉讼管辖若干问题的规定》第六条和《广东省高级人民法院关于重新确定我省第一审涉外涉港澳台民商事案件的区域管辖和级别管辖事项的通知》的规定处理。

（四）涉外商事案件当事人选择没有集中管辖权的法院管辖的协议管辖条款如何处理？

涉外商事案件的当事人选择没有集中管辖权的法院管辖的，如果当事人之间的协议管辖条款符合《中华人民共和国民事诉讼法》的有关规定，则案件应当由该法院所在区域有涉外商事案件管辖权的法院审理；当事人对管辖权提出异议的，可重新协议选择，协议不成的，应按照没有协议管辖条款的案件处理。

（五）违反级别管辖的选择管辖协议是否有效？

虽然《中华人民共和国民事诉讼法》第二百四十四条有协议管辖“不得违反本法关于级别管辖和专属管辖”的规定，但不能据此认定违反级别管辖的选择管辖协议无效，而仅能认定依该协议选择的法院无管辖权。案件应当按照有关级别管辖的规定由具有管辖权的法院审理。

（六）人民法院对哪些涉外商事纠纷案件具有专属管辖权？

人民法院对《中华人民共和国民事诉讼法》第三十四条和第二百四十六条规定的案件具有专属管辖权，当事人选择管辖协议违反该法律规定的，应当认定无效。

（七）当事人对级别管辖提出异议，法院可否作出裁定？

根据最高人民法院1995年7月3日发布的《关于当事人就级别管辖提出异议应如何处理问题的复函》的精神，级别管辖是上下级法院之间就一审案件审理方面的分工。当事人就级别管辖权提出管辖权异议的，受诉法院应认真审查，确无管辖权的，应将案件移送有管辖权的法院，并告知当事人，但不得作裁定。

（八）如何理解《中华人民共和国民事诉讼法》第二百四十四条规定的“与争议有实际联系”？

当事人的住所地、营业地、合同签订地、合同履行地、标的物所在地、侵权行为地、代表机构所在地、可供扣押财产所在地、货物装运地、货物运输目的地等因素之一在当事人所选择法院的管辖区域内的，就可以认定该法院与争议有实际联系。选择某法院管辖本身不能使该法院与争议有实际联系。

（九）所选择的法院与争议无实际联系的选择管辖协议是否有效？

根据《中华人民共和国民事诉讼法》第二百四十四条的规定，如果当事人选择的法院与争议无实际联系的，应当认定该协议无效，案件按照《中华人民共和国民事诉讼法》的相关规定确定管辖法院。

（十）当事人就同一争议在域外法院起诉后，又向域内法院起诉的，人民法院能否受理？

当事人就同一争议在域外法院起诉后，又向域内法院起诉的，根据《最高人民法院关于适用〈中华人民共和国民事诉讼法〉若干问题的意见》第三百零六条的规定，人民法院可以受理。

（十一）域外法院就某一争议作出判决后，当事人就同一争议又向域内法院起诉的，域内法院应否受理？

域外法院就某一争议作出终局判决后，当事人就同一争议又向域内法院起诉的，人民法院可以受理，但我国缔结或参加的条约或我国法律、司法解释有特别规定的除外。

（十二）涉外商事纠纷的当事人选择台湾地区法院管辖的协议是否有效？

涉外合同或者涉外财产权益纠纷的当事人根据《中华人民共和国民事诉讼法》第二百四十四条的规定协议选择台湾地区法院管辖的，人民法院应当认定该管辖协议有效。

（十三）当事人在合同中约定争议由域外法院非专属管辖（或称非排他管辖），争议发生后，当事人一方向内地法院起诉，内地法院可否受理。

根据非专属管辖条款的性质，该类条款并不能排除非专属管辖法院以外的法院的管辖权。内地法院只要对争议依法拥有管辖权，就可以受理当事人的起诉。

（十四）如何理解和适用“不方便法院原则”？

人民法院依法受理案件后，在审理过程中发现案件存在诸多“不方便管辖”的因素，认为当事人可以向域外更方便的法院提起诉讼，因此放弃对案件的管辖权，这一规则被称为“不方便法院原则”。

“不方便法院原则”涉及到我国司法主权和当事人诉权问题，人民法院在适用这一原则时应当慎重。在案件同时满足下列条件下，人民法院可以适用“不方便法院原则”裁定驳回原告的起诉：1. 受案法院对案件有管辖权，且被告提出适用“不方便法院原则”的请求，或提出管辖异议而受案法院认为可以考虑适用“不方便法院原则”；2. 当事人之间不存在选择内地法院管辖的协议；3. 案件不属于人民法院专属管辖案件的范围；4. 与涉案争议相关的连接因素大多在域外，案件不涉及域内组织或个人的利益；5. 案件适用域外法，法院在认定案件事实和适用法律方面存在重大困难；6.

可供执行的财产全部在域外；7. 域外存在审理该案件的更方便的法院。

适用“不方便法院原则”属案件审理中的重大问题，有涉外案件管辖权的法院应当为该原则的适用设置一定的审查程序，严格把握这一原则的适用条件，避免该原则被滥用。

（十五）《最高人民法院关于适用〈中华人民共和国担保法〉若干问题解释》第一百二十九条关于“主合同和担保合同纠纷提起诉讼的，应当根据主合同确定案件管辖”的规定能否适用于解决涉外主合同或担保合同纠纷的管辖权问题。

参照最高人民法院有关判例的精神，该规定仅适用于解决域内案件管辖权的协调问题，不适用于确定涉外商事案件管辖权问题。

二、诉讼参与人

（十六）外国或港澳台地区的律师能否在内地以律师的身份代理诉讼？

根据《中华人民共和国民事诉讼法》第二百四十一条的规定，外国人、无国籍人、外国企业和组织需要委托律师在人民法院代理诉讼的，必须委托中华人民共和国的律师。因此，外国或港澳台地区的律师不得以律师的身份在人民法院代理诉讼。但根据最高人民法院《关于适用〈中华人民共和国民事诉讼法〉若干问题的意见》第三百零八条关于“涉外民事诉讼中的外籍当事人，可以委托本国人为诉讼代理人，也可以委托本国律师以非律师身份担任诉讼代理人”的规定，外国或港澳台地区的律师可以非律师身份为其本国、本地区的诉讼当事人提供诉讼代理，但不得以律师身份或非律师身份为本国或本地区以外的诉讼当事人提供诉讼代理。

（十七）原告起诉时应否提供域外当事人确实存在且住所明确的证明？

原告是域外当事人的，应当根据《中华人民共和国民事诉讼法》第一百一十条第一项的规定，向法院提供自身基本情况的证明，如自然人的身份证明、法人的登记资料和资格证明等，证明材料应当符合我国法律要求的形式。原告不能提供的，法院可以不予受理，案件已经受理并移送涉外商事审判庭的，涉外商事审判庭应要求原告提供相关资料，原告仍未提供的，法院可以驳回起诉。

原告起诉时没有提供域外被告存在、住所明确的证明，仅在起诉状中列明了被告的姓名、名称、住所、法定代表人的姓名等情况的，法院应针对不同的情况分别处理：1. 根据起诉状列明的情况对被告按照法定的送达途径（公告送达除外）无法予以送达的，可以认定为没有明确的被告，根据《中华人民共和国民事诉讼法》第一百零八条第二项的规定驳回原告的起诉；2. 根据起诉状列明的情况对被告按照法定的送达途径（公告送达除外）能够送达的，送达后被告不在法定的期限内应诉答辩，也不参加法庭审理程序的，法院可以依法缺席审判。

（十八）对域外当事人出具的授权委托有何要求？

根据《中华人民共和国民事诉讼法》第二百四十二条及其他有关法律规定，域外当事人在域外出具的授权委托书，人民法院应当要求其履行域外公证、认证或法律规定的其他证明手续。对于未履行相关证明手续的诉讼代理人，无论对方当事人认可与否，人民法院对其代理资格都不予认可。

域外自然人在人民法院办案人员面前签署的授权委托书无需办理域外公证、认证等证明手续，但在签署授权委托书时应向办案人员出示身份证、护照、回乡证等身份证明和合法入境证明。办案人员应当在授权委托书上注明有关情况，并将当事人身份证明和入境证明复印归卷。

域外自然人在域内签署的授权委托书，经域内公证机关公证，证明该委托书是在域内签署的，无需办理域外公证、认证等证明手续。

域外法人或其他组织的代表人代表该法人或其他组织在人民法院办案人员面前签署的授权委托书，无需办理域外公证、认证等证明手续。但在签署授权委托书时，域外法人或其他组织的代表人除了向人民法院办案人员出示自然人身份证明和合法入境证明外，还必须提供该法人或其他组织出具的能够证明其有权签署授权委托书的证明文件，且该证明文件已办理域外公证、认证或其他证明手续。

域外法人或其他组织的代表人代表该法人或其他组织在域内签署的授权委托书，经域内公证机关公证，证明该委托书是在域内签署，且该代表人向人民法院提供了该域外法人或其他组织出具的、经过域外公证、认证等证明手续的能够证明其有权签署授权委托书的证明文件的，无需办理域外公证、认证等证明手续。

（十九）外商投资企业的投资方为维护外商投资企业的利益是否有权以自己的名义提起诉讼或仲裁？

根据最高人民法院1994年11月4日发布的《关于对中外合资经营企业对外发生经济合同纠纷，控制合营企业的外方与卖方有利害关系，合营企业的中方应以谁的名义向人民法院起诉问题的复函》中“对合营企业的港方拒绝召开董事会以合营企业名义起诉的，中方可以自己的名义起诉”的精神，在外商投资企业控制方拒绝召开董事会决定以外商投资企业的名义向第三人主张权利时，该外商投资企业的其他投资方为维护企业的利益，可以以自己的名义对第三人提起诉讼或仲裁。

（二十）域外一方当事人在案件审理过程中被宣告破产，受案法院应如何处理？

域外一方当事人在案件审理过程中被宣告破产，法院查证属实后，可以通知该域外当事人的破产财产管理人参加诉讼，诉讼主体原则上应更换为该破产财产管理人。

（二十一）外方当事人在域外提交的答辩状是否需要办理公证认证或其他证明手续？

外方当事人从域外提交的答辩状，应当办理域外公证、认证或者其他证明手续，对没有办理相关证明手续的答辩状，提供该答辩状的当事人或其代理人予以确认的，法院也应当认定该答辩状的效力。

三、法律适用

（二十二）在涉外商事案件的法律适用方面应遵循哪些基本规则？

涉外案件的诉讼程序适用法院地法。人民法院在审理涉外商事案件时，应根据《中华人民共和国民事诉讼法》第二百三十七条、二百三十八条以及国内其他相关法律的规定解决诉讼程序问题。

涉外案件的实体法问题一般按照以下逻辑顺序适用法律：1. 涉案争议属于我国缔结或者参加的国际条约的适用范围的，除条约规定当事人可以约定排除条约的适用且当事人有此种约定之外，适用公约的规定。2. 适用我国冲突规范确定应适用的准据法：（1）依单边冲突规范的规定，某些争议须适用我国内地法律的，必须适用内地法律；（2）依冲突规范规定当事人可以选择争议所适用的法律的，若当事人的选择合法有效，则应适用当事人选择的法律；（3）依据其他冲突规范的指引适用法律。3. 在适用我国实体法律的情况下，如果我国法律对有关的争议事项未作规定，可以适用国际惯例。4. 适用域外法或国际惯例违反我国社会公共利益，或者应当适用的域外法律无法查明时，适用我国法律。

（二十三）我国现行法律或司法解释中哪些包含冲突规范？

目前包含冲突规范的现行法律或司法解释主要有：《民法通则》、《最高人民法院关于贯彻执行〈民法通则〉若干问题的意见（试行）》、《海商法》、《票据法》、《合同法》、《民用航空法》等。

（二十四）如何理解《中华人民共和国民法通则》第一百四十二条规定的“中华人民共和国缔结或者参加的国际条约同中华人民共和国的民事法律有不同规定的，适用国际条约的规定”？

《民法通则》的这一规定体现了我国“国际条约优先”的法律适用原则。涉案争议属于我国缔结或者参加的条约的适用范围的，除条约规定当事人可以约定排除条约的适用且当事人有这种约定之外，应优先适用条约的规定，但我国声明保留的条款除外。

（二十五）如何对案件争议进行识别？

识别是在决定案件应适用的法律时，依据一定的法律观念，对有关的案件事实作出定性，将其归入一定的法律范畴，从而确定应援用哪一种冲突规范或根据相关的规定来决定应适用的法律的认识过程。人民法院在识别时一般应依据我国法律对与案件有关的事实或问题进行识别。

法院需要处理案件涉及的多个法律关系或法律问题时，应对这些法律关系或法律问题分别进行识别，分别适用法律。

（二十六）如何对待原告在起诉时对案件争议的识别？

一般情况下，原告在起诉时对案件争议有一个识别，对这一识别采纳与否，法院应区别对待：

1. 如果根据我国有关法律和案件事实，法院认定存在请求权竞合，而原告主张了其中一种，则应尊重其选择。常见的请求权竞合是违约和侵权的竞合，我国《合同法》第一百二十二条对当事人的竞合选择权作了明确规定，法院应严格遵守。

2. 在案件不存在请求权竞合的情况下，法院应依据我国的法律制度和法律观念进行识别，不受当事人主张的限制。

（二十七） 对合同当事人选择法律的时间和方式有哪些特别要求？

当事人在订立合同时或者发生争议后，都可以选择合同所适用的法律，但当事人在争议发生后选择法律的，一般应在一审法院开庭审理前作出。当事人选择法律应当采用明示的方式。

（二十八）当事人在合同中约定适用某一域外法，但双方在诉讼中均没有主张适用该域外法，法院能否据此认为当事人放弃了先前选择的法律？

合同当事人放弃或改变先前所选择的法律，应当采用明示的方式。当事人在诉讼中均没有主张适用先前所选择的法律，或者直接根据中华人民共和国法律主张实体权利的，不能据此认为当事人放弃或改变了先前所作的法律选择。在这种情况下，法院应当向双方当事人询问是否放弃或改变了先前所作的法律选择。

（二十九）当事人在合同首要条款中援引了有关域外法的，能否认为当事人选择了合同所适用的法律？

当事人在合同首要条款中约定合同条款包括域外某一法律的条款，应认为该域外法律条款被并入合同，成为当事人议定的合同条款，而不能再作为法律对待，因此在此种情况下，不能认为当事人在首要条款中选择了合同所适用的法律，法院应当依据我国有关合同的冲突规范确定合同的准据法，适用该准据法解决涉讼争议问题，包括首要条款的效力问题。

（三十）我国是否承认反致？

我国法律对反致问题未作规定。但在司法实践中，依我国冲突规范指定的法律一般仅指现行的实体法，不包括冲突法规范和程序法，鉴于反致现象产生的前提是法院地国承认依冲突规范指定的域外法包括冲突法，因此可以认为，我国司法实践不承认反致。

（三十一）信用证争议如何适用法律？

在信用证纠纷中，如果信用证中明确载明适用国际商会500号出版物《跟单信用证统一惯例》（简称UCP500）或者信用证注明根据该国际惯例开立，则有关的信用证法律关系应适用UCP500。在不能确定当事人所约定的法律的情况下，应根据我国冲突规范的指引确定信用证争议应适用的法律。在信用证争议应适用的法律为我国法律的情形下，由于我国法律中还没有调整国际信用证的规则，所以法院可以根据《民法通则》第一百四十二条第三款关于“中华人民共和国法律和中华人民共和国缔结或者参加的国际条约没有规定，可以适用国际惯例”的规定，适用UCP500。

备用信用证的当事人约定适用《国际备用信用证惯例ISP98》的，法院应根据当事人的约定适用该惯例。

（三十二）如何适用最密切联系原则？

适用最密切联系原则不是根据某些连接因素机械地决定某个案件应适用的准据法，而是综合案件的有关因素确定哪一国家或地区的法律与案件有最密切联系，从而适用该国家或地区的法律。立法确定最密切联系原则的目的是为了使法官发挥主观能动性，找到能够支配合同的最合适的法律，使审判结果更公平。因此法官应该科学地把握最密切联系原则的内涵，恰当地行使自由裁量权，避免以最密切联系原则为借口动辄适用法院地法。

在适用最密切联系原则时，一般应对当事人国籍、营业地、住所地、合同签订地、合同履行地、标的物所在地等有关的连接因素进行综合考量，不仅要重视各连接因素在不同国家或地区的分布情况，而且更要比较不同连接因素的意义和价值，以及对案件事实的重要程度。在通常情况下，应根据下列规则适用最密切联系原则：1. 国际货物买卖合同，适用合同订立时卖方营业所所在地的法律。如果合同是在买方营业所所在地谈判并订立的，或者合同主要是依据买方确定的条件并应买方发出的招标订立的，或者合同明确规定卖方须在买方营业所所在地履行交付货物义务的，则适用合同订立时买方营业所所在地法律；2. 银行贷款合同或者担保合同，适用贷款银行或者担保银行所在地法律；3. 保险合同，适用保险人营业所所在地法律；4. 加工承揽合同，适用加工承揽人营业所所在地法律；5. 工程承包合同，适用工程所在地法律；6. 成套设备供应合同，适用设备安装运转地法律；7. 代理合同，适用代理人营业所所在地法律；8. 不动产租赁、买卖或者抵押合同，适用不动产所在地法律；9. 动产租赁合同，适用出租人营业所所在地法律；10. 仓储保管合同，适用仓储保管人营业所所在地法律。但是，如果上述各类合同明显地与另一国家或地区的法律有更密切的联系，人民法院应以另一国家或者地区的法律作为处理合同争议的准据法。

（三十三）在依照我国冲突规范指引案件应适用某一多法域国家的法律的情形下，法院应如何确定案件的准据法？

依照我国冲突规范指引案件应适用某一国家的法律，而该国是一个多法域国家，应当根据该国关于调整国内区际法律冲突的规定确定所应适用的法律，该国法律没有规定的，适用与涉案争议有最密切联系的区域的法律。但依我国冲突规范指引案件应适用某一多法域国家的某一特定区域的法律的情况下，法院应直接适用该特定区域的法律。

（三十四）涉案争议应适用的域外法发生变更的，法院应如何适用法律？

案件争议应适用的域外法发生变更的，变更后的法律只能适用于在其实施后发生的法律关系，但该法律规定其效力可以溯及既往的除外。

（三十五）如何适用公共秩序保留原则？

当适用域外法的结果违反我国的基本政策、社会公序良俗、法律的基本原则时，应当认定域外法的适用违反了我国的公共秩序，法院应当根据《民法通则》第一百五十条的规定，排除该域外法的适用，适用中华人民共和国法律。

（三十六）域外法如何查明？

“域外法”是指依据我国内地冲突规范而确定的内地以外某一国家或地区的法律，或者某一国际条约或国际惯例。在审判实践中，域外法一般被作为特殊的事实看待，由当事人负责提供，法院应积极地引导当事人查明域外法。但在下列情形下，法院应依职权查明域外法：1. 涉案争议的准据法是我国缔结或参加的某一国际条约或经某一国际组织整理总结的国际惯例；2. 当事人不能证明或不能完全证明相关的域外法，若法院因此认定域外法不能查明而适用我国法律，可能会产生严重不公平的结果；3. 法官确信通过某种简便的方式，或利用自己的学识或掌握的法律资料，能够查明有关域外法。

查明域外法可以通过《最高人民法院关于贯彻执行〈中华人民共和国民法通则〉若干问题的意见（试行）》第一百九十三条规定的途径进行。

当事人提供域外法律，须提供反映域外法律规则的成文法律、判例，并尽可能一并提供反映该法律内容的法律著述、法律介绍资料、专家意见等。上述反映域外法内容的资料如果是在域外取得的，应当办理公证、认证或其他证明手续；外文资料应当附有相应的中文译本。

当事人认为需要通过与我国订立司法协助协定的缔约对方的中央机关提供域外法或者通过使领馆查明域外法的，应当提出申请，法院经审查认为启动当事人申请的域外法查明途径为案件所必需的，应当依照有关程序办理。

通过中外法律专家提供域外法时，对中外法律专家应作广义的理解，其既包括我国的法律专家，又包括域外的法律专家；而且对法律专家的身份不应进行限制，法院应当着重审查法律专家提供的域外法是否准确。法律专家在提供域外法时，可以附带相关的法律意见，但该法律意见必须说明理据；没有理据的法律意见，不能作为适用域外法的参考。从域外提供的法律资料或法律意见，应当办理公证、认证或其他证明手续。

（三十七）可否通过《最高人民法院关于贯彻执行〈中华人民共和国民法通则〉若干问题的意见（试行）》第一百九十三条规定之外的途径查明域外法？

《最高人民法院关于贯彻执行〈中华人民共和国民法通则〉若干问题的意见（试行）》第193条关于域外法查明途径的规定是一种指引性和确认性的规定，其目的是为当事人或法院查明域外法提供几种可选择的途径，而不是一种强制性的规定。在不违反我国法律的强制性或禁止性规定，不损害国家、社会或第三人的利益的情况下，当事人或法院可以通过上述五种途径之外的方式查明域外法。在实践中，除了上述五种途径之外，域外法还可以由民间组织、法律服务机构、行业自律性组织、国际组织等机构或组织提供。通过什么样的途径查明域外法，由当事人或法院自由选择。

（三十八）域外法应当经过怎样的确认程序？

对于查明的域外法，应当经过庭审程序予以确认，但双方当事人向人民法院提交了载明他们对域外法含义一致理解的书面声明的，可以不经庭审程序而直接予以确认。

在庭审中，当事人对所适用的域外法有一致意见的，人民法院可予以确认。当事人对所查明的域外法存在不同意见的，应当说明理据，域外法经过质证仍不能予以确定的，由合议庭确定域外法的内容。确实无法确定的，可以认定域外法不能查明，适用我国法律的相关规定。

（三十九）域外法在何种情况下可以认定 “不能查明”？

在绝大多数情形下，域外法应当由当事人提供，若当事人拒绝或者未能提供域外法，法院可以认定域外法“不能查明”；在本指导意见第三十六条所列法院应依职权查明域外法的几种情形下，若法院虽尽勤勉义务仍不能取得有关域外法的，可以认定域外法“不能查明”，但是，在案件适用我国缔结或参加的国际条约或某一国际组织整理总结的国际惯例的情形下，法院不能以没有获取相关条约或惯例为由认定其“不能查明”。

在所查明的域外法不明确，不充分，或者双方当事人提供的法律资料相互矛盾，或者提供的法律为判例，或者在其他域外法难以直接适用的情形下，法院不应简单地认定域外法“不能查明”，而应当采取适当的方法或程序进一步确定域外法的内容或者进一步认定所查明的法律能否适用于涉案争议。通常所采取的方法或程序有：1. 在对当事人提供的域外法不能确认时，法院依职权或当事人的申请委托法律专家出具法律意见，然后参考该意见认定相关的域外法是否“不能查明”；2. 不同法律专家提供的法律意见相左时，法院应允许法律专家以证人身份出庭作出说明；3. 在查明的法律难以直接适用时，参考适用法律专家的法律适用意见；4. 在法律查明不充分时，以准据法所属法域的法律基本原则作补充；5. 当对域外专家提供的域外法，难以辨别真伪时，法官可以通过互联网或权威机关的数据库查阅该外国法，然后进行对照审查。法院采取适当的方法或程序后仍不能确定域外法的内容或该域外法仍不能适用于涉案争议的，可以认定该域外法“不能查明”，而适用我国法律解决涉案争议。

（四十）当事人选择的有关的域外法律不存在或者对涉案问题没有规定的，法院如何处理？

当事人选择的域外法不存在或者对涉案问题没有规定的，可以适用我国法律的相关规定。

（四十一）适用台湾地区的法律应注意什么问题？

在审理涉台商事案件中，有关当事人选择适用台湾地区法律的，人民法院在引用时不得出现违反“一个中国”原则的表述，而应称之为“台湾地区某某法”。

适用台湾地区的法律应当坚持以下原则：1. 限于台湾地区的民商事法律；2. 不违反“一个中国原则”；3. 不违反我国的社会公共利益。

（四十二）当事人选择某一国际公约作为准据法，但涉案争议不在该公约的适用范围之内的，人民法院应如何处理？

当事人选择某一国际公约作为准据法，但案件争议不在该公约的适用范围之内的，不应适用该公约，而应根据我国的冲突规范确定应适用的法律。

（四十三）合同当事人选择我国没有参加的国际公约作为准据法的法律选择条款是否有效？

当事人在合同中选择我国未参加的国际公约作为合同准据法的，只要所选择的公约是一个能够确定当事人权利义务的国际统一实体法公约，而不是一个关于程序法或冲突法的公约，并且适用该公约不违反我国的公共秩序，就应当认定当事人的法律选择有效。

（四十四）如何理解《联合国国际货物买卖合同公约》第四条关于该公约与合同效力无关的规定？

《联合国国际货物买卖合同公约》第四条规定，该公约只适用于买卖合同的订立和买卖双方因合同而产生的权利和义务，与合同的效力无关。据此应认为合同的效力问题不适用于该公约，公约中有关当事人的权利、义务和责任的规定都是以合同有效为前提的。合同的效力问题应按照我国《民法通则》第一百四十五条或者《合同法》第一百二十六条关于合同的冲突规则确定应适用的准据法。如果根据该准据法合同被认定为有效，则适用公约的规定来解决各方当事人的权利义务及违约救济等问题；如果根据该准据法合同被认定无效，则合同无效的法律后果也应根据该准据法处理，而不适用公约的规定。

四、送达、期间、时效

（四十五）在送达回证没有寄回的情况下，能否根据邮政部门的邮件回执认定诉讼文书已送达？

邮政部门的邮件回执载明所邮寄的诉讼文书种类的，可以根据邮件回执中关于邮件由受送达人签收的记载认定所邮寄的某类诉讼文书已送达。邮件回执没有载明所邮寄的诉讼文书种类的，不能单独作为认定某类诉讼文书已送达的依据。

（四十六）邮寄送达时，在寄件人一栏是否可以不注明法院名称？

为了避免受送达人拒绝签收法院函件的情况，有些法院在邮件的寄件人一栏不注明法院的名称，只写法院地址，或只注明具体经办人的名字和法院地址。这种作法并无不妥，因为邮件内送达回证上盖有法院的印章，法院仍为送达的主体，邮政部门也会按收件人姓名和地址投递。

（四十七）受送达的域外当事人在域内设有分支机构或代表机构的，是否可以向该分支机构或代表机构送达？

受送达的域外当事人在域内设有分支机构或代表机构的，可以向该分支机构或代表机构送达。送达的方式和途径适用《中华人民共和国民事诉讼法》的规定。

（四十八）什么情况下可以公告送达？

根据《中华人民共和国民事诉讼法》第八十四条和第二百四十七条的规定，在受送达人“下落不明”或通过“其他方式无法送达”的情况下，法院可以公告送达。

在下列情形下，法院不知道受送达人处所的，可以认定受送达人“下落不明”：1. 受送达人变更住所地；2. 受送人长期离开原住所；3. 受送达人自己提供的住所地虚假；4. 受送达人的工商注册地址和实际经营地址不一致。

通常情况下，通过一种或两种送达方式无法实现送达，根据有关情况能够合理推断出再通过其他送达方式依然不能送达的，可以认定为通过“其他方式无法送达”。

（四十九）如何进行公告送达？

公告送达，一般按照《最高人民法院关于适用〈中华人民共和国民事诉讼法〉若干问题的意见》第八十八条的规定进行。通过刊登报纸的方式公告的，应当通过《人民法院报》或其他面向国内公开发行的报纸进行。

法院也可以通过特定的互联网发布公告。

（五十）多种送达方式是否可以同时进行？

为了提高送达效率，除公告送达方式外，其他送达方式可以同时进行，但应根据最先实现送达的送达方式确定送达时间。

（五十一）可否采取传真或者电子邮件送达？

受送达人所在国家或地区的法律允许通过传真或者电子邮件送达的，可以通过这类方式送达，但应当有证据证明受送达人已收到有关诉讼文书。

（五十二）《中华人民共和国海事诉讼特别程序法》第八十条和第八十一条对送达问题作了富有针对性的规定，在涉外商事诉讼实践中，能否适用这些规定送达诉讼文书？

针对海事诉讼实践中“送达难”的问题，《中华人民共和国海事诉讼特别程序法》第八十条和第八十一条对送达问题作出了一些不同于《中华人民共和国民事诉讼法》的规定。这些规定是针对海事诉讼规定的，在涉外商事诉讼中不能直接援引和适用。但考虑到海事诉讼中的送达与涉外商事诉讼中的送达并无本质不同，并且实践证明这些规定有利于解决实践中的“送达难”的问题，所以在涉外商事诉讼中，可以借鉴和参考这些规定中的送达方法进行送达。

（五十三）能否向境外当事人的诉讼代理人直接送达法律文书？

根据最高人民法院法函［1995］104号《关于能否向境外当事人的诉讼代理人直接送达法律文书问题的答复》，诉讼代理人代委托人接受送达法律文书是代理诉讼的一般权限，只要授权委托书中没有对代为接受法律文书作限制的，诉讼代理人就有义务代其委托人接受法院送达的法律文书。

（五十四）对临时入境的当事人是否可以直接送达？

对临时入境的域外当事人可以采用《中华人民共和国民事诉讼法》规定的送达方式送达。

（五十五）哪些国家允许通过邮寄方式向该国受送达人送达？

据不完全统计，不反对或基本不反对邮寄送达的国家有：美国、英国、澳大利亚、印度、荷兰、泰国、缅甸、智利、多哥、扎伊尔、葡萄牙等，对这些国家的受送达人可以采用邮寄送达方式送达。

（五十六）1965年《向国外送达民事或商事司法文书和司法外文书公约》（简称海牙送达公约）的缔约国和参加国有哪些？保留情况如何？

截止2002年11月4日止，1965年《海牙送达公约》的缔约国或参加国有：阿根廷、白俄罗斯、比利时、保加利亚、加拿大、中国、塞浦路斯、捷克、丹麦、埃及、爱沙尼亚、芬兰、法国、德国、希腊、爱尔兰、以色列、意大利、日本、韩国、拉脱维亚、立陶宛、卢森堡、墨西哥、荷兰、挪威、波兰、葡萄牙、俄罗斯联邦、斯洛伐克、斯洛文尼亚、西班牙、斯里兰卡、瑞典、瑞士、土耳其、英国、美国、委内瑞拉、安提瓜和巴布达、巴哈马、巴巴多斯、博茨瓦纳、科威特、马拉维、巴基斯坦、圣马力诺、塞舌尔、乌克兰等49个国家。

有关的保留情况应根据1991年《全国人民代表大会常务委员会关于批准加入〈关于向国外送达民事或商事司法文书和司法外文书公约〉的决定》执行。

（五十七）如何启动海牙送达公约规定的送达方式？

通过海牙送达公约送达是司法文书送达的一种方式，受送达人所在国为公约缔约国或参加国时，法院并不必然适用公约进行送达，是否有适用公约的需要，应根据具体情况而定。一般情况下，能通过公告送达以外的其他更为便捷的方式送达的，就不必再适用公约规定的方式送达；法院能合理推断出通过公约规定的方式仍不能完成送达的，也没有必要启动海牙公约进行送达。

通常具备下列条件时，可以启动海牙送达公约进行送达：1. 通过相对简便的方式（公告送达除外）无法完成送达，确实存在公约规定的“有须递送司法文书或司法外文书以便向国外送达的情形”；2. 受送达人所在国是公约的缔约国或参加国，且与中国没有缔结司法协助协定或者缔结的司法协助协定中没有关于司法文书送达方面的安排。

通过海牙公约送达的具体操作程序，应当按照1992年最高人民法院、外交部、司法部联合发布的《关于执行〈向国外送达民事或商事司法文书和司法外文书公约〉有关程序的通知》和《关于执行海牙送达公约的实施办法》的规定执行。

（五十八）我国签订的涉及商事法律文书送达内容的司法协助协定有哪些？

截止2001年12月12日，我国同29个国家签订的司法协助协定中具有民商事司法协助的内容，这些司法协助协定都涉及到商事法律文书的送达。这些国家是：乌兹别克斯坦、哈萨克斯坦、吉尔吉斯、塔吉克斯坦、土耳其、塞浦路斯、老挝、泰国、新加坡、越南、蒙古、保加利亚、白俄罗斯、波兰、俄罗斯、罗马尼亚、乌克兰、匈牙利、立陶宛、西班牙、意大利、法国、比利时、希腊、阿根廷、古巴、埃及、摩洛哥、突尼斯。

（五十九）如何利用外交途径进行送达？

通常情况下，启动外交送达程序应具备下列条件：1. 通过相对简便的方式无法完成送达；2. 我国与受送达国之间没有关于送达方面的司法协助协定；3. 受送达国不是1965年《海牙公约》的缔约国或参加国；4. 我国与受送达国之间存在互惠关系。

通过外交途径送达的程序及有关事项，应当按照1986年《最高人民法院、外交部、司法部关于我国法院和外国法院通过外交途径相互委托送达法律文书若干问题的通知》的规定办理。

（六十）涉港澳台案件的答辩期、上诉期和公告送达期间是多长？

关于涉港澳台案件的答辩期、上诉期和公告期间问题，最高人民法院以往的司法解释或指导性意见规定得不是很明确，但根据最高人民法院（2001）民四他字第29号和（2002）民四他字第31号批复，以及近几年来的涉外商事审判实践，涉港澳台案件的当事人在内地诉讼时的答辩期、上诉期和公告送达期间，应参照《中华人民共和国民事诉讼法》第二百四十七条、二百四十八条、二百四十九条的规定执行。

（六十一）在涉外商事诉讼中，原告起诉后又撤诉，诉讼时效是否中断？

根据最高人民法院［1999］民他字第12号《关于四川高院请示长沙铁路天群实业公司贸易部与四川鑫达实业有限公司返还代收货款一案如何适用法（民）复［1990］3号批复中“诉讼时效期间”问题的复函》的规定，当事人提起诉讼后又撤诉，仍构成诉讼时效中断，诉讼时效从撤诉之日起重新计算。但在审判实践中，对这一规则的适用是否以对方当事人收到起诉状副本为前提，仍存有疑问。应当认为，当事人向法院起诉的事实本身已表明权利人行使自己的民事权利，不论当事人是否撤诉，也不论起诉状副本是否送达对方当事人，都不影响诉讼时效的中断。

（六十二）权利人的起诉没有被法院受理，是否构成诉讼时效中断？

《最高人民法院关于贯彻执行〈中华人民共和国民法通则〉若干问题的意见》第一百七十四条规定，从权利人向人民调解委员会或者有关单位提出保护民事权利的请求时起，诉讼时效就中断。从该条规定的精神来看，诉讼时效中断并不以争议调处为前提，因此在权利人向法院起诉的情况下，即使没有被法院受理，诉讼时效仍然中断，从当事人接到法院不予受理通知书次日起，诉讼时效期间重新开始计算。

（六十三）权利人向无权解决争议的部门提出保护权利的请求，是否构成诉讼时效中断？

根据《最高人民法院关于贯彻执行〈中华人民共和国民法通则〉若干问题的意见》第一百七十四条的规定，权利人向人民调解委员会或者有关单位请求保护权利，可以构成诉讼时效中断。该司法解释所指的“有关单位”，应当指有助于解决争议的部门，如向主管机关提出。权利人向无权解决其争议的部门提出保护权利的请求，不能构成诉讼时效的中断。

五、证　据

（六十四）举证责任应识别为程序问题还是实体问题？其准据法如何确定？

诉讼中的举证责任是构成诉讼程序的一个重要部分，属于诉讼法的调整范围，应当识别为程序问题，适用法院地法。但因涉案争议所适用的实体法的规定而产生的举证责任，应当识别为实体问题，适用涉案争议的准据法。

（六十五）对于境外形成的证据是否都必须办理公证认证或者其他证明手续？对于一审已经办理了公证、认证或者其他证明手续的证据材料，二审期间是否仍要办理？

对境外形成的证据，应当按照《最高人民法院关于民事诉讼证据的若干规定》第十一条的规定，办理相关的公证、认证或其他证明手续。对于一审期间已经办理了公证认证或者其他证明手续的证据材料，二审时不必再办理。

（六十六）一方当事人对境外形成的证据没有办理相关的证明手续，但对方当事人认可的，该证据是否需要办理相关的证明手续？

根据2002年4月1日实行的《最高人民法院关于民事诉讼证据的若干规定》第七十二条的规定，一方当事人提供的证据，另一方当事人认可的，人民法院可以确认其证明力。因此对未办理相关证明手续的境外形成的证据，对方当事人认可的，法院可直接认定相关证据的证明力，不必要求当事人办理相关的证明手续。

（六十七）对于已经履行公证认证或者其他证明手续的境外证据，人民法院应当如何认定？

人民法院在审理涉外商事案件的过程中，对当事人提供的已经履行了公证认证或者其他证明手续的境外证据，应当在庭审中进行质证，根据有关证据规则确定有关证据材料的证明力。

对于原告提供的已经办理了公证、认证或其他证明手续的境外证据材料，被告未提供质证意见的，法院可以直接根据有关证据规则确定其证明力。

（六十八）对于当事人提供的在港澳台地区形成的证据，如何办理证明手续？

当事人提供的在香港地区形成的证据材料，应当经我国司法部委托的香港公证人公证，并盖有中国法律服务（香港）有限公司转递香港公证文书专用章。

当事人提供的在澳门地区形成的证据材料，应当经过公证，并盖有中国法律服务（澳门）公司证明事务专用章。

当事人提供的在台湾地区形成的证据材料，应当经台湾地区的公证部门公证，并由海峡交流基金会按照1993年《海峡两岸公证书使用查证协议》寄送公证书副本。需要查证公证文书的真实性的，应依上述《海峡两岸公证书使用查证协议》和司法部于1993年发布的《海峡两岸公证书使用查证协议实施办法》的规定办理。

（六十九）人民法院能否直接采用域外判决所认定的事实或判决结果？

域外判决已为人民法院承认的，当事人对民事判决所认定的事实无需举证，人民法院可直接采用判决所认定的事实和判决结果，但对方当事人有相反的证据足以推翻该判决所认定的事实和判决结果的除外；域外判决没有被人民法院承认的，仅可作为证据材料在诉讼中运用，人民法院不能直接采用该判决所认定的事实和判决结果。

（七十）当事人提供的外文证据资料是否必须都附中文译文？

根据《中华人民共和国民事诉讼法》第六十八条和《最高人民法院关于民事诉讼证据的若干规定》第十二条的规定，当事人向人民法院提供的外文书证或外文说明材料，应当附有中文译本。因此对当事人未附有中文译本的外文书证或外文说明材料，人民法院可以要求当事人提供中文译本。当事人拒不提供的，人民法院可以不作为证据使用。

（七十一）电子证据如何保全？

保全电子证据应采取适当的固定电子数据的方式，一般采取复制有关电子数据的方式保全证据。在必要时，也可以扣押服务器、终端电脑或其他相关设备的方式进行保全。

在采取保全措施时，应当制作全面反映保全情况的笔录，对有关电子设备的系统配置、IP地址、相关网址、上网账号与密码、使用的相关软件名称、相关文件的格式等情况作详细记载。笔录应当由相关当事人和见证人签名，有关人员拒绝签名的，办案人员应当将这一情况在笔录中注明。

（七十二）如何认定传真件的证明力？

传真件既可以来源于证据的原件，也可以来源于证据的复印件，甚至可以被伪造，因此传真件不能单独作为认定事实的依据。传真件等同于复印件。

（七十三）如何理解《最高人民法院关于民事诉讼证据的若干规定》中有关“新证据”的规定？

为了克服我国以往实行的“证据随时提出主义”的弊端，提高审判效率，维护法院审判活动的权威性，《最高人民法院关于民事诉讼证据的若干规定》对《中华人民共和国民事诉讼法》规定的“新证据”的范围作了界定。对“新证据”理解，应当把握以下几点：

1.《最高人民法院关于民事诉讼证据的若干规定》第四十一条和四十四条中的“新发现的证据”是指符合下列情形之一的证据：（1）之前该证据客观上没有出现或不存在；（2）之前该证据客观上已经存在或出现，但根据各种情况，当事人当时不应当知晓；（3）之前该证据客观上已经存在或出现，当事人对此应当知晓，但当时由于自身能力和客观条件的限制而不知晓。

2.《最高人民法院关于民事诉讼证据的若干规定》第四十一条第（一）项中的“客观原因”是指不可抗力或非因当事人故意或重大过失造成的原因。

3. 在对当事人提供的某一证据是否为“新证据”存有疑问的情况下，如果不认定为“新证据”可能会导致判决结果明显不公平，则应当认定为“新证据”。

（七十四）人民法院是否允许当事人提供专家证据？

专家证据主要包括专家就案件的某一问题出具的意见书和专家在法庭上提供的专家证言。

对案件事实所涉及的专门性问题，当事人可以向法院提供专家意见书，或向法院申请专家证人出庭作证。申请专家证人出庭作证的，应当遵守《最高人民法院关于民事诉讼证据的若干规定》第六十一条的规定。

除法律有特别规定外，只要对案件所涉问题具有专门经验或知识的人，就可以提供专家证据，法院不应对专家的资格有特别的限制，但法院可以要求当事人提供专家的身份证明和在某一方面具有专门经验或知识的证明。

专家在出具意见书或出庭作证时应仅就案件事实涉及的专门性问题发表意见，不得就法律适用问题发表意见，专家关于法律适用问题的意见不得作为证据材料使用，但涉及域外法查明问题的除外。

专家证据应当经过质证程序，未经质证的专家证据不能作为认定事实的依据。

（七十五）目前能否通过我国参加的有关多边公约进行域外取证？

目前，我国已加入1970年《关于从国外调取民事或商事证据的公约》（简称海牙取证公约）。但根据该公约的规定，加入仅在加入国和已声明接受该国加入的缔约国之间发生效力。由于迄今尚未有国家声明接受我国加入，因此目前我国法院还不能通过该公约进行域外取证。

（七十六）内地法院能否通过官方途径从港澳台地区调取证据？

目前，我国法律和司法解释对内地法院从香港特别行政区或台湾地区调查取证尚没有具体安排。因此，内地法院一般不能通过官方途径从香港特别行政区和台湾地区调取证据。

对于内地法院从澳门特别行政区调取证据的问题，2001年9月15日施行的《最高人民法院关于内地与澳门特别行政区就民商事案件相互委托送达司法文书和调取证据的安排》作了具体规定，内地法院需要委托澳门法院调取证据的，应当按照该安排执行。

六、域外判决的承认与执行

（七十七）如何理解“域外判决”的含义？

除我国缔结或参加的条约或国内法律有特别规定，或者根据互惠原则有特别限定的外，对“域外判决”，应做广义的理解，既包括域外法院作出的判决书，也包括域外法院作出的裁定书、调解书、支付令等具有承认或执行内容的裁判文书。

（七十八）当事人向我国法院申请承认和执行域外判决的，人民法院应如何处理？

根据《最高人民法院关于适用〈中华人民共和国民事诉讼法〉若干问题的解释》第三百一十八条的规定，当事人向我国有关法院申请承认和执行外国法院作出的生效判决的，如果该法院所在国与我国没有缔结或共同参加的国际条约，也没有互惠关系，当事人可以向人民法院起诉，由有管辖权的人民法院作出判决，予以执行。

鉴于目前内地与港澳地区尚没有关于承认与执行域外商事判决的安排，当事人向内地法院申请承认和执行港澳地区法院作出的商事判决的，人民法院应当告知当事人向有管辖权的法院起诉。

申请人请求大陆法院承认和执行台湾地区法院作出的商事判决的，人民法院可以参照最高人民法院1998年颁布的《关于人民法院认可台湾地区有关法院民事判决的规定》办理。

（七十九）域外判决在什么条件下可以得到我国内地法院的承认与执行？

内地法院受理承认与执行域外判决申请的前提条件是：作出判决的法院所在国与我国缔结或共同参加的国际条约中有相互承认与执行各自法院判决的条款，或者双方存在相互承认与执行法院判决的互惠关系。若域外判决是港澳台地区的法院作出的，则该地区须与内地存在相互承认与执行法院判决的安排或者最高人民法院对此有相应的司法解释。

人民法院给予承认与执行的域外判决除了应符合相关国际条约、互惠条件、内地相关法律或司法解释的规定外，还应同时具备下列条件，但下列条件中与相关国际条约、互惠条件、内地相关法律或司法解释的规定相抵触的除外：

1. 域外法院对案件行使管辖权不违背我国内地法律关于专属管辖的规定；

2. 判决是已生效的终局判决；

3. 依据作出判决的法院所在地的诉讼程序规则，被申请人在诉讼中已获得充分的陈述或辩解的机会；

4. 判决不是通过程序方面的欺诈获得的；

5. 判决与我国内地法院已作出的相关判决没有矛盾，同时与已经或很可能被我国内地法院承认与执行的域外其他法院的相关判决没有矛盾；

6. 当事人就同一争议在我国内地法院起诉的，域外法院先于我国内地法院受理当事人之间的争议；

7. 承认与执行域外判决不违反我国社会公共利益。

（八十）人民法院办理承认和执行域外判决的案件应采用哪一类裁判文书？

人民法院在办理域外判决的承认与执行案件时，应当通过裁定对域外判决是否给予承认与执行问题作出处理结论。

（八十一）我国缔结或参加的国际条约中有哪些涉及到涉外商事判决的承认与执行问题？

目前我国尚未缔结或参加承认和执行涉外商事判决的专门公约，但在我国缔结或参加的其他公约中，有的涉及到外国判决的承认与执行问题，如1969年《国际油污损害民事责任公约》（第十条）。

在本指导意见第五十八条所列的司法协助协定中，除与泰国、新加坡、比利时签订的司法协助协定中没有承认和执行商事判决的内容外，与其他国家签订的司法协助协定中都有承认和执行外国商事判决的内容。

（八十二）申请承认与执行域外判决的期限如何确定？

除我国缔结或参加的条约有特别规定的外，当事人向我国法院申请承认和执行域外判决的期限，适用《中华人民共和国民事诉讼法》第二百一十九条的规定。但当事人仅申请承认域外判决的，不受该条规定的期限限制。

（八十三）法院涉外商事审判庭裁定承认与执行域外具有执行内容的判决的，是否须将案件移交法院执行部门执行？

法院涉外商事审判庭裁定承认与执行域外具有执行内容的判决，在向当事人送达裁定后，应将案件移送本院立案部门，由立案部门交执行部门执行。

（八十四）对申请承认与执行域外判决的案件，法院应如何收取诉讼费用？

当事人向我国法院申请承认和执行域外判决，应当按照我国诉讼费用收费规定收取诉讼费用，但我国缔结的司法协助协定或缔结或参加的国际条约有特别规定的，按照规定执行。

司法协助费用不同于诉讼费用，司法协助协定中仅规定缔约双方互免司法协助费用的，不能据此认定免除申请人的诉讼费用。

七、涉外仲裁的司法审查

（八十五）在处理有关涉外仲裁的司法审查问题时，应当把握哪些原则？

对涉外仲裁的司法审查主要包括两个方面的内容：一是在当事人请求认定仲裁协议效力的情形下，对仲裁协议进行审查；二是在当事人申请撤销、承认和执行仲裁裁决的情形下，对仲裁裁决进行审查。法院在审查仲裁协议或者仲裁裁决时，应当把握以下原则：

1. 在对仲裁协议进行审查时，应把某一合同中的仲裁条款或单独的仲裁协议书看作是独立于该合同的协议，在此基础上对仲裁协议的成立、效力等问题进行审查。

2. 在判断仲裁事项或仲裁机构是否约定不明时，应把仲裁协议是否具有可执行性作为一个重要标准，不宜轻易认定仲裁协议无效。

3. 对涉外仲裁裁决的审查应根据《中华人民共和国仲裁法》第七十条、第七十一条，《中华人民共和国民事诉讼法》第二百六十条以及其他有关法律或者我国缔结或参加的国际条约的规定进行，一般不对仲裁裁决进行实体审查。

（八十六）对申请确认仲裁协议无效的案件，如何确定管辖权？

根据最高人民法院于2000年8月8日公布的《关于当事人对仲裁协议的效力提出异议由哪一级人民法院管辖问题的批复》和最高人民法院于2002年2月25日公布的《关于涉外民商事案件诉讼管辖若干问题的规定》的精神，申请确认仲裁协议无效的案件，如果约定的仲裁机构为内地仲裁机构，则由仲裁机构所在地有涉外商事案件管辖权的中级人民法院的涉外商事审判庭负责办理；如果当事人约定的仲裁机构是国外或港澳台地区的仲裁机构或者仲裁机构约定不明，则由被申请人住所地有涉外商事案件管辖权的中级人民法院的涉外商事审判庭负责办理。有涉外商事案件管辖权的法院因当事人在起诉时未声明有仲裁协议而受理案件后，当事人因仲裁协议效力问题发生争议的，由该法院涉外商事审判庭负责办理。

（八十七）法院在对仲裁协议进行审查时，应如何适用法律？

除我国缔结或参加的国际条约另有规定外，对仲裁协议进行审查，应适用当事人约定的法律，当事人没有约定的，适用仲裁地国家或地区的法律。当事人既没有约定仲裁协议应适用的法律，也不能确定仲裁地的，应适用与仲裁协议有最密切联系的国家或地区的法律。

（八十八）合同当事人在订立合同的过程中，意思表示不一致或意思表示存在瑕疵，对合同中的仲裁条款的成立与效力有什么影响？

当事人在订立合同的过程中意思表示不一致或者存在欺诈、胁迫、乘人之危等意思表示瑕疵的情形，人民法院不宜一概认定合同中的仲裁条款也存这些情形，而应当根据仲裁条款的准据法判断当事人关于仲裁条款的意思表示是否也构成这些情形，进而依据该准据法认定在这些情形下仲裁协议是否成立或者是否有效。

（八十九）当事人约定争议由临时的仲裁机构或者非常设的仲裁机构进行仲裁的临时仲裁协议是否有效？

《中华人民共和国仲裁法》第十八条规定，仲裁协议对仲裁委员会没有约定或者约定不明的，仲裁协议无效。据此可以认为，《中华人民共和国仲裁法》不承认临时仲裁协议的效力。因此，在涉案仲裁协议的准据法为内地法律的情况下，如果当事人约定争议由临时的仲裁机构或者非常设的仲裁机构进行仲裁，则法院应当认定该仲裁协议无效。

（九十）约定多个仲裁机构仲裁的仲裁协议是否有效？

根据最高人民法院1996年12月12日发布的《关于同时选择两个仲裁机构的仲裁条款效力的函》的精神，在仲裁协议中约定多个仲裁机构的情形下，当事人只要选择约定的仲裁机构之一即可进行仲裁。此类仲裁协议对仲裁机构的约定是明确的，也是可执行的，法院应当认定此类仲裁协议有效。

（九十一）仅约定了仲裁地点而没有约定仲裁机构的仲裁协议是否有效？

根据《中华人民共和国仲裁法》第十六条第二款和最高人民法院1997年3月19日发布的《关于仅选择仲裁地点而对仲裁机构没有约定的仲裁条款效力问题的函》，当事人仅约定了仲裁地点，对仲裁机构没有约定，纠纷发生后，当事人又没有达成补充协议的，应当认定仲裁协议无效。

（九十二）在合同权利义务主体发生变化的情况下，合同中的仲裁条款对新权利人或新义务人是否有约束力？

仲裁条款独立于合同的其他条款，它体现的是合同当事人关于争议解决方式的意思表示，因此，在合同的权利义务主体发生变化的情况下，除新权利人或新义务人依约定或法律规定概括地承受合同所有权利义务外，仲裁条款原则上对新权利人或新义务人没有约束力。据此可以认为：当事人在订立仲裁条款后合并或分立的，应认为合并或分立后的合同当事人依法概括地承受了包括仲裁条款在内的原合同所有权利义务，因而受仲裁条款约束；当事人转让债权或债务的，仲裁条款对债权或债务受让人没有约束力，但有充分证据证明当事人与受让人串通规避仲裁条款的除外；依法取得代位权的人行使代位权的，不受被代位人订立的仲裁条款的约束。

（九十三）对没有涉外因素的争议，当事人能否约定国外仲裁机构仲裁？

根据《中华人民共和国民事诉讼法》第二百五十七条和《中华人民共和国仲裁法》第六十五条的规定，只有涉外纠纷才可以提交国外仲裁机构仲裁。因此，对没有涉外因素的争议，当事人约定国外仲裁机构仲裁的，法院应认定此类仲裁条款无效。

（九十四）当事人在仲裁协议中约定争议发生后既可以提请仲裁又可以向法院起诉的，法院可否受理当事人的起诉？

仲裁协议的主要功能是排除法院管辖权，当事人在仲裁条款中约定争议发生后既可以提请仲裁又可以向法院起诉的，该仲裁协议不能排除法院的管辖权，争议发生后，当事人向法院起诉的，法院可以受理。

（九十五）什么是"国际仲裁裁决"？

国际仲裁裁决是指域内或域外仲裁机构就涉外民商事争议所作出的裁决，判断某一争议是否属于国际仲裁裁决，应以该裁决所处理的争议是否具有涉外因素为标准，而不能以仲裁机构是否为域外仲裁机构为标准。

（九十六）对申请承认、执行和撤销涉外仲裁裁决的案件，如何确定管辖权？

申请承认和执行国外或港澳台地区仲裁机构作出的仲裁裁决的案件，由被申请人住所地或者被执行财产所在地有涉外商事案件管辖权的中级人民法院的涉外商事审判庭负责办理。

对内地仲裁机构作出的涉外商事仲裁裁决的强制执行，由被申请人住所地或者或者被执行财产所在地中级人民法院的执行机构负责办理。在执行过程中，如果发生申请不予执行仲裁裁决，或者申请撤销仲裁裁决的情形，执行机构应当裁定中止执行，将案件移交本院涉外商事审判庭审查，本院没有涉外商事案件管辖权的，应移交管辖本区域涉外商事案件的中级人民法院的涉外商事审判庭审查，并根据该审判庭的处理结果裁定终结执行或恢复执行。

申请撤销内地仲裁机构作出的涉外仲裁裁决的案件，由仲裁机构所在地有涉外商事案件管辖权的中级人民法院的涉外商事审判庭负责办理。

（九十七）当事人向有管辖权的法院申请承认和执行国外仲裁机构作出的仲裁裁决的，法院应如何处理？

根据《中华人民共和国民事诉讼法》第二百六十九条的规定，承认和执行国外仲裁机构作出的仲裁裁决应当依照我国缔结或参加的国际条约或互惠原则进行。因此，当事人向有管辖权的法院申请承认和执行国外仲裁机构作出的仲裁裁决的，法院应当审查有关的仲裁裁决是否符合我国加入的1958年《承认及执行外国仲裁裁决的公约》（简称1958年《纽约公约》）及我国对该公约作出的相关保留的规定，或者审查仲裁机构所在国与我国是否存在互惠关系，进而决定是否受理当事人的申请。

法院涉外商事审判庭裁定承认与执行域外具有执行内容的判决的，在向当事人送达裁定后，应将案件移送本院立案部门，由立案部门交执行部门执行。

（九十八）对申请承认与执行域外仲裁裁决的案件，法院应如何收取费用？

当事人向我国法院申请承认和执行域外仲裁裁决，应当按照我国诉讼费用收费规定收取诉讼费用，但有关我缔结的司法协助协定或缔结或参加的国际条约有特别规定的，按照该规定执行。

依据1958年《纽约公约》承认与执行外国仲裁裁决的，应按照最高人民法院1998年11月14日发布的《关于承认和执行外国仲裁裁决收费及审查期限的规定》规定收取费用。

司法协助费用不同于诉讼费用，司法协助协定中仅规定缔约双方互免司法协助费用的，不能据此认定免除申请人的诉讼费用。

（九十九）在什么情况下法院应当适用1958年《纽约公约》处理涉外仲裁裁决的承认与执行问题？

根据全国人民代表大会常务委员会1986的12月2日通过的《关于我国加入〈承认及执行外国仲裁裁决的公约〉的决定》,以及最高人民法院1987年发布的《关于执行我国加入的〈承认和执行外国仲裁裁决公约〉的通知》，我国加入公约的同时作了两项保留，一是我国只在互惠基础上对在另一缔约国领土内作出的仲裁裁决的承认和执行适用公约；二是我国只对根据中华人民共和国法律认定为属于契约性和非契约性商事法律关系所引起的争议适用公约。因此，对于在1958年《纽约公约》缔约国或参加国领土内作出的仲裁裁决，当事人向我国有管辖权的法院申请承认和执行的，在符合上述两项保留的情况下，法院应当适用公约的规定对有关仲裁裁决进行审查。

公约所称的"契约性和非契约性商事法律关系"的含义，应以上述最高人民法院发布的《关于执行我国加入的

〈承认和执行外国仲裁裁决公约〉的通知》第二条的规定为准。

（一百）1958年《纽约公约》缔约国和参加国有哪些？

截止2001年7月10日，《纽约公约》的缔约国和参加国共有127个，它们是：阿尔巴尼亚、阿尔及利亚、安提瓜和巴布达、阿根廷、亚美尼亚、澳大利亚、奥地利、阿塞拜疆、巴林、孟加拉国、巴巴多斯、白俄罗斯、比利时、贝宁、玻利维亚、波斯尼亚和黑塞哥维那、博茨瓦纳、文莱、保加利亚、布基纳法索、柬埔寨、喀麦隆、加拿大、中非共和国、智利、中国、哥伦比亚、哥斯达黎加、科特迪瓦、克罗地亚、古巴、塞浦路斯、捷克共和国、丹麦、吉布提、多米尼克、厄瓜多尔、埃及、萨尔瓦多、爱沙尼亚、芬兰、法国、格鲁吉亚、德国、加纳、希腊、危地马拉、几内亚、海地、梵蒂冈、洪都拉斯、匈牙利、印度、印度尼西亚、爱尔兰、以色列、意大利、日本、约旦、哈萨克斯坦、肯尼亚、科威特、吉尔吉斯、老挝、拉脱维亚、黎巴嫩、莱索托、立陶宛、卢森堡、马达加斯加、马来西亚、马里、马耳他、毛里塔尼亚、毛里求斯、墨西哥、摩纳哥、蒙古、摩洛哥、莫桑比克、尼泊尔、荷兰、新西兰、尼日尔、尼日利亚、挪威、阿曼、巴基斯坦、巴拿马、巴拉圭、秘鲁、菲律宾、波兰、葡萄牙、韩国、摩尔多瓦、罗马尼亚、俄罗斯、圣文森特和格林纳丁斯、圣马力诺、沙特阿拉伯、塞内加尔、新加坡、斯洛伐克、斯洛文尼亚、南非、西班牙、斯里兰卡、瑞典、瑞士、叙利亚、泰国、马其顿、特立尼达和多巴哥、突尼斯、土耳其、乌干达、乌克兰、英国、坦桑尼亚、美国、乌拉圭、乌兹别克斯坦、委内瑞拉、越南、南斯拉夫、津巴布韦。

（一百零一）当事人就在港澳台地区内作出的仲裁裁决向人民法院申请执行的，人民法院应如何处理？

当事人就香港特别行政区仲裁机构作出的仲裁裁决，向人民法院申请执行的，人民法院应当根据最高人民法院2000年1月24日发布的《最高人民法院关于内地与香港特别行政区相互执行仲裁裁决的安排》的规定，对仲裁裁决进行审查，作出是否执行的裁定。

目前内地与澳门特别行政区尚没有关于相互执行仲裁裁决的安排，当事人就在澳门特别行政区内作出的仲裁裁决向人民法院申请执行的，人民法院可暂不受理。

根据最高人民法院1998年5月22日公布的《关于人民法院认可台湾地区有关法院民事判决的规定》第十九条的规定，对于在台湾地区作出的仲裁裁决，当事人申请人民法院认可与执行的，人民法院应当适用该司法解释审查有关的仲裁裁决，作出是否认可其效力的裁定，被认可的仲裁裁决需要执行的，按有关规定予以执行。

（一百零二）如何理解我国的仲裁司法审查报告制度？

根据最高人民法院1995年8月28日发布的《关于人民法院处理与涉外仲裁及外国仲裁事项有关问题的通知》，我国对仲裁司法审查实行报告制度。人民法院认定仲裁协议无效、失效或内容不明确无法执行的，或者人民法院认为不予执行我国涉外仲裁裁决或拒绝承认和执行外国仲裁裁决，或者裁定撤销我国涉外仲裁裁决或通知仲裁庭重新仲裁的，应当事先报请所在区域的高级人民法院审查，如果高级人民法院同意下级法院的意见，则应将审查意见报最高人民法院审查，待最高人民法院作出答复后，再按照该答复意见处理。

八、其他问题

（一百零三）债权人在主合同纠纷没有得到解决，主债权没有确定的情况下，仅就担保合同起诉无效担保的担保人，法院应如何处理？

人民法院应当受理该诉讼。在审理过程中，如果主债务人应承担的主债权额无法确定，应当裁定中止审理，并指定一定的期间，让债权人对主债务人提起诉讼或仲裁程序，以确定主债权；债权人在指定的期间内未对主债务人提起诉讼或仲裁的，人民法院应当恢复诉讼，以债权人不能证明担保人应承担的赔偿数额为由，判决驳回债权人的诉讼请求。

（一百零四）审理涉港澳台商事案件可否采用简易程序？

基层人民法院审理事实清楚、权利义务关系明确、争议不大的简单涉港澳台商事案件，可以采用简易程序。相关简易程序适用《中华人民共和国民事诉讼法》第十三章的规定。

（一百零五）在什么条件下可以限制外国人出境？办理限制外国人出境应经过何种程序？

各法院在办理案件过程中，需要限制外国人出境的，应当严格按照1987年3月10日最高人民法院、最高人民检察院、公安部、国家安全部发布的《关于依法限制外国人和中国公民出境问题的若干规定》和广东省高级人民法院1999年发布的粤高法［1999］56号《关于涉外经济审判若干问题的意见（试行）》规定的条件和程序办理。

（一百零六）与其他判决书相比，涉外商事案件的判决书在写作上有什么特殊要求？

涉外商事案件判决书除了应当具备一般判决书的格式和要求外，还应当具有反映识别、确定管辖权、适用冲突规范、查明域外法等涉外案件审理步骤和过程的内容，尤其应当说明对案件行使管辖权和适用某一准据法的理据。

（一百零七）域外法能否作为判决书最后部分援引的法律依据？

域外法的适用一般在判决书理由部分予以说明，判决书最后法律依据援引部分只可援引该域外法据以适用的冲突规则或其他法律规定，不宜直接援引域外法。

关于印发《广东省人民法庭工作规范》的通知

粤高法发［2004］33号

全省各级人民法院：

现将《广东省人民法庭工作规范》印发给你们，请认真组织学习，结合工作实际贯彻执行。执行中有何问题，请及时向省法院基层工作领导小组反映。

2004年12月21日

广东省人民法庭工作规范

为加强人民法庭建设，发挥人民法庭的职能作用，规范人民法庭工作，提高人民法庭的司法能力，根据《中华人民共和国人民法院组织法》、《中华人民共和国民事诉讼法》、《中华人民共和国刑事诉讼法》、最高人民法院《关于人民法庭若干问题的规定》等规定，结合我省人民法庭工作经验和实际情况，制定本规范。

第一章　总　则

第一条　人民法庭是基层人民法院的派出机构和组成部分，在基层人民法院的领导下开展工作，接受上级人民法院的指导和监督。

第二条　人民法庭的任务主要有：

（一）审理民事案件和刑事自诉案件；

（二）办理本庭审理的案件和依规定交由本庭负责的执行事项；

（三）指导人民调解委员会工作；

（四）负责本辖区内的信访工作；

（五）完成其他工作任务及基层人民法院交办的事项。

第三条　人民法庭通过审判案件、开展法制宣传教育、提出司法建议等方式，参与社会治安综合治理。

人民法庭不参与地方行政执法活动，不参加行风评议活动。

第四条　人民法庭开展审判和执行工作，应严格按照有关案件审判流程管理的规定进行排期和期限跟踪，并按照案件质量监督管理的规定加强对案件质量的管理。

对办理期限即将届满的案件，应进行警示催办；对超期限未办结的，应进行专案督办，限期结案。

法官执行流程管理规定的情况，应作为对工作业绩进行考核评比的依据之一。

第五条　省法院和各中级法院设立基层工作领导小组，负责人民法庭的规划设置和审批、队伍管理、审判业务指导和培训、办公场所建设和物质装备的规划和管理，对人民法庭工作进行指导和监督，及时总结工作经验，解决人民法庭工作中存在的实际问题。领导小组组长由本院院长担任，由一名副院长负责领导小组的日常工作。

基层人民法院负责提出本院的人民法庭设置方案，统一规划人民法庭办公场所的建设和人员配置，安排人民法庭和本院各部门之间的分工，协调人民法庭和当地乡镇的关系。

第六条　省法院应制定明确的人民法庭建设和装备标准，指导全省人民法庭完成办公场所新建和改建工作、人民法庭的计算机联网工作和办公自动化工作。

各中级人民法院和基层人民法院应按要求及时完成所辖人民法庭的基本建设。

第七条 加强人民法庭党的建设工作。凡党员人数在3人以上的人民法庭，均应成立党支部，按规定组织召开民主生活会，开展思想政治教育和廉政教育，增强凝聚力和战斗力。

不设党支部的人民法庭党员，参加基层人民法院政工部门的支部活动。

第八条 各级人民法院应依照本规范，不定期开展人民法庭工作检查。对工作开展好、成绩优秀的人民法庭应给予表彰和奖励。

第二章　人民法庭的设置和人员配置

第九条 设置人民法庭应当坚持方便当事人诉讼、方便人民法院审判、布局合理、相对固定的原则，按照规范化、规模化的要求，根据案件数量、地区大小、人口多少、经济发展状况等情况决定。

第十条 人民法庭的设置不受乡镇行政区划的限制，一般在3–5个乡镇设一个人民法庭。在人口多、审判任务重的地方可以在1–2个乡镇设一个人民法庭。

基层人民法院所在城镇一般不设人民法庭，严格控制在乡镇新设人民法庭。

第十一条 人民法庭的设置、变更和撤销，由基层人民法院根据实际需要提出方案，逐级报省法院批准决定。

第十二条 人民法庭的名称，以其所在地地名而定，并冠以所属基层人民法院的名称。具体模式为“某某人民法院+人民法庭所在地地名+人民法庭”。

第十三条 每个人民法庭至少配备3名以上法官和1名以上书记员。有条件的地方，可以由基层法院决定配备其他工作人员。

第十四条 人民法庭设庭长一名，可根据工作需要设副庭长。工作人员在7人以下的，一般设副庭长1名；7人以上的，可设副庭长2名。

人民法庭庭长、副庭长除具备担任法官的一般条件外，还应当具有3年以上法官任职经验。

第十五条 人民法庭为科级单位，庭长由科级以上干部担任。

第十六条 人民法庭工作人员除和基层法院本部的工作人员享有同等的福利待遇外，还依有关规定享有相关补助。

第十七条 人民法庭的法官应当定期交流，庭长在同一人民法庭连续任职一般不得超过10年。

第十八条 基层人民法院的正、副院长一般应有人民法庭工作经历。

基层人民法院的初任法官应到人民法庭工作1年以上。

第十九条 人民法庭可以根据工作需要配备人民陪审员。人民陪审员的选任和履行职责，应严格执行《全国人民代表大会常务委员会关于完善人民陪审员制度的决定》。

第三章　人民法庭的立案与信访工作

第二十条 人民法庭的立案范围包括一审民事、刑事自诉案件的立案，诉前财产保全案件立案，申请支付令和公示催告案件的立案，以及本庭办理案件的执行立案。

第二十一条 人民法庭立案要坚持立案与审判、立案与执行分开的原则，坚持方便当事人诉讼的原则。

第二十二条 人民法庭审理的案件，应当统一归口由基层人民法院立案庭立案。因地理环境、人员配置、办公设施等客观因素影响，统一立案确有困难的，可以由人民法庭审查立案。

人民法庭直接审查立案的，应在人民法庭设立立案窗口和相对固定的人员，经审查后报庭长批准立案。人民法庭决定立案后，应在3个工作日内将当事人的情况、案由、简要案情报基层人民法院立案庭统一编立案号。

基层人民法院统一立案的，应当在立案后3个工作日内将案件移交人民法庭审理。

第二十三条 人民法庭对民事案件立案应当按照最高人民法院《关于印发〈民事案件案由规定（试行）〉的通知》的规定确定案由。

刑事自诉案件立案应当按照最高人民法院有关罪名规定确定案由。

第二十四条 对符合受理条件的起诉，人民法庭应当立案。人民法庭认为不符合受理条件，当事人坚持起诉的，刑事自诉案件应裁定予以驳回，民事案件应裁定不予受理。

人民法庭收到当事人的起诉状后，既不受理又不作出裁定的，基层人民法院应及时纠正。对符合立案条件的，应指定人民法庭立案，或者直接立案后交由人民法庭审理。

第二十五条 人民法庭经审查认为符合立案条件的，应当在立案当日计算案件受理费，书面通知当事人。

人民法庭预收案件受理费，应当向当事人提供基层人民法院设立的诉讼费专用账户，通知当事人将诉讼费存入专用账户。人民法庭不得设立账户，不得收取诉讼费用。

第二十六条 人民法庭收取当事人的诉讼材料应出具收件回执。经办人应在收件回执上签名。

第二十七条 人民法庭负责本辖区内的群众来信来访接待工作。

第二十八条 人民法庭的信访工作应坚持以人为本、便民利民、依法、公开、高效的原则，应安排专人负责或轮流负责，做到定岗、定人、定责。

第二十九条 负责信访工作的人员应增强责任意识、服务意识和大局意识，接待热情，语言文明，廉洁自律。对来信来访要切实做到事事有答复，件件有回音。

接待信访群众的首位工作人员，对属于职责内的事应及时办理；对不属于法庭管辖或本人职责以外的事，应先行受理，做好接待记录，及时移交有关部门和人员办理，并向群众说明。

第四章 人民法庭的审判工作

第三十条 人民法庭依法审理民事案件和刑事自诉案件。

除经院长批准并由基层法院指定外，人民法庭一般只应审理本法庭辖区内的案件。

基层人民法院可以根据实际工作情况决定人民法庭审理案件的范围，并向社会公布。

第三十一条 因回避或其他原因导致人民法庭不能组成合议庭的，可以由院长指定其他人民法庭或基层法院相关业务庭的法官或者人民陪审员组成合议庭。

第三十二条 人民法庭审理的案件，按审判流程管理的规定确定案件承办法官及合议庭成员。因客观条件所限未按流程管理规定自动排定的，可以由庭长指定案件承办法官及合议庭成员。

第三十三条 直接负责案件审查立案的法官不承办同一案件。除因人员所限，因此影响合议庭组成的外，立案法官还应不参加审理该案的合议庭。

第三十四条 人民法庭审理案件的开庭时间，由立案人员根据审判流程管理的有关规定进行排定，或者由庭长根据工作情况确定。

原、被告一同到人民法庭要求解决纠纷，符合立案条件的，可当即立案及开庭；被告明确表示放弃答辩期的，应尽快安排开庭；被告要求答辩期的，一般应在答辩期满后15日内开庭。

第三十五条 人民法庭审理案件一般应适用简易程序，法律另有规定或者因案情复杂需要组成合议庭审理的除外。

适用简易程序审理民事案件，应严格执行最高人民法院《关于适用简易程序审理民事案件的若干规定》，依法开展审判活动。

第三十六条 需要适用普通程序审理的，应报庭长决定。

适用普通程序审理的案件应严格执行合议庭制度，按照最高人民法院《关于人民法院合议庭工作的若干规定》的要求对案件进行认真评议，合议庭成员都要就案件的处理提出具体方案并说明所依据的事实和法律。

第三十七条 人民法庭审理案件应严格执行审限制度，提高审判效率，缩短案件审理时间。

第三十八条 人民法庭可以根据工作需要决定是否由人民陪审员参加合议庭审理案件。社会影响较大的案件和当事人申请由人民陪审员参加合议庭审判的案件，有条件的，应当由人民陪审员和法官组成合议庭审理。

对辖区内符合担任人民陪审员条件的优秀人民调解员和社会威望较高的人士，人民法庭应根据工作需要提出吸收为人民陪审员的建议。

第三十九条 人民法庭可以根据工作需要进行巡回开庭，对确有必要的可以在案件发生地或当事人所在地就地开庭。

第四十条 人民法庭的开庭场所应当按照最高人民法院有关审判法庭摆设的规定布置，巡回开庭、就地露天开庭的，应注重开庭场所庄重整洁，审判台、当事人席位、旁听席的摆设符合要求。

第四十一条 审判人员开庭应按规定着装，庭审用语应当准确、规范、文明。

第四十二条 案件需要进行审计、评估、鉴定的，人民法庭应将审计、评估、鉴定事项交所属基层法院统一办理。

第四十三条 有证人、鉴定人、勘验人到庭的，应让其在法庭外休息候传，不得旁听庭审。

第四十四条 对文化水平不高、诉讼能力差而又没有委托律师参加诉讼的当事人，审判人员应做好诉讼指导工作，尤其要指导好当事人举证。

第四十五条 人民法庭审理民事案件和刑事自诉案件，应认真贯彻执行最高人民法院《关于人民法院民事调解工作若干问题的规定》及《关于执行〈中华人民共和国刑事诉讼法〉若干问题的解释》，注重做好调解工作，摸索调解经验，提高调解结案率。

对涉及群体性纠纷、可能引起矛盾激化的案件，应尽量调解解决；需要判决解决的，在判决前应做好疏导、教育工作。

第四十六条 人民法庭制发的裁判文书署所在基层法院的名称。

裁判文书应当事实清楚，论理充分，适用法律准确、全面，格式规范，装订美观。对简易民事案件的裁判文书，可以简化制作。

裁判文书的校对由书记员和案件承办法官负责。

第四十七条 适用普通程序审理的案件，庭长担任审判长的由庭长签发。其他法官担任审判长的，根据所在法院规定的审批权限由审判长签发，但争议较大或其他原因需要审核的，报庭长审核、签发裁判文书。庭长担任审判长同时又是案件承办法官的，应当报主管院长签发。

第五章 人民法庭的执行工作

第四十八条 人民法庭执行工作的业务管理由所属基层法院执行局统一负责，执行案件的司法统计应按规定及时报送执行局。

第四十九条 人民法庭负责执行本法庭办理的案件以及基层法院指定执行的案件。

市区基层法院和具备条件的其他基层法院，由执行局统一办理执行案件，人民法庭不办理执行案件。

第五十条 人民法庭开展执行工作，实行立执分离、审执分离的原则。

有条件的人民法庭，审理案件的法官和同一执行案件的立案人不再负责同一案件的执行工作。

人数较多的人民法庭可设执行组专门负责执行工作。

第五十一条 人民法庭在执行案件的过程中，应当将实施权与裁决权分开行使，强化执行监督和制约。人民法庭不能另行安排合议庭行使裁决权的，其裁决权由所属基层法院执行局行使。

涉及对案外人异议、追加和变更被执行人、执行到期债权等进行裁决的，移交所属基层法院的执行局统一审查处理。

第五十二条 当事人向人民法庭申请执行的案件，由人民法庭庭长或庭长指定的人员负责审查立案，立案后移送执行组或庭长指定的人员执行。

第五十三条 人民法庭执行案件，阻力较大的，可以经院长批准将案件移送所属基层法院的执行局执行，或由执行局派员协助执行。

第五十四条 需要对执行标的进行评估、拍卖的执行案件，人民法庭应将委托评估、拍卖等事项移送所属基层法院统一办理。

第五十五条 人民法庭应按照省法院的规定对执行款、物进行专项、严格管理，严禁挪用执行款、物，严禁未经批准开设执行账户。

第六章　对人民调解委员会的指导工作

第五十六条 人民法庭应当指导人民调解委员会开展工作，指导人民调解员调解纠纷，帮助总结调解民间纠纷的经验，及时化解社会矛盾，维护社会稳定。

第五十七条 人民法庭审理涉及人民调解协议的民事案件，对经人民调解委员会调解达成、有民事权利义务内容，并由双方当事人签字或盖章的调解协议，应作为当事人之间的民事合同对待。

调解协议被人民法院生效判决变更、撤销或者确认无效的，人民法庭可以适当方式告知当地司法行政机关或人民调解委员会。

第五十八条 人民法庭应积极配合当地司法行政机关加强对人民调解员的业务培训，可以根据需要举办培训班，对所辖区域的人民调解员进行培训，帮助人民调解员提高法律知识水平和调解纠纷的能力。

第五十九条 人民法庭可以组织人民调解员旁听案件审理。

第七章　人民法庭的管理工作

第六十条 人民法庭日常工作的主持、庭务会议的召集和行政事务的管理、考勤考绩、提请奖惩等工作由庭长负责。

副庭长协助庭长工作。庭长因故不能履行职务时，由副庭长代行庭长职务。

第六十一条 经批准合并的人民法庭应当集中合并办公。被撤并的原有人民法庭不应当再挂牌。

第六十二条 确因工作需要，人民法庭可以设立巡回办案点。巡回办案点可以挂牌。具体模式为“某某人民法庭某某办案点”。但办案工作仍以法庭名义进行，巡回办案点不得刻制公章。

巡回办案点应当具备开庭的条件，办公时间应予公告。

第六十三条 人民法庭应根据实际条件隔离审判区、办公区和生活区，当事人只能在审判区活动，审判区和生活区保持适当距离。

第六十四条 人民法庭应制订日常管理制度，严格执行考勤制度和请假制度，工作人员应当按规定上下班。

需下乡调查或巡回、就地开庭的，应报庭长批准。

第六十五条 人民法庭应按规定配备铁门、铁窗和铁柜，安装自动报警器，用于保管保密材料、档案和格式诉讼文书等内部资料，并由专人负责管理。

第六十六条 人民法庭应按规定加强档案管理工作。

对审结、执结的案件应按要求及时装订档案，由承办法官或书记员在结案后30日内负责归档。

人民法庭已结案的档案统一归口由基层法院档案室管理。

第六十七条 人民法庭的印章由省法院统一制发，各中级法院、基层法院不能制作人民法庭印章。

人民法庭应当建立印章管理制度，严格按照规定使用印章，进行用印登记，加强用印管理，妥善保管印章。使用印章应经庭长批准。不得在空白文书上盖印，不得为与人民法庭工作无关的事项使用印章，无特殊原因和未经批准不得将印章带至人民法庭以外使用。

被撤并的人民法庭的原有印章应当按规定缴回省法院封存或销毁，不得留用或挪作他用。

人民法庭采用电子印章的，应建立严格的管理制度，明确程序授权，做到权责分明。

第六十八条 基层人民法院应根据审判需要，及时为人民法庭订阅业务资料。

人民法庭应设专门的审判业务资料室或专柜，登记造册，供人民法庭全体工作人员查阅。人民法庭工作人员不得将有关资料据为己有或调离、退休时带走。

第六十九条 人民法庭庭址应安排专人看守或者由人民法庭工作人员轮流看守，晚上或节假日应安排专人值班。

第八章　附　则

第七十条 本规范自2005年1月1日起实施。

本院以前下发的相关规定与本规范相抵触的，执行本规范。

关于印发《广东省高级人民法院、广东省公安厅关于〈道路交通安全法〉施行后处理道路交通事故案件若干问题的意见》的通知

粤高法发［2004］34号

全省各级人民法院、全省各级公安机关：

现将《广东省高级人民法院、广东省公安厅关于〈道路交通安全法〉施行后处理道路交通事故案件若干问题的意见》印发给你们，请结合实际认真贯彻执行。执行中有何问题请及时报告省法院民一庭和省公安厅交管局。

2004年12月17日

关于《道路交通安全法》施行后处理道路交通事故案件若干问题的意见

为了妥善、及时处理道路交通事故案件，依法保护当事人的合法权益，维护社会稳定，根据我国《民事诉讼法》、《民法通则》、《道路交通安全法》、《道路交通安全法实施条例》、最高人民法院《关于审理人身损害赔偿案件若干问题的解释》以及公安部《交通事故处理程序规定》等有关规定，结合我省实际，提出如下意见：

一、抢救费用的支付和财产保全

1. 适用一般程序处理交通事故时，公安交通管理部门应当尽量查明机动车所有人、实际支配人、驾驶员的姓名、住所、联系方式以及肇事车辆是否参加机动车第三者责任强制保险、参保的保险公司和责任限额等有关情况。

2. 交通事故造成人员伤亡的，公安交通管理部门应依照《道路交通安全法》第七十五条、《道路交通安全法实施条例》第九十条等有关规定通知相关保险公司或社会救助基金管理机构支付抢救费用，也可通知机动车驾驶人、所有人、实际支配人支付抢救费用。

交通事故造成人员死亡的，尸体处理费用的支付参照上款规定处理。

保险公司、社会救助基金管理机构、机动车驾驶人、所有人、实际支配人不在规定的时间内支付的，公安交通管理部门应及时制作交通事故认定书送达当事人，并告知当事人可向人民法院起诉并申请先予执行。人民法院应及时立案，并裁定先予执行。

3. 适用一般程序处理交通事故时，公安交通管理部门应依法及时将肇事车辆予以扣留。

对于未投保机动车第三者责任强制保险的车辆，按照《道路交通安全法》第九十八条的规定处理。

对于已投保机动车第三者责任强制保险的车辆，依照公安部《交通事故处理程序规定》第三十九条、第四十二条等有关规定处理。

对于机动车所有人、实际支配人书面申请缴纳事故责任保证金的，可予准许。在其缴纳了相当于承担全部责任时的损害赔偿数额的保证金后，公安交通管理部门可将检验、鉴定完毕后的车辆予以返还，但无牌证、拼装、达到报废标准等无合法来源的车辆除外。

4. 公安交通管理部门在交通事故发生后，应书面告知各方当事人的权利和义务，指引当事人通过相关法律途径解决损害赔偿问题。

对扣留的车辆进行技术检验鉴定后，公安交通管理部门在依法送达技术检验鉴定结论时，应告知各方当事人公安交通管理部门返还机动车的时限，对于没有投保机动车第三者责任强制保险的车辆或者虽然投保了机动车第三者责任强制保险但交通事故损害赔偿数额可能超过机动车第三者责任强制保险责任限额的，公安交通管理部门应告知当事人可向人民法院申请诉前财产保全。

5. 当事人向人民法院申请财产保全的，人民法院应依法进行审查，对于符合条件的，应及时作出财产保全的裁定。

人民法院在作出财产保全裁定时，如责令当事人提供担

保的，当事人可提供财产担保，也可提供保证人担保。

保证人应当有合法的收入或固定资产，有能力履行担保义务，并出具书面保证书。

6. 人民法院依法采取财产保全措施的车辆，应根据实际情况在裁定书中明确车辆保管的地点与方式。已由公安交通管理部门扣留的车辆，原则上不变更保管场所。

二、交通事故认定

7. 在道路交通事故发生后，公安交通管理部门应依照有关规定查明事故原因，确定当事人的责任，并在将扣留的车辆返还给机动车所有人或实际支配人前作出交通事故认定书，送达各方当事人（含机动车所有人、实际支配人）。

经调查，确实无法确定交通事故事实的，公安交通管理部门应在将扣留的车辆返还给当事人前，依据《交通事故处理程序规定》的相关规定制作交通事故认定书，送达各方当事人。

8. 因交通事故当事人处于抢救或昏迷状态的特殊原因，无法收集当事人证据、且无其他证据佐证交通事故事实时，经上一级公安交通管理部门批准，交通事故认定的时限可中止计算，但中止的时间最长不超过两个月。中止原因消除后，应及时作出交通事故认定；中止时间期满后当事人仍然昏迷的，公安交通管理部门可参照本意见第7条的规定处理。

9. 交通事故死亡人员身份不明但其他事实基本清楚的，公安交通管理部门可以出具事故认定书并认定事故责任，身份不明者可以用“无名氏”等字样表述。

10. 交通事故肇事人弃车逃逸，经公安交通管理部门调查并公告，无法找到交通肇事逃逸人的，公安交通管理部门可以应受害人的要求出具交通事故认定书，认定书中对不明身份的当事人可以使用“XX车驾驶人”、“无名氏”等字样表述。

11. 县级以上公安交通管理部门应当组织本部门车辆检验员、车辆生产、维修企业的技术人员或者高等院校、科研院所专业人员成立车辆技术检验小组，负责辖区内事故车辆的安全技术检验。

三、公安交通管理部门对交通损害赔偿的调解

12. 公安交通管理部门在处理道路交通事故时，在作出交通事故认定书之前或送达交通事故认定书时，应告知各方当事人有申请公安交通管理部门调解或直接向人民法院提起民事诉讼的权利，并向当事人发送空白调解申请书。

13. 公安交通管理部门应认真做好调解工作，经调解达成协议的，应及时制作调解书，送达各方当事人。经调解未达成调解协议的，应制作调解终结书送交各方当事人，调解终结书应载明未达成协议的原因。

14. 同一宗交通事故造成的伤亡人数为2人以上，由于伤者治疗终结或者定残的时间各不相同，伤者治疗终结或者定残的时间与死者丧葬事宜结束的时间也不相同，造成各受害人损害赔偿的调解期限的起始时间各不相同的，公安交通管理部门应根据各受害人的不同情况分别组织调解。

根据伤情需要对伤者分期治疗的，公安交通管理部门可以在第一期治疗终结后组织调解，继续治疗的费用可以在征求医疗部门的意见后经双方协商达成赔偿协议，也可以另行提起民事诉讼。

四、责任承担

15. 当事人向人民法院提起道路交通事故人身损害赔偿诉讼时，应提交交通事故认定书或当事人之间就交通事故损害赔偿达成的协议书。

16. 当事人在公安交通管理部门主持调解时或自行协商达成的协议，是各方当事人为处理道路交通事故损害赔偿后果签订的民事合同。人民法院在审理案件时，经审查该协议不具有无效、可撤销情形的，可依法认定有效，并据此作出判决。

17. 受害人与机动车方或保险公司达成的协议，除未参加签订协议的一方事后予以认可的以外，该协议对未参加签订协议的一方没有约束力，受害人要求按该协议履行的，可将与其签订协议的一方作为被告。

18. 当事人对于交通事故认定争议较大的，人民法院在审理案件时，可要求作出交通事故认定的公安交通管理部门作出书面说明或派员出席法庭作证。人民法院认为公安交通管理部门作出的交通事故认定不准确的，应书面征求作出事故认定的公安交通管理部门的上级部门的意见，有关公安交通管理部门应在收到书面征求意见的函件之日起15天内作出书面回复。

19. 机动车与非机动车驾驶人、行人发生交通事故，依据《道路交通安全法》第七十六条的规定需要减轻机动车方赔偿责任的，一般按照以下原则减轻责任：

（1）非机动车驾驶人、行人在事故中负次要责任的，减轻比例不超过20%；

（2）非机动车驾驶人、行人在事故中负同等责任的，减轻比例不超过40%；

（3）非机动车驾驶人、行人在事故中负主要责任的，减轻比例不超过60%；

（4）非机动车驾驶人、行人在事故中负全部责任的，减轻比例不超过80%。但非机动车驾驶人、行人在禁止非机动车和行人通行的城市快速路、高速公路发生交通事故，承担事故全部责任的，机动车方的减轻比例不超过90%。

20. 根据当事人提供的证据难以认定交通事故责任或当事人的过错的，人民法院可按如下规则确定当事人的民事责任：

（1）机动车与机动车发生交通事故的，由事故各方承担同等民事责任；

（2）机动车与非机动车驾驶人、行人发生交通事故的，由机动车方承担全部民事责任。

（3）非机动车之间、非机动车与行人之间发生交通事故的，由事故各方承担同等民事责任。

21. 人民法院经审理依法确定各自应承担的责任后，对于未超过机动车第三者责任强制保险责任限额范围的部分，根据受害方的请求，可判决由保险公司承担赔偿责任，也可判决由机动车所有人、车辆实际支配人及驾驶员承担连带赔偿责任，还可判决保险公司和机动车所有人、车辆实际支配人及驾驶员承担连带赔偿责任。对于超过责任限额范围的部分，判决由机动车所有人、车辆实际支配人、驾驶员承担连带赔偿责任。

驾驶员是在执行职务时发生交通事故的，除符合最高人民法院《关于审理人身损害赔偿案件适用法律若干问题的解释》第九条规定的情形外，驾驶员不承担赔偿责任。

22. 被盗抢的车辆在被盗抢期间发生的交通事故，如车辆参加第三者责任强制保险的，由保险公司在责任限额内承担赔偿责任，也可由肇事人承担全部赔偿责任。机动车所有人、车辆实际支配人不承担赔偿责任，但机动车所有人或实际支配人必须提供盗抢案件发生地公安机关出具的证明。

23. 当事人认为医疗机构未及时抢救导致受伤人员死亡或伤情加重，将医疗机构和交通事故赔偿义务人作为共同被告的，人民法院应予允许。经审查，医疗机构确实存在拖延救治情形的，可根据其过错大小和拖延救治行为与损害后果之间的原因力比例，判决医疗机构和交通事故赔偿义务人各自承担相应的赔偿责任。拖延救治行为与损害后果之间的原因力大小难以确定的，可依法委托有关鉴定机构进行鉴定。

24. 两辆以上机动车相撞，造成他人人身损害的，人民法院在判决各肇事车辆的赔偿义务人对受害人承担连带赔偿责任时，应根据各肇事车辆的赔偿义务人之间的过错大小确定各自的责任份额。一辆机动车的赔偿义务人在多支付了应承担的责任份额后，可向另一方予以追偿。

五、赔偿数额的确定

25. 交通事故受害人未经原住院治疗的医疗机构同意，擅自转院治疗的，对其因转院治疗增加的费用，人民法院不予支持。但确有因原住院治疗的医疗机构不具备相应的治疗条件又不同意受害人转院或其他正当理由的除外。

26. 当事人因交通事故致残的，公安交通管理部门和人民法院应告知当事人在具备伤残评定条件时向具有资格的伤残鉴定机构申请评定伤残等级。人民法院在审理案件过程中，对伤残评定结果的审查，适用最高人民法院《关于民事诉讼证据的若干规定》中有关鉴定结论的规定。

27. 受害人的户口在农村，但发生交通事故时已在城镇居住一年以上、且有固定收入的，在计算赔偿数额时按城镇居民的标准对待。

28. 对现役军人、香港、澳门、台湾同胞和华侨、外国人、无国籍人的人身损害赔偿，按照城镇居民的有关标准计算赔偿数额。

29. 交通事故受伤人员康复必需的营养费，根据受害人伤残情况参照医疗机构的意见确定。

30. 被扶养人的年龄男性在十八周岁以上、六十周岁以下，女性在十八周岁以上、五十五周岁以下的，赔偿权利人应提供劳动能力鉴定结论或县级以上人民医院出具的证明，同时应提供村民委员会或居民委员会证明其无其他生活来源的书面证明。

31. 交通事故死亡人员身份不明，肇事方同意赔偿的，对死亡人员按照城镇居民的标准计算赔偿费用。经法医鉴定死亡人员男性年龄在二十三周岁以上、六十周岁以下，女性在二十一周岁以上、五十五周岁以下的，被扶养人推定为1人，被扶养人生活费计算10年。“无名尸”的损害赔偿费用交由道路交通事故社会救助基金管理机构提存。

六、其　他

32. 人民法院拍卖交通事故车辆所得价款，在优先用于支付交通事故损害赔偿金后再支付车辆保管费。

33. 人民法院受理交通事故人身损害赔偿案件，按财产案件的收费标准收取案件受理费。

当事人确因经济困难不能按时足额交纳诉讼费用的，可以向人民法院申请缓交、减交或免交。人民法院应当依照有关规定进行审查，决定是否缓交、减交或免交。

34. 在交通事故中需承担民事赔偿义务的境外来华人员，离境前应当履行赔偿义务或者提供相应的担保。

35. 人民法院受理道路交通事故损害赔偿案件后，可以向处理该案的公安交通管理部门发出调卷函或者由办案人员持调卷函调阅公安交通管理部门处理该案的全部案卷。公安交通管理部门应当依照《交通事故处理程序规定》第六十九条的规定办理。一审宣判以后，当事人提起上诉的，一审法院可以将该卷宗随案移送二审法院。二审法院审理终结后，应将该卷宗随案退回一审法院。一审法院在收到该卷宗后，应在3日内将该卷宗退回公安交通管理部门。

36. 公安交通管理部门在事故处理中向当事人送达法律文书，适用《公安机关办理行政案件程序规定》第三十一条的规定。

37. 根据《道路交通安全法》第九条、第十二条的规定，机动车所有人是指机动车在车辆管理机关登记的单位和个人。

本指导意见所称“车辆实际支配人”是指在车辆异动中未办理过户手续的买受人（发生多手交易均未过户的，为最后一次买卖关系的买受人）、受赠人、车辆承租人、借用人、挂靠人和承包经营人。

38. 2004年5月1日以前发生的交通事故，人民法院在2004年5月1日以后作为一审案件受理的，不适用《道路交通安全法》，但可适用最高人民法院《关于审理人身损害赔偿案件若干问题的解释》的规定。对于广东省高级人民法院、广东省公安厅联合下发的《关于处理道路交通事故案件若干具体问题的意见》（粤高法发［1996］15号）和《关于处理道路交通事故案件若干具体问题的补充意见》（粤高法发［2001］6号）中与上述司法解释没有冲突的规定，也可参照适用。

自2004年5月1日起发生的交通事故，参照适用本指导意见的规定。法律、法规和司法解释作出新规定的，从其规定。

第五章 各部门工作

办 公 室

一、加强综合协调，确保法院中心工作的落实

全年共组织完成了11次全国大型会议（活动）、14次全省大型会议、13次全省专业会议。协助召开党组会35次、院长办公会11次、协调会40多次，安排审委会例会184次，讨论重大疑难案件924件。规范接待工作机制，努力提高接待水平，接待各级领导75批近2500人次。依法办理司法协助及涉外案件协调工作，办理司法文书送达292件，办理涉港澳台司法文书送达352件，在涉外刑事案件方面向驻华使领馆发送照会186件，安排领事探视34次，接待外宾来访80余人次等。

二、当好参谋助手，促进法院工作的有序开展

拟办、呈批、反馈、格式把关、跟踪督促落实各类文件3500多份，起草各类文件、报告、专报、公函305份，完成文件、电报、机要邮件的收发、送阅、清退、归档和销毁等工作约20万件。办理专项督办任务422件，转办院领导批示144件。积极开展人大、政协联络工作，制定工作要点，认真组织人大代表建议和政协委员提案的办理及答复工作，热情接待人大代表、政协委员的来信来访，积极邀请省政协委员来我院旁听案件庭审，邀请法律界人大代表、政协委员来我院座谈等。全面落实了保密工作目标管理考评制度，增强了广大干警的保密意识和保密工作防范能力。

三、提高服务意识，为审判、执行工作提供后勤保障

加强了文印工作，印制各类法律文书9万多份，打印各类文稿（不含非法律文书）6000多件，电脑排版约7万个，油印、复印文稿7200件，油印、复印约360万张次。完成诉讼档案入库7038宗，13177册，文书材料新收入库1500多份，清理回未归档的案件122宗，办理档案对外查阅450多人次，办理档案内部查阅2000多人次，接待图书阅览、借阅1万多册次。与书记员处合作开办“司法专邮”法律文书送达业务，使工作效率明显提高。对普通邮政推行物业化管理，将普通邮件与机要邮件彻底分开，并设立本院内部文件交换制度，实行8小时前台专人值班制和24小时电话值班制，大力提高服务质量。进一步完善档案管理软件系统，弥补了原档案管理系统的不足。

四、加强信息化建设，提高办公自动化水平

召开了全省法院信息化建设工作会议，制定了《广东法院计算机信息网络建设指导书》等规范性文件。完成了“一级专网”视频会议系统的建设、我院局域网改造一期工程建设、外接互联网工程建设、“广东法院信彷管理系统”的开发工作、广东法院网改版工作以及政法信息网“法院系统概要设计”的各类调研、设计、概要等工作。办公自动化系统的建设工作进展顺利。指导下级法院信息化建设，完成了20多个法院提交的有关局域网、三级专网等信息化建设规划和方案的审查。帮助14个经济条件较差的中级法院落实视频会议系统建设。

五、狠抓制度建设，推进司法管理的规范化

牵头组织编印了《广东省高级人民法院工作规范》。积极参加全省政法系统规范化建设情况交流会。制订了《关于举办会议和活动审批备案的若干规定》、《综合性会议会务操作细则》、《接待服务工作实施细则》等规章制度，健全完善了接待报账制度、用餐标准审批制度及贵重物品使用登记制度等。逐步推进信息安全密码保障工作规范化。严格执行本院有关财务规定，将纸张、油墨及其他消耗品纳入公开采购范围，加强文印用料财务制度管理。

六、强化调研指导，逐步提高司法政务水平

开展了加强人民法院督查工作、办公场所调整改造、建立巡视制度、内部刊物整合、法官协会和女法官协会等相关问题调研。在开展加强法院基层建设工作中，积极开展调查研究，向院领导提出合理化建议。对全省档案管理尚未晋升省特级的31家基层法院进行调研。召开珠三角地区中院办公室主任会议，就有关工作进行了专题培训和指导。同时采取有效措施，加强了对下级法院保密工作的检查、指导。全年共对22个下级法院逐个检查。针对全省法院档案达标升级工作发展不平衡的情况，先后去河源、韶关等10个地区的24个县级法院督促、指导和调研。

立 案 庭

一、依法受理各类案件，切实保障当事人诉权

2004年，立案庭共立案受理一审案件60件，二审案件4065件，执行案件43件，国家赔偿和违法确认案件27件；对诉前财产保全申请立案13件，查封、冻结财产近20亿元；办理请示批复67件，办理延长审限批复4302件；受理案件受理费缓减免申请283件，减免缓金额达到1517万元，为112件案件的当事人提供司法救助，保障当事人依法行使诉讼权利。

二、调动全庭力量，优质、高效地完成审判任务

2004年，立案庭通过优化组合合议庭、简化案件审理程序、月初报办案预结数月底抓落实等办法，发扬不畏艰难、不怕疲劳、连续作战、团结协作的精神，全年共立卷审查申请再审案件2953件，审结2139件；受理二审程序性案件458件，审结407件；办理省检察院抗诉案件612件。有效地解决了该立案而不予立案或应该不立案而乱立案、争管辖权的问题，维护了生效判决的权威，畅通了申诉渠道。

三、探索信访工作新机制，全力解决涉诉上访问题

2004年6月，我院信访办成立后，迅速建立了有访必接、首问负责、院长接访、联合接访、来信来访月报、上访老户季报、重大信访信息及时报告、公开听证、信访督查员等一整套信访工作制度，信访工作程序化、规范化、制度化。一年来，共处理来信9899封、来访8022件、网上信访232件、督办案件144件，组织院长接访5次，对2005件申诉案件予以立案审查。在集中处理涉法涉诉上访中，圆满解决了省委政法委交办的3批共56宗越级进京上访的重点督办案件和最高法院交办的6宗与“5.11起诉事件”有关的越级进京上访案件，受到了省委和最高法院的好评。全年没有发生一宗滞留访，初访的比例达到90%，信访工作趋于良性循环。

四、创建“文明窗口”，全面落实司法为民思想

2004年，立案庭继续狠抓立案信访两个“文明窗口”建设。组织开发了信访流程管理软件，为每一次来访和每一封来信建立一个电子档案，对登记、审查、分流、处理、统计等各个环节实行动态管理和监控，彻底改变以前信访底数不清、情况不明的被动局面，切实做到“件件有答复，事事有回音”。为全省法院窗口建设争取1050万元专项资金，有力支援了经济欠发达地区的窗口建设。起草了《立案信访两个“文明窗口”考核验收标准》，对窗口建设实施目标管理。

五、积极维护金融市场稳定，受到省委省政府的赞扬

2004年10月，立案庭承办广东证监局申请冻结广东证券股份有限公司及其下属分支机构在全国22个市有关银行的530多个客户交易结算资金账户和清算备付金账户一案，能否依法、迅速、安全地实施财产保全，涉及众多股民的合法权益，事关证券市场和金融市场的稳定。立案庭在极短的时间内制订行动方案，组织协调本院5个业务部门和全省17个中院在同一天统一采取冻结行动，一举冻结了广东证券股份有限公司及其下属分支机构的530多个账户，有力维护了我省金融市场的稳定，受到省委书记张德江、省长黄华华等领导的赞扬。

六、完善流程管理机制，提高司法管理水平

2004年8月出台的《广东省高级人民法院审判流程管理系统使用情况考评办法》，标志着我院审判流程管理进入一个新阶段。立案庭全年共排案7384件，发出《督办案件通知书》102份，同比增加39份，对949件超审限案件进行了督办，同比减少532件，克服了以往人为分案存在的随意性、无序性和不公正的弊端，对公正司法、提高办案效率和防止超审限起到了积极的作用。

七、加强调研指导工作，深入推进各项工作开展

与审监庭联合制订了《广东省法院再审案件暂行规定（试行）》，确立可能有错的再审立案标准，有效缓解了“申诉难”，规范了申诉与申请再审案件的审查立案工作；配合民四庭规范全省法院的集中管辖工作；与行政庭共同制订了《关于行政案件立案受理有关问题的意见（试行）》，规范全省法院行政案件的立案受理工作；完成了《广东省案件审理周期调查报告》和《劳动争议纠纷》等调研课题。

八、加强队伍建设，增强队伍战斗力

一年来，立案庭围绕“司法公正树形象”、“三树立、五落实”以及学习任长霞、蒋庆同志先进事迹等各项学习教育活动，组织全庭干部学习先进典型，加强廉政教育，加强世界观改造。结合本庭工作实际，在立案信访、流程管理、申诉审查的工作作风等方面查找差距，剖析存在问题，提出整改意见，使立案庭队伍保持蓬勃的朝气，形成团结向上的氛围。

刑事审判第一庭

2004年，是刑一庭工作再创佳绩的一年。一年来，在院党组和主管院长的直接领导以及各部门的大力支持、配合下，刑一庭以“三个代表”重要思想为指导，紧紧围绕“公正与效率”的工作主题，按照司法为民的宗旨要求，全力抓好审判工作，不断提高办案能力和水平，依法审理了一大批重大刑事案件，较好地完成了全年审判工作。同时，规范化、信息化建设，调研指导，队伍建设和党风廉政建设等各项工作取得了新的成绩。2004年度，该庭被省委、省政府评为全省禁毒先进单位，被省直机关工委授予“全省先进基层党组织”荣誉称号，被省法院评为“先进集体”，连续7年被评为“省直文明单位”。2004年，刑一庭主要取得了以下几方面的成绩：

一、较好地完成了全年审判任务，结案数、人均结案数创近年来新高

全庭全年共受理案件1888件，与03年相比上升了14.9%，审结案件1282件，与03年审结的1021件相比，多审结了261件，增长了25.5%，人均结案40.1件，人均结案数比去年上升了24.5%，个人最高结案68件。受理减刑、假释案件1681件，全部办理完毕。

二、办理了一批严重危害国家安全和社会稳定的重大案件，受到有关方面的高度评价

先后审理了“8301”系列间谍案、“春雷行动”系列间谍案等一批危害国家安全案件，审理了一批严重危害社会治安的绑架、黑社会性质组织犯罪案件，依法从重从快惩处了一批罪行严重的刑事犯罪分子，有力地维护了国家安全和社会稳定。

三、办案质量和效率有明显提高，清理超期羁押案件成绩显著

刑一庭始终坚持把案件质量放在第一位。全年死刑改判死缓或其他刑罚的52人，因事实不清、证据不足发回重审的23件，防止了错判、错杀，确保了办案质量。始终把纠防超期羁押案件工作作为最重要、最紧迫的工作任务来抓，千方百计，采取一切可以采取的措施，全力抓好清理超期羁押案件工作。全年共累计清理新增超期羁押案件257件747人，年底前，已将超期羁押案件清理完毕。同时，还清理了646件时间较长的“老、大、难”案件，清案工作取得了显著成绩，得到了省人大等有关部门、省委领导的充分肯定。

四、认真组织开展减刑、假释大检查活动，取得了初步成效

2004年6月份以后，按照最高法院的部署和要求认真组织全省各中级法院开展减刑、假释大检查活动。同时，认真抓好自身大检查工作，对1998年以来，尤其是2001年以来办理的减刑、假释案件进行了全面的清查，清查了历年办理减刑、假释案件的基本情况，并对2390件减刑、假释案件进行了抽查。在此基础上，拟定了全省《关于办理减刑、假释案件实施细则》，大检查工作取得阶段性的成效。在全国法院刑事审判工作座谈会上，该庭被指定专题发言，得到了会议代表的一致好评。

五、强化调研指导和审判经验总结，取得丰富成果

2004年，刑一庭突出抓好对下级法院办案工作的指导，尤其是对重点案件的指导工作，先后派出10多人次到下级法院讲课，得到了下级法院的普遍尊重，在全省法院树立了威信。同时，加强调查研究和审判经验总结，完成了《禁毒立法调研报告》、《审理刑事附带民事案件适用法律若干问题的调研报告》、《审理涉港澳案件适用法律若干问题的调研报告》以及《死刑复核程序问题的调研报告》，编写了《刑事法官的实践与思考》一书。

六、利用信息化服务审判工作上了台阶

2004年，该庭加大了通过计算机等现代办公手段辅助办案的力度，率先将全庭的收结案纳入流程管理系统管理，至年底前，全庭实现了全部案件网上立案、网上结案，基本实现了全部案件流程管理。同时，在省法院自动办和亚仿公司的支持配合下，率先设计了具有个性化的部门专用网，实现了减刑、假释工作软件的升级换代，信息化服务审判工作已显示了其巨大优越性。

七、加强队伍建设，队伍素质得到进一步提高

坚持两手抓、两手硬的方针，做到审判工作和队伍建设两不误。在开展“三树立、五落实”以及“公正司法树形象”活动中，该庭把活动的开展与队伍素质建设和党风廉政建设有机地结合起来，在抓好政治业务学习、提高政治业务水平的同时，重视党风廉政建设，重点加强了内部监督机制建设和落实。由于廉政建设抓得紧、管得严，全年全庭没有出现一件违法、违纪事件和不廉洁现象。全庭同志的凝聚力、向心力也得到了进一步加强。

刑事审判第二庭

一、审判工作成效显著，结案创历史新高

刑二庭2004年全年共收案1231件。在积案多、人员不足、疑难案件占较大比例和清理超审限案件任务艰巨的情况下，经全庭同志共同努力，审判各类案件呈现出“两个增长、一个提高、一个下降”的良好态势：全年审结案件983件，比2003年的647件增加336件，同比增长51.9%；全庭人均结案35件，比2003年人均增加13件，人均审结案件数同比增长59.1%；结案率为80.1%，2003年结案率为71.8%，同比提高了8.3%；至2004年底，存案为248件，比2003年的453件下降了45.3%。

二、清理超审限案件专项工作成绩显著

清理超审限案件是我省法院的老大难问题。为了防止“边清边超”、“清完又超”、“滚雪球”等恶性循环现象出现，刑二庭2004年1月5日起就指定专人负责审限跟踪、督促并及时调整工作方法常抓不懈至12月底，取得一定成效。全庭全年按审限要求审结及清理超审限案件556件。到年底为止，没有超审限案件，摘掉了“超审限第一”的帽子，较好地解决了清理超审限工作“全国看广东，广东看省院，省院看刑二庭”的被动局面。

三、大案要案审判成效较为突出

刑二庭大案要案占较大比例，这既是广东刑事审判也是刑二庭工作的一个显著特点。大要案的审判工作需要投入更多的审判力量和时间，付出更多的精力和心血，对事实、证据、法律适用提出了更高要求。因此，刑二庭始终将大案要案审判工作提高到完成中央和省委交办的政治任务的高度予以重视，及时指派刑事审判骨干人员提前介入、指导等。在2004年审理大要案工作中，刑二庭取得突出成效的典型案件有：⑴全年刑二庭判决无罪的案件有4宗7人。其中，包括了备受舆论和理论界关注的法官莫兆军被控玩忽职守罪一案，最终被宣告无罪，得到了法学界的充分肯定；⑵办结了广州84名、佛山44名被告人走私红油大案；⑶全国历史上涉毒数量最大的深圳庄楚城等14人制造、走私“冰毒”30余吨案；⑷轰动境内外的原香港凤凰卫视董事局副主席周一男一家5口被“灭门”并被抢劫600多万元等在全省、全国有重大影响的案件。尤其是一年里对4宗案件7人宣告无罪，开创刑二庭历史先河，得到有关部门和领导的支持与肯定，收到较好的社会效果。更为重要的是，这对于转变刑事司法观念，贯彻落实刑法保障无罪的人不受到刑事追究的精神有极大的促进作用。

四、组织管理步入规范

刑二庭始终注重狠抓组织与管理工作，建立健全内部管理制度，完善监督机制，以制度促质量，向管理要效率，着重抓了以下四项主要工作：⑴重新制定《刑二庭内部管理规程》。将全庭分三个办案组，分别负责粤东、粤西、粤中的案件，克服了案件分散、影响效率的弊端；明确案件审批权限和职责，避免在审批环节积压案件而影响结案。⑵加强管理机制。如实行每天签到制度，进一步加强了考勤管理制度。⑶副庭长兼任审判长。有利于案件把关和简化审批程序，把案件问题解决在合议庭，提高合议庭及各成员的整体水平与素质。⑷集中办案。由庭长带队集中办案、集中合议。这些措施都极大促进了办案效率的提高。

五、调研、业务指导工作取得新成果

刑二庭极为重视业务指导和调研工作，根据审判工作业务新情况、新问题突出的特点，加强调研和业务指导，总结审判经验，2004年重点抓好以下主要工作：（一）编撰了汇集目前有效的刑事法律、司法解释和本省部分司法文件、篇幅达800余页、80万字的《广东刑事审判手册》，该书由吕伯涛院长亲笔题写书名，陈华杰副院长主编；（二）完成了卷烟打假和企业人员犯罪问题两个调研课题及其成果转化。其中《关于执行最高人民法院、最高人民检察院、公安部、国家烟草专卖局〈关于办理假冒伪劣烟草制品等刑事案件适用法律问题座谈会纪要〉的意见》结合我省实际而制定的10余条意见，在打击伪劣产品犯罪、整治市场经济秩序专项审判活动中提供了有力的法律支持，收到较好的效果；《关于办理公司、企业人员受贿、职务侵占、挪用资金刑事案件具体应用法律若干问题的指导意见》也将在进一步研究讨论后下发。

六、队伍建设平稳、有序、战斗力强

刑二庭坚持一手抓审判，一手抓队伍建设不放松。2004年调入10名法官，全庭形成了团结、和谐、高效、廉洁的良好氛围。反腐倡廉落到实处，没有出现违反审判纪律或者“人情案、关系案、金钱案”的现象。集体活动有组织、有成效，以刑二庭为主体的合唱团，代表省法院参加省直机关歌咏比赛，荣获第二名。通过比赛，既获得了荣誉，也展示了全省法官健康、向上的精神风貌。注重业务学习，目前，全庭有博士三人、硕士二十多人，其余人员都达到本科文化程度，学历程度骄人。

民事审判第一庭

一、狠抓办案质量和效率，加强诉讼调解工作，稳妥处理各类案件

2004年，民一庭共受理民事案件590宗，审结532宗，分别比上年增长5.6%和11.6%；结案率为90.2%，同比增长4.7%；人均结案23件，同比增长9.5%；存案58件，同比下降29.3%。

为了保证案件质量，民一庭建立审判过程中的监督制约机制，落实合议庭职责，加强庭长的案中、案后监督，坚持对疑难、新类型和合议庭争议较大的案件由审判长会议讨论的做法，全年审判长会议共讨论案件57件，占结案总数的10.7%。重视群体性纠纷案件和社会关注的敏感案件、督办案件的妥善处理，力求平衡各方当事人之间的权益，注重保护弱势群体的合法权利，维护社会秩序的稳定。基本实现督办案件“个个有回复，件件稳处理”。2004年成功审结了多宗重大、敏感案件，取得了良好效果。如在成功处理了林汉良与惠东县木材公司投资、经营房地产系列纠纷案件后，惠东县人民政府专门给吕伯涛院长寄来了感谢信。重视加强诉讼调解工作，调解结案63宗，比上年增长43.2%，占全年结案数的11.8%。注意跟踪指导全省各级法院审理的被媒体报道、社会影响较大的敏感案件，如涉及“广地花园”小业主房屋重复抵押的系列案，省法院民一庭一直进行跟踪、指导，并及时向省委政法委作了专题报告，取得良好的效果。

二、强化调研和指导，掌握和解决新情况、新问题

经最高法院指定，民一庭与最高法院民一庭共同承担“关于人民群众反映打官司难”课题的调研，历时4个月，走过大半个国家，形成近3万字的调研报告，受到最高法院多位领导的好评，并被评为年度优秀调研成果。完成劳动争议调研课题，形成了1个综合报告和6个专题报告，总字数达9万，并在《法庭》出了一期劳动争议调研专辑。通过对交通事故案件的处理和对人民法庭建设情况的调研，分别形成《关于对我省部分地区交通事故损害赔偿案件进行调研的情况报告》和《关于对粤西地区人民法庭建设工作进行调研的情况报告》，报送院党组和人民法庭工作领导小组。在此基础上，经过二十稿的反复修改，制定下发了《人民法庭工作规范》。针对新颁布的《道路交通安全法》给民事审判带来的巨大影响和冲击，按吕伯涛院长和李琦副院长的指示，迅速组织人员，对面临形势问题和对策展开调研，经与省公安厅反复协商讨论，历时半年，联合制定下发了《关于〈道路交通安全法〉施行后处理道路交通事故案件若干问题的意见》，加强了两家的协调与配合，统一了执法标准。针对全省各级法院对《合同法》第286条及有关司法解释理解不一致，导致各地在司法标准上不统一的情况，通过广泛的调研，并与省法院执行局协调，制定下发了《广东省高级人民法院关于在审判工作中如何适用<合同法>第286条的指导意见》，对审理建设工程价款优先权的有关程序、建设工程价款优先权的适用范围、期限的计算等法律、司法解释规定不明确的问题作出了比较具体的规定，使全省法院在这一问题上形成了一个具有可操作性的标准。编辑出版了每年一本的《民事审判工作政策法律文件选编》，作为全省民事审判人员的工具书。编写了《民事侵权法实证分析》一书，交由中国法制出版社出版。此外，还向省建设厅发出司法建议书一份，建议其对商品房买卖合同文本进行修改，以预防、减少纠纷的发生。

三、加强全省民事法官培训，努力建设高素质民事审判队伍

组织了“全省法院民事审判业务培训班”，对全省各级法院民一庭、房地产庭庭长进行了为期一周的业务培训，邀请中国人民大学杨立新教授等知名学者授课。支持全省法院的法官培训工作，庭领导和业务骨干应邀赴梅州、河源、阳江、江门、肇庆等地授课近20人次。重视对全庭干部业务水平的提高，采取多种措施支持、鼓励大家主动加强学习和研究，全年民一庭干部在《人民司法》等刊物发表学术论文10篇，并有2篇论文获奖。此外，省法院民一庭还抽出一名法官参加最高法院讲师团，赴广西支援西部法官培训工作3个月。

四、注重廉政教育，确保司法公正

民一庭党支部充分认识到审判队伍廉政建设的重要性和必要性，组织全庭干部认真学习中央十六届四中全会和省委九届五次会议精神，严格按照院党组和机关党委的部署，扎扎实实地开展了各项教育活动，组织全庭同志集中时间学习和查摆问题。针对查摆出的问题，进一步完善民一庭的有关制度，加强案件处理过程中的监督制约机制，以保障司法公正，提高审判效率。

由于各项工作成绩均较为突出，省法院民一庭被评为2002-2004年度广东省文明单位、2004年省法院先进集体、2004-2005年度省法院先进党支部。

▲最高法院在深圳市召开劳动争议案件司法解释征求意见座谈会。

民事审判第二庭

一、狠抓规范化建设，审判工作上新台阶

2004年，民二庭的审判工作有三大特点，一是受理的一审大要案大幅度上升，比去年增加了16宗，增长了80%；二是银行信贷纠纷案件明显减少，公司股权转让、企业委托理财、代位求偿、保证保险等新类型的商事纠纷增多，案件审理的难度增大；三是背景复杂、棘手难办的案件多。2004年，民二庭通过狠抓规范化建设确保案件质量。如通过多次组织庭审观摩评议活动，提高全庭人员的庭审驾驭能力；通过规范和完善案件的评议制度，确保每个合议庭成员真正参与案件的裁判；通过评选优秀裁判文书活动，提高裁判文书的制作水平。2004年，民二庭配合立案庭狠抓了审限管理，通过继续完善周工作目标管理制度，提高了全庭的办案效率。2004年共办结一、二审和请示案件447宗。全庭现存案仅56宗，是历年来存案最少的一年。高度重视诉讼调解工作，调解结案率比03年有较大幅度的提高。此外，从2004年8月份始还抽出一个合议庭支援民三庭办结60宗案件。

二、坚持创新发展，调研指导工作取得突出成效

（一）全庭开展大调研活动。2004年元宵节一过，民二庭即组织全庭人员分成七个小组，分赴全省各地开展调研，并指导各地清理久拖未结的疑难复杂案件。尔后向院党组写了调研报告，分析了全省民商事审判出现的新情况、新问题，提出了“民事审判庭应以案件类型为标准划分管辖分工”和“适当提高经济发达地区法院的一审案件的级别管辖标准”等建议，吕伯涛院长肯定了这份调研报告，并作了重要批示。

（二）整合全省商事审判研究的骨干力量，策划、筹备了半年多时间，创刊出版了《商事审判研究》。这本书的出版，将对商事审判实践产生积极的指导作用，在全国同行以及在北京、广州的法学院校引起了较大反响，受到广泛好评。

（三）重点开展五个专题的调研工作。2004年，民二庭组织力量，重点开展了担保法疑难问题、公司法适用问题、保证保险的法律问题、还有破产审判和金融审判共五个专题的调研工作。调研成果有的已在本院的《法庭》杂志连续刊登，有的已被《法律适用》杂志采用发表，有的在全省法院调研成果评比中获奖，有的引起金融管理部门的重视。如金融审判专题的调研活动，人行广州分行、省银监局、省府金融办先后与我院联系，要求参与这个专题的调研。

（四）组织民二庭和全省各中院的调研力量，在国家级刊物上发表了一系列调研文章。组织全庭的调研力量，对2003年六个指导意见进行理论分析说明。同时还加强了对审判实践中疑难问题的研究，先后在《人民司法》、《法律适用》、《人民法院报》等国家一级刊物上发表调研文章13篇。同时，发动全省商事审判调研联络员撰写调研文章50多篇，其中有近20篇经民二庭修改后推荐给省级或国家级刊物发表。2004年，广东商事审判的调研工作在全国法院产生了较大影响。

（五）成立了重大个案指导小组，对在去年全国“审计风暴”中曝光、被媒体关注的佛山市南海华光系列企业破产案的审判工作进行跟踪指导，帮助佛山中院民二庭顺利审理此案。

2004年，民二庭根据院领导的指示，在民一、民三、民四庭和研究室的密切配合支持下，主导修改制定了《民事审判工作规范》。此外，民二庭还组织力量，对全庭2003年度二审改判的案件进行分析，并形成书面分析意见下发指导下级法院。

还值得说明的是，自2002年10月民二庭组建以来对全省法院民商事审判工作所做的大量务实的指导工作，现已收到成效。目前，全省法院的民商事审判工作出现“两升两降”，一是审限内结案率和当事人对判决服判息诉率上升；二是一审案件上诉率和二审改判率下降。

三、从严管理，队伍素质有新的提高

2004年，民二庭领导班子在努力提高全庭审判人员业务素质的同时，紧密配合机关党委、纪检监察室，通过健全各种规章制度，约束全庭审判人员严守法官职业道德准则，从严要求、从严管理、从严监督，确保司法廉洁。全庭全年没有一人被投诉，没有发现有违法违纪情况，队伍素质有新的提高。

民事审判第三庭

一、抓住重点，攻坚克难，审判工作实现新突破

全年新收二审知识产权案件331件，较上年增长29.8%；审结327件，较上年增长70.3%。全庭法官人均办案31件，人均办案数居全院各民事审判庭之首，使案多人少的压力有所缓解，实现了审判工作的新突破。依法、公正、慎重审理了中国音乐著作权协会与深圳市清华深讯发展有限公司著作权纠纷案件、广东黑天鹅饮食文化有限公司与哈尔滨黑天鹅集团股份有限公司商标侵权及不正当竞争纠纷案等一批在社会上有重大影响的案件，探索审理了音像制品侵权纠纷和MTV放映权纠纷等一批新类型案件，保护了当事人合法权益，维护了正常的市场经济秩序，赢得了较好的社会评价。在审判中注重以调解方式化解纠纷，取得良好的社会效果。

▲5月底召开的广东全省法院知识产权审判工作座谈会

二、突出特色，总结经验，调研宣传工作呈现新亮点

（一）出版《广东知识产权案例精选》（第二辑）。该书由法律出版社出版，汇集了近年来省院审理的40余宗典型案件，是对广东省知识产权审判的一次整体检阅，对知识产权司法实践有着重要的指导意义。

（二）召开了全省知识产权审判工作座谈会。总结了我省法院建立知识产权审判机构开展知识产权审判10年来的成绩和经验，并部署了今后一个时期的工作。会议还首次聘请了10位专家作为我省法院的知识产权法律咨询顾问。

（三）在《中国知识产权报》和《人民司法》推出了专版专题报道。5月22日，《中国知识产权报》推出了全面介绍广东省知识产权审判工作的专版报道，对我省十年以来的知识产权审判工作进行回顾总结；《人民司法》在2004年第7期全文刊发省法院民三庭审理著作权案件的经验材料，充分肯定了我省知识产权审判工作取得的成绩。

（四）参加全国法院知识产权审判工作座谈会。2004年11月，民三庭派员参加全国法院知识产权审判工作座谈会，向大会报送了《依法审理不正当竞争纠纷案件，维护市场经济秩序》的书面经验交流材料，并被指定在大会上作经验介绍，受到最高法院领导的肯定。该文已被《人民司法》全文登载。

（五）健全完善机构设置，探索知识产权审判新模式。该庭通过认真调研，指定广州市东山区法院、深圳市南山区法院和佛山市南海区法院于2004年1月1日起受理除专利案件外的部分一审知识产权案件，减轻了广州、深圳等中院的案件压力，培养和储备知识产权审判人才，积极探索知识产权审判新模式。

（六）重视调研工作，形成一批成果。该庭撰写的《入世后广东知识产权司法保护面临的新问题及对策研究》一文，获得2004年全省法院重点调研课题二等奖。该庭共有20余篇法学论文和优秀裁判文书被《人民司法》、《法律适用》、《法庭》等刊物刊载，或被《中国知识产权司法保护网》及中国审判指导丛书《知识产权审判指导》及收录登载。

三、加强学习，拓宽视野，交流培训工作取得新起色

通过面向全国法院系统招考审判人员，该庭补充录用了两位法官，使审判力量进一步增强。鼓励法官攻读博士、硕士学位，努力提高知识产权审判法官的整体素质。重视法官的外出培训和交流活动。组织全省37名知识产权法官到香港参加为期一周的TRIPS协议培训班，委派法官赴美国专利商标局等地参观学习考察，借鉴先进司法经验。该庭还十分重视为下级法院培训讲课，加强与知识产权行政机关交流，以及与外省兄弟法院的工作交流。

四、规范管理，固本强基，法官队伍建设出现新气象

根据最高法院开展的“司法公正树形象活动”安排部署，牢固树立司法为民思想，从思想上、组织上、制度上采取有效措施，努力打造有理想、有责任、有能力、形象好的法官队伍，使队伍建设出现新气象。该庭制订出台的《民三庭法官职业化建设规范》手册，建立和完善了本庭的考勤制度、例会制度、学习制度、谈话制度、廉政制度等一系列规章制度，使庭务管理纳入规范化轨道。在纪念建党83周年大型的歌咏比赛活动中，该庭干警与行政庭组成联队参赛，取得了第二名的好成绩，使全庭干警的集体荣誉感和凝聚力大大增强。

民事审判第四庭

一、严格执行和不断完善庭内各项审判管理制度，在案件数量急剧增多的情况下，高质高效地完成了审判任务

（一）不断完善庭长统一领导下的分工负责制、判决书报送制、案件备案制及逐月催办制等审判管理制度，为案件高质高效地审判创造良好的制度环境。二审案件除了督办和领导过问的外，一般由审判长或副庭长签发，不报庭长审核；对于重大疑难案件则提交审判长会议讨论，以统一审判尺度；一审案件一般由庭长担任审判长，直接负责案件的签发。凡审判长签发的案件，在印刷判决书前须报主管副庭长备案，判决书在印刷后送达当事人前须报送庭长阅知。庭办每月将每个人的收结案数量、收案时间制表予以公布，以此种方式督促承办人尽快审结案件。

（二）狠抓审判效率，将存案数量降到最低限度，结案率创历史新高。2004年是全省涉外商事案件实行集中管辖制度的第二年，该项制度对民四庭审判工作所产生的直接影响就是案件数量急剧上升。由于民四庭审判人员较少，因此审判任务极其繁重。为了圆满完成本年度的审判任务，同志们加班加点地工作，最终将存案量降到最低限度，使结案率创历史新高。

2004年，民四庭新收涉外（包括涉港澳台）商事海事案件323件，其中一审案件12件，二审案件311件。加上2003年旧存案件30件，全年案件总数为353件。已审结322件，存案31件，结案率91.2%，结案率创历史新高。

二、进一步贯彻落实了集中管辖制度，初步开创了我省涉外商事审判工作的新局面

（一）向最高人民法院请示增加了8个具有一审涉外商事案件管辖权的法院。针对有些地方涉外商事案件多而本地法院没有管辖权的情况，2004年4月，在陶凯元副院长的带领下，民四庭先后赴江门、中山、湛江、惠州等四个中院和深圳宝安、龙岗、福田、罗湖等四个基层法院进行调研，回来后写出了《关于授予江门市等地法院一审涉外涉港澳台民商事案件管辖权的请示》提交最高人民法院。在最高人民法院的高度重视和关怀下，上述四个中院获得了最高人民法院的指定，可以管辖第一审涉外涉港澳台民商事案件。对上述深圳四个基层法院，最高人民法院授权由省法院予以指定。这在一定程度上解决了我省涉外商事案件区域分布与有管辖权法院的区域设置不平衡的矛盾。

（二）调整和优化了我省一审涉外民商事案件的区域管辖和级别管辖。在有管辖权的法院数量增多的情况下，为了调整和优化各法院管辖涉外、涉港澳台商事案件的区域和级别管辖，使布局更合理，更符合司法为民的要求，8月份，民四庭从有利于提高审判效率，便利当事人参加诉讼的角度出发，同时结合各地的经济发展状况、案件数量、地理位置、审判力量、机构设置等具体情况，拟定了粤高法［2004］212号《关于重新确定我省第一审涉外涉港澳台民商事案件的区域管辖和级别管辖事项的通知》，对涉外、涉港澳台商事案件的区域和级别管辖范围重新予以确定，后下发全省。

三、加强培训交流、调研指导以及审判经验的总结和宣传，努力打造涉外商事审判的广东品牌

（一）成功协助最高院举办了“内地与港澳地区商事法律实务研讨会”。本次研讨会开了三地法官、法学家和其他法律界人士共同探讨三地法律实务问题的先河。会议的举办，引起了境内外法律界和新闻界的广泛关注和好评。民四庭的法官在研讨会上向来自最高院的领导、港澳地区和内地其他省份的与会代表展示了应有的学术水平和务实精神，受到最高院和与会代表们的充分肯定和高度赞扬。

（二）加大了调研指导力度。4、5月份，在陶凯元副院长的带领下，就集中管辖制度实施后的相关问题进行调研，积累了丰富的一手资料，为完善民四庭去年整理的涉外商事审判中的108个问题的解答提供了新的实践资料。年底，民四庭对这108个问题及其解答进行了反复研究，出台了《涉外商事审判若干问题的指导意见》。在上述调研的基础上，又制订了《关于进一步明确实行集中管辖的涉外民商事案件范围的意见》，对实行集中管辖的五类案件进一步予以明确。

（三）注重总结审判经验，鼓励多出科研成果。继去年编写出版《中国涉外商事审判丛书》后，又编写了《涉港澳商事案例精选精析》和《涉港澳审判热点问题探析》两本书，全年民四庭同志在《法律适用》、《人民法院报》、《判解研究》、《涉外商事海事审判指导》、《南方经济》、《法庭》等杂志上发表论文17 篇，这些成果的发表，对宣传涉外商事审判的广东品牌具有极为重要的意义。

行政审判庭

一、进一步加强党风和廉政建设

一是按照院里的统一部署，行政庭积极组织开展了“三树立、五落实”、“司法公正树形象”及保持党员先进性等主题教育活动;二是完善《行政庭加强组织纪律搞好廉政建设的若干规定》等各项规章制度；三是完善保密工作制度，确立由专人负责机密文件管理和跟踪机制，在年度保密工作目标管理考评活动中取得优异成绩。由于措施得力，队伍的政治素质有了新的提高。在“七一”歌咏比赛中，行政庭与民三庭联队荣获第二名。行政庭还派人代表省法院参加“三树立五落实”知识竞赛，取得了全省第一名的优异成绩。

二、重点抓好案件质量，努力提高审判效率

2004年我庭受案数大幅度上升，共受理案件171件（包括一审案件2件，二审案件169件），比2003年增长了54%。全年共审结案件192件，没有出现超过法定审理期限的案件。为保证案件质量，行政庭采取了多种措施：一是调整合议庭组成；二是进一步完善了合议庭负责制；三是进一步完善了案中监督制度；四是完成了《行政审判工作规范》；五是积极对最高法院制定的裁判文书格式提出修改建议，并要求承办法官力争按照试行的裁判文书格式写好裁判文书。行政庭还重点加强对存在超审限现象法院的督促检查和指导，改变了在最高法院通报中广东行政案件长达一年超审限数量位居前列的状况，实现了全省行政案件零超审限。

2004年，行政庭成功审结了一批标的大、社会影响面广、备受各方关注的大要案，如汉贤国际有限公司诉广州市规划局调整规划一审案，泰国贤成两合公司、深圳贤成大厦有限公司诉深圳市工商局组织成立清算组二审案，广州市番禺区废旧物资回收公司友联物资收购站诉广东省质量技术监督局行政处罚二审案等。

三、进一步加大调研工作力度，有效指导全省行政审判实践

2004年，初行政庭组织了三个调研组，赴全省各地开展了一次大规模的集中调研活动，共在16个中院和近50个基层法院调研，召开座谈会18场。在调研基础上，全年共完成会议材料、调研报告、请示汇报、业务指导材料和学术论文近80件，字数超过30万字，有十余篇文字材料被最高法院《行政执法与行政审判》、《人民法院报》和省法院《法庭》等刊物采用。《高度重视涉外行政案件审理，努力促进我省改革开放进程》的重点经验材料在全国行政审判工作座谈会上发言交流。完成了《关于城市建设行政案件中补偿问题的调研报告》和《关于我省工伤认定行政案件的调研报告》两篇调研报告，其中一篇在《法庭》全文刊登。2004年应最高法院、省人大和省政府的要求，行政庭共提出起草和修改意见20余件，主要包括《国家赔偿法》的修改建议、《行政许可法》司法解释的起草建议等等。根据最高法院的要求，研究起草了一审行政判决书样式，还负责起草了《关于加强行政审判工作促进依法行政若干问题的意见》讨论稿，并于2004年7月在惠州召开了研讨会对该讨论稿进行了研讨。

行政庭还大力加强对下级法院的指导力度。起草了《关于行政案件立案受理有关问题的意见（试行）》，对当前行政案件立案工作中争议较大的十几个问题，作出了统一规定，下发全省各级法院参照执行。一年来办结下级法院书面请示案件2件，接待下级法院来人请示30多次，答复来电请示100余次。同时，行政庭还对下级法院审理的社会影响面大、疑难复杂的个案进行业务指导。

四、进一步加大培训力度，不断提高队伍的业务素质

一是在2004年5月举办了为期一周的全省行政审判业务培训班，300多名行政审判人员参加了此次培训，是我省开展行政审判工作以来规模最大的一次业务培训。二是借全国行政审判工作座谈会在广州召开之机，组织全省21个中院的行政庭长列席旁听会议，还召开了全省中院行政庭庭长工作座谈会。三是积极组织全省各级法院行政审判的业务骨干参加最高法院组织的行政许可和行政诉讼司法解释业务培训班以及其他高层次的培训班，共计组织人员参加各类培训60多人次。四是派出办案经验丰富、理论水平较高的同志，先后到湛江、佛山等地的中院授课，一年来授课次数达到10多次。五是鼓励进行法学研究，培养专家型法官。行政庭法官全年在公开出版物上发表的文章共计11篇，一篇论文获得了全国法院系统第十六届学术讨论会征文比赛三等奖。

五、进一步改善行政审判工作的外部司法环境

2004年，行政庭与行政机关加强沟通与协调，对行政机关有关行政执法方面的征求意见稿提出修改建议10余份，先后参加了省司法厅等十几家单位的立法、执法座谈会，同时派出法官为行政机关讲授行政诉讼法律知识多达30余次。

2004年，行政庭举办了“纪念行政诉讼法颁布十五周年”座谈会，邀请了驻穗的近十家主要媒体参加，《人民日报》、《法制日报》及广东省主要报纸和电视台均作了重点报道。

2004年底，在最高法院首次举行的全国法院行政审判先进集体和先进个人表彰活动中，行政庭被评为全国法院行政审判先进集体。

赔偿委员会办公室

一、规范立案和审理程序

（一）立案方面：从2003年开始，我省法院将司法赔偿案件的立案工作统一纳入立审分离的轨道和审判流程管理系统，杜绝了赔偿案件在立案问题上的随意性及案件审限缺乏监督的问题，保证符合立案条件的赔偿案件均能及时立案，并能及时审结。

（二）案件审理方面：按照最高法院赔偿委员会的要求，我省法院赔偿办推行了审理方式的改革，高起点构筑听证程序，大大提高了审判效率和案件审理程序的透明度，树立了人民法院赔偿委员会的权威和公信力。

二、建章立制，推动了其他工作的规范化发展

为了适应形势发展的需要，在总结审判经验的基础上，以公正、公开、公平、效率、监督为宗旨，对1999年颁布施行的《广东省法院司法赔偿案件办案规程》进行了较大篇幅地修订，形成了具有很强操作性的新的办案规程，对促进我省法院赔偿委员会办案程序的规范化起到了非常积极的作用。

三、大兴调查研究之风和学习之风，提升审判法官的业务水平

从2003年底至2004年底，赔偿办组织人力赴全省各中级法院和部分基层法院开展调研，2004年，又组织全省各中级法院赔偿办主任赴全国10个省、市、自治区学习和调研。通过以上调研活动，对全省法院赔偿委员会及赔偿办开展国家赔偿审判工作的基本情况有了全面的了解，也学习到了兄弟法院的先进经验，为开展各项工作提供了可靠的依据，同时也加强了对下级法院工作的指导和监督，增强了上下级法院赔偿委员会之间的沟通。2004年10月，赔偿办举办全省法院国家赔偿法官培训班，对提高审判工作水平，推动工作开展起到了非常积极的作用。

除此之外，从2003年中期开始，赔偿办还克服人力紧张的困难，自行编辑季刊《司法赔偿审判工作参考》，至2004年共编印6期，该内部刊物发全省各级法院赔偿案件审理机构学习以及和本省兄弟司法机关、全国各兄弟高院赔偿办进行交流后，反应非常热烈。

四、加强沟通协调，为国家赔偿审判工作营造良好的外部环境

2004年，我省高、中级人民法院赔偿办进一步坚持以法院赔偿委员会为中心开展国家赔偿审判工作，在具体案件的处理上坚持当事人平等原则，尽量减少与赔偿义务机关的协调，注意保持程序公正。与此同时，赔偿办十分重视就审判工作中存在的普遍问题与有关机关加强沟通和协调，争取他们对人民法院赔偿委员会工作的支持与配合，在法院内部也注意紧紧依靠院党组和赔偿委员会的领导，高度重视与其他审判业务部门的沟通与协调，为国家赔偿审判工作营造了较为宽松的外部环境。

通过以上努力，我省法院的国家赔偿审判工作得到了长足的发展，2003年办理的赔偿案件数量较2002年增长68%；2004年又比2003年增长22.5%。2004年办结案件数为102件，从几年前的全国倒数位置，一跃成为第九名。

五、以构建和谐社会为己任，倾力保护弱者合法权益

国家赔偿法是一部弱者权益保障法，办好国家赔偿案件对构建和谐社会意义重大。为此，赔偿办推出了听证制度、立审分离制度，并决定于2005年印行《司法赔偿申请指南》、与省司法厅法律援助处合作，推出一项向经济困难的赔偿请求人提供法律援助的规范性意见等，旨在为消除矛盾、促进和谐发挥积极的作用。

另外，在日常的审判工作中，赔偿案件审理机构也注意在个案中最大限度地保护弱者权益，尽可能帮助赔偿请求人解决实际困难，如在法定赔偿金之外给予赔偿请求人适当经济补偿、帮助赔偿请求人恢复工作、补发工资、补助路费和住宿费等，以真诚的关怀化解受害人的伤痛，消除矛盾，构建和谐。

六、抓好宣传普及工作，推动国家赔偿制度深入人心

近年来，赔偿办突出抓好了国家赔偿法的宣传普及工作。2004年5月11日，召开"纪念国家赔偿法颁布十周年学术研讨会"。2005年1月1日，赔偿办还开展了纪念国家赔偿法实施十周年宣传咨询活动。另外，赔偿办还拟以省法院赔偿委员会名义编印了《司法赔偿申请指南》，印行10万册，发三级法院立案大厅供群众取阅，想尽一切办法扩大司法赔偿审判工作的影响力。通过以上措施，结合广东高院赔偿委员会近年来推行的审判工作规范化建设、机构建设等，国家赔偿法在我省逐步深入人心，我省公众运用国家赔偿法维护自己合法权益的意识得到了很大提高。同时，赔偿申请人依法申请赔偿意识的提高，反过来也大大促进了人民法院赔偿委员会审判水平的提高，为国家赔偿制度循健康轨道发展打下了坚实的基础。

审判监督庭

一、严把再审案件质量关，以司法公正赢得司法权威

2004年，审监庭在实有办案人员只有15人的情况下，克服困难，审结各类案件482件，并帮助刑庭办结案件13件，人均结案超过30件，存案数大幅减少。同时还清理归档了2000多宗案件，03年后的档案已全部及时归档。

2004年审监庭审理案件是一场艰苦的攻坚战，清理了积存的骨头案和一些有重大影响的案件。如审监庭审理的辽宁省信托投资公司清算组诉乔金岭、杨林军等合作开发纠纷一案，得到最高法院的肯定，肖扬院长对该案的成功审理批示"广东做了大量工作，且依法、积极、细致，应予表扬"。又如赵秀琼等120人与宝源（新会）光学有限公司劳动合同纠纷案，此案纠纷双方均来势汹汹，经审监庭多方合力工作，最后得以圆满解决，并促使省政府修改了《广东省劳动合同管理规定》的有关内容，得到省人大的肯定，维护了弱势群体的利益。再如苏国成与沈秋仪借款纠纷申请再审一案，审监庭审判人员不怕艰难，蹲点金融部门取证，经多方工作，以扎实充分的事实和理由说服了申诉人，并赢得省人大汤维英等领导批示称赞。

审监庭办案始终以办铁案为目标，确保案件质量，正确处理依法纠错与维护生效裁判既判力的关系。庭领导也亲自承办案件或担任审判长审理案件，四个庭领导共审结案件11宗，担任审判长的案件达80多宗。在注重案件质量的同时，审监庭狠抓办案效率，采取集体定规矩、分季度定任务、完成任务情况与年终考评挂钩等各种措施挖掘潜力。张留顺、方明同志在因公负伤仍在住院的情况下，还坚持在医院合议案件，体现了高度的敬业精神。

二、落实司法为民要求，破解"申诉难"，率先在全国构建再审之诉

胡锦涛总书记提出要解决好老百姓"打官司难"的问题，肖扬院长指示要"把切实解决一些群众申诉难的问题放在重要位置"。在最高法院提出构建再审之诉的思路后，审监庭联合立案庭对省内过半法院展开了深入调研，并共同起草了《广东省法院再审诉讼暂行规定》。《暂行规定》的讨论稿出来后，审监庭召开了十八次座谈会，分别征求了省政法委、省人大、省政协、有关专家学者和我院各有关部门等多方意见，三次向全省法院征询修改意见，总计易稿二十余次。《暂行规定》于2004年10月1日实施后，很快在全省、全国引起反响，多家媒体作了详细报道。《人民法院报》头版评论是"可贵的探索"。最高法院已吸收《暂行规定》的内容，起草关于再审诉讼的司法解释。我国法学界也给予极大关注，诉讼法研究会陈光中会长专程到我院考察《暂行规定》的制订和实施情况，北京刑事再审诉讼国际研讨会还特邀李琦副院长等与会介绍情况。

三、建章立制，实现全省审监工作规范化

2004年是全省审监工作规范化建设取得重大进步的一年。针对审监业务范围不统一、工作不规范的问题，审监庭制定了《广东省法院审判监督工作规则（试行）》，规范全省法院审监庭的工作职责和范围，解决了审监工作存在的越位、错位和缺位等问题。审监庭还根据院领导提出的"要重点解决内部监督制约机制不健全、不落实的问题"的要求，认真检讨了过去的工作做法，起草了《广东省法院案件质量管理暂行办法》，待审委会讨论通过后在全省法院实施。

四、以三次全省审监会议为契机，唱响审监改革的主旋律

构建再审诉讼制度，科学规范审监工作，必须要转变观念，统一思想，狠抓落实。围绕制定、实施、检查落实《再审诉讼暂行规定》和建立健全法院内部监督制约机制，审监庭于去年4月、9月、11月召开了三次全省审监会议，其中前两次是与立案庭联合开会，三次会议均取得圆满成功。会议更新了审监工作理念，统一、规范了审监工作，凝聚了人心，鼓舞了斗志。

五、求真务实，努力解决审监工作面临的新课题

针对再审之诉的构建、法院国家赔偿确认案件的审理与民行抗诉案件大幅增长等新问题、新情况，审监庭采取了派调研组到各中院及部分基层法院了解情况、要求各中院上报有关材料等方式组织了多次全面的审监工作调研，对有关情况有了基本的、较准确的了解与掌握。审监庭撰写的《关于构建再审之诉的调研报告》获2004年度全省法院优秀调研成果优秀奖。

六、加强队伍建设，审监干部精神面貌日新月异

审监庭注意加强队伍政治素质建设和廉洁勤政教育，积极完成院的政治教育任务，召开民主生活会，定期和不定期进行批评和自我批评，同志们团结和谐，精神焕发，工作积极性、集体荣誉感明显增强，并长期关心和鼓励患病在家的蒋业文同志。审监庭还十分注意业务素质培养，举办了一期培训班，派出15人参加其他各类培训班，行政庭法官有三篇论文在省级以上刊物发表。

因工作成绩突出，审监庭2004年度被评为省法院先进集体。

书记员处

省法院书记员处负责统一配置和临时调配全院书记员，主要承担刑事、民事、行政、审监和执行等各类案件的审判辅助性工作，包括收转案卷和其他诉讼资料、庭前准备、记录、安排律师阅卷、校对、送达、归档以及协助审判人员提审、财产保全、调查取证、现场勘验等。

2004年，书记员处完成了8978宗二审、再审、执行、申诉案件的立案录入工作，11267宗一审、二审、再审、执行案件和2486宗申诉、2126宗减刑假释案件的跟案工作，184次、938宗案件的审委会记录工作，2249庭次、2432宗案件的法庭记录工作，18598份诉讼资料的接收转递工作，1141人次的阅卷服务工作，11671人次、6565宗案件的接访工作，9751封群众来信的拆分转递，5330次群众电话的接听工作，并协助有关部门完成各种会议记录、领导讲话录音整理等工作。

为出色完成繁重的工作任务，书记员处以实行书记员小组长责任制为基础，充分调动和发挥全体书记员的积极性和主观能动性。与此同时，为提高审判辅助性工作的质量和效率，书记员处进行了积极有益的探索，并取得了显著的成效。

一是规范常用的程序性诉讼文书样式。针对省法院使用多年的程序性诉讼文书内容过时、格式不规范的情况，书记员处组织力量，在最高法院制定的文书样式的基础上，结合省法院的审判实践，修订了涵盖立案、刑事、民事、行政等审判业务的97份常用程序性诉讼文书样式。

二是推动司法专邮。经过充分调查研究，书记员处向院党组提交了《关于实行司法专邮的可行性报告》，提出了运用司法专邮形式解决法律文书“送达难”的建议。该建议得到了院党组的重视和肯定。经过与有关机构的谈判与磋商，2004年6月，司法专邮在省法院正式运行。省法院实行的司法专邮形式比最高法院推行的“以法院专递方式邮寄送达民事诉讼文书”提前了半年。

三是实行庭审记录用计算机“双显示”。庭审记录工作是书记员处一项主要任务。为更好地完成这项工作，书记员处提出庭审记录用计算机“双显示”的建议，即用于庭审记录的计算机连接两台显示器，分别置于主审法官及书记员工作台面，以便开庭时法官可以随时掌握书记员的记录情况，以及在庭上书记员可以与法官及时沟通。该建议得到了院领导和有关部门的支持。省法院所有审判法庭均实现了计算机“双显示”，有效地提高了庭审工作的质量。

四是进行庭审记录和裁判文书校对考评。2004年，书记员处两度对庭审记录进行考评，并针对考评中发现的问题编写《庭审工作问题解答》，提高了庭审书记员的记录技能。与此同时，书记员处就裁判文书的校对质量制定了考核标准并进行了考评。该考评结果纳入了年度考核范围，促使跟案书记员保持高度的工作责任心，确保裁判文书的质量。

五是加强调研和指导工作。2004年初，书记员处举办了全省法院书记员管理与业务培训班，为全省各法院交流书记员工作经验提供了平台。第2季度，书记员处组织力量评查了13个中院及其下辖的25个基层法院的裁判文书校对质量，推动了全省各法院对裁判文书校对工作的重视。此外，书记员处就全省法院书记员管理体制改革的情况进行调研，形成了《关于我省法院书记员管理体制改革的调研报告》。该报告获2004年度全省法院调研成果优秀奖。

除全力抓好业务工作外，书记员处还非常重视政治思想教育和党建工作，以提高书记员队伍的凝聚力和战斗力。针对书记员办公场所分散，工作任务繁重，速录员多，思想较易波动等实际情况，书记员处充分发挥党支部的作用，通过抓骨干队伍，丰富组织生活，开辟部门专用网等形式，努力创造勤恳踏实、积极向上、团结合作的工作氛围。在全处同志的努力下，书记员处2004年度取得了一系列好成绩：22名同志参加司法考试，11人通过，通过率高达50%（全国通过率在10%左右）；三名书记员代表省法院参加省直机关知识竞赛夺得了第一名；在省法院七一歌咏比赛中，书记员处获第三名和最佳组织奖；在省法院羽毛球比赛中，书记员处夺得团体冠军等。

执 行 局

一、强化执行监督工作，认真办好各类执行案件，切实保护债权人的合法利益

全年共受理一审执行、协调、委托执行、监督、请示批复、异议、复议案件共2807件，办结2364件，另外还处理"三来"案件1000多件，接待群众来访申诉1041人次。其中办结一审执行案件42件，标的522087.3万元；办结与外省法院之间的协调案件30件；办结外省法院委托我省法院执行的案件1386件；办结各类执行监督案件461件；办结请示批复案件60件。

二、深化执行工作改革，进一步增强全省法院执行能力

2004年，省院执行局向全省法院部署了解决执行难的五项新措施：

一是强化执行职能，充分发挥人民法院在执行工作中的职能作用。强调如果债权人不能提供被执行人财产线索，法院仍要依职权主动调查，并将调查情况告知债权人。

二是努力排除地方保护主义的干扰。发挥上级法院统一管理的机制优势，规范提级执行、交叉执行、指定执行的程序，甚至是由上级法院统一指挥进行联合执行来排除干扰，尽全力打好执行攻坚战。对执行标的巨大、社会反映强烈以及政府和有关部门作为被执行人等案件实行挂牌督办。制定相关规定，对行政机关作为被执行人的案件实行上管一级。

三是下大力气解决超期限执行的问题。强化执行流程管理，加快各个办案环节的运作速度；实行挂牌督办，解决因地方保护主义干扰而久拖不执的问题；实行超期执行周报、月报和预警制度；组织集中清案等。同时，推行对超期案件"打包"指定执行制度。

四是创新执行方法。我局在全省推行新的执行措施：对中止执行案件实行"四查一告知"制度；对赖债不还者实行限制高消费和上网曝光；对被执行人财产实行悬赏举报；对拒不履行法院判决裁定构成犯罪的赖债者追究其刑事责任；对暴力抗拒法院执行的抗法者予以严惩。

五是提高执行工作的透明度，确保执行公正。在全省推行执行听证制度；规范"三来"案件的处理，对"三来"案件实行逐件登记，专人督办，限期解决；完善执行案件信息查询服务制度，扩大执行当事人的知情权。

上述五项措施推行，取得较好的社会效果，最高法院肖扬院长亦作出重要批示："广东高院对民事执行工作下了硬功夫，取得了很大成效，应当总结经验，予以推广。继续搞好执行工作的措施是得力的，望再接再厉，再创佳绩。"

三、充分发挥统一管理、统一协调、统一指挥机制，指导全省的执行工作

为规范全省法院执行工作，全面提升执行工作水平，省法院召开了全省法院规范执行工作会议，提出了"十个方面"的规范要求：1. 规范执行流程管理；2. 规范执行分权和执行监督；3. 规范执行中止和执行终结；4. 规范委托评估、拍卖工作；5. 规范执行结案；6. 规范提级执行、交叉执行、指定执行的程序；7. 规范执行事项公开程序；8. 规范执行款物管理；9. 规范执行档案管理；10. 规范法警参与执行。

省法院执行局根据全省法院执行工作规范化的要求，查缺补漏，对尚未作出规范要求的工作制定相关的规范性文件，先后制定《广东省高级人民法院关于执行款管理工作的若干规定（试行）》、《广东省高级人民法院关于委托评估、拍卖工作的若干规定》以及《广东省高级人民法院关于执行案卷管理若干问题的规定（试行）》。编写《广东执行》12期，使全省执行工作规范化建设跨上新的台阶。

通过办理请示批复案件、组织开展调研和培训授课等方式加强对全省执行工作的理论与业务指导。2004年省法院执行局共办理请示批复案件60件，在《人民司法》、《人民法院报》、《最高法院执行指导与参考》以及本院《法庭》等各种刊物上发表论文五篇，为最高法院提交征集论文3篇，其中2篇获二等奖，1篇获三等奖。为全省各级法院的执行人员培训班授讲课30余次。

四、加强执行队伍建设，提高执行队伍素质

全局把落实党风廉政建设规定，提高队伍素质作为首要工作来抓。全局建立周五学习制度。一是加强思想、纪律和作风建设，努力提高队伍的政治素质。根据院里和机关党委的安排，积极开展作风建设年活动、廉政警示教育活动、"公正与效率"司法大检查活动以及向郑培民、石伟文、宋鱼水等同志学习的一系列学习教育活动，增强队伍大局意识、公正司法意识和廉洁自律意识。二是加强对全局干部的业务建设，提高执法水平。组织干警重点学习新出台的法律法规和司法解释，结合执行工作规范化建设，大力倡导开展调查研究，组织干警研究执行改革和执行工作规范中出现的新情况、新问题，取得丰硕成果。

2004年，省法院执行局被最高人民法院评为全国法院执行工作先进集体。

研　究　室

一、围绕全省法院工作大局，出色完成各类综合材料的起草撰写工作，充分发挥了院党组的参谋助手作用。2004年是综合材料起草任务特别繁重的一年。在人员变动频繁且严重不足，时间紧、任务重的情况下，全室同志克服重重困难、夜以继日地工作，努力完成大量综合性材料的起草任务。主要包括：省法院在省人大会上的工作报告以及9次全国性会议、8次全省性会议、5次部门专业会议等各类大小会议上的领导讲话；各种汇报材料，下发通知、指导意见等规范性文件及院领导交办的其他工作任务。全年完成各种综合文字材料近300篇、100多万字。在发挥院党组参谋助手作用方面，做了大量工作，成效显著。

二、围绕全院中心工作，组织开展调研活动，调研水平有了新的提高。按照院党组的部署，从年初开始，围绕为我省“三个发展”提供司法服务和司法保障，确定了37个全省法院重点调研课题，并积极组织、策划整个调研活动，狠抓调研课题的落实和验收，促进调研成果的转化和利用。同时，按照上级机关的要求，深入开展加强和改善党对法院工作的领导、法院基层建设、少年审判等方面的调研活动，形成了一批质量高、效果好的调研成果。组织协调本院各审判业务庭形成审判、执行工作规范，为全省法院规范化建设工作作出了突出贡献，在全省政法机关规范化建设会议上得到了领导的充分肯定。修改全省部分法院的民事案件管辖标准。深入开展超审限案件的调研活动，参与起草省委政法委及本院防止超期羁押的相关意见。此外，还办理各种请示、批复和法律法规的修改意见97件，并积极参与对全省法院清案工作的具体指导等。

三、以整合新闻宣传资源为契机，促进全省法院新闻宣传工作上新台阶。在加强宣传工作方面，日常和专题报道成效显著。仅在《南方日报》的整版报道就达10个；在省级以上新闻媒体上发表稿件共计150篇（不重复计算），其中在《人民法院报》发稿70余篇，头版头条有8篇，被评为全国法院思想宣传工作先进单位；推出张德江书记视察省法院、执行工作、广东法院加强基层建设、规范再审诉讼、规范化建设等专题报道；启动《人民法院报》记者站代理公告业务，方便了诉讼当事人，广东记者站被评为全国法院先进记者站。信息工作取得新发展，全年共编写各类简报、信息材料1234篇，被最高法院采用量从第五位上升至第二位，分别被最高法院和省委评为信息工作先进单位。广东法院网先后完成两次改版，头条新闻和法院新闻更新速度远超以往，全年更新条目1600多条，访问人次达115910人次，同比增长1倍多，已成为展示全省法院工作的重要窗口。

四、全面加强司法统计工作，强化司法统计对审判工作的指导作用。全年共汇总全省法院上报报表13000多张、1000多万个数据，及时编制各种统计图表送院及各部门领导参阅，提供审判工作动态第一手资料。尤其是在清理全省法院超审限案件过程中，下发了20次各种清案通知或情况通报，为完成此项任务发挥了重要作用。同时，还参加全国司法统计检查，下发有关通知、要求。加强全省法院统计分析工作，全年共上报各类统计分析180多篇，充分发挥了统计工作的职能作用，受到最高法院的通报表扬。

五、加强《法庭》杂志的编辑工作，顺利完成改版扩容。《法庭》杂志在下半年归口研究室管理后，在保持工作连续性基础上，不断加强管理，及时增加反映全省法院中心工作的文章，加强对下级法院工作的指导，丰富了杂志内容，提高了杂志层次。在完成《广东法院年鉴》2003年卷的基础上，对《年鉴》的编印工作进行改革，新的《年鉴》将突出宣传性和资料性的结合，图文并茂，形式更生动灵活。

六、大力配合其他部门的工作，较好地完成了有关协调性工作。对各部门召开的部门性会议，帮助起草有关综合材料，确保会议的召开。各部门在统计、信息、宣传等方面需要协助、支持的，都积极予以配合。在人手不足的情况下，仍然抽调专人参加纪检组调研达1个月，并抽调专人赴省委政法委参加全省政法机关信息化建设工作，得到充分肯定。

七、狠抓队伍建设，整体素质得到进一步提高。组织全室同志积极开展“三树立、五落实”和“司法公正树形象”活动，认真学习“三个代表”重要思想和十六大、十六届三、四中全会精神，不断提高政治理论素质；深入开展各种业务知识学习培训，提高业务水平；弘扬我室优良传统，发扬团结向上、顽强拼搏的精神，狠抓廉政建设，队伍的面貌和气象有了新发展。

八、强化对下指导，促进全省法院研究室工作水平的提高。2004年召开了全省法院调研工作会议、新闻宣传工作会议，以及三次中院研究室主任会议进行工作部署；分别出台了加强宣传、调研、案例、未成年人刑事审判工作的意见；编辑出版了全省法院调研成果精选集——《公正与效率》，以及综合指导性刊物《调研与指导》十期，强化对下指导；举办了全省法院调研、信息、统计干部培训班，对提高各中院、基层法院调研干部的业务素质和理论素养，提升全省法院研究室工作的整体水平，发挥了显著作用。

由于工作成效显著，研究室被评为2004年度省法院先进集体。

司法行政装备管理处

一、抓好基层法院的"两庭"和物质装备建设

诉讼费收支两条线严格实行后，基层法院经费困难问题不断增多，直接影响审判工作。为此，行装处想方设法，使基层法院的"两庭"和物质装备建设取得了较突出的成效。2004年全省将人民法庭总数从487个撤并为393个，其中需新建263个。行装处向省委作专项报告，争取了省政府计划专款9000万元用于人民法庭基本建设。至去年底，按标准共建好人民法庭130个，开工在建的83个，共计213个，约占应建法庭的55%。拟定了《全省人民法庭基本建设规定》，采取了各种措施加强对人民法庭建设工作的指导、监督和检查，对法庭建设抓实、抓细，以保证在2006年底前保质保量完成人民法庭的建设任务。向省财政争取到了未来五年专项集中全省诉讼费15%的政策，为贫困地区法院的基本建设、业务经费补助打下了坚实基础。经过省财政厅批准落实了"两庭"建设专项经费、业务补助经费和国债、网络、物质装备等经费共计近2亿元，有力支持了基层法院各项建设，保障了审判工作正常开展。为基层法院、法庭配备车辆282辆，基本完成人民法庭"三机一车"配备工作，同时增加了人民法庭的车辆编制，解决了人民法庭车辆警车号牌。加强了对警车和枪支、弹药的管理。

二、加强机关行政管理工作，提高服务水平

（一）不断提高经费保障水平。省直部门实行工资统发和"零余账户"等财政制度改革之后，省法院经费全靠财政预算拨款。为改善审判办公条件，争取省计委、省财厅批准了审判办公大楼外墙维修工程的建设资金1500万元，副楼加建三层工程的建设资金850万元。严格执行财经制度，通过政府采购、购买保险和交纳税费共节省开支近千万元。

（二）提高本院机关大楼的物业管理水平。重新组织物业管理招标，在服务面积项目及人员增加的情况下，每年服务费用比原来降低26万元。加强对物业管理机构的监督管理，提高物业公司保安在应对集体上访、闹事等方面的能力。全年省法院机关接待各类人员4万多人次，没有发生任何治安、刑事案件。全年为80场大小会议提供会务服务，为全院13个宿舍区提供房屋修缮、管道清理等 190处（次）。抓好及完成了老干活动中心用房的改扩建工作，基本完成尚雅街宿舍楼外墙维修改造，还抓紧了对停车场的洽谈购买，对办公大楼、副楼维修扩建的设计、招标工作。

（三）全面清理本院固定资产。2004年下半年，行装处按照财厅要求，组织国有资产清理工作。经过清理核查，全院现有固定资产4.79亿元（含龙口东培训大楼则超6亿元）。从2004年8月1日开始，行装处建立了固定资产统一管理、统一调配的制度，按账、卡、单、物相符的要求统一固定资产的进出管理。

（四）规范采购工作。进一步完善采购制度，所有3万元以上的物品等采购，均依法公开、公正地进行。2004年采购办先后委托及组织采购货物、工程和服务项目金额达8000多万元，节省资金约800万元，受到省财政厅和省政府采购管理中心的一致好评。同时还加大对服务单位的监督。

（五）办理重大事务工作。2004年，行装处办理了本院机关大楼的产权证，节约办证费用127万元。增加本院车辆定编9辆。使员村一横路门前道路改造和天桥架设基本采用本院的提议。行装处还组织开展了"人民法庭建设情况调研"、"广东法官学院经营模式"、"我省人民法院经费保障情况"等调研工作，配合院纪检组监察室开展了"廉政保证金制度"可行性情况调研。

（六）是司法鉴定工作迈上新台阶。全年司法鉴定室受理司法鉴定案件553件，办结率98%，无一错案；司法鉴定案件实行自动化管理，统一收案、立案、排定、移送和签收。去年初步建立了对外委托司法鉴定机构及鉴定人名册，推动全省司法鉴定工作的统一归口管理。

三、抓好队伍建设，确保司法行政工作廉洁高效

（一）把学习"三个代表"重要思想放在首位，积极参与各项政治教育学习活动，树立了为审判中心工作提供优质服务的观念。2004年，行装处支部加强了党建工作，发展了1名党员和确定5名培养对象。行装处被最高法院评为"财务管理先进单位"、被省直工委评为"省直文明单位"、被评为省法院先进集体。

（二）着重抓好队伍的保廉勤政工作，落实"一岗双责"，处领导与科室签订廉政责任书，一级对一级负责，个人对组织负责。经过加强廉政教育，落实廉政措施，2004年没有发现违纪违法的人和事。

（三）加强规范化管理。2004年行装处制订财务、资产、装备、采购、"两庭"建设等各个方面的规章制度20多项，形成了较完备规章制度体系。通过制定和严格实施工作规范，实行以制度管人、管事，提高了工作效率，促进廉政建设。

（四）在业务培训方面，行装处分别举办了全省法院司法行政管理人员培训班和装备、财务统计培训班。通过培训教育，进一步提高了司法行政人员的业务水平。

监 察 室

一、协助院党组，部署今年我省法院党风廉政建设和反腐败工作

纪检组、监察室积极协助党组，就省法院抓好党风廉政建设和反腐败工作作了认真的部署，研究了贯彻落实的措施。年初迅速下发了全年工作计划及开展调研活动通知，召开全省法院纪检监察工作会议部署落实。年中，及时用片会等方式，把重要的会议精神传达到各级法院，把思想统一到中纪委、省纪委三次全会及全国法院纪检监察工作会议的精神上来，提高认识，认清形势，切实加强全省法院党风廉政建设和反腐败工作。

二、以落实责任制和责任追究制为重心，大力加强法院党风廉政建设

认真落实“一岗双责”，继续抓好党风廉政责任制的落实，做好一年一度的党风廉政建设责任书签订工作。2004年，监察室重点对党政领导干部在企业兼职的问题、党政领导干部因私出境和参与赌博等问题进行了及时清理。配合“司法公正树形象”活动在省法院机关的开展，向在粤的全国及省人大代表和全省各级法院征求对我院机关作风建设的意见和建议，整理后供院党组决策参考。结合“纪律作风教育整顿”活动，组织编写了一万多字的《违法违纪典型案例汇编》（2004年版），作为学习教育材料，下发到全省法院的干警学习。年终，与政治部配合对本院内设部门落实党廉责任制的情况进行了检查，对存在问题提出改进意见。

三、突出重点，严肃查办利用审判执行职权和管理职权违纪违法案件

针对法院队伍当前存在的问题及纪检监察工作中自办案件少等薄弱环节，监察室把查处重点放在利用审判权和执行权违法审判，以及领导干部利用职权的违纪违法案件上。如珠海中院张晓峰案，监察室先后5次下珠海，与珠海中院及市纪委商量、协调案件的查处。全年，监察室自查和全省法院共立案查处的人数与2003年相比下降了20.25%和24.73%。

注重加强信访举报工作，及时分析掌握队伍动态。2004年全省法院纪检监察部门共受理群众和上级转来信来函1573件，来电740人次，接待群众75次118人。其中，监察室受理并核查××件××人。坚持通过月份统计分析、季度信访情况分析等定期分析，发现苗头性问题，及时向院党组书面汇报，供党组及时掌握队伍的动态，有针对性地开展队伍管理工作。

四、充分发挥纪检监察职能作用，强化监督，源头治腐有新尝试

制订完成了《广东省高级人民法院贯彻落实<中国共产党党内监督条例>监督检查实施方案》上报省纪委，并牵头组织各相关职能部门，就六项监督制度进行了细化规定，共制订施行了《广东省高级人民法院重大事项通报制度》等十项规定，受到省纪委肯定并向省直单位推荐。

突出重点，加强检查。2004年，监察室把执行部门列为监督的重点，与执行局配合，在全省法院开展执行款物清理大检查。针对检查中发现的问题，协助执行局建立完善了有关的制度。加大对执行工作中委托评估、拍卖的监督力度，进一步规范了执行工作。

继续强化对管财管物、基建以及选人用人等方面工作的内部监督。全年共监督法官学院基建工程的招标、投标活动5场，工程款核实审查8笔；监督行装处的办公用品、干警生活福利、办公自动化等活动10多场。对我院公开招聘30名审判员的招考活动进行了全程监督。

五、深入开展调查研究，剖析违纪违法的原因，探索惩防并重反腐体系

组织第二期全省法院反腐败调研成果研讨会，取得了丰硕成果，共征集到122篇论文参评。经过严格的评选，评出了一等奖论文6篇、二等奖论文10篇、三等奖论文20篇，并有20篇论文获鼓励奖。会后，把获奖论文汇编成书印发，反映良好。省高院纪检组监察室除了加强对全省法院纪检监察部门调研工作的指导外，积极开展调研工作，完成了《当前法官违纪违法原因探析及对策》调研论文，并获2004年度全省法院优秀调研成果三等奖。

六、切实加强法院纪检监察机构的自身建设，努力提高纪检监察干部队伍的素质

加强学习，与时俱进，坚持每周一的周前例会制度，一年来，认真学习了中央纪委三次四次全会、省纪委三次、四次全会、最高人民法院纪检监察工作会议精神，重点学习了吴官正、何勇、张德江同志的讲话精神，专题学习了《宪法》修正案、《中国共产党党内监督条例（试行）》和《中国共产党党员权利保障条例》等有关法律法规和重要文件。首次组织开展了全省法院纪检监察系统评优评先工作。对各中院推荐、报送的候选名单和材料，进行了认真复核。报省院党组讨论决定后，对“先进集体”和“优秀个人”进行了表彰、奖励。举办了第二期全省法院纪检监察业务培训班，完成了将全省法院纪检监察干部轮训一遍的工作任务。

政 治 部

一、以促进司法公正为重点，抓好三项教育活动

一是抓好了“司法公正树形象”教育活动，取得了很好的效果，受到了最高法院的充分肯定。二是抓好了“三树立、五落实”主题教育活动，作为我院“十大亮点”之一，受到省直工委的高度肯定。三是抓好了“树组工干部形象”活动。

二、以增强执政能力为着力点，抓好班子建设

一是配合党组努力开好民主生活会。二是加强对下级法院领导班子的协管和监督。完成了7个中院院长的考察、调整和任命工作；配合省委组织部完成了8个中院院长及48个基层法院院长的交流轮岗。三是加强班子作风建设。四是加强各级法院班子法律业务建设。

三、以激发队伍活力为出发点，抓好干部人事工作

一是面向全国公选30名法官，这在全国高级法院尚属首次。二是健全处、科级干部晋级考核评分制度，把考绩结果与提拔、晋级、评先、记功结合起来。三是实行交流、轮岗制度。共交流、调配干部68人，并且注意在审判部门与非审判部门领导之间进行交流。四是实行下派任职或挂职制度。选派了2名中层正职到中院担任一把手，选派14名中层干部或业务骨干到中院或基层法院挂职锻炼。五是积极做好人事任免和考核工作，考察并晋升了62名科级干部，办理了195人的职务任免以及31名选任审判长的续职考核等工作。

四、以实行分类管理为切入点，抓好法官职业化建设

一是推动法官助理改革试点工作。争取最高法院的支持，确定我省3个法院作为全国推行法官助理工作的首批试点单位。二是推动书记员单独序列管理和聘任制管理工作。三是严格法官职业准入，严把新进人员入口。四是首次确定了法庭级别。经省编委批准将全省法庭的机构级别确定为副科级，个别审判任务重的可以高配为正科级，广州、深圳市部分法庭为正科级，个别审判任务重的可以高配为副处级。五是积极做好增编工作。积极争取省编办的支持，给全省法院系统增加专项政法编制588名。六是抓好调研和指导工作。编发了《政工通讯》6期，近两年在最高法院《政工通讯》刊稿数位居全国高级法院首位。

五、以树好重大典型为目标，抓好争先创优活动

一是首次在全省法院开展争创“全省十佳法院”、争当“全省十佳法官”活动。二是与团省委联合开展了争创“青年文明号”和争当“青年岗位能手”活动。三是突出抓好了深圳市宝安区法院监察室主任钟志坚同志的表彰工作。在深圳召开较高档次记一等功表彰大会，有力地配合了“两会”前对法院队伍的正面宣传。四是评选表彰先进。认真做好执行、行政审判、政工等先进向最高法院等单位的推荐工作，并做好了全省法院的年度记功、专案记功和本院的奖励工作。

六、以提高队伍素质为落脚点，抓好教育培训工作

一是抓好高学历、复合型人才的培养。组织全省法院110余人报考在职法律硕士，选送省法院51名同志报考博士、硕士研究生。二是加大法官在岗培训力度。选送了12批48人参加了国家法官学院的各类培训。配合法官学院专项培训全省2120名法官，对180名符合晋升高级法官条件的同志进行了培训。三是选派了3名优秀法官美国天普大学学习。四是完成了对口支援西部法官培训工作任务。

七、以保持公道正派为着眼点，抓好长效机制建立

一是制订了《全省中级法院综合考核办法》（试行），首次实行省法院对中级法院工作进行全面量化考核，使考核、评优有了较科学合理的评价机制。二是制订了《广东省法院奖励实施办法》，进一步规范了表彰奖励工作。三是制订了《民主生活会制度》和《述职述廉制度》。四是制订和修订了《省法院干部因私出国暂行办法》、《省法院在职干部攻读学历若干问题补充规定》等规章制度。

八、以提高队伍战斗力为目的，抓好机关党建和工会工作

一是选派19名党支部书记、委员到省直学校进行学习培训，增补和改选了9名支部领导。二是发展了15名同志为预备党员。三是不断改进党建工作。四是先后举办了春节联欢晚会、摄影比赛、羽毛球比赛、趣味运动会、歌咏比赛、登山活动等。

九、以热情做好服务为宗旨，抓好老干部工作

一是定期由院领导向老干部们通报省法院的工作情况并征求他们的意见和建议。二是及时把组织温暖送到老同志心坎上。中秋前夕，专门组织了一次为年满80周岁老同志的祝寿活动。三是积极开展适合老同志特点的活动。四是认真抓好老干支委和关工委建设。五是开展《难忘岁月》征文活动。

法警总队

一、政治建警取得新成效

法警总队一贯重视队伍的思想政治建设，始终把政治建警放在各项工作的首位。按照最高法院的部署，广泛深入开展“公正司法树形象”活动，以及学习优秀人民警察任长霞、模范法官宋鱼水等先进事迹。与此同时，在全省法院法警队伍中开展了“争创人民满意的好警队，争当人民满意的好法警”活动，并对在活动中涌现出来的25个先进警队和40名先进个人进行了表彰。通过这一系列的活动，大大激发了全体法警的事业心、责任心和荣誉感，进一步增强了队伍的凝聚力、战斗力。法警总队先后有3位同志被党支部吸收为预备党员，1位同志荣立个人三等功。

二、素质强警取得新突破

3月份，法警总队在广州举行了全省法院法警业务技能汇报表演暨阅警式，全省23个中院法警支队组队参加了实弹射击竞赛，其中有15个单位的成绩达到优秀，优秀率达到65%；有12个单位进行了搏击对抗、散打搏斗等科目汇报演练，一些新的警用装备也首次出场演示；近500名法警组成了女警、盾牌、冲锋枪等8个威武整齐的方队，接受了省人大、省政协和省法院领导的检阅。7月份，按照警务部的部署，结合我省法院的实际，法警总队组织全省近2000名警力投入到法警业务技能“大练兵”活动，并组成11个检查工作组分赴各地进行抽查考核，使“大练兵”活动取得完满成功，基本上达到了“人人参与训练，人人受到教育，人人得到提高”的工作目标。为检验“大练兵”的成果，深圳市福田区法院法警大队参加了全国法院法警专业技能考核，获得满分100分，荣获“全国法院司法警察专业技能考核优秀司法警察大队”荣誉称号，树立了广东法院司法警察的良好形象。

三、规范化建设打开新局面

法警警务工作规范化建设是法院工作规范化建设的重要组成部分。按照省法院吕伯涛院长“司法警察队伍建设要以规范建设为主线”的重要指示精神，法警总队周密部署，把警务工作规范化的重点放在贯彻落实最高法院制定的《人民法院司法警察押解规则》、《人民法院司法警察看管规则》、《人民法院司法警察值庭规则》和《人民法院司法警察安全检查规则》等四个规则上，通过树立典型，把广州市从化法院法警大队作为全省法院法警警务工作规范化示范点，以召开现场会的模式，召集全省法院各法警支队和部分法警大队的领导进行现场观摩，并把从化法院的具体做法和值庭、押解等四个规则的标准动作演练制作成DVD光盘，下发至全省各法警大队，从而带动了全省法院法警警务工作规范化建设的开展，促进了各级警队的建设。

四、服务保障工作取得新成绩

法警总队作为全省法警的管理职能部门，认真履行了对全省法警的服务与保障职责。按照人民法院司法警察暂行条例的要求，加强了对新任法警的岗前培训，分两期对全省216名新任法警进行了为期一个月的培训，经严格考核颁发证书后，准许上岗；发放警服被装5000余件，制作下发《警官证》230多张，确保了法警执行警务活动的合法性、严肃性；对90名符合警衔晋升条件的法警进行了晋升培训，及时为560多名法警办理了警衔审批手续，落实了法警的政治待遇和福利待遇；在警力不足的情况下，千方百计安排警力完成审判工作和执行活动的任务，积极参加全省法院的“严打”专项斗争和解决“执行难”的活动。据不完全统计，全年为刑事审判活动出动警力37万多人次，押解刑事被告人18万多人次，依法对一批被判处死刑的犯罪分子执行了死刑；为参与民事案件的执行派出警力6万多人次，依法对4679人采取了强制措施。同时，警务保障服务的领域不断向民事审判、行政审判以及警卫、机关保卫等法院各项工作拓宽。10月，法警总队调动20名警力联合省法院立案庭、民庭、执行局等审判业务部门，奔赴全国5个省市协助查封冻结广东证券股份有限公司及其分支机构的500多个账号，查封工作受到省委、省政府和省法院领导的肯定。

法 官 学 院

一、大力开展法官培训工作

（一）学院在与北京大学法学院合作办学的基础上，首次举办了司法考试考前辅导班，全省法院380名干警参加了考前辅导，取得了良好的效果。

（二）举办了第二期高级法官晋级资格培训班。全省法院180名拟晋升高级法官的法官接受了为期一周的培训，取得了晋级资格。

（三）学院开展了广东法院2004年45岁以上不具备大学本科学历人员的专项培训工作，全省法院2155名2006年年底年满45周岁以上的法官参加了专项培训，绝大部分法官通过结业考试，取得任职资格，为其继续任职、续职创造了条件。

（四）举办了多种形式的短期培训班和专题讲座。学院克服重重困难，创造性地进行运作，成功地与香港世界贸易组织研究中心合作，选派了30多名法官赴港参加有关知识产权专题研修，这是广东法院第二次较大规模选派法官集体出境培训。学院还分别与民一庭、行政庭等部门举办5期短期培训班，1000多名法官参加培训。

二、抓好学历教育，为法院学历达标再续篇章

2004年学院继续与北大、中国政法大学等高校举办专升本学历教育，在册学员达1400多人。2004年，学院管理的600多名专升本学员通过毕业考试，取得本科学历，为全省法院干警学历达标创造了条件。

三、狠抓论文组织，全国法院学术讨论会再传捷报

为了搞好全国法院系统第十六届学术讨论会论文组织工作，法官学院于2004年4月专门召开了“现代司法理念与审判方式改革座谈会”。全省法院系统近50名论文作者出席了座谈会。国家法官学院、武汉大学、中山大学有关专家教授应邀出席了座谈会，并就2004年全国法院系统学术讨论会的主题作了专题学术报告。这在我省法院论文组织工作中尚属首次。

广东法院参加全国法院第十六届学术讨论会，有7篇论文获得二等奖、14篇论文获得三等奖，仅次于山东和江苏，并第五次获得论文组织工作先进奖，创造了历史最好成绩。

四、加大全省法官培训工作的指导、督促工作力度

首先，学院拟订了《法官学院2004年教育培训工作方案》，提出了2004年法官培训工作的总体思路、具体目标和实现途径，并会同政治部宣教处制定了全省法院培训规划。此后，学院在2004年召开的全省法院教育培训工作座谈会上对规划进行了具体部署。其次，学院于2004年在9个中院设立了法官培训教学基地，保证了全省法官培训工作的顺利开展。最后，学院通过召开全省性会议集中部署、平时不断检查督促、提供师资、经费支持和信息等形式，指导、帮助各中院特别是经济文化相对落后的中院克服了师资、经费、课程设计等各种困难，开展教育培训工作。目前全省23个中院基本完成了第一轮续职资格培训，各中级法院举办各类短训班40多期，3000多人次参加了培训。

五、加强对外合作与交流，构建法官学习交流平台

2004年5月，学院与俄罗斯联邦司法学院代表团就广东法院审判、广东法官培训及双边合作与交流等问题进行了交流和探讨，并就广东与俄罗斯联邦司法学院在互派法官学习、教师培训、图书资料、信息情报共享等方面达成了初步合作意向。这在广东法官培训史上尚属首次。同时，学院还于11月牵头组织了第一批赴东三省法官培训学习考察组，通过对兄弟省市的考察，为我省今后的法官培训工作打下良好的基础。

六、大力加强学院自身建设

为了规范管理、提高效率，学院不断改革创新，实行按系列分类、专人专责的管理模式，保证了表格、档案资料的保密和安全。此外，学院还加强和改进了《广东法官培训》院刊的编辑工作，使之成为全省法官培训工作交流的有效平台。在自身队伍建设方面，学院通过集中学习、支部讨论、民主生活会和个人自学等多种形式，组织开展了“三树立、五落实”暨“司法公正树形象”等多项主题教育活动，在加强政治学习的同时，学院采取各种措施激励和鞭策大家加强学习和调研，并根据工作需要有计划选派8名干部、10余人次参加最高法院、国家法官学院和学院自己组织的业务培训。

机关服务中心

一、增强安全服务意识，保障公务用车

2004年是我院实行公务用车改革的第一年，全年长途出车2500余车次，安全行车里程达110.4万多公里。全年最高院和我院在广州市及周边地区召开的全国性和全省性大、小工作会议约20余场，接待最高院和外省兄弟法院来粤工作人员200多批次。交通科具体做了以下几项工作：一是组织全科同志学习新颁布的《道路交通安全法》，并给全院驾驶员发放《道路交通安全法》500余册。同时，以增强安全意识作为重点，将安全教育活动与院组织的“三树立、五落实”暨“司法公正树形象”教育结合起来，联系实际，剖析存在的问题。二是积极做好增加车辆定编数额和车辆报废更新工作，全年共报废车辆7辆，新购车辆12辆。三是在政治部机关干部处的大力支持下，完成了增招临时工司机的理论和驾驶技术考试工作。四是对班车的租用实行了再招标，使班车的面貌和舒适性都有了一定的改变。五是请广州市凌峰软件公司制作了一套《省法院车辆管理档案》软件，使全院车辆档案有了一个良好的管理系统，改变了过去车辆管理档案不健全的局面。六是车改后车辆维修费与往年同期相比有了明显的增长。针对这种情况，交通科严把维修质量关，对故障车辆实行先检查再进厂，做到心中有数。为了减少车辆维修费用支出，重点抓了车辆的保养维护。按规定车辆每行驶5000公里，需更换机油和机油滤清器。如果到维修厂更换，不含材料费用，仅人工费要250元/辆。为了节约开支，降低费用，交通科直接向代理商采购上述物品，自己更换机油和机油滤清器，仅此一项全年就节约了85000元，降低了车辆维修费用。

二、增强服务意识，努力改善和提高膳食服务质量和水平

2004年，院里增编了30名法官和60名速录员，就餐人员增加了90人，但膳食科却先后减少了两名员工。膳食科面对工作人员少、任务重的局面，在员工中牢固树立全心全意为全院干警服务的思想，使全体员工牢记服务宗旨，树立供优质服务的意识，做好各项膳食服务工作。为保证食品用具卫生和环境卫生，每天就餐前后进行一次餐厅清洁卫生，每周大搞一次环境卫生，购置的果菜一律用消毒机清洗果菜中残留的农药，对餐具进行严格的清洗和消毒，确保全院就餐人员没有发生一起在本院就餐而引起的中毒事件。调整工作安排，从会议中心借调人员，解决人员不足的困难，保证全院人员能够按时就餐。增加、变换食品的花色品种，每天早餐保持12个品种的食品，午餐每周保持供应30个不同的菜式，每天6个菜式，尽量满足不同的口味。

三、强化管理，不断提高接待服务水平

2004年，会议中心全体同志按照三星级酒店的标准进行服务，团结一致，树立坚定的团队精神，出色地完成了各项接待任务。一是按照三星级酒店标准，抓好规范化经营管理工作，按高标准，高要求完成各项接待任务。会议中心全年共接待大中小的各种会议培训共28次，全年总营业额7218697元，利润1807456.9元，营业收入比去年增加1620680元。二是抓好物控管理。会议中心对所有定点供货商都实行招标，择优录用。对贵重物资实行集体采购，从而保证了质量，降低了成本，有效地防止了漏洞的发生。三是狠抓员工培训学习，提高服务质量和接待水平。开展“微笑在华苑”优质服务月活动，充分调动员工工作积极性，使员工以饱满的工作热情投入到工作中去，达到了三星级宾馆的服务水平。四是从严抓好队伍建设，使员工能自觉地遵守规章制度。针对员工流动性大，年纪较轻，思想不稳定，女员工占绝大部分，难于管理的特点，组织员工学习规章制度，坚持用制度规定管人，严格检查规章制度的落实，使全体员工自觉遵守法律、法规和本院及会议中心的规章。五是切实关心员工的生活，努力提高员工的福利，使员工安心在会议中心工作，以中心为家。在院领导的亲切关怀下，解决了多年来一直未能解决的为员工买社保难题。六是抓好服务区的监管工作，满足广大干警的需要。服务区开业后，存在这样或那样的问题。为了让广大干警满意，会议中心向三家服务区提出了改正措施，使服务区的服务质量、价格、水平都有了明显改观。

▲图为本院和广州、深圳、汕头等中院的代表和最高院机关服务中心主任孙际泉同志会后合影

第六章　院领导和各部门领导

广东省高级人民法院领导班子成员

院　　长　　吕伯涛
副院长　　李　琦　陶凯元　陈华杰　李毅峰　凌祁漫　吴宏斌
纪检组组长　林梦春
政治部主任　许达雄

领导班子成员合影（从左到右依次为：许达雄、吴宏斌、李毅峰、陶凯元、吕伯涛、李琦、陈华杰、凌祁漫、林梦春）

广东省高级人民法院各部门领导

办公室

主　任　刘清松

副主任　施博林　李忠铭　杨　铭

立案庭

庭　长　陈佩霞

副庭长　张永明　施　适　陈润霖

刑事审判第一庭

庭　长　霍　敏

副庭长　罗少雄　陈　超　李　兵

刑事审判第二庭

庭　长　赵　军

副庭长　周定挺　时　磊　王在魁

民事审判第一庭

庭　长　邱文宽

副庭长　王宗仁　梁　聪　丁海湖

民事审判第二庭

庭　长　古锡麟

副庭长　朱可胜　王建平　严加武

民事审判第三庭

庭　长　刘建强

副庭长　林广海

民事审判第四庭

庭　长　郑新俭

副庭长　欧阳振远　陈友强

行政审判庭（与赔偿办合署办公）

庭　长　张占忠

副庭长　朱　峰

赔偿办

副主任　付洪林

审判监督庭

庭　长　李　季

副庭长　詹伟雄　陈　冰　刘奕冰

书记员处

处　长　张晓菲

副处长　陈东茹

执行局

局　长　杨贤才

副局长　邓　忠　廖万春

综合处

处　长　胡志超

副处长　陈健鸿

执行一处

处　长　赖紫宁

副处长　张志勇

执行二处

处　长　陈国进

研究室

主　任　王海清

副主任　戴佛明　任宗理　云利珍

司法行政装备管理处

处　长　宾毅成

副处长　刘维健　林少虎　林振华

纪律检查组

组　长　林梦春

监察室

主　任　廖炳新

副主任　薛英强　黄建屏　黄　争

政治部

副主任　刘春龙　聂式恢

机关干部处

处　长　万国营

地方干部处

处　长　谢文练

副处长　钟道春

宣传教育处

处　长　熊正良

机关党委办公室

副主任　李平昌

离退休人员管理处

（空）

法警总队

总队长　沈国强

政　委　郑小荣

副总队长　许文余

广东法官（培训）学院

常务副院长　杨宗仁

机关服务中心

副主任　方建跃

资料来源：政治部机关干部制广东省高级人民法院花名册

第四编

各中级人民法院工作

广州市中级人民法院

2004年，广州中院共受理各类案件32557件，比上年增长17.09%；其中新收案件27517件，同比增长31.98%。结案26744件，同比增长17.48%。

一、各项审判稳步发展

受理一、二审刑事案件1993件，审结1810件。严惩危害国家安全的犯罪。健全严打经常性工作机制，积极开展严打整治百日行动。审结张启生等贩卖、运输、制造1.2万多公斤毒品案，判处张启生死刑。惩处破坏市场经济秩序犯罪，挽回经济损失4052.76万元。严惩贪污、贿赂等职务犯罪。加强刑事司法领域人权保障，为202名符合条件的被告人指定了辩护人，依法判处15名被告人无罪。开展减刑假释工作大检查，抽查1998年以来办结的减刑、假释案件3900件，没有发现违法办理。

受理一、二审民商事案件17873件，审结13241件；一审民商事案件结案标的118.02亿元，增长3.36%。审理好婚姻家庭、劳动争议等普通民事案件。重视房地产案件审判工作，配合整治拖欠工程款专项行动以及广州开展"烂尾"地块集中处理和拆迁补偿安置工作。审理好金融、票据、证券等商事案件，保护诚信交易。加强知识产权司法保护，审结的哈尔滨黑天鹅公司诉广东黑天鹅公司商标侵权及不正当竞争纠纷案，被最高法院列入2004年度全国十大知识产权案例。平等保护涉外、涉港澳台案件各方当事人权益，为广州对外开放营造良好法治环境。

受理一、二审行政案件476件，审结450件。探索改革房屋拆迁行政案件的审判方式，受到最高法院充分肯定。审结国家赔偿案件24件，其中决定由国家机关赔偿的6件。

二、执行工作更加透明规范

受理执行案件3066件，执结2559件；执结标的45.92亿元，增长17.72%。采取多种方式加大执行财产的追查力度，及时告知当事人财产查实情况。执行重要事项均进行合议，并组织当事人听证。进一步规范委托评估、拍卖工作。完善执行案件监督管理机制，进一步加大督办力度。成功执结宝华大厦"烂尾"楼系列案，债权兑现率约20%，绝大多数债权人表示满意和理解，并为"烂尾"楼的司法处理提供了经验。

三、司法为民措施得到全面落实

深入开展立案、信访两个"文明窗口"创建活动，试行网上立案，设立诉讼材料收转中心，增开查案窗口。接待群众来访8763人（次），处理群众来信3620件（次）。切实加强审判监督，畅通申诉渠道，完善申诉、申请再审审查听证和合议制度。加大对困难群众的司法保护和司法救助力度，优先立、审、执涉及民生的案件，依法决定缓、减、免交诉讼费303.30万元。充分发挥审判活动在综合治理中的重要作用，继续推进"羊城金不换"工程，指导部分基层法院试行暂缓判决、社会监管令制度，少年合议庭被评为全国少年审判先进集体，1人获评全国创建优秀"青少年维权岗"先进个人；将调解贯穿于诉讼活动中，做好判后疏导和息诉工作；广泛深入开展法制宣传，被评为全国法院思想宣传工作先进单位。

四、规范化建设成效明显

初步形成了纠防超审限的制度体系。刑事审判实现了"零超审限"、"零超期羁押"，民商事超审限案件减少了90.09%，收结案步入良性循环。完善立案、审判、执行等各个环节的工作制度，规范执法行为。完善事前、事中、事后相衔接的监督体系，加强了对执行款物的监控，在广州审判网公开裁判文书。汇编近年制定的制度，注重修订完善，加强对落实情况的督促检查。

五、队伍素质不断提高

提高班子的领导能力和决策水平。完善领导干部实绩考核和述职制度，将竞争上岗选任干部进一步制度化、规范化。扎实开展"司法公正树形象"活动，营造争先创优氛围，取得明显成效。28个集体和73名个人受到市级以上表彰。走人才强院之路，至去年底，在编人员中有博士4人、硕士110人、本科254人。严格执行党风廉政建设责任制，健全符合实际的自律机制、防范机制和惩戒机制，没有发生违法案件。纪检监察部门被评为全国法院纪检监察工作先进集体，1人获评全国法院纪检监察工作先进个人。

六、认真履行监督指导职责

2004年，全市基层法院共受理各类案件141951件，结案133737件，分别增长6.18%和6.03%。

提出了加强基层建设的目标任务和具体措施。审理二审案件14485件，指导基层法院提高审判水平。强化对基层法院执行工作的统一领导、统一管理、统一协调，开展执行款物管理、执行案卷归档和解决执行难竞赛活动的检查，东山法院执行局被评为全国法院执行工作先进集体；支持、指导东山法院在全省率先成功开发应用执行流程管理系统软件，并予以推广。加强对基层法院化解矛盾工作的监督指导，狠抓诉讼调解和指导人民调解工作，多数基层法院民商事案件调解、撤诉率有较大提高。加强对基层队伍的教育培训，多次部署全市法院队伍建设特别是党风廉政建设，制作教育片及读本，到基层授课；组织两级法院4600人（次）参加培训学习30多期；继续推行两级法院法官上下交流制度；全市基层法院有48个集体和218名个人受到市级以上表彰。加强对基层"两庭"建设的指导和支持，确保符合规范和长远发展要求。抓紧统筹两级法院信息化建设，试运行两级法院城域网系统。

最高人民法院党组副书记、副院长姜兴长（左三）到广州法官培训中心视察，并与广州中院院领导座谈。

广东省委常委、广州市委书记、市人大常委会主任林树森（前排中）到广州中院视察，并与中院院领导和中层干部合影。

广州市委副书记、市长张广宁（前左三）十分关心法院的建设与发展。

◄广州中院团结奋进的领导班子。

◄广州中院开庭审理震惊全国的“5.11”假酒案。为非法牟取暴利，程才明等15名被告人销售有毒食品，生产、销售不符合卫生标准的食品，导致14人死亡，39人受伤，其中9人重伤。广州中院依法判处程才明死刑。

►广州中院审理陈松波等贩卖淫秽物品、非法经营案。该案涉案淫秽光碟947万张，创下全国开展“扫黄打非”斗争以来查获黄碟数量的最高记录。

◄广州中院以召开债权人大会的形式公开发放执行款，最大限度地保护债权人利益。图为“宝华大厦”系列执行案执行款发放现场。

▲广州中院召开全市法院院长会议，研究部署两级法院工作。

▲广州中院与中国法学会知识产权法研究会成功举办了2004年知识产权法学理论与审判实务研讨会。

▲中层干部培训和宣读裁判文书比赛是广州中院开展“司法公正树形象”活动的重要举措。

▲民事诉讼调解工作会议确立了广州法院调解工作的指导思想、基本原则和工作目标。

▲黄埔区法院领导班子。

黄埔区人民法院

黄埔，是古代海上“丝绸之路”的发祥地，闻名遐迩的黄埔港就座落在这里。城区位于广州市城市发展“东进”轴线上，是一个充满活力的新城区和重工业基地。

近年来,黄埔区法院在区委的领导和上级法院的指导下，紧紧围绕“公正与效率”工作主题，瞄准“建一流法院、带一流队伍、创一流业绩”目标，审判执行、法院改革和队伍建设等各项工作取得了显著成绩。2000年以来，该院每年结案率都保持在96%以上，并逐年增长，2004年达到98.77%，连续6年居广州市法院系统首位。其中，刑事案件连续7年保持“零存案”，并杜绝超审限和超期羁押现象；执行案件平均执结率为97%，2004年达到98.97%，连续6年居广州市法院系统首位。积极稳妥地推进审判方式改革，2001年率先推行的在裁判文书附页附录法律条文的举措，被誉为普法便民的好措施，被兄弟法院广泛采用。狠抓队伍建设成效显著，培养了一支高素质的干警队伍，干警10年来保持违法违纪“零纪录”。

2001年以来,黄埔区法院先后被评为“人民满意政法单位”、“全省法院信息工作先进单位”、“全国指导人民调解工作先进单位”，两次荣立集体三等功。2004年，该院纪检监察室被评为全省纪检监察工作先进集体。2005年6月，该院被省法院授予“全省优秀法院”称号。省法院院长吕伯涛欣然命笔，为该院题词：“公正司法，一心为民”。

全面实现“三个一流”目标，努力建设以“公正、文明、高效、廉洁”为特征的现代化法院，是该院全体干警矢志不移的追求。

▲省法院、广州中院及黄埔区领导为黄埔区法院新审判办公大楼揭牌。

▲黄埔区法院新审判办公大楼。

▲一宗执行案件双方当事人共同向黄埔区法院赠送锦旗。

番禺区人民法院

2004年，该院以“三个代表”重要思想为指导，把握“公正与效率”法院工作主题，落实司法为民宗旨，通过深入开展“司法公正树形象”教育及其他专项活动，充分发挥审判职能作用，各项工作全面发展，取得了新的成绩。全年共受理各类案件22093件，比上年上升8.52 %，审（执）结各类案件20604件，上升6.66%，收、结案数在广州市属基层法院中首次突破两万件，居第一位，案件质量评查结果名列前茅。

2004年，该院紧抓审判、执行中心环节不放松，在年初对全年的工作任务有预测、有前瞻、有预案，全年工作能有条不紊地开展和前进。审判工作抓得早，执行工作做得好；紧抓科学化、规范化管理，向科学管理要生产力，通过科学管理完成繁重的工作任务，特别是在科学调整分配审判资源上，进一步丰富了自身的管理经验；充分发挥调研、信息工作为审判服务的职能，调研、信息成果数量多，质量高，对审判工作起了很好的推动作用，建立了一个“学习型法院”；紧抓廉政、纪律作风建设，形成了自己独特的经验和特点，在严格管理的基础上，落实好制度；继续探索干部培养方式和做法，充实了法官后备人才。

2004年，该院连续十二年被评为“全省调研信息工作先进单位”，并被评为该年度“区维护稳定及社会治安综合治理优秀单位”、“区组织部门调研先进单位”；民三庭荣立“集体三等功”，并被评为“依法治区先进单位”；刑庭分别被市、区评为“维护社会稳定及社会治安综合治理先进单位”；民三庭、大石法庭被评为“区文明单位”。2005年4月，大石法庭被最高法院评为“全国优秀人民法庭”。

▲最高人民法院副院长沈德咏（左三）到番禺区法院视察。

▲番禺区法院立案大厅。

▲“全国优秀人民法庭”大石法庭。

▲番禺区法院召开会议总结部署工作及表彰先进。

深圳市中级人民法院

2004年，全市法院共受理刑事、民事、行政、执行及减刑、假释案件110696件，其中新收103857件，结案100999件，比上年分别上升13.03%、10.69%和10.9%，结案率91.24%，结案标的金额268.3亿元，收、结案数均创历史新高。

一、紧扣“公正与效率”工作主题，全面加强审判和执行工作

继续深入开展“严打”斗争，全力维护社会稳定。全市法院共新收一审刑事案件11913件，审结11882件，同比分别上升55.04%和55.38%。在生效裁判中，判处犯罪分子12218人，其中判处五年以上有期徒刑、无期徒刑直至死刑的1545人。依法审结了杀害前凤凰卫视副主席周一男等五人的罗军等5名被告人抢劫案，罗军等5名被告人被判处死刑。审结走私、生产销售伪劣商品、金融诈骗等破坏市场经济秩序犯罪案件354件，审结贪污贿赂案件74件，依法审结了市公路局原党委书记、局长、市民政局原局长黄亦辉受贿、巨额财产来源不明案，黄亦辉被依法判处死刑，缓期二年执行。

依法调节经济关系和其他社会关系，促进经济与社会的协调发展。全市法院充分发挥审判工作对经济关系和其他各种社会关系的引导、调节、规范作用，最大限度地实现办案的法律效果与社会效果的有机统一。共受理各类民商事案件58779件，审结53184件，同比分别上升8.15%和6.51%。认真履行司法审查职责，既依法支持行政机关依法行政，又依法保护公民、法人和其他组织的合法权益。共受理各类行政诉讼案件1179件，审结1149件，同比分别上升4.52%和4.64%。受理非诉执行案件413件，执结378件；受理国家赔偿案件21件，审结19件，决定给予赔偿5件。

进一步加强执行工作，维护裁判权威。全市法院进一步加大案件执行力度，完善集中执行、交叉执行、委托执行、提级执行和指定执行工作制度，提高执行的整体效益，切实解决“执行难”问题。同时认真落实重大执行案件的督办催办制度，与有关职能部门通过联席会、协调会等形式加强沟通，争取配合，并对赖账者实行上网通告，形成解决执行难问题的强大合力。共受理各类执行案件36086件，执结32175件，同比分别上升8.96%和4.45%。执结率为89.16%，执结标的总金额94.93亿元。

二、认真贯彻司法为民要求，积极推出司法为民工作新举措

全市法院根据最高法院的要求，把切实解决一些群众“告状难”、“申诉难”的问题放在重要位置。市中级法院出台了《信访首问主办责任制》，并对2000年以来的涉法上访案件进行了一次全面排查，对排查出的77件重点重复上访案件基本处理完毕，绝大多数当事人表示服判息诉。积极推行远程立案、异地受理等便民利民措施，尽可能地方便当事人诉讼。积极开展“法律进社区”活动，加强对基层人民调解组织的指导。继续对经济确有困难的当事人实行司法救助，共依法减、缓、免诉讼费704.6万元。加强对弱势群体的法律保护，审结劳动争议案件11132件，为打工群众追回欠薪8782.66万元。

三、不断巩固行之有效的改革成果，继续深化法院工作改革

全市法院继续发挥特区法院的优势，在工作中坚持与时俱进，不断推陈出新。在审判工作运行机制方面，深化诉讼程序制度改革，完善庭前准备程序，规范举证、质证和认证活动；积极探索简便、快捷的办案方式，扩大民事案件简易程序的适用范围，推行普通民事和刑事案件简化审；完善诉讼调解制度，建立民事案件庭前和解机制；改革审判监督制度，实行再审立案审查听证；完善审判流程管理制度，加强对各类案件的跟踪管理。在执行工作机制方面，理顺执行局内设机构职能关系，完善分权制衡的执行权运行新机制；规范执行财产查证、评估拍卖等程序，制定《执行监督工作规则》，推进执行工作规范化。在队伍管理机制方面，完善法官职业准入和逐级遴选制度，市中级法院通过公开考试从基层法院遴选了11名法官；完善法官职业培训机制，对全市法院216名3至5级法官进行了续职资格培训；积极推行法官助理制度试点，市中级法院和罗湖、宝安、南山法院建立了法官助理制度；市中级法院研究制定《全市法院法官职业化改革方案》，已得到最高法院和省法院原则批准，已报市委审批。

四、大力加强法院规范化建设，提高司法管理水平

全市法院坚持以规范化建设为工作主线，组织专门力量对制定的所有规章制度进行梳理，查漏补缺，不断予以完善。在审判和执行管理体系方面，市中级法院重新修订、出台了立案工作规程、证据交换规则、审判流程管理规程和执行工作规范等一系列制度，确保审判和执行工作的公正与高效。在队伍管理制度体系方面，完善了党风廉政建设责任制和岗位目标责任制，对《关于加强对干警业外活动监督管理的若干规定》等管理制度进行了细化，形成了比较完备的法官和其他工作人员岗位责任规范、行为操守规范、纪律作风规范和党风廉政建设规范。在行政后勤管理体系方面，结合实际制订和完善了财务管理、档案管理、保密工作以及审判办公大楼的物业管理等一系列管理制度，并落实经常性的检查监督措施。

五、切实加强教育管理监督，大力推进法院队伍建设

全市法院相继开展了廉政警示教育活动、纪律教育学习月活动和司法公正树形象活动，广大干警公正司法、廉洁司法意识进一步增强。市中级法院党组向社会公开作出“六项承诺”，切实加强自身建设，做好表率。坚持从严治警，强化领导管理意识，进一步落实和完善家访制度、谈心制度、个人生活重大事项申报制度等。以“人民的好法官”陈麟基为原型拍摄的电影《生死界线》于3月1日在北京钓鱼台国宾馆举行了首映式，影片公映后在全国引起强烈反响。年内，福田区法院被评为全国法院行政审判工作先进集体和司法警察专业技能考核工作先进集体，市中院和龙岗区法院、罗湖区法院、南山区法院被最高法院评为“2004年度全国法院思想宣传工作先进单位”，宝安区法院法官钟志坚被省高院荣记个人一等功。

▲1月23日，最高人民法院院长肖扬到深圳中院视察工作时，与市中院中层领导干部及各基层法院院长座谈，要求深圳市法院坚持“公正与效率”这个工作主题不动摇，坚持司法为民的要求不放松，在加强各项管理方面下工夫，努力争创公正与效率的楷模、改革与创新的楷模、清正与廉洁的楷模、司法为民的楷模。

（左三为最高人民法院院长肖扬，左二为广东省委副书记、省纪委书记王华元，左四为省法院院长吕伯涛，左一为深圳市委副书记、市政法委书记庄礼祥）

▲8月10日，深圳中院召开全市法院加强基层建设工作会议。深圳市委副书记、市政法委书记庄礼祥出席会议并作重要讲话。深圳中院邓基联院长就加强全市法院基层建设工作进行部署。

▲由国家法官学院、最高人民法院民事审判第四庭主办、广东省高级人民法院、深圳市中级人民法院协办的“内地与港澳地区商事法律实务研讨会”于2004年5月19-20日在深圳召开。最高人民法院副院长万鄂湘到会并作重要讲话。香港特别行政区律政司法律草拟专员严元浩、澳门特别行政区行政长官法律顾问郭华成、中国国际经济贸易仲裁委员会副主任费宗祎、郭晓文、广东省高级人民法院院长吕伯涛、深圳市中级人民法院院长邓基联以及国务院港澳办法律司、内地与港澳法官、律师、专家、学者近百人参加了研讨会。

反映深圳市中级人民法院优秀法官陈麟基先进事迹的电影《生死界线》3月1日在北京钓鱼台举行首映式。最高人民法院院长肖扬，广东省委副书记、省纪委书记王华元出席首映式并作重要讲话。深圳市中级人民法院院长邓基联在首映式上介绍了陈麟基的先进事迹。

▲最高人民法院院长肖扬在首映式上讲话。

▲全国人大常委会副委员长顾秀莲、全国政协副主席罗豪才等领导人出席首映式。

▲广东省委副书记、省纪委书记王华元在《生死界线》首映式上讲话。

▲省法院授予钟志坚同志一等功表彰大会。

12月29日上午,广东省高级人民法院在深圳市隆重召开授予深圳市宝安区人民法院法官钟志坚一等功表彰大会。广东省高级人民法院党组成员、副院长李毅峰，党组成员、政治部主任许达雄，深圳市委副书记、政法委书记庄礼祥，市文明办和宝安区的领导及深圳市两级法院干警参加了会议。

钟志坚同志1992年8月调入宝安区人民法院后，历任书记员、助理审判员、审判员、政治处副主任、监察室主任。在他所审理的1286件案件中，没有一件错案。从1996年到2002年连续七年在该院刑事审判庭审结案件第一，创造了四年“全院结案第一”，三年审结案数位居全院前三名的审判记录。钟志坚同志坚持廉洁司法，十多年来，从未接受过律师和当事人的吃请送礼，拒收贿赂70余次，拒收礼金30多万元。2004年5月，钟志坚同志被初步诊断为肝癌晚期后，隐瞒病情坚持工作。7月22日在广州出差期间突然发高烧入住医院。但还没等检查结果出来，便赶回法院继续工作，7月23日在出现吐血症状并被确诊为肝癌晚期的情况下，仍然到法院汇报工作。充分体现出一名共产党员和人民法官顽强拼搏、忘我工作、无私奉献的高尚品质，谱写了一曲新时期人民法官的颂歌。

▲钟志坚同志在表彰大会上发言。

罗湖区人民法院

2004年，深圳市罗湖区人民法院坚持以“三个代表”重要思想为指导，紧紧围绕“公正与效率”工作主题，狠抓审判工作、法院改革、队伍建设“三件大事”，各项工作取得了显著成绩。

审判执行工作再创佳绩。2004年，全院受理各类案件19070件，结案17796件，分别比上年上升8.69%和7.5%。结案率93.3%，当庭宣判率达到99%。结案绝对数创出历史新高。依法审结了胡玉林诉讼诈骗案、全国首宗利用互联网传播淫秽物品牟利案、殷小妹诉深圳市劳教委、蔡光武诉深圳市劳教委等一批大案要案和疑难案件。紧紧围绕全市的中心工作，配合区委、区政府积极开展“空楼行动”的攻坚战，为改革发展稳定提供了有力的司法保障和良好的司法服务。法院改革稳步推进。全面推行“3122”与“大立案”兼容的审判运行机制，以法官助理和速裁法官为运转枢纽，实现程序性事务前置，使法官从繁琐的程序性事务中解脱出来，专心研究案情，提高了审判效率。实行取保候审听证制度，刑事审判在全国首创对被告人采取取保候审进行听证，增强了审判工作的透明度。规范房地产案件审判工作。编辑出版《房地产案件实体处理规则》，得到深圳市委副书记、市纪委书记谭国箱同志和深圳市中级人民法院院长邓基联同志的高度评价。加强调查研究，注重总结审判经验。对全院历年审理的典型案例和优秀裁判文书进行整理，编辑出版《行政审判精选案例评析》、《民商事审判精选案例评析》、《刑事审判精选案例评析》和《阳光下的裁判》等审判前沿丛书。其中，《阳光下的裁判》被北京大学远程教育推荐为参考用书。队伍建设进一步加强。坚持“以知识育人，以制度管人，以竞争励人，以真情动人”的管理理念，全面加强队伍建设，努力营造干警积极向上、干事创业的良好氛围。2004年，深圳市罗湖区人民法院被深圳市委授予全市“第七届文明示范单位”光荣称号，被广东省高级人民法院荣记集体二等功。

▲10月10日，深圳市罗湖区人大常委会谢惠青主任等区人大领导及部分区人大代表到罗湖法院检查民事诉讼法的执行情况。

▲9月24日，罗湖区法院在大审判庭召开“苦战六十天，案件过三千”专项活动总结大会。

▲10月10日，深圳市罗湖区委副书记、区长刘学强（右）到罗湖区法院进行现场办公，帮助法院解决实际困难。

福田区人民法院

2004年，深圳市福田区人民法院坚持以“三个代表”重要思想为指导，积极实践“公正与效率”的工作主题，全面加强审判工作，不断深化法院改革，大力加强队伍建设，积极推进规范化建设，各项工作都取得新成绩。

全面加强审判和执行工作。全年共受理各类案件20669件，审结19575件，分别比2003年上升10.6%和10.3%。依法审结了全省首例销售盗版光碟案、全国首例物业管理公司人身损害补充赔偿责任案、建院以来规模最大的倪益民等105人不服区建设局、市国土资源和房产管理局行政不作为行政诉讼案等一大批刑事、民事和行政案件。通过审判工作，为维护社会稳定，促进经济发展，保障改革开放作出了积极贡献。深化司法改革，强化司法管理。依法扩大简易程序适用范围，有76%的民商事案件通过这一快速审理通道得到及时解决。进一步完善审判流程管理制度，启用案件流程管理新系统；建立案件质量监督评查机制，全面实行大要案件和敏感案件跟踪制度、每周值班院长巡查制度、审限警示、催办制度，确保案件质量与高效；推进裁判文书改革，加强裁判文书审核工作，提高裁判文书的说理性和公信力；建立严格的财务制度，加强了对执行款、诉讼费的管理和监督；建立岗位责任目标考核与奖惩机制，大力加强制度建设，编辑出版《制度与规范》6册规范化建设丛书，真正实现以制度管人，用制度管事。大力加强队伍建设。加强政治思想教育，不断提高队伍政治思想觉悟。推进党风廉政建设。将“不愿为”的自律机制、“不敢为”的惩戒机制、“不能为”的监督机制和“不必为”的激励机制有机结合起来，形成了符合法院特点的反腐保廉工作体系。推进干警教育培训，完成了3至5级法官续职培训，举办业务培训班7期，法警大队在全国司法警察专业技能考核中获满分。教育培训工作促进了队伍专业化、知识化。

2004年，深圳市福田区人民法院先后被评为全国法院行政审判工作先进集体、全国法院司法警察专业技能考核工作先进集体、全省法院纪检监察工作先进集体。

▲最高人民法院警务部王继平部长（左二）到福田区法院检查法警大队工作。福田区委副书记、纪委书记张辉（左三）、福田区法院院长程科伟（左一）陪同。

▲深圳市福田区委书记许德森同志（左二）带领区五套班子领导成员及全区行政机关、部门负责人到福田区法院旁听行政审判。福田区法院院长程科伟同志（左一）陪同。

珠海市中级人民法院

2004年，全市两级法院共受理各类案件23544件，审结22057件。中院新收各类案件3978件（含旧存349件），办结3600件，结案率为90.1%。中院审判与执行工作出现了“四个增长和四个下降”的良好态势：民事案件调解率和撤诉率增长4.8%，审结重大或有重要影响的案件增长15.7%，执行结案率增长7.4%，超审限案件下降86%；一审结案上诉率下降5.7%，再审改判和发回重审率下降26%，当事人申诉、申请再审的案件下降59%。

全市法院共收刑事案件2050件，其中新收刑事案件2039件，结案2039件，结案率为99.5%。中院先后组织了打击“双抢”犯罪、打击毒品犯罪和打击故意杀人犯罪等六场专项宣判执行活动，处决一批罪大恶极的犯罪分子，扩大了打击声威，震慑了违法犯罪分子。原中国银行珠海分行国际结算科进出口组组长梁世汉，利用职务之便，非法为他人开出信用证31张，造成中国银行珠海分行损失达1033万美元，并多次收受他人贿赂人民币579万元。梁犯最后被判处死刑。中院还强化程序公正意识，纠防超期羁押。经最高人民检察院检查组来院检查，中院全年的刑事审判没有出现超期羁押案件。

全市法院共受理一审民商事案件11857件，审结11383件，结案标的近62亿元。中院共受理一、二审民商事案件1272件，与上年同比，涉金融纠纷案件新收增长18.4%，结案增长37.5%；建设工程合同纠纷案件新收增长22.5%，结案增长34%；知识产权案件新收增长136%，结案增长20.8%；破产案件新收增长66%，结案翻了一番。这些案件的历史遗留问题和社会现实矛盾往往交织在一起，政策因素多，社会敏感性强，法律缺位和冲突问题严重，对经济和社会影响大，审判难度也大，全市广大法官充分发挥审判职能，注重办案的法律效果和社会效果的统一，解决了大批疑难复杂、有重大影响的案件。其中审结各类涉外商事案件237件，审判中坚持法制统一、司法独立性、透明性和非歧视原则，同时认真执行内地与香港、澳门建立更紧密经贸关系安排的规定，依法保护境内外当事人的合法权益，从而优化了我市的投资环境。全年受理行政一审案件105件，其中新收102件，审结103件。依法对具体行政行为进行合法性审查，对行政机关依法进行司法监督。

根据执行工作的性质和特点，中院在全国率先提出执行工作要为债权人提供优质高效服务的新理念，并实行对被执行人财产的悬赏举报、对拒不履行债务的“老赖”公开曝光、对“钉子案”提级执行等系列举措，加大执行力度，同时狠抓对来信、来电、来访反映执行难问题的案件执行，全面推行案件流程管理、执行款规范管理，规范中止执行、异议审查，狠抓委托评估、拍卖环节的廉政建设，提高了执行能力。新收执行案件1084件，执结1029件，分别增长87%、57%。

为了确保公正与效率，加强审判管理，中院制定了一系列符合现代司法活动规律的相关制度。这些制度以《珠海市中级人民法院审判流程管理规程》为基础，完善了以审限跟踪、审限警示、超审限通报和案件督办、催办制度为核心的审判流程管理系统，运用计算机技术，对各类案件的立案、送达、开庭、审限、结案、执行等环节进行全程跟踪，确保程序公正。建立了新闻发言人制度，定期召开新闻发布会，将法院重要工作或社会关注的案件及时公布于众。

为了抓好队伍建设，提高工作效能，中院制定了一系列加强政务管理和人事管理的相关制度。这些制度以《珠海市中级人民法院岗位考核奖惩办法》为基础和核心，建立了以提高工作质量和效率为目标，以奖勤罚懒、指标量化为手段，以增强责任为内容的岗位责任考核办法，强化干警工作的积极性和自觉性。中院开展了法官助理制度探索工作，审判辅助工作和事务性工作交由法官助理完成，把法官从繁杂的事务中解放出来。为规范法官与律师的关系，还与市司法局共同制订了《法官与律师互相监督制度》，在模糊或危险之处设置了“分界线”、“高压线”。

为不断提高法官的综合素质，中院不断提出新措施、新标准、新要求。中院制定了鼓励工作人员攻读高学历学位的若干规定。在全院已有74名学士、20名硕士和1名博士的基础上，又有3名法官在职攻读博士学位，有7名法官在职攻读硕士学位，有2名青年法官取得香港大学普通法硕士学位，有3名法官取得法律硕士学位。全年组织了不同层次的庭审观摩52次。先后邀请6名全国知名学者来我院讲座或授课，市两级法院参加听课的1500余人次。制订了《关于全面加强调查研究工作的若干意见》，将调研成果列入法官晋级、晋职的考核内容，并建立了调研成果转化制度。全年中院法官共撰写案例分析、学术论文等理论文章120余篇，其中在国家级刊物上发表论文11篇，调研成果数量和质量均创历史新高。

关怀弱势群体，积极开展司法救助工作。全市法院全年准予减、免、缓交诉讼费达405万元，较好地保护了困难群众的诉权。此外，与市司法局就法律援助案件的执行、诉讼保全、日常工作协调配合等问题制定了若干规范性意见。

◄最高人民法院副院长奚晓明视察珠海中院。

►最高人民法院副院长沈德咏视察珠海中院新审判大楼工地。

▲珠海市人大常委会领导到珠海中院调研。

▲珠海中院党组成员。

▲9月7日，中共中央候补委员、重庆高院院长张轩一行来到珠海中院考察。

▲珠海中院院长董皞向欧洲法院院长赠送礼品。

▲举行首届新闻发布会。

▲珠海中院领导在该院召开的“双向选择、竞争上岗”活动上担任评委。

▲“法官之声”歌咏比赛。

▲深入海关作证据保全。

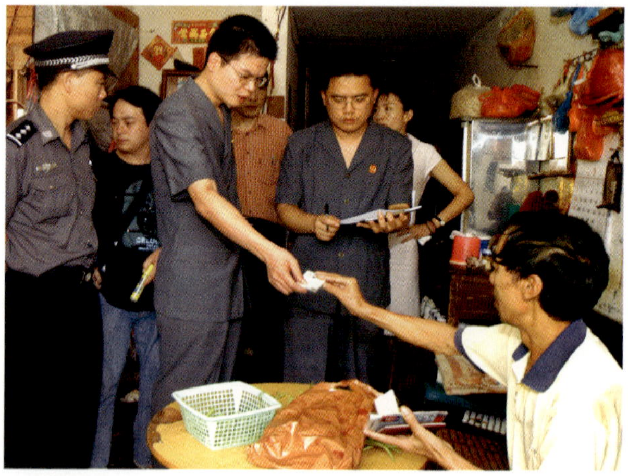

▲正在执行任务。

▲经过珠海中院抽签选中的拍卖行正在进行拍卖活动。

香洲区人民法院

▲香洲区法院审判办公大楼。

珠海市香洲区人民法院是珠海市中心城区唯一的基层人民法院，每年承担着全市法院系统60%以上案件的繁重审判任务。2004年，该院紧紧围绕“公正与效率”工作主题，依法惩处刑事犯罪，全力维护社会稳定；依法调节经济关系，促进经济健康发展；依法调处民事纠纷，营造和谐社会环境；依法审理行政案件，支持监督依法行政；规范执行秩序，加大执行力度，较好地完成了各项工作任务。全院全年共受理各类案件13280件，审（执）结12544件，结案诉讼标的金额16.05亿元，各类案件综合结案率达到94.5%，其中刑事、民商事、行政四大审判综合结案率为97.4%，执行案件结案率为90.6%。

▲香洲区法院党组成员。

2004年，香洲区人民法院扎实开展“司法公正树形象”活动，将维护群众的合法权益和树立法官的良好形象作为各项工作的出发点和落脚点，全面贯彻司法为民的工作要求，大力推进立案信访窗口建设，妥善处理涉诉上访案件，广泛聘任人民陪审员参与审判活动，建立规范的人大代表联络机制，加强诉讼调解和对人民调解工作的指导，在司法实践中不断丰富了为民司法，为民服务的各项举措和办法。该院还抓住机遇，稳步推进法院管理的规范化、制度化和信息化，坚持不懈地抓好队伍建设和基层基础建设，加大宣传工作力度，维护司法形象，树立司法权威，努力改善外部司法环境，为促进辖区经济社会全面、协调、可持续发展发挥了应有的作用。

▲香洲区法院立案窗口“一条龙”服务。

▼香洲区法院开庭审理刑事案件。

汕头市中级人民法院

2004年，汕头市法院坚持以邓小平理论和“三个代表”重要思想为指导，进一步加强各项审判和执行工作，深入推进规范化建设，努力提高队伍素质，各项工作取得了新的进展。全年共受理各类案件19274件，审结18374件，解决诉讼标的总金额79.2亿元；结案率95.3%，比上年上升0.6个百分点；存案900件，比上年下降16.1%。其中，市中院受理案件1763件，审结1592件，结案率首次突破90%，达到90.3%，比上年上升0.5个百分点；存案171件，比上年下降12.3%。

一、坚持“稳定压倒一切”方针，全力维护社会稳定

全市法院坚持“严打”方针，依法严惩各类严重刑事犯罪。全年共审结各类一审刑事案件1815件，判处犯罪分子2595人。重点打击黑恶势力犯罪、团伙犯罪，故意杀人、绑架、放火、抢劫和拐卖妇女、儿童等严重暴力犯罪，盗窃机动车及抢夺等多发性犯罪，依法严惩“黄、赌、毒”犯罪。共审结上述几类严重犯罪案件1637件，判处犯罪分子2320人，其中判处五年以上有期徒刑、无期徒刑和死刑的525人；召开宣判执行大会25场次，公开宣判犯罪分子225人。依法从重从快审结了在我市有较大影响的林明光黑社会团伙案、林海尾犯罪团伙抢劫潮南区金首饰商行系列案等重大案件，狠狠地打击了犯罪分子的嚣张气焰，有力地维护了社会稳定。

高度重视土地房产、物业管理、追讨教育储备金、劳动争议、农村承包合同等涉及人数众多、可能影响社会稳定的群体性纠纷案件的审理，共审结这几类纠纷案件450件。认真开展涉诉上访案件的排查调处工作，通过动员息诉、依法纠错、法制教育、多方协调等方式和措施，妥善处理上访人反映的问题，共排查涉诉上访案件156件，已妥善处理149件，有效地防止了矛盾激化和越级访、极端访的发生。认真审理好未成年人犯罪案件，教育、感化和挽救了一批犯罪的未成年人。加大调解工作力度，全市法院民商事案件的调解结案率比全省法院平均水平高出5个百分点。积极开展形式多样的法制宣传教育活动，市中院与汕头电视台合办的电视法制教育栏目《打开案卷》，已连续四年获得中国广播电视学会电视法制节目栏目类三等奖。

二、坚持服务经济发展，努力维护市场经济秩序

全市法院坚持审判工作服从和服务于经济发展大局的方针，依法审理好各类商事纠纷案件，促进社会诚信体系建设。全年共审结各类合同纠纷、票据纠纷和股东权益纠纷案件6540件，审结金融纠纷案件1631件，诉讼标的总金额18.3亿元。积极推进国有企业改制工作和知识产权保护工作，共审结国有企业租赁、承包、股权转让等国企改制案件186件，审结各种知识产权纠纷案件19件。审结涉外、涉港澳台商事案件56件，依法平等保护中外当事人合法权益，优化投资发展环境。

严厉打击各类经济犯罪，整顿市场经济秩序。全年共审结各类破坏市场经济秩序犯罪案件99件，判处犯罪分子179人。审结贪污、贿赂、挪用公款等职务犯罪79件，判处犯罪分子96人，推进反腐败斗争的深入开展。

三、坚持以人为本，着力维护公民、法人的合法权益

加强民事审判工作，依法保护公民合法权益。全年共审结婚姻家庭、继承纠纷案件1225件；审结损害赔偿、民间借贷、权属纠纷案件784件。进一步加大对困难群众的司法保护力度，对工伤赔偿、追索劳动报酬，追索赡养费、扶养费、抚养费和抚恤金等涉及弱势群体权益的案件优先立案、优先审理、优先执行，切实保障他们的权益得到及时和最大限度的实现。全年共审理和执行上述类型案件441件，为当事人追回补偿款1413.5万元。

加强行政审判工作。全年共审结一审行政案件47件，执结非诉行政案件120件。各基层法院还积极服务全市计生工作大局，依法受理征收社会抚养费行政执行案件，共执结此类案件95件，标的金额354.3万元。

不断加大执行工作力度，实行党委挂牌督办、政法机关协作执行、提级执行、交叉执行、联合执行等执行措施，执结了一大批难案积案。全年共受理执行案件6114件，执结5797件，执结率94.8%，执结案件标的金额44.9亿元。同时，建立健全了执行案件流程管理、执行裁判权和执行实施权分别行使等制度，并对中止执行和终结执行、评估拍卖、执行款物管理等关系当事人切身利益的执行环节全面进行规范和监督，使整个执行过程更加公开、公正、透明。

强化程序公正意识、人权保护意识、便民诉讼意识，积极推进防止超审限、超期羁押长效机制的建设，全面推行便民诉讼措施。全年办结的案件在法定审限内结案的达到99.7%。建立邮政立案制度、立案资料一次性告知制度、诉讼材料收件回执等制度，受到群众的普遍欢迎和肯定。进一步落实为未成年人、盲聋哑被告人、经济困难等刑事被告人指定辩护人的制度和对经济确实困难群众进行司法救助的制度。全年共为上述人员指定辩护人176人次；对经济确有困难的1152件案件当事人给予缓、减、免收诉讼费用803.4万元。

四、坚持教育、制度和监督并重，努力建设一支高素质法官队伍

结合开展“司法公正树形象”活动，狠抓队伍的思想政治教育和业务培训，进一步加强法院文化建设，队伍中涌现了一大批先进典型。市中院被评为广东省第五届体育节活动先进单位，刑二庭副庭长郑伟松被省人民政府授予“人民满意的公务员”称号，还有8个集体和11名个人获得省级以上表彰奖励。

在继续抓好学历教育和素质教育的同时，大力支持在职人员参加“专升本”教育。全年共有119人获得法律专业本科学历，本科学历人员占全市法院人员的比例比上年度提高11个百分点。坚持每季度邀请专家学者来汕主办法学讲座制度，提高法官理论水平。深入开展以“查是否公正司法、查是否清正廉洁、查是否严格执行规章制度，严肃整顿审判纪律和审判作风”的教育整顿活动，推进党风廉政建设。

五、坚持固本强基，大力加强基层基础建设

全市法院高度重视基层工作，不断采取有力措施推进基层基础建设。针对机构改革后部分基层法院领导班子力量不足的情况，市中院选派4名优秀审判骨干到基层法院挂职任副院长。结合行政区划变动，对人民法庭进行调整，进一步优化了人民法庭的布局。

◀5月26日，全国政协副主席罗豪才莅临汕头中院视察工作。

▶全市法院刑事审判工作会议暨“严打”整治总结表彰大会。

◀汕头中院首次举行减刑、假释听证会，邀请在汕的全国、全省人大代表和政协委员旁听。

▶汕头中院召开律师座谈会听取意见和建议。

▼原汕头商业贸易中心部经理兼法定代表人、汕头经济特区新华发展有限公司总经理、汕头世纪发展有限公司董事长兼总经理，香港华都国际有限公司董事长汤小明于1996年至1998年期间，利用职务便利，侵吞公款折合人民币1130.1万元。汕头中院一审以贪污罪判处被告人汤小明死刑，剥夺政治权利终身，并处没收个人全部财产。

▲宣判林明光团伙黑社会性质组织犯罪案。1995年以来，被告人林明光纠集20多人，组成以其为首的黑社会性质组织，在林明光组织、领导、策划及指挥下，有组织地多次实施故意伤害、非法拘禁、寻衅滋事、故意毁坏财物、赌博等犯罪活动，为非作恶，欺压残害群众。共作案17宗，其中故意伤害2宗，致1人死亡、1人重伤、2人轻伤、1人轻微伤，获取财物总值3117多万元，造成恶劣的社会影响，给国家和人民利益造成特别重大损失。汕头中院经一审后，判处林明光死刑；杨良军死刑，缓期二年执行；林明辉无期徒刑，其余12名被告人按各自参加黑社会性质组织所犯罪行分别被判处三年六个月至十五年六个月不等的有期徒刑。

◀汕头市法院召开"三查两整顿"活动动员大会。

▲汕头中院第一审判法庭。

◀汕头中院档案室。

▶汕头中院审判办公大楼。

龙湖区人民法院

▲人民陪审员参与案件审理。

▲法官在接受《打开案卷》节目组的采访。

▲法官到学校为学生们讲法制课。

2004年，龙湖区人民法院坚持以“三个代表”重要思想为指导，坚持公正与效率主题和司法为民理念，切实抓好审判工作、规范化建设和队伍管理，为维护社会稳定、促进经济发展、保护公民权利，作出了不懈努力。受理各类案件4245件，办结4088件，解决诉讼标的金额24199.9万元；结案率96.3%，比上年上升1%；存案157件，比上年下降1.8%。

一是依法惩处刑事犯罪，全力维护社会稳定。共受理刑事案件254件，全部审结，比上年增加14%，判处犯罪分子307名，结案平均天数仅15天，有力地震慑了犯罪分子。

二是全面加强民商事审判工作，加大调解力度，促进社会稳定和谐。共受理民商事案件3048件，审结2935件，比上年增加8.6%和9.3%。依法妥善调处婚姻家庭、继承、民间借贷、侵权、损害赔偿等各种民事纠纷案件273件，有效地化解了矛盾，促进了社会的安定和谐。

三是认真开展行政审判和非诉行政执行工作，为大力推进依法行政和转变政府职能服务。全年共受理行政诉讼案件5件，审结4件，办结非诉执行案件17件。

四是认真处理申请再审、涉诉上访案件，进一步平息各类矛盾。共受理申请再审和再审案件5件，已结4件。

五是大力开展执行工作，维护司法权威。全年共受理执行案件935件，执结892件，解决标的金额30696万元。

2004年，龙湖区法院把推进法院规范化建设，进一步落实司法为民要求作为工作重点抓紧抓好，以创建立案信访两个文明窗口为切入点，制定规范了立案工作程序、大要案的立案管理、排期工作、审限跟踪管理、来信来访等方面的工作制度，以方便群众、提高工作效率为目的，推行《司法为民十项措施》，同时规范了诉讼费的缓、减、免操作细则，为当事人提供必要方便，较好地体现了司法的人文关怀。

由于坚持一手抓审判、一手抓队伍，狠抓各项措施的落实，队伍建设取得了较大进展，被评为汕头市先进职工之家、区先进基层党组织，全院先后有6个部门和14名个人荣立二、三等功或被授予先进称号。

佛山市中级人民法院

2004年，全市法院以公正与效率为主题，以司法为民为宗旨，以规范化建设为主线，以打造司法品牌、争创模范法院为目标，努力推进审判和其他各项工作，取得了新的发展。两级法院共受理各类案件75235件，结案73287件，结案率97.4%，同比分别上升了4.3%、5.4%和1.1%。市中院共受理各类案件17680件，审结17021件，结案率为96.3%，同比分别上升了10.5%、11.8%和1.1%；未结案659件，同比下降14.6%，审判工作再创历史新高。

一、坚持服务发展第一要务，全面加强审判和执行工作

全市法院紧紧围绕佛山改革、发展和稳定的大局，狠抓审判和执行工作，提高审判质量与效率，强化司法职能。全市审判工作保持了“三高一低”，即“高收案数、高结案数、高结案率、低存案数”的持续、协调、快速发展态势，继续有效杜绝了超审限和超期羁押现象，较好地完成了各项审判目标，为维护我市社会稳定、促进经济发展和社会进步、保障人民群众的合法权益作出了应有的贡献。一是深入开展“严打”整治斗争，稳、准、狠地打击各类严重犯罪活动，全力维护社会稳定，确保长治久安。全年共审结各类一审刑事案件6189件，判处犯罪分子6546人，同比分别上升6%和5.9%。二是坚持依法调处各种民商事关系，化解社会矛盾，促进社会经济的和谐发展。全年共审结各类民商事纠纷案件28279件，解决诉讼标的81.9亿元。三是坚持严格审查、依法监督的原则，妥善解决各类行政诉讼纠纷，推进我市文明管理、依法治市进程。全年共审结各类行政纠纷案件379件，同比上升了111%。四是以破解“执行难”为目标，进一步加大执行工作力度，保障当事人的合法权益，维护司法权威。全年共办结执行案件29428件，同比上升9.6%，实际执行标的27.3亿元。五是改革审判监督机制，努力解决群众“申诉难”和“再审难”问题，确保司法公正。全年共审结申诉和再审案件1620件，同比上升了88.8%。

二、按照提高司法能力的要求，全面推进队伍建设

全市法院继续坚持“法官职业化”的队伍建设方针，以提高司法能力为核心，加强领导班子和队伍建设。一是加强思想政治学习和党风廉政教育，强化队伍职业操守和纪律作风，南海法院荣获广东省“人民满意公务员集体”称号。二是对部分法院领导班子进行了人员调整，进一步优化了班子集体的年龄和学历结构，增强了法院核心领导能力。三是继续加强队伍业务素质建设，提高法官职业技能。全市法院通过招录法律专才，提高审判人员的学历结构。目前，全市法院具有本科以上学历的人员比例已经达到63.7%，其中研究生比例为9%。通过科学的法官职业培训机制，强化了教育培训力度。全年共举办各类培训活动14期次，受培训人员达3000多人次。四是大兴调研之风。全年共完成各类专题调研50多项，120多篇各类文章在国家级和省级刊物上发表，同比上升超过30%。在去年第十六届全国法院系统学术论文研讨会中，我市法院获奖论文数居全省第二。五是加大法院新闻宣传，树立司法品牌。

三、以人民法庭建设为重点，进一步夯实基层基础建设

全市法院现有的25个人民法庭当中，有21个在重组后有了新的办公楼，并有15个实现了与基层法院本部的联网。顺德区法院容桂法庭被最高法院和司法部联合授予“全国人民调解工作先进法庭”荣誉称号。

四、全面推进规范化和信息化建设，提高司法效率和法院管理水平

全市法院继续全面推进规范化建设，在各个工作领域和各项工作范畴深入开展了建章立制工作，顺利完成了规范化建设任务。市中院通过加强自身信息网络集成化建设，形成了集合多元化功能的信息处理和交流平台，并在部分环节实现了无纸化办公，节约了资源，提高了效率。将自身的互联网站改版为由两级法院共同建设的、涵盖全市法院各类司法信息动态的“佛山法院网”成为全市法院及时对外进行司法宣传的重要窗口。

五、落实司法为民要求，切实为群众排忧解难

一是进一步加强了立案和信访的“文明窗口”建设。二是坚持从优从快原则，妥善审理和执行各类群体性纠纷案件，维护社会的安定团结。开辟了优先立案、优先审理、优先执行、优先受偿的“绿色通道”。全年共执结涉及弱势群体权益案件13206件，结案率99.75%，为申请人兑现被拖欠的工资和社会保险费达1.1亿元，受到市委领导和省法院的高度肯定。三是继续开展司法救助工作，确保经济困难的群众打得起官司。全年共对1187件案件的当事人实行了诉讼费的减、缓、免，减免金额达175万元，并依法为符合救助条件的刑事被告人指定辩护律师449人。

▲1月24日，迎着早晨的第一缕霞光，佛山中院在新审判综合大楼升起了第一面五星红旗。

▲最高人民法院副院长姜兴长等领导视察佛山中院。

▲成功组织了全国法院刑事审判工作座谈会。

▲召开全市法院院长工作会议。

▲最高人民法院院长肖扬，广东省委常委、佛山市委书记黄龙云为佛山中院新审判综合大楼揭牌。

▲最高人民法院院长肖扬等领导视察佛山中院新审判综合大楼。

▲红油走私案的44名被告人在法庭受审。

▲赵秉志。

▼陈卫东。

▲邀请法学名师来法院举行讲座，提高干警司法水平。

▲张卫平。

2000年底，被告人廖军、周华胜、李国强、潘伍光、鲁桐能等6人伙同香港华信公司鲁志能（另案处理）共同出资购买顺港6船，并按照股份出资作为该船的流动资金（备用金）运输河沙。从2001年2月起至2003年4月间，在短短的两年多的时间内，此四艘船从香港走私柴油（俗称红油）合共15159.58吨，共偷逃应缴税款共人民币8884664.27元。2002年11月被告人陈正桐、麦旺炳等9人分别于2002年11月至2003年4月间，向顺港6船、顺港16船、顺港26船购买柴油共2368.616吨，共偷逃应缴税款共人民币1388188.8元。8月23日，佛山中院对廖军等44人走私红油案一审宣判。44名被告人中，除被告人胡永洁因证据不足而被宣告无罪外，其他43人的行为均已构成走私普通货物罪。其中主犯被告人廖军以走私普通货物罪被判处有期徒刑15年，并处罚金人民币889万元；另42名被告人分别被判处有期徒刑14年至缓刑不等的刑罚。

▲在全国法院范围内选调优秀法官，充实审判力量。

▲张志铭。

▲规范执行工作，摇珠决定拍卖、评估机构。

▲佛山中院开展“司法公正树形象”教育活动。

▲佛山中院使用网络办公和管理，提高了工作效率。

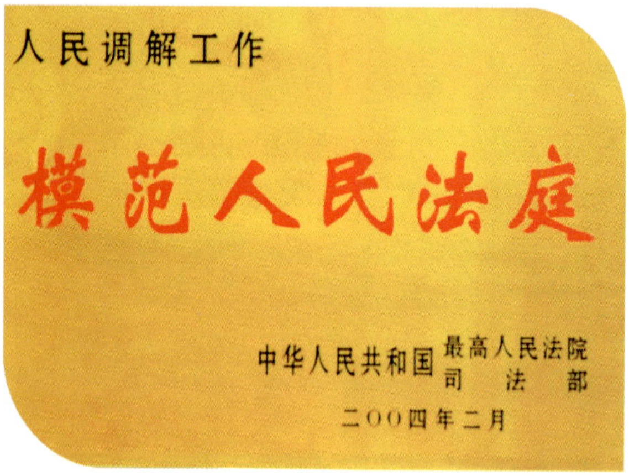

▲基层法庭被授予全国“人民调解工作模范人民法庭”称号。

▲黄学军法官被授予全国“三八红旗手”称号。

司法为民，深化改革、规范管理

禅城区人民法院

2004年，禅城区法院以“立足审判、司法为民，深化改革、规范管理”为主要工作思路，强化案件质量的监督评查，缩短案件的审理期限，开展清案竞赛和专项审判，推行便民利民的新举措，深化法官职业化建设，先后实施了诉讼保全与执行当值制、立案释明制、信访应急制及证人出庭补偿制，逐步建立起了“大立案”、“大信访”和“大执行”的工作格局。特别是推行限制被执行人高消费令后，案件自觉执行率提高到37%，减少了执行投诉，执行环境得到较大改善。全年共受理案件8239宗，办结7834宗，结案率95.1%，人均结案135宗，成功审结了黎明电子学校培训合同纠纷系列案等大批有较大社会影响的案件，为有效地化解社会矛盾，构建和谐社会做出了应有的贡献。

▲召开“限制高消费令”新闻发布会。

▶组织业务培训。

▲上门兑现执行款。

“三次跨越”、“两开先河”

南海区人民法院

2004年，南海法院上下一心、迎难而上，实现了“三个跨越”、“两开先河”，各项工作成绩斐然。审判工作实现新跨越。全年共收案21541件，涉案标的金额22亿元，办结20942件，结案率97.2%，法官人均办案216件，取得了办案数量与质量齐头并进的效果。规范化建设实现新跨越。将全面推进规范化建设作为南海法院2004年的工作主线和重点任务。在全省政法工作规范化建设经验交流会上介绍了经验，并作为示范点赢得与会代表的高度评价。队伍建设实现新跨越。先后被评为全省法院系统纪检监察先进集体、全国优秀青少年维权岗、全省“人民满意的公务员集体”等光荣称号。2004年南海法院“两开先河”，成立了民事审判第四庭，开了我省基层法院受理知识产权案件的先河；与最高院合作编写了《民事审判实务问答》一书，由法律出版社出版，开了基层法院与最高院合作出书的先河。同时，南海法院在执行工作运行机制、罚金刑执行和庭前调解工作上实现了新突破。

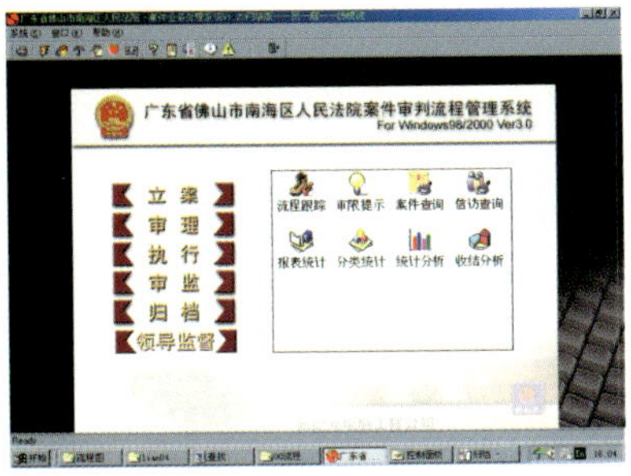

▲规范案件审判流程管理。

▲召开审判委员会。

▲里水法庭审判楼。

改革、规范、提高

顺德区人民法院

2004年，顺德区人民法院贯彻“改革、规范、提高”六字治院方针，全面落实司法为民的要求，奋发进取，顽强拼搏，抓好四项建设，围绕审判执行工作这个中心，不断加强班子自身和队伍建设，完善执法规范，制定了《关于进一步明确案件审批权限的规定》、《书记员工作规程》等规范性文件，提高审判效率。同时不断深化法院改革，积极推执行改革，实行“统一管理、分片实施”的执行新机制，创新执行方式；大力深化书记员管理改革，建立起“统一管理，分散使用”的管理新模式；大力加强信息化建设，全面启动审判流程管理为主要内容的网络系统，司法水平进一步提高，各项工作迈上新台阶。全年共受理案件21557件，办结案件21396件，比2003年上升15.2%，结案率达99.2%，解决争议标的金额18.8亿多元。2004年，顺德区人民法院被省法院荣记集体二等功，并被评为“全省法院信息工作先进单位”，基层法庭建设成效突出，容桂人民法庭被最高人民法院和司法部联合授予“人民调解工作模范人民法庭”荣誉称号，还有多个部门和个人被上级法院记功和授奖。

▲最高法院黄松有副院长视察法庭。

▲被省法院荣记集体二等功。

▲提高干警业务素质。

新成绩 新举措 新成效 新局面

三水区人民法院

二〇〇四年，佛山市三水区人民法院的各项工作成绩显著。一是审判执行工作有新成绩。全年结案4466件，结案率98.5%，民商事案件调解率达38.4%，各类案件质量良好。二是法院改革有新举措。率先实行的诉讼调解协理员制度，形成了“法官、法官助理、协理员”三方联动的调解机制，提高了调解率；全面推行了法官助理制度，促进了人员专业化分工；建立执行局统一执行机制，实际执结率提高了近20%，实施了预约接访、周末保全等一系列便民措施，社会效果突出。三是队伍建设有新成效。开展了6项专题教育活动，组织了多次业务培训，强化了内外监督，机关作风更为优良。四是司法管理和基础建设有新局面。汇编了51项规章制度，实现了制度管人、管事。院机关与法庭全部实现网络连接，信息化建设得到加强。

▲诉讼调解协理员组织原被告进行调解。

▲开展法律咨询活动。

▲组织“诉讼调解协理员”培训。

严打整治 妥善调解 司法便民

高明区人民法院

▲合议庭讨论案件。

2004年，高明区人民法院紧紧围绕“公正与效率”主题，全面加强各项审判和执行工作，继续推进法院改革和规范化建设，真抓实干，开拓进取，各项工作取得了新的进展。全年共审结各类案件2603件，结案率为97.6%，解决诉讼标的96478.16万元。严厉打击刑事犯罪，结合区域实际，突出打击重点，开展“严打整治百日行动”。全面加强民商事审判。围绕我区跨越式发展大局，及时妥善处理各类矛盾纠纷。重点调处涉农案件，强化诉讼调解、注重息诉服判，开展法律宣传，妥善审理明城白石坑村105个村民起诉的农村土地承包合同纠纷案件，为地方党委、政府化解工作困难。加大行政审判和执行工作力度。依法妥善处理了高明大道、荷富大道建设中的违章建筑问题，为高明经济园区建设提供强有力的法律保障和司法服务，实施和完善执行“绿色通道”制度。积极推进规范化建设。制订实施《岗位责任考评和奖惩办法》，引入客观量化标准规范法官考核。进一步明确审判权限和审批权限，强化了审限意识和审权意识。落实司法为民措施。设立“优先窗口”，开展“巡回立案”和“预约立案”，方便偏远地区和有特殊困难当事人立案和诉讼，减少了当事人诉累。

▲开展调研活动，为经济建设提供司法服务。

▲下乡开展普法宣传活动。

韶关市中级人民法院

2004年，韶关市中级人民法院共受理各类案件2011件，办结1880件，分别比上年增长4%和3.1%；还办结减刑、假释案件9832件，为维护当地社会稳定和促进经济发展发挥了重要作用。

一、围绕全市工作大局,切实履行审判职责

严惩刑事罪犯，维护社会治安和市场经济秩序。受理并审结重大刑事一审案件51件，受理并审结刑事二审案件140件，其中:审结故意杀人、绑架、抢劫、毒品案件43件103人，判处死刑、死缓、无期徒刑40人；审结破坏市场经济秩序的集资诈骗、虚开增值税专用发票等案件8件；审结贪污、贿赂等犯罪案件12件14人。

妥善调处民事纠纷案件，为改革和发展营造和谐的社会环境。共受理民事一、二审案件1112件，审结1033件，解决争议标的金额5.4亿多元；共审结破产案件16件。妥善处理婚姻家庭、劳动争议、拆迁安置补偿等纠纷案件，及时化解民间矛盾。其中:审理容易引发矛盾激化的婚姻家庭纠纷案件63件，劳动争议纠纷案件78件，取得较好的社会效果。

慎重处理行政纠纷案件，促进依法治市工作的深入开展。共受理并审结行政一审案件13件，受理并审结行政二审案件94件，分别比上年增加117%和71%。其中：审结7件因政府征地引起的行政纠纷案件，涉及土地面积几万亩，涉讼农民500多人。

加大执行工作的力度，保障当事人合法权益的最终实现。共受理执行案件277件，比上年增长80%；执结257件，比上年增加1.27倍；执结标的金额2.43亿元；结案率92.8%，比上年提高19.4个百分点。开展解决“执行难”竞赛活动、采取“老大难”案件由党委政法委挂牌督办、“打包执行”和指定交叉执行等方式，推动全市法院执行工作的开展。全市法院执结率达93.9%，比上年提高0.5个百分点；存案比上年减少12.6%。

二、按照司法为民的要求，完善和落实便民、为民、利民措施

深入开展创建立案“文明窗口”建设，解决群众“打官司难”问题。对经济困难的68件案件的当事人实施司法救助，减、缓或免交诉讼费共633654元；对新收的35件破产案件为破产企业减收诉讼费330余万元。

创新信访工作机制，切实解决涉法涉诉上访问题。集中处理涉法上访，院领导包基层法院、包案解决，使全市法院排查的54个涉法上访案件基本得到解决。完善信访事项的跟踪、督办、汇报、通报等制度，把矛盾解决在基层、把纠纷消化在法院。处理信访1213件（次），比上年下降24.6%，全市法院信访量比上年下降42.2%。呈现老上访基本解决，新上访明显下降的良好局面。

三、加强审判监督与指导，努力提高执法水平

树立“铁案”意识，确保案件质量。审理刑事案件特别是死刑案件对关键证据仔细甄别，不放过蛛丝马迹，确保不纵不枉；坚持无罪推定、疑罪从无原则，对证据不足又无法补充新证据的作出无罪判决，判处无罪的有5件6人，避免冤假错案的发生。

严格把好二审和再审关，确保公正司法。在审理二审案件中严格审查一审案件认定的事实和证据、执行法定程序、适用法律法规、裁判的公正性等。对该发回重审的发回重审、该改判的予以改判。在审结的1108件二审案件中，发回重审89件，改判313件，共占36.3%。通过办理复查和再审案件，把好最后一道防线。共受理复查案件277件，办结257件；受理再审案件47件，审结38件。在审结的再审案件中，改判30件，发回重审3件，共占86.8%。

加强对基层法院的指导和监督，努力提高全市法院的执法水平。审判人员利用下基层办案、答复基层法院的案件请示等途径，加强对基层法院审判业务的指导和监督。对带有普遍性的问题提出指导性意见，如：行政庭制作了《案件存在问题意见表》；针对山林纠纷案件存在的问题，下发了《审理山林权属纠纷案件的指导意见》。

四、加强队伍建设和基层基础建设

抓好政治思想建设，提高干警的政治素质。年初，在全院开展以“公正司法意识、司法为民意识、接受监督意识”为内容的学习教育活动。按照上级的部署，深入开展“公正司法树形象”学习教育活动，广泛征求意见，认真查摆问题，抓好整改和规范化建设。

抓好业务培训工作，提高干警的业务能力。鼓励并组织干警参加各种在岗学历教育和业务培训。有4人取得法律硕士学位；有26人取得法律本科学历，使具有本科以上学历的干警达到67.4%，比原来提高27.4个百分点；组织全市法警进行了包括擒拿、格斗、队列等项目的封闭式军事化集训，提高法警的业务技能和应付突发性事件的能力。

加强基层基础工作，改善执法条件和环境。实行院党组成员分片联系基层法院的制度，院领导经常深入基层法院指导工作、帮助解决实际困难，并重点检查和监督诉讼费和执行款物管理。狠抓“两庭”建设，经撤并保留的23个中心法庭中，除原已建好的4个法庭外，有10个法庭动工兴建，为完成全市“04”工程打下了良好基础。

韶关中院为了及时、妥善处理当事人信访，方便群众投诉，解决当事人“申诉难”的问题，决定从7月15日起由原来的“院长预约接访制度”改为每月15日的定期“院长接待日”，并创新信访工作保障、信息反馈、案件分流和跟踪督办机制。全年处理信访1213件（人）次，信访量比上年下降24.6%。

近年来，韶关市委、市政府为适应市场经济发展的需要，对国有企业实施转制。2004年，韶关中院依法受理65件企业破产案件。图为法官在研究广东省梅田矿务局破产还债案的案情。该案是韶关最大的企业破产案，7275名职工得到妥善安置，12月10日依法裁定终结。

韶关中院为保障当事人合法权益最终实现，彻底解决“执行难”问题，广泛开展执行竞赛活动，执行“老大难”案件采取由党委政法委挂牌督办，“打包执行”和指定交叉执行等方式，努力实现执行工作的良性循环。图为分管副院长亲自组织对位于市区的锦都卡拉OK厅采取强制执行行动。

近年来，韶关中院积极参与社会治安综合治理，采取进街道、进社区、入学校，广泛开展以案说法和法律咨询活动。图为3月5日市委副书记李飞看望在市区步行街进行法律咨询的法官。

韶关中院党组高度重视队伍建设，除按上级的部署深入开展“司法公正树形象”学习教育活动外，在年初还开展了以树立“公正司法意识、司法为民意识、接受监督意识”为内容的专项教育活动。还通过各种形式对干警进行政治思想教育。图为9月份组织干警到西柏坡等革命老区参观学习，接受革命传统教育。

仁化县人民法院

2004年，韶关市仁化县人民法院以邓小平理论和“三个代表”重要思想为指导，坚持“公正与效率”的主题不动摇，落实司法为民要求不放松，以审判工作为中心，以实现各项工作规范化为主线，以改革为动力，振奋精神，开拓进取，通过深入开展“司法公正树形象”教育，扎实开展“理想信念教育”和“裁判文书评选”活动，强化审判管理和队伍建设，各项工作取得了很大的发展。全年共受理各类案件1012件，办结961件，比上年分别增长14.1%和20%，解决诉讼标的金额1524.637万元。初步实现了结案与收案的平衡，审判工作呈现收案增长，结案增长、没有存案的良好势头，为当地改革、发展、稳定提供了有力的司法保障和优质的法律服务。

2004年，该院围绕建立公正、高效、科学的法院工作目标，积极推进各项改革，进一步推进庭前证据交换制度的实施；积极开展庭审方式改革；继续深化裁判文书改革；继续推进书记员单独序列的管理改革；改革法院内设机构，建立科学合理的法院工作运行机制，使全体干警进一步端正了司法指导思想，树立了人民法院和人民法官公正、高效、廉洁、为民、务实的良好形象。县人大组织省、市、县、镇四级人大代表对法院进行届中考评，走访几十个单位和召开几十人参加的座谈会，评议结果满意率100%。

2004年，该院在全省法院纪检监察工作会议上作了《抓班子带队伍，强监督促公正》的经验介绍，并被省法院编入经验材料汇编下发全省法院学习。有一位同志被评为“全省法院优秀纪检监察干部”，一位同志荣立个人三等功一次。

▲省法院副院长凌祁漫在韶关中院副院长黄秋雄的陪同下检查仁化县法院立案、信访“两个文明窗口”工作。

▲仁化县法院为提高法官队伍素质，广泛开展岗位练兵活动。图为庭审竞赛现场会。

▲仁化县法院党组成员。

►武江区法院党组书记、院长杨乐华。

武江区人民法院

2004年，韶关市武江区人民法院以邓小平理论和“三个代表”重要思想为指导，围绕“公正与效率”工作主题，牢固树立司法为民服务宗旨，扎实开展“司法公正树形象”活动，抓好法院审判工作和执行工作，深入推进规范化建设和队伍建设，各项工作取得新的进展。全年共受理各类案件1719件，办结1693件，结案率为98.49%，解决诉讼标的金额1.13亿元，收、结案总数及结案率在全市基层法院名列前茅，无一起超审限案件。为建设经济强区、构建和谐社会、实现富裕安康提供有力的司法保障和司法服务。

▲省委政法委领导到武江区法院检查规范化建设工作。

2004年，该院通过深入扎实开展“司法公正树形象”专项教育活动，大力推进法院队伍建设，班子的凝聚力、战斗力得到明显加强，干警的廉政意识和职业道德意识以及司法文明理念不断增强，司法队伍更加纯洁，进一步树立起法院公正、廉明的良好形象，社会公信度不断提高。坚持改革促公正，改革求效率的指导思想，加大审判管理改革和审判方式改革力度，为法院工作注入新的活力。

2004年，作为全市法院系统规范化建设示范单位，该院以落实与完善规章制度为规范司法行为的重心，制定和完善了56项规章制度，编印了《制度汇编》一书。在全市法院首开先河开展了“庭审考评活动”，对主要业务庭一线法官的庭审活动进行全面考评。初步实现了以制管人，以制治院的管理模式。规范了审判和执行工作、队伍管理和后勤保障。省政法工作规范化建设检查督导组对该院规范化建设给予了高度评价。省法院还在《调研与指导》上向全省法院推广了该院规范化建设的基本经验。

▲武江区法院党组成员。

河源市中级人民法院

河源市中级人民法院下辖源城、东源、龙川、紫金、和平、连平六个基层法院。2004年，全市法院共受理各类案件10213件，审结9517件，结案率为93.2%，诉讼标的金额（含执行）12.06亿元。其中，市中级法院受理各类案件2729件，审结2494件，分别比上年同期（下称同比）上升23.8%和15.3%，诉讼标的金额（含执行）7.8亿元。案件质量和效率进一步提高，基层法院上诉案件维持率同比提高7个百分点，改判率和发回重审率同比分别下降4.4和3.5个百分点；99.96%案件在法定期限内办结。

全市法院坚持“严打”整治方针，坚决依法惩处各类刑事犯罪，致力维护社会稳定。2004年，共受理一、二审刑事案件862件，审结862件，同比均上升5.9%，结案率为100%。严厉打击故意杀人、爆炸等刑事犯罪案件和抢劫、盗窃等侵犯财产犯罪案件。深入开展“打击街头犯罪百日行动”，从重从快从严打击“两抢一盗”犯罪，有力维护了社会治安秩序。积极参与整顿和规范市场经济秩序工作，共审结一审破坏市场经济秩序、贪污贿赂等经济犯罪案件28件，挽回经济损失621.7万元。市中级法院一审审结原东源县公安局长凌峰南、原河源市电力局长刘继泉、原河源市人大副主任郑康明贪污、受贿等案件，在社会上产生较大影响。

全市法院按照有利于社会稳定、有利于发展生产力、有利于平等保护当事人合法权益的原则，依法审理民商事案件。2004年，共受理一、二审民商事案件4194件，审结4087件，结案率为97.4%，解决诉讼标的金额4.79亿元。2004年，市中级法院对1999年以来受理的国有企业破产案件的收尾工作进行处理，涉及破产债权3.3亿多元，破产财产变现4062万元，追回对外债权302万元，协助安置下岗职工570名，兑现职工工资、补偿金741万元，抵押人受偿2015万元，债权人受偿1051万元，为维护河源市的社会稳定和经济发展提供了强有力的保障。

2004年，全市法院共受理一、二审行政案件232件，审结184件，同比分别上升105.3%和64.3%，结案率为79.3%。既支持行政机关依法行政，又保护行政相对人的合法权益。对土地征用、山林纠纷等涉及社会稳定的案件，坚决从维护稳定的高度出发，认真做好当事人的思想工作，避免矛盾深化。全面加强对行政行为的司法审查，促进依法治市工作。2004年，审查行政机关申请执行的非诉案件337件，准予执行315件。

全市法院加强统一领导与管理，以进一步完善执行工作机制、规范执行工作秩序、加大执行工作力度为重点，解决执行难问题。2004年，全市法院共受理各类执行案件2945件，执结2411件，执结标的总金额7.27亿元。

2004年，全市法院认真落实9个方面55条措施作为实践司法为民宗旨和“公正与效率”主题的具体举措，并贯穿于法院审判工作的各个环节。法院保障当事人诉权，对当事人免费提供诉讼指引材料；实行诉讼风险提示制度；对经济确有困难的当事人免收部分或全部应其负担的诉讼费；为符合法律援助法定条件的刑事被告人指定辩护律师。2004年，全市法院决定缓、减、免交诉讼费的案件共386件，金额达80.2万元，共为61名符合司法救助案件的刑事被告人指定了免费辩护律师。

全市法院把规范化建设作为重点来抓，不断完善各项规章制度。进一步完善审判流程管理制度，健全办案流程跟踪管理和责任考核制度，提高办案效率，坚决防止超审限现象发生。强化审判长、合议庭或独任法官职责，提高办案质量。完善行政管理制度，提升法院工作管理水平。加强立案、信访、庭审等“窗口”建设，坚持文明司法。2004年11月份，市中级法院立案庭被市委、市政府评为“文明单位”。

2004年，全市法院坚持“内强素质，外树形象”的工作思路，加强思想政治教育，加强领导班子建设，坚决落实党风廉政建设责任制，始终致力于提高队伍整体素质，维护司法公正。强化对法官的业务培训，举办了民商事法官续职资格培训班、审判业务专项培训班、人民陪审员培训班等，进一步提高全市法官队伍的审判业务素质。认真开展“我为法院添光彩”和“司法公正树形象”教育活动，加强正面宣传，弘扬法院公正司法的良好形象。通过开展一系列教育活动，法院队伍中涌现了一批先进典型，两个基层法院和一名个人分别被市委、市政府评为档案管理工作先进单位和先进个人；一个司法警察大队、一名司法警察分别被省高级法院授予“人民满意好警队”和“人民满意好法警”的荣誉称号。

全市法院坚持开源节流、量力而行等原则，积极争取和合理使用好各项资金，加强审判大楼和两庭建设。市中级法院开通了法院计算机信息管理系统，所有案件的审判管理过程均在网上进行，法院工作的信息化、网络化建设初具规模。市中级法院进一步落实加强基层建设的各项措施，加强检查和指导，对基层法院实行综合工作量化考核评比制度，促进基层法院不断改进工作。加强人民法庭建设，再一次对人民法庭规划进行调整，将原有的18个人民法庭调整设置为14个，进一步推进了人民法庭规模化、规范化、制度化建设。

►广东省委常委、政法委书记梁国聚（左六）在河源市委书记梁伟发（右五），河源市委常委、政法委书记杨富生（右三）陪同下视察河源中院。

▲河源中院建院十五周年文艺汇演。

▲省法院院长吕伯涛视察河源法院。

▲河源中院法官在市高新区参观学习。

▲召开“我为法院添光彩”先进事迹报告会。图为全市法院系统7位先进个人。

▲和其他政法机关联合召开声势浩大的河源市区严打整治宣判处理大会。

▲举办全市法院人民陪审员培训班。

▲举办全市法院民商事法官续职培训班。

▼受省法院委托，被列为广东省"严打"整治斗争以来十大经济犯罪案件之一的河源奥生股份有限公司总经理蓝运生（右一被告人）等诈骗国债回购资金5亿余元一案在河源进行终审宣判。

龙川县人民法院

龙川县人民法院地处广东省河源市东北部，辖区面积3089平方公里，85万多人口。全院现有干警100人，其中，具有审判职称的57人，下设4个人民法庭。

2004年，该院在党委领导、人大和上级法院的监督指导下，紧紧围绕“公正与效率”工作主题，努力践行“三个代表”重要思想，狠抓法院各项工作，并取得了可喜的成绩。全年受理各类案件1309件，办结1255件，结案率96%，为辖区社会和谐发展作出了应有的贡献。

龙川县人民法院坚持与时俱进，紧密结合实际，努力转变司法理念，始终把司法为民作为一切工作的出发点和落脚点，积极实施各项便民利民措施：设立巡回立案点，定期派出干警前往巡回立案点受理案件，方便边远农村群众诉讼；加强诉讼调解，依法化解人民内部矛盾纠纷；实行诉前指导制度，增进当事人对审判程序的了解，正确行使法律赋予的权利；积极开展司法救助，让经济确有困难的群众打得起官司，依法保护弱势群体的合法权益；不定期地派出干警深入农户，为群众提供法律咨询服务等。2004年，该院被河源市委评为“依法治市工作先进单位”，被广东省高级人民法院评为“纪检监察工作先进单位”，被河源市委评为“两庭”建设先进单位、被龙川县委评为“人民调解工作先进单位”。

▲深入农村办案。

▲勘查现场。

▲公开摇珠选定评估、拍卖机构。

▲被龙川县委评为“人民调解工作先进单位”。

▲深入学校开展法制宣传教育。

紫金县人民法院

紫金县人民法院位于广东省东中部、河源市东南部，下辖古竹、蓝塘、柏埔、龙窝四个中心人民法庭。2004年，沐浴着新中国伟大曙光而走过了55个春秋的紫金县人民法院，紧紧围绕党和国家工作大局，以“公正与效率”为工作核心，除狠抓审判和执行工作，充分发挥国家审判机关基本职能外，还大力实施规范化建设，全面落实司法为民思想，致力打造“民心工程”。

在规范化建设方面，该院以规范促公正，围绕程序公正，不断探索便民、廉洁、公开、高效的审判管理机制，先后完善了审判流程、法官队伍、司法行政装备、司法政务等管理制度，提高了办案公正的公正性和透明度，增强了队伍的司法能力。

在司法为民方面，该院全面贯彻省法院《全面落实司法为民思想实施意见》，以创建立案、信访“文明窗口”活动为主线，改进干警作风，加强司法救助和信访工作，切实尊重和保障人权。全年共为67件案件的当事人减、免诉讼费16.2万元，接访群众790人（次），处理群众来信186件，依法为3名刑事被告人指定辩护人，对5名指控犯罪事实不清、证据不足或依照法律不构成犯罪的被告人依法宣告无罪。全年无发生一起超期羁押、超审限案件。

一年来，该院还涌现出一批先进集体和个人。如档案室等科室被市档案局等评为先进单位；钟仿群、朱惠群和叶君良等同志分别被省高级法院、市政府、市中级人民法院评为“全省人民满意好法警”、“精神文明先进个人”和“我为法院添光彩先进个人”。

▲省法院副院长陶凯元视察紫金法院。

▲第一个被河源市评为“省特级档案综合管理单位”的基层法院。图为该院15列的档案密集架。

▲立案、信访窗口被河源市委、市政府评为“文明窗口”。

▲全省“人民好法警”钟仿群。

梅州市中级人民法院

2004年，全市法院共受理各类案件19086件，审结18683件，结案率97.9%，存案比上年下降20.9%，结案率上升了0.2个百分点。审判的法律效果与社会效果更加明显，审判机制的运行和管理更加高效，队伍建设成效更加突出，审判物质保障更加有力。共有15个集体和7名个人分别受到最高法院和省法院的表彰，其中市中院被评为全省中级法院综合考核先进单位，市中院政治处、纪检组和监察室分别被评为全国法院政治工作、纪检监察工作先进集体，兴宁法院被授予“全国优秀青少年维权岗”，丰顺法院被评为全省优秀法院，大埔法院廖顺发、蕉岭法院徐干忠分别获全国人民法庭优秀法官、全省优秀法官称号。

一、服务大局有新水平

一是全力维护稳定。坚决贯彻稳定压倒一切的指导思想，始终把严打工作放在首位，受理一审刑事案件943件1280人，审结943件1280人。判决发生法律效力的案件937件1267人，判处五年以上有期徒刑直至死刑的228人，重刑率26.7%。其中，市中院审结33件69人，重刑率89%。妥善化解人民内部矛盾，努力多调少判，调解结案2605件，调解率26.6%。其中市中院调解结案212件，调解率31.9%，高于全省、全国法院调解率。

二是促进经济社会协调发展。严厉打击破坏社会主义市场经济的犯罪活动，审理生产伪劣产品、合同诈骗等经济犯罪案件10件20人，严惩了发生在丰顺的全省查获假烟数量最大的“9·3”制造假烟案。依法制裁经济违法行为，审结商标侵权、不正当竞争等新型侵权案件8件。深化企业改革，审结破产案件25件，处理资产总额3.8亿多元。平等保护各类市场主体，审结标的总额8亿多元的借款案件2060件，标的总额2187万多元的买卖合同311件，标的总额3596万多元的房地产和建筑工程案件127件，电信等服务合同659件。

三是大力保护各种合法权益。加强民事审判工作，审结婚姻家庭案件2943件，人身侵权、财产权属、劳动争议案件882件。加强行政审判工作，审结行政案件83件，审结国家赔偿案件1件，执结非诉行政案件427件。加强执行工作，深入开展解决“执行难”竞赛活动，确保尽早实现债权人的合法权益。全年受理执行案件5510件，执结5290件，执结率96%，执结标的金额3.23亿多元。其中，市中院受理743件，执结676件，结案率91%，执结标的金额1.45亿多元，取得了历史最好成绩。

四是依法保障公正裁判。加强审级监督，审结二审案件587件，结案率99.2%。加强审判监督，审结再审案件31件。主动邀请人大代表参加旁听，自觉接受人大监督。切实抓好申诉信访工作，实施申诉听证。全年处理来信1350件次，接待来访1923人次，其中院长接待35次269人，较好地解决了“申诉难”问题。开展为期6个月的集中处理涉法上访问题工作，妥善解决了省、市重点督办的涉法上访案件27件，重复上访尤其是老上访户减少了73.8%。积极实施司法救助，全年为孤寡老人等困难群体依法减、缓、免交诉讼费的案件603件，金额248万多元，有效地解决了“告状难”问题。

五是司法舆论环境得到改善。加强调研指导工作，认真完成了省法院指定市中院承担的“公正司法树形象”专题调研任务，结合实际开展为“四个梅州”提供司法保障的专题调研活动，形成了加强十类易激化案件的防范处理、解决中小型企业负债等一批质量较高的调研报告，同时及时向上级法院、党委、人大报送法院信息，被最高法院、省委、省法院采用的调研信息材料78篇。狠抓新闻宣传工作，被各新闻媒体采用稿件598篇，被省级以上新闻媒体采用163篇。

二、法院改革有新进展

继续抓好《关于民事诉讼证据的若干规定》和《关于行政诉讼证据的若干规定》的实施，积极探索刑事案件庭前交换证据和民事案件庭前调解改革，全面加强立案、信访“文明窗口”建设，重新调整了人民法庭设置格局，提高了司法效率。同时，深入推进规范化建设，实现审判工作、执行工作、队伍建设和后勤行政管理的规范化管理，提高了司法管理水平。

三、队伍建设有新成效

认真开展“司法公正树形象”、“两个条例”和纪律教育学习月活动，狠抓队伍的职业意识、职业道德、职业纪律、职业形象建设和审判作风建设，取得较为明显的成效。市中院保持了队伍连续18年、基层法院连续4年无法纪处分的人和事，涌现了一批全国、全省先进集体和个人。加强法官的教育培训，举办各种培训班5期，培训干警393人次，有效提高了队伍的素质。

四、基层基础建设有新成就

全市9个法院全部新建或扩建了审判大楼，7个已投入使用，市中院和五华法院的新审判大楼正在兴建中。39个人民法庭调整为25个，“两庭”建设进一步向规范化、规模化发展。交通、通讯、办公自动化条件得到了较大改善，市中院和部分基层法院已完成机关局域网建设，丰顺法院开通了国际网站，信息化建设工作有了新发展。

▲团结奋进的梅州中院领导班子。

▲梅州市委隆重表彰梅州中院荣立集体二等功。

▶ 省法院与梅州市委政法委员会联合表彰2004年度省级以上立功受奖集体和个人。

▲“三个代表”重要思想理论研讨会。

▲举办学习“两个条例”演讲竞赛。

▲邀请部分省、市人大代表、政协委员旁听庭审。

▲为200多名工人发放被拖欠多年的工资近300万元。

▲梅州中院与市国企改制办公室联合召开国企破产案件审理工作经验交流会。

▲召开全市法院信息化建设现场会。

全省优秀法院——丰顺县人民法院

2004年，丰顺法院在县委的领导、人大的监督、政府的支持和上级法院的指导下，忠实履行宪法和法律赋予的职责，全力抓好审判工作、法院改革、队伍建设和基层基础建设四件大事，各项工作实现了跨越式发展。一是审判执行工作再上新台阶。全年共受理各类案件2541件，审结2527件，结案率为99.5%，分别比上年增长2.91%、3.44%和上升0.5%。收结案数连续五年保持稳定增长，为县域经济的跨越式发展提供了充分的司法保障和司法服务。二是法院改革稳步推进。继续深化庭审方式改革，进一步完善审判流程管理，杜绝超审限和超期羁押，实行“繁简分流”，特别是庭前调解工作取得成效。三是队伍建设成效明显。加强领导班子自身建设的同时，重教育，严管理，强监督，狠抓队伍政治思想和纪律作风建设，连续三年实现廉政“零投诉”，连续五年没有出现违法违纪的人和事，队伍整体战斗力明显增强。四是“两庭”建设任务全面完成。在全市法院，第一个按照最高法院的标准建起了院机关审判综合大楼和4幢中心法庭办公大楼，第一个利用机关局域网实现了网上办公，第一个建立了国际互联网站，安装滚动电子显示屏、电脑触摸屏和重点部位闭路电视监控系统，保障了审判工作正常、有序、高效运转。由于各项工作成效突出，2004年该院被省法院评为“全省优秀法院”和“两庭”建设先进集体，院长陈宁被荣记个人二等功,一批集体和个人分别受到市、县各级的表彰奖励。

▲宽敞明亮、服务热情的立案大厅。

►丰顺县法院审判综合大楼。

惠州市中级人民法院

2004年，全市法院坚持“公正与效率”的工作主题，狠抓审判、执行工作和队伍建设，强化司法为民措施，各项工作均取得了新进展。一年来，全市法院共受理各类案件16936件，办结15948件，结案率为94%，收案数和结案数同比分别上升0.2%和0.6%，结案率上升0.2个百分点。全年解决诉讼标的总金额为63亿元，执结标的金额达20多亿元。

一、紧紧围绕“公正与效率”工作主题，充分发挥司法保障职能作用

深入开展“严打”斗争，全力维护社会稳定。全年全市法院共受理刑事案件2306件3415人，审结2306件3415人，结案率为100%。在判决生效的案件中，判处5年以上有期徒刑的1099人，重刑率为31%。全市法院坚持“打防结合、预防为主”，进一步做好社会治安综合治理工作，通过公开审判、集中宣判、网上公布裁判文书、选择典型案件公开报道等形式，以案说法，以案普法，对预防和减少犯罪发挥了积极作用，取得了良好的社会效果。

积极开展民商事审判，着力化解社会矛盾。全市法院共受理各类民商事案件8613件，审结8248件，结案率为96%。坚持公平自愿、诚实信用和当事人意思自治原则，平等保护各类市场主体合法权益，依法处理各类民商事纠纷案件，认真做好调解工作，努力做到定纷止争，确保社会稳定和谐。

认真审理行政案件，促进依法治市进程。依法履行司法审查职责，既支持和监督行政机关依法行政，又注重维护公民、法人和其他组织的合法权益。全年全市法院共受理行政案件337件，审结332件，结案率为98.5%。

加大执行力度，维护司法权威。全市法院按照上级法院部署，开展集中清理未结执行案件、执行款物及执行案卷活动，把解决“执行难”作为维护社会稳定、树立司法权威、推动法院工作的突破口，在清理执行积案、规范执行款物管理、切实开展解决“执行难”竞赛活动等方面做了大量工作，取得了一定成效。全市法院共受理执行案件5407件，执结4721件，执结率为87%。

二、积极加强司法形象建设，努力锻造高素质法官队伍

一是大力加强班子建设，不断提高领导水平。市中院党组中心组继续采取各项措施，制定了详细的学习计划，不断加强自身建设。召开专题民主生活会，对照执行党风廉政建设责任制，进一步推进党风廉政建设。切实履行对县、区法院领导班子的协管职能，不断增强基层法院班子建设。二是深入开展司法公正树形象活动，进一步提高队伍的思想政治素质。7月20日，市中院召开全市法院干警大会，对“司法公正树形象”活动进行了详细部署。在为期4个多月的“司法公正树形象”活动中，通过强化“加强执政能力建设”教育，进一步强化“公正与效率”的主题意识，牢固树立司法为民指导思想，切实改进审判作风，提高办案质量，加强队伍的廉政建设和作风纪律建设，有力地促进了法院各项工作的开展。三是强化教育培训，进一步提高法官业务素质。2004年8月中旬，市中院对全市法院尚未参加培训的61名3-5级法官进行业务培训。全市法院共有72人次参加诸如涉外审判业务培训班、民事证据规则培训班等各类培训班。

三、坚持实践司法为民要求，狠抓各项为民措施的落实

2004年，全市法院从保障当事人诉讼权利、方便群众诉讼、提高诉讼效率、加大执行力度、强化落实司法救助和法律援助、增强审判透明度、改进审判作风、坚持文明司法等8个方面，进一步细化了42项便民具体措施，将司法为民的要求落实到了审判工作的每一个环节，落实到了维护最广大人民群众的根本利益上。全市法院“窗口”单位均做到了服务设施齐全，重要制度公开张贴，司法便民利民措施让老百姓受惠，有效地改善和密切了人民法院与人民群众之间的关系，司法形象和社会评价得到提升。

四、加强制度管理，深入推进法院工作规范化建设

2004年，市中院把规范化建设作为法院工作的重点来抓。在2004年7月收录了46个制度，印制了《惠州市中级人民法院制度汇编》,发至各基层法院和中院全体干警。进一步明确了工作纪律和职责要求，干警的职业形象有了明显提升。与此同时，加强信息化建设，为审判工作提供先进的科技辅助力量。2004年市中院新审判综合大楼的落成后，投入了大量资金，更新了电脑设备，完善了网络会议系统，不仅一般的审判流程可以网上操作，审判委员会讨论及案件评议等工作均实现了网络流程管理，信息化建设取得新进展。

五、大力加强基层基础工作，改善物质装备条件

2004年，全市法院基础建设和基层建设有了进一步的发展。2004年5月，市中院审判综合大楼建成投入使用，使惠州市真正地拥有了一个集现代化、信息化和规范化功能于一体的司法裁判场所。各基层法院积极主动，克服重重困难，千方百计寻求当地党委、政府支持，审判大楼建设和中心法庭建设有了不同程度的进展，绝大部分落实了规划建设用地，为三年内完成基层法院法庭建设任务奠定了基础。

►惠州中院新建的审判综合大楼。大楼外型成“山”字形布局，建筑风格庄严厚重、宏伟大气。

◄设有旁听座位600个、配备先进的会议系统与投影设备的惠州中院第一审判庭。

►惠州中院审判委员会会议室。

▶惠州中院立案大厅。

◀惠州中院信访接待室。

◀7月23日，惠州中院召开宣判执行大会，对公安部督办的宋伯伦团伙案的17名案犯进行终审宣判。宣判后，首犯宋伯伦被押赴刑场执行死刑。被告人宋伯伦从1995年10月至2001年3月，与同案人闵忠明、毛丙华、侯国建等人或为他人充当打手，或为报复泄私愤，或为非法聚敛钱财，在惠州等地的娱乐场所及其他公共场所，寻衅滋事，聚众持械斗殴；采用殴打、绑架、敲诈勒索等暴力手段，致5人重伤致残，多人轻伤，恶行累累。其罪行涉及故意伤害、绑架、敲诈勒索、非法买卖枪支、弹药、寻衅滋事、包庇等6项罪名。案经惠州中院一审和省法院二审，首犯宋伯伦被判处死刑，其余同犯也受到了应有的惩处。

惠东县人民法院

2004年，惠东县人民法院围绕“公正与效率”主题，依法、及时、公正地完成审判和其他工作任务，对维护社会稳定，维持市场经济秩序，促进依法行政，化解人民内部矛盾，维护公民合法权益，产生了良好的法律效果和社会效果。全年共受理各类案件2575件，办结2510件，结案率为97.5%,与上年对比，收案数增加94件，上升3.8个百分点；结案数增加106件，上升4.4个百分点；结案率上升0.5个百分点。法院审判人员人均结案增长2.6%，在法定期限内审结的案件占100%。创造出优异的成绩。2004年，惠东县人民法院被评为广东省法院装备建设先进集体,该院纪检监察室被评为广东省法院纪检监察系统先进集体、该院还被评为惠州市和惠东县先进基层党组织,惠州市和惠东县维稳和社会治安综合治理先进单位,惠东县文明单位,惠东县卷烟专项打假行动先进集体；院长李龙飞同志被评为县“五一”劳模和“惠州市社会治安综合治理先进个人”，其个人先进事迹被选为我县2004年度纪律教育学习月先进典型材料；法警钟振华同志和政工科长林果同志分别被广东省高级人民法院授予“人民的好法警”荣誉称号和评为“优秀政工干部”。

司法为民是保障在全社会实现公平与正义的本质要求。该院始终牢记司法为民的工作宗旨，各项工作全面贯彻司法为民的要求。制定了文明执法十五项承诺和四十二项便民措施,并狠抓落实，2004年共缓、减、免诉讼费75件40多万元。

▲省法院院长吕伯涛在惠州中院院长何碧霞陪同下到惠东县法院调研。

▲惠东县法院召开审判委员会讨论案件。

▲惠东县法院开展司法为民、便民、护民、法律咨询活动。

龙门县人民法院

2004年，龙门县人民法院认真贯彻党的十六大、十六届四中全会精神，以“三个代表”重要思想统领全局，紧扣“公正与效率”工作主题，坚持以审判工作为中心，开展了“为国徽添辉、为天平增彩”活动和“司法公正树形象”活动，重点抓好作风廉政建设、司法为民、基层基础设施建设，按照团结、奋发、高效、公正方针，实现了增强团队意识、完善管理机制、造就奋发向上氛围、实现审判服务高效、确保廉洁执法五大目标，取得了显著效果。

2004年，龙门县人民法院受理各类案件2183件，审结2142件，结案率达97.6%，收结案数分别比上年上升12.6%和12.9%。其中刑事案件58件，行政案件17件，审判监督案件19件，三项审判结案率均达100%；受理民商事案件941件，审结940件，结案率99.9%；处理非诉讼案件500件，结案率100%；全年受理执行案件650件，执结610件，结案率达93.8%。审判工作带来社会效果明显，配合县委建设“一强二大”新龙门提供了优质的法律服务：一是审理了一批旅游开发、经营过程中产生的案件，净化了旅游环境；二是协助县政府解决了环球、光大、塔牌几大水泥厂落户龙门所产生的困难；三是稳妥顺利地审理好了县水泥厂破产案，安顿好了500多名职工，依法为县政府保住了900多万元的债务没外流；四是依法审结并处置好了涉历史遗留的山林、土地权属案件18件，涉及10个镇2.5万多人，面积达3.6万多亩。

2004年，龙门县人民法院获省高院表彰的人民满意的好法警1人，全省法院好新闻奖1人；2个部门被市中院评为先进集体，1人被市中院授予个人三等功。

▲省法院院长吕伯涛下基层考察走访龙门时与龙门县法院及县委县政府领导座谈。

▲6月，龙门县法院召开了执行兑现大会，集中对63宗案件的执行财务进行了返还，兑现执行标的金额93万元。

▲4月，龙门县法院召开了突出贡献奖获得者表彰大会，对在2003年工作表现突出、成绩显著的五名干警进行了表彰，其中有一人被市中院授予个人三等功。

汕尾市中级人民法院

2004年，汕尾市两级法院坚持以邓小平理论为指导，全面贯彻“三个代表”重要思想和科学发展观，在市委、市人大和上级法院的领导、监督和指导下，按照“六个新”（即要形成勤奋学习的新风气，要建设真诚团结的新班子，要迈出开拓创新的新步伐，要大兴求真务实的新作风，要树立司法为民的新形象，要塑造廉洁自律的新风貌）的要求，狠抓队伍建设，深化法院改革，积极开展各项审判工作，全年受理各类案件8517件，审结7698件，结案率90%，为汕尾的经济发展、社会稳定、构建和谐社会提供了有力的司法保障和良好的法律服务。

一、依法惩治犯罪，切实维护社会稳定

依法惩处各类刑事犯罪。全年审结一审刑事案件659件，判处犯罪分子1058人，其中判处五年以上有期徒刑直至死刑的315人，重刑率33%。坚持严打方针，对杀人、爆炸、绑架、抢劫、强奸、故意伤害等恶性暴力犯罪案件，依法及时审判，严厉打击。积极参与严打整治百日行动，审结双抢两盗案件80件131人，其中判处有期徒刑5年上以上刑罚的41人。

二、依法调节民商事和行政关系，努力维护当事人合法权益

全年共审结一审民商事案件1799件，诉讼标的总额57010.03万元。重视婚姻家庭纠纷等传统型民事案件的审理，注重运用调解手段化解矛盾。全年共审结婚姻家庭案件857件，并对重婚、家庭暴力、虐待家庭成员等违法行为依法进行制裁，保护了妇女、儿童、老人的合法权益。加强与公民权利关系密切案件的行政案件的审理，审结土地、城建、公安、工商等一审行政诉讼案件68件，支持和促进政府机关依法行政。

三、大力推进执行工作，努力维护法律权威

完善了统一管理、统一协调、统一指挥的“三统一”执行工作体制，运用多种执行方式，加大执行力度，提高执行效率。全年共执结诉讼案件、行政机关申请执行案件以及仲裁裁决等案件2448件，执行标的金额81703.43万元，执结率83.81%。

四、全面贯彻司法为民要求，狠抓各项便民、利民、为民措施的落实

加强立案、信访两个“文明窗口”建设。全面落实省高院42项便民、利民、为民措施，认真接待群众来信来访，全年共接待人民群众来访363人（次），处理来信642件；依法加强申诉审查、再审立案工作。积极推行再审听证制度，实行“立审分立”原则，简化申诉案件的受理程序，降低进入再审的门槛。全年共审结再审案件14件，其中维持原判5件，依法改判8件，发回重审1件；加强司法救助工作。依法为85名符合救助条件的刑事被告人指定辩护人，对63件当事人经济确有困难的案件实行了诉讼费缓、减、免；严格执行不预收申请执行费制度，实行诉讼风险告知制度，指导当事人依法行使诉讼权利。进一步加大对工资、工伤、劳动保险等劳动争议案件的审判和执行力度，对群众反映强烈的拆迁补偿、损害消费者权益等类案件的审判，做到快立、快审、快执。

五、开展“司法公正树形象”活动，大力加强班子和队伍建设

一是加强领导班子建设。进一步健全了各项议事制度和民主决策制度，加强了对人、财、物管理和使用的监督，实现重大事项和干部提拔、任用决策程序的公开化、民主化。二是深入开展学习教育活动。组织干警深入学习十六大精神，广泛开展立党为公、司法为民的宗旨教育，激发广大法官敬业爱岗、无私奉献的工作热情。全市法院49个集体和个人受到市级以上奖励，其中4个集体、9名个人受到省级以上奖励，1名个人被授予“全国反假币先进个人”称号。深入开展反腐倡廉教育活动，提高干警拒腐防变能力。三是加强业务培训。共举办法官专项培训班2期，培训人员100余人。选派法官参加最高院、省高院组织的专项培训。继续抓好学历教育，进一步改善队伍的文化结构。四是加强队伍的管理和监督。层层落实审判人员违法审判责任追究制，实行案件评查制度和当事人监督制度，加强对审限、执限的监督。严肃查处违法违纪行为，全年查处集体、个人违法违纪案件3件3人（个）。

六、加强法院工作规范化建设，全面提高司法管理水平

制定了《汕尾法院立案及案件审理流程管理规程（试行）》、《汕尾市中级人民法院审判委员会工作规则》、《汕尾市中级人民法院执行款物管理规定（试行）》等规章制度，逐步建立起一套环环相扣、制约严密的审判工作管理运行机制。加强司法行政工作，规范行政与后勤管理，建立起以办公室为主体的后勤保障机制。

七、加强基层基础建设，为法院工作的深入发展打下基础。加强了对基层建设的指导和监督，帮助基层解决工作中的问题和困难。中院审判大楼主体工程已经完工，“两庭”建设取得很大进步，物质装备有较大改善。

省法院院长吕伯涛深入汕尾调研，帮助解决实际问题。

中共汕尾市委书记戎铁文（中），市委副书记、政法委书记刘金生（右）到汕尾中院调研，听取中院院长陈孙（左）工作汇报。

汕尾中院院长陈孙深入基层调研，听取城区法院院长吴俊杰工作汇报。

▲陈广盛、陈瑶吟、陈美莲三人于1996年至1997年2月间，拐卖儿童7人，陈广盛一审被判处死刑，陈瑶吟、陈美莲分别被处有期徒刑一年。

图为法院工作人员向拐卖儿童犯陈美莲宣判。

▲汕尾中院法警支队在2004年全省法院系统司法警察大比武中取得集体第三名，个人第二名的优异成绩，1名干警被评为2003年度全省法院系统“人民满意的好法警”。

▲周某等3人因与陆丰市东海镇上海村委会虾池承包纠纷，不服法院生效判决，暴力抗拒执行，汕尾中院组织海丰县法院、陆丰县法院近100名干警，强制执结该案。

城区人民法院

汕尾市城区人民法院现有内设机构13个（中心人民法庭1个），干警82人，其中审判人员41人，大学本科以上学历28人，大专学历46人。2004年共审理各类案件2629件，审结2428件，结案率92%。

该院以开展“公正司法树形象”、“纪律教育学习月”等活动为契机，切实对干警进行职业道德教育、纪律作风教育、服务意识教育和廉政警示教育，提高了干警的政治敏锐性和鉴别能力。2004年，该院党支部被区直工委评为“先进党支部”，政工科、纪检监察科分别被评为全省法院“优秀政工集体”和“纪检监察系统先进集体”，刑事审判庭被区委、区政府评为“禁毒工作先进集体”、刑事审判庭和田墘法庭被区委、区政府评为“社会治安综合治理先进集体”，1名党员被评为“优秀共产党员”，1名同志被区委、区政府评为“禁毒工作先进个人”、2名同志被区委、区政府评为“社会治安综合治理先进个人”。2004年，该院干警共撰写专题调研文章3篇，学术论文14篇，其中，获全国法院系统第十六届学术讨论会二等奖1篇，获广东纪检监察调研论文二等奖1篇，获广东法院司法行政工作调研论文三等奖1篇，获汕尾市法院系统2004年度学术论文一等奖2篇、二等奖2篇、三等奖5篇。

▲城区法院召开司法公正树形象动员大会。

▲城区法院对书记员进行业务培训。

海丰县人民法院

海丰县人民法院现有干部职工102人，内设机构18个（其中包括4个基层中心法庭）。2004年，该院在审判工作中紧紧围绕“公正与效率”这一主题，深入开展建好一流班子，带好一流队伍，创好一流业绩、树好一流形象，以及高标准要求、高效率办事、高质量服务、让人民群众满意的“四好”和“三高一满意”活动，法院的各项工作上了一个新的台阶。全年受理各类案件2466件，结案2366件，结案率96%。一是建一流班子、带一流队伍。二是加强内部管理，增强内部活力。通过全面实行案件流程管理，强化流程监督，杜绝违法办案，切实提高办案质量和办案效率。三是多种渠道自觉接受监督，促进严肃执法。主动聘请人大代表、各界人士作为法院执法监督员，定期听取他们对法院审判工作的意见，发现问题及时纠正。四是积极推进和深化各项管理制度的改革，实行办案责任制，明确立案、审理、执行各个环节的责任人的责任，确保办案质量。

▲汕尾中院、海丰县法院联合召开宣判大会。

陆丰市人民法院

2004年，陆丰市人民法院围绕“公正与效率”主题，落实司法为民宗旨，积极开展审判工作，加强队伍建设，较好地完成了保障改革、维护稳定、促进发展的司法工作任务。全年共受理各类案件2261件，结案2116件，结率93.59%。一是严厉打击“双抢一盗”和贩卖毒品等严重危害社会治安的刑事犯罪活动，共审理刑事案件154件226人，及时惩处犯罪分子，维护社会稳定。二是加强民商事和行政审判工作，共受理民商事案件1589件，结案1545件。积极开展行政审判工作，切实保护行政相对人的诉讼权利，共受理行政诉讼案件8件，已结4件。三是努力解决“执行难”问题，认真研究执行方案，注意执行方法，扩大执行效果。全年受理执行案件490件，执结408件，执结率83.3%。四是认真落实利民、便民、为民措施，大力抓好立案、信访两个“文明窗口”建设，为当事人参与诉讼提供良好的司法服务。对经济确实困难而交不起诉讼费的当事人，全年减、免、缓交诉讼费4.2万元。五是积极争取上级法院和地方党委、政府的支持，多方筹集资金，筹建院机关审判综合楼和碣石法庭审判综合楼。六是认真开展“司法公正树形象”学习教育活动，不断增强法官的政治意识、大局意识、廉洁意识、公正与效率意识，法院审判纪律、工作作风有了明显的改进，提高了队伍政治素质。李舜镜同志被广东省高级人民法院评为“人民的好法警”，并获“广东省十大杰出青年优秀奖”荣誉称号。

▲陆丰市法院强制执行一“钉子案”。

陆河县人民法院

陆河县人民法院以邓小平理论和“三个代表”重要思想为指导，认真贯彻落实党的十六大和十六届四中全会精神，紧紧围绕“公正与效率”工作主题，全面推进法院各项工作。2004年共受理各类案件333件，结案317件，结率95.1%。一是坚持“严打”方针，严厉打击各类刑事犯罪，同时注重对未成年罪犯有针对性地进行教育和感化工作；二是审理民商事纠纷案件，做到“能调则调、当判则判、判调结合、案结事了”；三是行政审判注重理顺“官”、“民”关系，依法维护行政相对人的合法权益，保障和促进行政机关依法行政；四是完善和制订执行制度，规范管理执行队伍，不断加大执行力度，努力解决“执行难”问题；五是完善立案与涉法上访机制，强化服务，提高质量，减少上访，尤其是越级访、“极端访”行为；六是综合服务部门充分发挥“综合协调、督促检查、参谋助手、后勤保障”的职能作用，保证各项审判、执行工作的正常开展；七是通过开展“司法公正树形象”和纪律教育月活动，加强法院领导班子和队伍建设，提升了司法形象。

▲陆河县法院领导耐心做好被执行人员思想工作。

东莞市中级人民法院

2004年，东莞市两级法院共受理各类案件44290件，比上年增长41.02%；其中新收42297件，同比增长42.59%，案件增加的绝对数量及增幅均为历年之最。共审结41937件，结案率为94.69%，比上年上升1.03个百分点。2004年，全省法院法官人均办案70件，东莞法官平均办案238件，是全省的3.4倍。东莞市两级法院法官以占全省1.86%的法官数量办结了占全省法院6.37%的案件。在案多人少的压力下，广大审判人员和其他工作人员不畏艰难、顽强拼搏，审判效率进一步提高，99.83%的案件能够在法定审限内办结。从案件类型看，两级法院全年办结刑事一审案件5859件，判处犯罪分子8867人，分别比上年增加28.63%和35.64%，其中判处五年以上刑罚的占20.1%；办结各类民商事纠纷案件24761件，比上年大幅度增长51.06%；解决诉讼标的金额达42.03亿元；共受理各类行政及司法赔偿案件329件，审结316件；共受理执行案件10864件，执结9927件，分别比上年增长29.01%和36.04%，执结标的额17.51亿元，执结率91.38%，超过省法院确定的80%的目标。两级法院案件改判率、发回重审率分别比前年下降了3.03和1.43个百分点，再审改判率减少25%；共受理申诉、申请再审类案件493件，共审结450件，比前年的397件多53件；对848宗案件的当事人实行诉讼费缓减免，涉及金额达536.38万元。共收到各种来信174件，共办结164件，结案率达到95%。

2004年，两级法院采取有力措施不断促进审判质量的提高。一是开展专项案件回查制度，定期组织案件回查；二是建立健全错案追究制，认真做好案件的发回重审和改判分析；三是狠抓裁判文书评查，确保裁判文书质量。两级法院还全面贯彻司法为民要求，深入开展立案、信访两个“文明窗口”建设活动，落实各项“便民、利民、为民”措施，着力克服立案难问题；加强司法救助工作，加强对弱势群体和困难群众的司法保护，共对848宗案件的当事人实行诉讼费缓减免，涉及金额达536.38万元；通过采取合理统筹办案资源、案件跟踪催办、简化审理环节等项措施，从制度上解决申诉、再审难问题,在坚持有错必纠前提下，严格进入再审的审查；通过专门成立处理涉法上访问题领导小组和办公室，实行院领导包案制度，无发生一起群体激烈上访事件，有两宗涉法上访案被东莞市政法委列为全市成功处理上访案件的典范予以通报表扬。

2004年，两级法院积极稳妥地推进司法改革和审判方式改革，进一步加强规范化建设，审判运行机制和法院管理体制得到不断健全和完善。一是全面实行书记员单独序列管理；二是在不断完善合议庭职责的基础上，全面推广民商案件的当庭宣判制度，进一步推进“审裁合一”；三是积极推行刑事案件普通程序简化审，70%以上的普通程序刑事案件得以快速审理；四是加强法院规范化建设，编制《全院管理制度汇编》，完善了审判业务、组织人事、廉政纪律、行政事务等方面的制度规章。五是加大党风廉政建设的力度，重新修订了党组议事规则，强化了民主监督和对第一把手的监督，制定了廉政奖励金制度，完善了廉政执法监督卡制度，进一步规范了信访处理制度。

2004年两级法院高举“培养专家型法官、打造学习型法院”的旗帜，大力加强队伍建设。一是深入开展司法公正树形象教育活动、开展理想信念专项教育活动；二是积极倡导学习钻研，深入开展调查研究，在全国法院系统第十六届学术讨论会上，两级法院获奖总数居全省各中院第三，中院获得“全省论文组织工作先进单位”称号，两级法院还一同被评为“全省法院调研工作先进单位”。三是狠抓学历教育和在职培训，启动选派法官赴英国学习，支持干部攻读博士、硕士学位，除加强在职学历教育外，两级法院还积极举办和参加各种专项培训、短期培训，开展学术讲座活动，邀请了一批著名法学家来法院授课，为法官职业化建设的深入开展创造了有利条件。两级法院还把加强基层审判队伍建设作为重点，不断加大力度提高干部队伍的政治、业务素质和执法水平，经过公开选拔，市法院增补了两位年纪轻、学历高、素质好的副院长；石龙及东城法庭办公大楼顺利竣工；并招录一批高素质的新生力量充实到基层法庭，促进了基层审判队伍整体素质的提高。2004年，两级法院组织书记员参加司法考试，中院考试通过率达到50%，继续在全省各中院中保持领先地位，基层法院则有33人通过司法考试，通过率也高达32%。

通过不懈努力，两级法院的工作得到了上级机关肯定，中级法院连续五年被市委评为“两个文明建设先进单位”和“市直机关先进单位”，被省法院评为“司法行政工作先进集体”，中院办公室被评为“全省财务管理先进集体”、“装备建设先进集体”，中院研究室和市院刑庭荣立集体二等功，中院纪检监察室被评为“全省法院纪检监察先进单位”，市法院东城法庭除被评为“全国指导人民调解工作先进法庭”外，还光荣入选全国法院“十佳法庭”，该庭庭长苏卫东同志被最高法院授予“全国模范法官”称号，并荣获“广东省青年五四奖章”。

▲6月29日，著名法学家、全国人大法制工作委员会委员、中国人民大学法学院副院长、博士生导师王利明教授到东莞中院讲授《关于无效合同的若干法律问题》。

▲7月28日，广东、广西、海南、福建“四省区法院加强基层建设工作座谈会”在东莞召开。中纪委常委、最高法院副院长沈德咏出席会议。

▲8月11日，著名法学家、中国社会科学院法学研究所研究员、博士生导师梁慧星教授到东莞中院讲授《民商法的疑难问题》。

▲东莞市中级人民法院审判楼大审判庭。

▲12月14日，东莞市市长刘志庚等驻莞全国人大代表视察法院工作。

▲东莞市中级人民法院审判楼小审判庭。

东莞市人民法院是东莞市唯一的基层法院，下设6个行政综合部门、9个业务庭和14个人民法庭，有在编人员311人，本科及以上学历242人，助理审判员以上审判职称的126人。

2004年共受理各类案件38354宗，办结36446宗，收案数和结案数位居广东省基层法院首位，分别比2003年增长44.96%和46.79%，结案率为95.03%。2004年被评为"全国法院思想宣传工作先进单位"，东城法庭被评为"全国指导人民调解工作先进法庭"，东城法庭庭长苏卫东被评为"全国模范法官"，并荣获"广东青年五四奖章"。

2004年，东莞市人民法院切实抓好审判工作、法院改革和队伍建设三件大事。在刑事审判工作方面，继续抓好审限管理，在严格实行催办督办制度的基础上，又落实了立案告知、延期告知制度，健全了审判流程管理，并积极推行普通程序简化审、扩大适用简易程序审理案件的范围，提高办案效率，全年审结刑事案件5422宗，结案率为99.89%，并取得了"无超审限案件，无超期羁押现象"的佳绩;在民商事审判方面，充分发挥调节职能作用，强化调解工作，妥善调处各类民间纠纷，制裁违约、侵权行为，保护公民、法人的合法权益，全年审结民商事案件21396宗，结案率95.48%，其中审结涉港澳台商事案件1227宗，结案率达85.51%；在执行工作方面，继续深入推进执行方式改革，推出更加有效的执行举措，如偏远镇区实行驻点办案，对部分特殊案件直接发出执行命令，对查扣的财产提前交付评估等，全年共执结案件9040宗，同比增长3679宗，执结率达91.5%；在法院改革工作方面，大力加强法院规范化建设，建立了权责清晰、运转高效的工作机制和管理到位、监督有效的监督机制以及覆盖全面、科学规范的制度体系；在队伍建设方面，以人为本，通过抓好政治理论学习和职业道德教育，加强业务知识和技能培训，全力打造学习创新型、执法为民型、干净干事型的司法队伍，全年没有人受到党纪、政纪、法纪的处分。

▲兴建法院林。

▲长安法庭奠基。

▲刑事审判。

▲岗前军训。

▲东城法庭新大楼。

东城人民法庭是东莞市人民法院14个派出人民法庭之一，管辖范围包括莞城区、东城区和南城区，辖区人口达100多万，主要审理诉讼标的金额500万元以下的民商事案件。全庭共有在编干警8人，其中法官4人，全部为本科以上学历，另有辅助工作人员7人。

2004年，东城人民法庭共受理民、商事案件2543宗，依法审结2506宗，结案率为98.6%，解决诉讼标的4.6亿元。2004年，东城人民法庭被评为“全国指导人民调解工作先进法庭”，庭长苏卫东荣获“广东青年五四奖章”和“全国模范法官”荣誉称号。

2004年，东城人民法庭认真抓好审判管理，通过制定一系列科学合理的规章制度，规范了法庭工作的运转流程，加大了工作的透明度，提高了工作效率；高度重视调解工作，采取“调解六方法”，积极化解人民内部矛盾，真正做到案结事了。在法庭管理方面，通过制度化的庭务会议来不断提高干警素质，规范干警行为，通过创建“青年文明号”活动，增强干警的凝聚力，加强窗口建设，打造法庭公正文明的司法形象。在法庭基础建设方面，实现了法庭装备现代化，法庭内部、法庭与法院本部之间实现了电脑联网，审判庭装有闭路电视系统，立案庭配置有电脑手触查询系统，既提高了办案效率，又方便了群众诉讼。

▲东城法庭办公场所。

▲最高人民法院副院长黄松有（右一）视察东城法庭（左二为东莞市东城区办事处副书记、政法委书记陈柱杰）。

▲东城法庭法官进行诉讼调解。

中山市中级人民法院

2004年，全市两级法院共受理各类案件25368件，办结22683件，结案率为89.4%，同比分别增长2.9%、4.3%和1.3%，未结案件同比减少7.8%，解决诉讼标的金额111亿元。

一、深入开展“严打”斗争，依法惩罚各类犯罪，全力维护社会稳定

全年共受理各类刑事案件2907件，审结2902件，同比分别增长25.9%和26%，结案率为99.8%。在发生法律效力的3569名罪犯中，被判处五年以上至死刑的693人。依法严惩杀人、绑架、强奸、爆炸等严重暴力犯罪、抢劫、抢夺、盗窃等多发性犯罪，保护人民群众生命财产安全。依法审结了冉茂奎等15人拐卖妇女案、刘照勇等12人盗窃案、赵家乡等9人贩卖毒品案等一批社会影响较大的案件，一批严重犯罪分子被依法判处死刑。严厉打击各类经济犯罪活动，依法惩治走私、金融诈骗、危害税收征管等严重破坏市场经济秩序的犯罪，全年共审结该类案件41件，判处犯罪分子81人。配合反腐败斗争，依法严惩贪污、贿赂、渎职等职务犯罪，全年共审结该类案件17件，判处犯罪分子32人。高度重视未成年人犯罪案件的审理工作，坚持教育、感化、挽救的方针，依法促进未成年人思想道德建设，共审结该类案件160件，均依法从轻或者减轻处罚。全年对罪行轻微、确实不致再危害社会的230名被告人判处缓刑，为未聘请律师的被告人指定辩护律师299人。

二、全面加强民商事、行政审判工作，促进经济社会协调发展

全年共受理各类民商事纠纷案件14604件，审结13135件，同比分别下降0.5%和增长0.4%，结案率为89.9%，解决诉讼标的金额92.2亿元。坚持国家主权原则、司法统一原则和非歧视原则，恪守我国参加和批准的国际条约，遵循国际惯例，依法审理好涉外、涉港澳台民商事案件。自去年9月1日最高法院授予市中院第一审涉外、涉港澳台民商事案件管辖权后，该类案件呈现出较快的增长势头，至今共受理40件。进一步加大知识产权保护力度，全年共审结商标权、著作权、商业秘密等知识产权纠纷案件69件，依法制裁不法侵权行为，保护知识产权人的合法权益。

积极开展行政审判和国家赔偿工作，充分发挥司法监督职能作用。加强对各类行政案件的审判，依法保护公民、法人和其他组织的合法权益，支持和促进行政机关依法行政。全年共审结各类行政纠纷案件86件。依法支持行政机关履行管理职责，审查并决定执行行政机关申请强制执行的行政决定206件。审结国家赔偿案件6件，依法保护赔偿请求人的合法权益。

三、大力加强和改进执行工作，努力解决“执行难”问题

结合省法院专项检查和省人大专项评议，进一步加强对全市法院执行工作的统一管理、统一协调和统一指挥，广泛运用提级执行、交叉执行、委托执行等方式，积极开展专项执行活动和清理积存案件工作，深入推进依法执行、规范执行和文明执行，执行质量和效率进一步提高。全年共受理各类执行案件7727件，执结6528件，同比分别增长2.4%和4.5%，执结率为84.4%，执结标的金额18.8亿元。全年共受理农业银行、工商银行等银行金融机构为申请执行人的案件841件，执结875件（含旧存），执结标的金额7.87亿元。在派出法官为金融机构举办法律培训班，提高银行工作人员法律意识的同时，采取有力措施，最大限度地维护申请人的合法权益。其中，执结了以农业银行中山分行为申请执行人的案件27件，实现债权2亿多元，是该行几年来完成追收率最好的一年。

积极促进企业改制重组，妥善处置烂尾楼，盘活国有资产。牢固树立大局意识和服务意识，充分发挥审判职能作用，依法促进政府对企业的改制重组。如中山市新华纤维有限公司执行案。通过对该司的有效资产委托评估拍卖、引进港资等，注册成立了中山市新达纤维有限公司，成功盘活资产并保证了1000多名工人的就业。在执行中山市嘉发电力有限公司一案中，为保证我市的电力供应和社会生产，创造性地采取执行措施，最终促使该案妥善解决，既实现了申请人的2.15亿元债权，发电厂也因引进资金而得以正常运作。

依法开展刑事附带民事案件执行工作和清理旧存案件。全年共受理刑事附带民事执行案件113件，执结105件，执结标的金额398万元。通过制定清案计划，明确清案责任，加强催办督办等措施，共执结旧存案件1310件，清案率达99.4%。此外，还对一系列标的不大、但数量众多的恶意拖欠信用卡费、通信费案件开展专项执行，促进了“诚信中山”创建工作。

四、进一步强化管理和监督，不断提高审判质量和效率

坚持“公正与效率”的工作主题，强化司法管理，深化司法改革，规范司法监督，审判质量和效率进一步提高。两级法院的二审维持率均有所上升，在法定审限内的结案率达99%，一线法官人均结案153件，最高个人结案数为389件。

认真接受人大监督、法律监督、民主监督和舆论监督，高度重视人大代表的意见和建议，不断改进工作中存在的问题和不足，全年共办结人大督办案件11件。加强人民陪审员和廉政监督员工作，全市法院聘请的61名人民陪审员共陪审案件471件。严格执行审判监督制度，对确有错误的裁判，依照审判监督程序再审改判。全年共依法决定再审案件31件，对其中12件案件进行了改判，占全年16123件生效诉讼案件的0.07%。

五、进一步推进规范化建设，健全各项监督管理机制

市中院根据法院工作发展的要求，对已编发的《规范化管理规程》一书进行了重新修订，补充了部分规定；市法院也结合本院实际编印了《工作规范（试行）》，在审判和执行、队伍管理、司法政务和后勤管理等方面建立了较为完善的机制。同时，进一步完善各项执行工作制度，积极推进规范化执行。研究制定了《执行案件流程管理规定》、《执行款物管理规定》和《执行档案立卷归档管理办法》等规定，规范了执行工作，提高了执行效率。市中院被省法院确定为规范化执行的先进典型，在全省法院规范执行工作会议上作了经验介绍。去年3月，省法院专项检查组对两级法院执行工作进行检查后认为，中山的执行工作成绩突出、工作创新、经验丰富，许多方面都走在全省前列，应当在全省法院中加以推广。10月下旬，在省人大对全省执行工作专项评议活动中，省人大调研组也认为：中山体现出法制文明、政治文明，中山法院的经验在全省具有典型的示范作用。

▲6月15日，省法院院长吕伯涛到中山中院视察工作时与中院领导合影。

◀5月20日，中山市人大常委会常务副主任吴章贺率检查组视察中山中院工作。

▶4月，中山中院院长黄鉴初深入到基层法庭开展调研。

▲6月18日，中山中院召开全市法院系统“司法公正树形象”活动动员大会。

▲著名学者梁慧星与中山中院法官研讨座谈。

▲中山中院成功执结中山市濠头新生印花厂案，180多名工人现场领回经济补偿金160多万元。

▲轰动全国的陈满雄、陈秋圆挪用公款在中山中院开庭。

◀3月22日，冉茂奎等15人拐卖妇女案开庭。

中山市人民法院

2004年，中山市人民法院以邓小平理论和“三个代表”重要思想为指导，坚决贯彻党的十六届四中全会和市委第十届五次会议精神，紧紧依靠市委领导，市人大监督，市政府、市政协以及社会各界的大力支持和上级法院的指导，围绕“公正与效率”主题，全面落实司法为民要求，坚持“多办案、少出错、保平安”的工作方针，狠抓审判执行工作，深入推进法院规范化建设和队伍建设，不断增强司法能力，提高司法水平，取得了较好的成绩，为实现中山经济社会协调发展和争创首批全国文明城市提供了有力的司法保障。全年共受理刑事、民商事、行政、执行、审监等案件22673件（含旧存2731件），审（执）结20163件，结案数比去年上升5.5%。结案率为88.9%，比去年上升1.4个百分点，存案数比去年下降8.1%。出现了受案数、结案数、结案率上升，存案数下降的“三升一降”的好局面。且在受案数连续四年超过两万件的基础上，今年的结案数创下了历史新高，首次突破两万件。一、狠抓刑事、民事、行政三大审判，促进了我市经济社会的协调发展，维护了社会稳定。二、狠抓规范执行，切实解决“执行难”。抓好执行立案、流程管理、分权制约、中止和暂缓执行等的规范化建设，强化执行工作的管理；规范执行公示制度、风险告知制度，提高执行工作质量和效率。进一步深化银行联查制度，扩大联查范围。在中山市仓储中心有限公司设立扣押财产保管仓，对执行中扣押的财产进行专门保管。三、狠抓办案效率，严格审限管理，基本实现收结案的良性循环。四、狠抓内外监督，促进司法公正。五、狠抓各项便民、利民措施的落实，树立法院为民司法的良好形象。采取有力措施，开展司法为民活动，切实解决群众关心的热点、难点问题，运用司法手段为群众办实事、解难事、做好事。加强司法救助，切实解决群众“打官司难”问题，依法为218名符合救助条件的刑事被告人指定辩护人。认真执行诉讼费缓、减、免制度，为经济确有困难的398件案件的当事人实行了诉讼费的缓、减、免，金额达130多万元。六、狠抓基层建设，推动了法庭工作的健康稳步发展。基层法庭发挥自身信息灵、反应快、情况明的优势，妥善处理了大量民事纠纷案件。一年来，各法庭共审理民商事案件9611件，占全院民商事案件的84%。七、狠抓队伍建设，促进了队伍整体素质的提高。

▲6月15日，省法院院长吕伯涛亲临中山市法院视察指导工作，并与中山市委副书记、市长陈根楷共商法院发展大计。

▲10月21日，省人大常委会一行对中山市法院执行工作进行调研指导。

◀7月5日，中山市法院与中南财经政法大学法学院签订教学实习基地共建协议书，党委书记、院长曹寸声和中南财经政法大学法学院院长齐文远代表双方在协议书上签字。

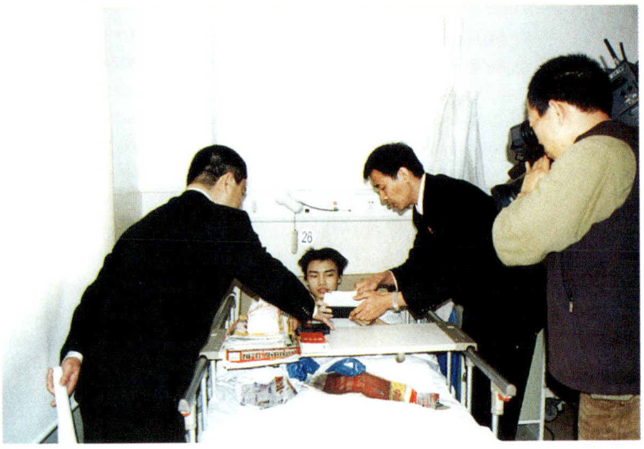

▲中山市法院执行人员将执行款送到住院治疗的当事人手中，以解当事人的燃眉之急。

江门市中级人民法院

2004年，全院共受理各类案件5264件，结案4790件，结案率为91%，与上年相比分别增加了13%、17%和3.5%，未结案件474件，下降了1%，实现了"结案率比上年高、存案数比上年少、无超审限案件"的目标，审判工作呈现良性发展态势。各基层法院共受理各类案件37955件，审结35059件，结案率为92.5%，案件标的96.53亿元，执结标的18.09亿元。二审案件维持原判率比上年提高9%，案件的效率和质量有了进一步提高。

一、突出"公正与效率"主题，全面发挥审判和执行的效能作用

深入开展"严打"斗争，切实维护社会稳定。全院受理各类刑事案件522件，审结495件，结案率为94.8%。把打击的重点对准危害国家安全、公共安全和社会管理秩序犯罪以及故意杀人、抢劫、贩毒等多发性严重暴力犯罪。对重大影响案件坚持依法从重的原则，如对贩毒数量特别巨大的被告人吴平等6人、吴松等9人团伙贩毒案，共判处8人死刑。依法打击破坏社会主义市场经济秩序和贪污受贿、渎职犯罪，共受理该类犯罪案件250件，为国家和集体挽回经济损失6700多万元。顺利完成了中央、省委和市委交办的"10.12"系列案审判任务，审结该系列案29件45人。积极建立防止超期羁押长效机制，防止出现新的超期羁押案件。积极探索办理减刑、假释案件新机制，在办理减刑、假释案件中试行裁前公示和听证制度，共办理减刑、假释案件2225件。

依法审理民事、行政、审监案件，促进社会安定团结。共审结各类民事案件1002件，解决诉讼标的3.44亿元。在审理民事案件中，注重以调解、疏导的方式化解当事人之间的矛盾，防止矛盾激化。加强对各类行政案件的审判，共审结行政诉讼案件67件，结案率为98.5%。共审结申诉案件224件、再审案件22件，依法保障了当事人的申诉权利。

大力加强商事审判，为经济发展提供司法保障和服务。共审结各类商事案件649件，解决诉讼标的47.2亿元。加强对涉及国企改革、民营企业和金融纠纷案件的审理，促进经济发展，共审结该类案件539件，解决诉讼标的44亿元，维护了企业和社会稳定，配合促进了国企改革，强化了对民营企业合法权益的保障力度。积极探索审理知识产权案件的工作方法，争取恢复了对涉外、涉港澳台案件的管辖权，优化我市投资环境。

不断加大执行力度，规范执行流程，切实保障胜诉人的合法权益。共受理案件575件，结案368件，执结标的1.17亿元。全院把建立和完善执行工作机制作为工作重点来抓，建立和完善了执行款物管理制度，规范了执行案件流程管理，加强了对执行标的物评估、拍卖管理，采取有力措施解决"执行难"和"执行不力"问题。

二、落实司法为民要求，为构建和谐社会而努力

建立新的立案大厅，实行平台式服务，推行远程、预约和双休日立案等快捷的立案方式，加快办理有关手续，共审查民事、刑事、执行立案3000多件，有效保障了当事人的诉权。积极开展司法救助工作，全市法院共对426件案件实行诉讼费的缓、减、免，减免金额达1350多万元。依法保障刑事被告人的诉讼权利，为183名刑事被告人指定了辩护人。加大对困难群众的司法保护，经常组织两级法院开展清理拖欠农民工和下岗职工工资的专项审判和执行活动，对此类案件实行快立、快审、快执行，及时为他们讨回拖欠工资。积极稳妥处理涉诉上访案件，全院共接待群众来访2500多人次，其中属"老上访户"330多人次，集体访50多次；处理各级领导机关、群众来信875件。

三、坚持以人为本，大力抓好法官队伍的整体素质

坚持以人为本，继续以教育整改为手段，抓源头治理与建立健全惩防体系相结合，以加强班子建设带动队伍建设，全面加强队伍管理，尤其是通过解决队伍中存在的大局意识、纪律观念和工作责任感不强等问题，注意找差距，查原因，寻对策，使队伍精神面貌有了改变，整体素质有了提高。全院有7个集体和个人被荣记二等功或三等功，被评为先进集体的有10个，先进个人26人，涌现了一批爱岗敬业、努力拼搏、无私奉献的先进集体和个人。

四、狠抓固本强基工作，积极推进基层法院和本院的基础建设

全院以规范化建设为主线，以加强管理为重点，加大了制度化、规范化建设的力度，对近年来制定的各项规章制度进行了总结、梳理，制定了80多项审判工作、队伍建设以及后勤保障的规章制度。全面推进信息网络建设，将信息网络建设作为法院的基础建设的重点工作来抓，在人财物等方面加大投入，建成并开通了覆盖7个基层法院和10个人民法庭的三级专线网，为全市两级法院提供了一个现代化的业务、队伍、行政和后勤保障管理的信息平台。与此同时，还创建了江门市中级法院国际互联网站加强法律宣传。加强机关基础建设，在市委、人大、政府的关心支持下，中院审判综合大楼主体工程已于8月底封顶，并进入室内装修阶段。加强人民法庭建设按照精简、规范、合理、便民的原则，整合审判资源，建立人民法庭30个，在人财物和业务管理等方面制定了统一的标准和规范。在调研的基础上，撰写了《关于进一步加强人民法庭建设的意见》，经市委同意予以转发。全市法院积极争取当地党委、人大、政府的支持，已建成10个人民法庭，正在建设的有6个。

▲3月11日，省法院党组副书记、副院长李琦（中）就“加强基层人民法院和人民法庭建设”到江门市调研。

▼4月8日，省法院副院长陶凯元（内左三）就涉外民商事案件管辖权问题到江门市调研。

▲2月3日，省法院副院长凌祁漫、市委副书记梁清兆、江门市人大常委会副主任黎力行、副市长陈杭等领导为江门中院立案、信访大厅揭幕。

▼11月18日，江门市人大常委会副主任黎力行（左二）视察江门中院审判综合大楼建设情况。

▲开庭审理涉外民商事案件。

▲10月14日，江门中院在江门监狱首次召开减刑假释听证会，对监狱报请的10名服刑人员减刑假释案件进行公开听证审理。

▲澳门特别行政区检察院何超明检察长（右）与江基云副院长会谈。

◀香港粉岭裁判法院裁判官陈庆伟（右一）向考察团介绍儿童证人通过视像作证的情况。

▲8月27日，江门中院举行审判综合大楼封顶仪式。

►8月4日，江门市法院在市委党校召开全市法官党纪政纪法纪教育学习会。

▲12月21日，江门中院举行两级法院三级专线网开通仪式。

▲当事人为江门中院送来锦旗。

►9月，江门市法院系统举行“迎国庆”篮球赛。图为领导与获奖队合影。

▲傅志坚院长陪同江门中院领导视察法庭工作。

▲院党组研究新审判办公大楼图纸。

新会区人民法院

2004年，江门市新会区人民法院以“三个代表”重要思想为指导，以科学发展观为统领，紧紧围绕“公正与效率”工作主题，忠实履行宪法和法律赋予的职能，各项工作取得了新进展。一年来，共受理刑事、民事、商事、行政和执行案件9916宗，同比上升21.20%，共办结9389宗，比去年同期多1449宗，同比上升18.30%，解决案件标的金额12.60亿元，收案、结案总数居全市基层法院前列，继续维持收案与结案的平衡，审判工作呈现收案增加、结案增长、存案下降的良好势头，为保障改革、促进发展作出了新的贡献。

2004年，江门市新会区人民法院围绕“公正与效率”主题，按照法院改革纲要的要求，积极推进法院各项改革：继续深化法院管理体制改革，规范审判工作流程管理；优化司法资源的合理配置，进一步健全岗位责任规范、工作规程及目标管理办法；贯彻科学规范、协调高效的现代管理理念，落实已经制定的规范制度，及时发现问题，不断完善；严格执行省高院制定的《广东省人民法庭工作规范》，规范法庭运作；加快人民法庭建设进度，已完成4个人民法庭建设任务；大力加强法院基础建设，改善办公条件，2004年11月17日，总建筑面积16131平方米的法院新审判综合大楼正式动工。

▲三江法庭新审判办公大楼。

同时，江门市新会区人民法院按照最高法院有关部署，加强队伍思想政治和作风建设。2004年，该院被评为“全省法院调研工作先进单位”、“全省法院纪检监察系统先进集体”和“装备建设先进集体”，刑庭荣立集体二等功，钟为民被评为“全省法院优秀政工干部”，梁京群荣立二等功，刑事审判庭被评为新会区“禁毒03工程”先进集体，李洪立被区委区政府授予“新会十大杰出青年”称号。

阳江市中级人民法院

2004年，阳江中院依法行使审判权，深入开展法院改革，大力加强队伍建设，全面推进了各项工作。

一、全面加强审判和执行工作

共受理各类刑事、民事、行政案件、减刑假释案件和执行案件5304件，办结5108件，分别比上年上升5.4%和5.1%，结案率为96.3%。

一是强化刑事审判职能，全力维护社会治安稳定。贯彻“严打”方针不动摇，严惩故意杀人、贩卖毒品、“双抢两盗”等严重危害社会治安的罪犯，对故意杀人罪犯梁仿杨、故意伤害罪犯李远强等6人判处死刑。配合禁毒03工程，从重从快审理余佩光等12人制造、贩卖、运输492公斤毒品氯胺铜团伙大案。组织召开建院以来最大的一次宣判活动，对35名贩卖毒品、抢劫罪罪犯进行宣判，对罪大恶极的犯罪分子执行枪决。

二是依法开展民商事、行政案件审判工作。围绕建设现代化海滨城市的目标，审理好涉及民营企业、海洋渔业和旅游业的民事纠纷；采取有力措施为金融信贷部门追收逾期贷款；妥善处理好破产案件，保护国有资产，保障债权人和破产企业职工的合法权益；高度重视农村承包合同、征地拆迁补偿及山林、土地权属等涉及群体性纠纷案件的处理，努力化解人民内部矛盾。共审结民商事案件478件，涉案标的2.9亿元。同时，依法开展行政审判，监督和支持行政机关依法行政，共审结行政案件38件。高度重视涉及政府重大项目建设行政诉讼案件的审判，依法审结了市“一号工程”阳江核电站项目征地纠纷案，取得较好的成效。

三是加强诉讼调解，努力构建和谐阳江。高度重视调解工作，切实化解群众矛盾，积极构建和谐社会。召开全市法院加强调解工作会议，部署加强全市法院调解工作，调解工作空前加强。民商事一审案件调解撤诉结案率为36.67%，比上年同期上升24%。成功调解阳春市宏伟工贸公司等五方原告与被告阳江市宏大钢铁公司系列大案，得到市委的高度评价。

四是加大执行力度，努力解决执行难。共执结各类执行案件156件，执结率89%，结案标的金额2.2亿元，分别比上年增加39%、19%和57%。组织开展执行竞赛评比活动，依法采取各种强制措施，确保债权人合法权益的实现。加强对委托拍卖、评估工作和执行款物的管理和监督，规范执行工作秩序，提高执行工作透明度。全年为申请执行人追回款项近2亿元，执行工作有了新的突破。

二、深入开展法院工作改革

大力推行刑事、民事案件普通程序简易审；全面落实公开审判制度；深化裁判文书改革，增强裁判文书的公开性和说理性；加强办公自动化和规范化建设，推广应用计算机进行信息处理和审判业务管理，提高法院工作科技含量，信息化管理经验被省委政法委列入参加全省政法系统规范化经验交流材料，受到普遍好评；开展法院工作管理调研，探索提高公正司法能力的新措施，着手建立审判质量、效率、效果管理等八大保障机制。

三、切实加强司法为民工作

一是全面创建立案、信访两个“文明窗口”建设，加强庭审、审判、执行、裁判文书“窗口”建设，立案庭被评为“青年文明号”；二是健全首问接访制，利用计算机信息网络系统管理信访工作，及时受理、跟踪、回复群众来信来访；三是建立院长预约接访制度，对矛盾容易激化的上访案件，实行联合接访制度；四是加大保护弱势群体工作力度，批准对确有经济困难的当事人缓、减、免收诉讼费80万元；五是重视社会矛盾纠纷排查调处工作，采取领导包案、责任到人措施，排查并处理了一批重大涉法上访案件。

四、以开展教育活动为契机，大力加强队伍建设

深入开展“司法公正树形象”、“整顿机关作风”等教育活动。邀请省法院纪检组组长林梦春为干警上廉政辅导课；组织干警到阳江监狱召开警示教育现场会，接受反面典型教育；在全省法院首创法院督察制度，成立督察队，形成以纪检监察部门牵头，各部门参与，齐抓共管的内部管理监督机制。通过教育活动，取得明显成效，阳江中院在市委组织的整顿机关作风评议活动中被评为“优秀”，阳春法院柯军、阳东法院李向阳同志被评选为阳江市“十大勤廉公仆”。

五、加强监督和指导，促进基层基础建设工作

认真履行监督指导职责，促进全市法院工作深入开展。四个基层法院全年共受理各类案件11669件，办结10584件，结案率为90.7%，涉案标的金额6.43亿元，执结标的金额2.15亿元。一是加强审判宏观指导，确保案件质量和效率。组织开展群体性诉讼案件专题调研，明确审理、执行群体性诉讼案件的原则；二是开展案件检查，认真纠正存在问题，制订下发《关于严格执行民商事管辖及诉讼收费的规定》，规范基层法院立案工作；三是大力加强基层建设，努力改善物质条件，各基层法院将原来16个中心法庭调整为11个，部分中心法庭已开工建设。

▲时任阳江市委书记、市人大常委会主任的林华景同志到阳江中院调研。

▲省法院党组副书记、副院长李琦（左一）到阳江指导人民法庭建设工作。

▲阳江中院院长黄雄同志在阳江市四届人大二次会议上作法院工作报告。

▲阳江中院院长黄雄亲自接访，化解群众矛盾。

►阳江中院高度重视调解工作，召开全市法院调解工作会议，全面加强了调解工作。

▲召开“司法公正树形象”活动动员大会。

▲阳江中院公正判决阳江核电站项目征地纠纷案，既支持政府依法行政，又维护了群众切身利益。

▲举行入党宣誓仪式。

▲阳江中院解决了阳江市头号涉诉上访案，上访人送来锦旗致谢。

▲举办党内法规知识竞赛活动。

江城区人民法院

2004年，阳江市江城区人民法院的审判、改革和队伍建设等各项工作取得了显著的成绩。全年共受理各类案件4150件，办结3974件，比上年分别增长了2.3%和3.1%。收案、结案总数排在全市基层法院前列；人均结案121件，居全市法院之首。

▲区委领导到法院检查工作。

2004年，江城区法院狠抓队伍建设，用制度规范法官行为，制定了《江城区人民法院督察工作若干规定（试行）》和《江城区法院干警违反行为规范实行通报制度的若干规定（试行）》，全方位地规范了全院干警审判纪律、工作作风、廉洁自律等方面的行为。先后有5个集体、10人（次）被授予区级以上荣誉称号。该院党组学习中心组被市委评为“尚学进取”先进单位；该院立案庭分别被市中院记集体“三等功”和市团委授予“青年文明号”光荣称号；有两名审判员被市中院记个人“三等功”。

◀开展“送法下乡”活动。

阳春市人民法院

▲召开年终总结表彰大会。

▲贴近百姓的山区法庭。

2004年，阳春市法院坚持以邓小平理论和“三个代表”重要思想为指导，全面落实十六大和十六届四中全会精神，忠实履行宪法和法律赋予的职责，紧紧围绕公正司法这个核心，坚持“司法为民”宗旨，一手抓审判，一手抓队伍建设，有力地促进法院各项工作的全面开展。

全年共受理各类案件3060件，审执结2698件，结案率88.2%。通过审判活动依法打击犯罪活动和解决各种矛盾纠纷，及时保护权利人的合法权益，为社会经济发展营造良好的治安环境，较好地促进经济实现跨越式发展。

队伍建设成绩显著，通过开展“为民务实清廉、树立良好形象”和“公正司法树形象”教育活动以及建设“学习型法院”等专项活动，不断提高干警的综合素质，先后有法庭和个人被省法院记集体二等功和追记个人二等功，被省政法委评为全省“严打”先进工作者。

基础建设得到逐步加强，法院新审判大楼投入使用，四个中心法庭中一个已建好新办公楼，其余三个已纳入“04工程”项目。

▲召开宣判大会。

阳东县人民法院

2004年，阳东县人民法院在工作中坚持政治建院、制度治院、人才兴院、改革促院、科技强院的理念，打造“学习型、创新型”法院。全年共受理各类案件2255件，办结2066件，分别比去年减少16%、增加1.4%，涉案标的8413万元。

一年来，阳东县人民法院紧紧围绕“公正与效率”主题，建立科学案件流程管理机制，对审判、执行的重点环节，规定工作期限和工作要求，确定案件质量指标。坚持每季度对各项工作进行考评，年终进行总评，切实加强对各类案件的监督、管理，促进公正与效率。在实践中勇于探索和改革，向立案庭派驻二人负责庭前调解，向民二庭派驻执行组负责执行该庭审结的案件，为调解工作和专项执行工作积累了宝贵经验。积极抓好“04工程”建设，筹划好法庭撤并及新庭选址。

2004年，阳东县人民法院党支部被阳东县委评为先进党支部，该院合山人民法庭被阳江市中级人民法院评为“先进集体”，有两位同志分别被评为“全国人民法庭优秀法官”、阳江市“十大勤廉公仆”，一位同志荣立三等功。

▲召开院务会议，研究法院工作。

▲法院查封一债务人渔船。

阳西县人民法院

阳西县人民法院地处经济欠发达的粤西地区，共有干警78人。2004年，阳西法院在以邓康成院长为书记的新一届班子的带领下，以创建“人民满意法院”为目标，把维护好广大人民群众的根本利益作为审判工作的落脚点，坚持司法公正，一心为民，用行动诠释了司法为民的内涵，赢得了社会的肯定。如专门设立立案、信访服务“窗口”，开辟诉讼“绿色通道”，方便当事人参与诉讼；积极实施司法救助，缓、减、免收诉讼费9万多元，切实维护弱势群体合法权益；重视做好调解工作，民、商案件的调解撤诉率达45%，有效地化解了基层矛盾纠纷；切实加大了执行力度，执行工作有新突破，案件实际执结率达四成。年底，阳西县人大常委会对该院工作进行了评议，满意和基本满意率达100%；阳江市中级法院唯一推荐该院参加“全省十佳基层法院”评选；全年先后有4个部门、10人（次）受到上级法院和当地党委、政府的嘉奖或表彰。

▲召开廉政纪律、法官职业道德教育活动动员会。

▲举办法律咨询服务活动。

湛江市中级人民法院

2004年，湛江市中级人民法院紧紧围绕“公正与效率”主题，认真落实“司法为民”要求，狠抓审判和执行工作，深入推进规范化建设，扎实开展“司法公正树形象”活动，大力加强队伍建设和基层基础建设，不断提高整体司法水平，各项工作都取得了新成效。

一、充分发挥审判和执行的职能作用，全力维护社会稳定

2004年，中院共新收各类案件1628件（不含旧存，下同），结案率80.3%，比上年度提高了7.2个百分点，办案质量明显提高。

坚持“严打”方针，依法惩处各类犯罪。中院全年共受理刑事案件296件，审结279件，结案率为94.3%，有力打击了各类犯罪分子的嚣张气焰。全市法院注重被告人的人权保障，全年没有超期羁押案件，为46名符合援助条件的刑事被告人指定了辩护人，对3名被告人依法作出无罪宣判。

全面抓好民商事审判工作，促进经济与社会协调发展。2004年共新收一、二审民商事案件907件，办结1012件，解决诉讼标的额13亿多元。中院被最高法院确定为对湛江、茂名两地区涉外、涉港澳台民商事案件享有一审管辖权的法院，开始受理一批涉外、涉港澳台民商事案件。

积极开展行政审判工作，充分发挥司法监督职能。全年共受理行政案件125件，审结129件；受理国家赔偿案件21件，审结16件，依法保护行政相对人的合法权益，监督和支持行政机关依法行政，力求办案社会效果与法律效果的有机统一。

采取有效措施，切实解决“执行难”问题。全年共执结各类案件314件，执结率64.9%，执回标的金额4.01亿元。中院以深入开展解决“执行难”竞赛活动为契机，进一步完善执行案件流程管理等制度，加强对涉案标的物委托评估、审计、拍卖工作的监督，全面推行提级执行、指定交叉执行等改革措施，促进了执行工作管理的规范化。

二、认真落实各项便民制度，努力实现“司法为民”要求

中院扎实推进司法形象建设工作，通过开展信念教育、举办学术讲座、召开座谈会、实现法院法律业务与高校教育、社区服务双向良性互动等多种方式，内强素质，外树形象；中院去年全面落实42项“为民”措施，在全市法院试行和推广节假日立案、预约立案、异地立案、速裁法庭、巡回办案等制度，对124件案件当事人实行了诉讼费缓、减、免，缓交金额和减免金额分别达326多万元和230多万元；积极为解决“申诉难”问题寻求出路，进一步加强审判监督工作的改革，根据“可能有错立案再审、确有错误依法改判”的原则，大大降低再审“门槛”，依法保障了当事人的申诉权利。

三、深入开展规范化、信息化建设，提高内部管理水平

中院继续深入推进规范化建设，在审判、执行、队伍管理、司法政务和后勤管理等方面建立起比较完善的制度。2004年上半年，中院制订了《庭审规范化考评标准》，对两级法院的民商事、刑事和行政案件庭审活动进行考评，促进全市法院庭审活动整体质量和效率的提高；全市法院突出抓好“窗口”规范化建设，深入开展创建立案、信访两个“文明窗口”活动，完善了立案、信访服务设施和工作制度，将依法审判与热情服务有机结合起来，取得了良好的效果。

四、加强基层建设，不断提高全市法院整体司法水平

中院以“对口协调、稳步推进”为原则，明确各部门在加强基层建设工作中的具体任务，积极协调基层法院在增加财政拨款、补充干警编制、改善基础建设、优化司法环境等方面工作，取得当地党委、人大、政府、政协和社会各界的支持。2004年，中院新办公楼选址工作基本落实，继霞山法院办公审判综合楼建成并投入使用后，坡头、吴川、遂溪、徐闻、开发区等法院也加快办公、审判大楼的建设步伐，其他法院也在积极解决项目用地或建设资金等问题。中院积极指导各基层法庭的调整撤并工作，各基层法院灵活运用政策，大力加强人民法庭工作，科学设置中心人民法庭，优化了法庭布局。

五、加强法官职业化建设，进一步提高队伍的综合素质

全市法院深入开展“四项”学习教育活动，狠抓党风廉政建设，加强对党员和领导干部的监督，维护了队伍的纯洁。中院大力加强教育培训工作，重视在职法官的深造教育，先后举办了法官续职、任职培训班，法官同等学历培训班、行政审判业务培训班、书记员培训班，受培训法官达300多人（次）。2004年底，中院达到法律本科学历的干警已占61.2%，有6名法官取得法学硕士或法律硕士学位。

六、畅通工作渠道，努力营造良好司法环境

中院有计划地把审判工作与党和政府的中心工作有机结合，注意谋求社会各界对法院工作的支持，有力地促进各项工作的深入开展。2004年，中院通过组织庭审观摩、召开专项座谈、健全沟通机制等方式向社会各界征询意见，争取他们对中院工作的理解和支持。中院共收到人大代表、政协委员建议案15件，均组织专门力量进行审查研究，并在期限内作出答复。中院鼓励各基层法院发挥业务优势，通过开展“法官下社区”、与本地高校共建审判实践与理论研究基地、为群众开设法律讲座、巡回法庭以案说法等多种方式，积极参与共建和谐社会。

▼湛江市中级人民法院召开全市法院总结表彰大会。大会回顾了2004年度全市法院工作，分析当前面临的形势，部署新的工作任务，表彰了该年度的先进集体、先进个人。市委副书记、市政法委书记罗国华到会并作讲话；市人大副主任万向南、市政府副市长潘那生等领导应邀参加了会议。

▲湛江中院李尚富院长在大会上讲话。

▲2004年，在湛江市委、市人大的大力支持下，湛江中院班子得到配齐配强，形成一个年龄结构合理、专业结构优良的领导核心。图为充满活力的中院班子成员。

◀湛江市法院两个窗口建设工作全部达标，市中院立案窗口被省法院评为“文明窗口”。图为市中院的立案大厅。

▲时任湛江市委书记邓维龙（右二）、湛江市委副书记、政法委书记罗国华（右一）到湛江市中院调研、指导工作。

▲湛江中院班子成员积极参加市委组织的“万千扶万户”工程。图为中院李尚富院长（右一）深入农村看望帮扶对象。

◀9月，湛江中院被最高法院确定为对湛江、茂名两地区涉外、涉港澳台民商事案件享有一审管辖权的法院，开始受理、审理一批涉外、涉港澳台民商事案件。图为省法院副院长陶凯元（中）到湛江中院开展涉外民商事审判专题调研活动。

▲湛江中院书记员室被授予“广东省青年文明号”称号，湛江中院梁锦荣被授予广东省青年岗位能手称号。图为市中院李尚富院长（中）等领导在和书记员座谈。

▲湛江法院十分重视纪检监察工作。市中院纪检组、监察室被评为省纪检监察工作先进单位，中院纪检组朱宗华组长被评为全国法院纪检监察工作先进个人。

◄湛江中院认真贯彻执行省法院《再审诉讼暂行规定》，以解决群众“申诉难”为目标，积极推进审判监督改革工作，取得了显著成效。中院审监庭被省法院推荐为全国法院审监工作先进单位候选对象。图为市中院召开全市法院立案审监工作会议，部署开展再审改革工作。

►湛江中院李尚富院长在宣判。

►12月14日，市中院一审当庭宣判一宗绑架、故意杀人案：被告人李太权、梁永才、缪永市被判处死刑，剥夺政治权利终身。

三被告人绑架罗某群勒索赎金60万元。准备交赎金时，李太权见到桥头周围有人走动，怀疑有公安人员，遂朝罗某群开一枪致其死亡；梁、缪即持枪向罗某某和办案民警射击后逃窜。次日三被告人被抓获归案。

图为三被告人在接受宣判。

▼3月29日至31日，湛江市法院开展民商事审判庭审观摩评比活动，并邀请人大代表、政协委员、执法监督员担任活动评委和出席旁听。

▲湛江中院为加强审判作风和机关工作作风建设，提高办事效率，增强透明度，实现司法公正，向社会公开十项承诺并将承诺内容制作成灯箱匾牌竖立于办公楼前。

▼雷州法院与雷州市信访局、公安、检察、司法、民政、调处部门联合设点接访群众。图为湛江市委副书记、政法委书记罗国华（右一），湛江市委常委、雷州市委书记李昌梧（左一）与法院等部门领导在接访。

▼赤坎区法院、麻章区法院分别与湛江师范学院法政学院共建审判理论研究教学实践基地。图为赤坎区法院举行的挂牌仪式。

基层法院工作

2004年，湛江市基层人民法院紧紧围绕“公正与效率”主题，充分发挥审判职能作用，深入推进各项工作发展，取得了较好成绩。全年共受理各类案件23259件，审结17673件，审结了一批在当地影响较大的刑事、民事和行政案件，有力地维护社会稳定，促进了地方经济发展。以开展“司法公正树形象”、“规范化建设”活动为契机，全面提升管理水平和队伍素质：遂溪法院被省政法委确定为“全省政法系统规范化建设试点、示范单位”，该院法警大队被评为省政法系统“青年文明号”；霞山、赤坎等法院被定为湛江政法系统规范化建设示范单位；廉江法院在全省法院系统“解决执行难竞赛活动”中被评为湛江法院系统第一名，并作为粤西地区代表在全省法院规范执行工作会议上作经验介绍。与此同时，各法院还出台了不少便民措施，进一步加强司法能力：霞山法院成立速裁法庭，快速解决民事纠纷，当地媒体争相报道；赤坎、麻章、吴川等法院还开展“审判质量无差错”、“审判作风零投诉”、“庭审规范化”等专项检查评比活动，有力地促进审判工作质量的提高。队伍建设也得到了全面的加强，涌现出了一大批优秀法官和先进事迹：雷州法院的阮国喜被评为“雷州勤廉兼优”公务员、“优秀法官”，还荣立个人“二等功”；吴川法院执行局的简大清法官因工作成绩突出，其先进事迹被《法庭》杂志报道；霞山法院执行局的林保南法官在执行案件中，想当事人所想，急当事人所急，受到社会各界的称誉，其先进事迹也先后得到市级、省级媒体宣传。

▲湛江法院深入推进规范化建设，在审判、执行、队伍管理、司法政务和后勤管理等方面建立起较完善的制度。

▲继霞山法院办公审判综合楼（如图）投入使用后，坡头、吴川、遂溪、徐闻、开发区等法院也加快办公审判大楼建设，其他法院亦积极解决建设用地或资金问题。

茂名市中级人民法院

2004年，茂名市两级法院的审判、执行工作和队伍建设、基层基础建设都取得了新的发展。一年来共受理各类案件19983件，审、执结18923件；解决诉讼标的金额23.3亿多元，同比增长8.4%；结案率94.7%，同比提高0.9%。其中,市中院审结各类一、二审案件1369件，办结、执结其他各类案件1825件；解决诉讼标的金额9亿元，同比增加4.7%。

一、狠抓刑事审判工作，全力维护社会稳定

一年来审结各类刑事案件1769件，其中,市中院审结277件，判处犯罪分子612人，重刑率84.8%。

在审判中坚持“依法惩罚犯罪，依法保障人权”，严格执行审限规定，未出现超期羁押的现象。同时严格做到重罪重判、轻罪轻罚、无罪释放。同时积极参与社会治安综合治理，召开宣判大会6场次，对1998年以来办结的减刑、假释案件共7978件进行了检查，认真审理好未成年人犯罪案件和减刑假释案件。

二、加强民商事、行政审判，坚持平等保护当事人合法权益

一年来审结各类民商事案件10753件，审结各类行政诉讼案件288件，解决诉讼标的金额16亿元。其中，市中院审结民商事案件1022件，解决诉讼标的金额9亿元；审结破产案件28件，妥善安置破产企业职工约1.2万人；审结行政案件102件、司法赔偿案件4件。

在审判中注重调解，调结案件59件，同比上升63.9%；注重加强审判监督，审结各类申诉、再审案件353件。其中，市中院审结244件，依法作出改判26件；审结抗诉案件9件，依法维持原判2件，改判2件，其他处理5件。

三、加大执行工作力度，切实保障胜诉当事人的合法权益

执结案件5823件，执结金额7.1亿元。其中，市中院执结案件132件，执结标的额1.8亿元，同比增加1.2倍。

在执行中切实做到“五个确立”：确立变更追加被执行主体、变更执行措施、中止执行的公开听证制度，确立以公开摇珠方式确定评估、拍卖机构，确立公开执行信息及赖债者名单制度，确立执行公开和执行流程管理制度，确立挂牌督办、指定执行、提级执行、交叉执行等有效执行机制。

四、依法加强对下级法院的监督和指导

加强对各类新型、疑难案件的监督指导和专题调研，全面提高审判质量和水平。2004年各基层法院法定审限内结案率95.8%，同比上升1.6%，刑事、行政上诉案件的维持率分别同比上升3.4%、11.5%。

加强对执行工作的监督、协调和指导，组织开展集中统一执行活动、执行款物管理专项检查行动。全年共实施指定执行案件135件，同比增加7倍；各基层法院执结案件标的金额比上年增加17%。

加强对基层法院其他方面的工作指导。如对有关重点个案的协调指导，对基层基础工作和队伍建设工作进行专题调研，建立院领导挂点联系指导制度等。

五、深化司法为民宗旨要求，凸显法律的人文关怀

完成了司法为民专题调研，着力抓好调研成果的落实和转化；推出和深化首问负责制、院领导预约接访制度、院领导包案制度和大要案报告制度等几项制度。

为经济困难的案件当事人缓、减、免诉讼费金额439.6万元，为2433名符合救助条件的刑事被告人指定了辩护人。

对拖欠农民工和城市下岗职工工资的案件实行快立、快审、快判、快执行，审结此类案件115件，解决诉讼标的金额486.5万元，执结偿付382.4万元。

处理各类来信来访1469件（人、次），深入排查、处理重大涉诉上访案件23件，未发生因处理不当导致严重影响社会稳定的事件。

六、强化制度管理，深入抓好规范化建设

进一步抓好规范化建设，制定了《茂名市中级人民法院各项工作规范》（初稿）；以政法网建设为契机，全面部署开展信息化网络建设工作。

七、扎实抓好基层基础建设工作

一是加强领导和协调。中院实行领导分片联系负责制度，积极协调当地党委和政府解决基层法院队伍建设、基础建设和法庭建设的困难和问题。

二是积极争取党委和各方支持。中院向市委、市政府提交了《关于进一步加强我市人民法庭建设的意见》，得到市委、市政府转发全市执行。市政协为此专门组织深入全市8个法庭进行实地察看，为人民法庭建设建言献策。

三是突出重点，狠抓落实。全市23个中心法庭，22个已立项，17个已落实地皮，6个办完了报建手续。高州法院新审判楼已投入使用，化州、电白法院新审判楼也正在加紧装修。

八、强化纪律和约束，推动法院队伍建设

认真组织全体干警学习“三个代表”重要思想和党的十六大报告，层层签订了《党风廉政建设责任书》，学习贯彻好两个《条例》。

坚持政治理论学习中心组制度，坚持领导班子的廉政教育与监督，坚持重大决策征求群众意见制度。同时加强对各基层法院班子建设的协管和监督。

在3月和9-11月开展了两次队伍教育整顿活动，汇编了10个近年来全市法院系统的违法违纪典型案例印发全市法院，加强警示教育。

对两级法院374名法官进行了培训，37名干警正在接受法律本科、研究生在职学历教育。中院干警法律本科以上学历比例达到60.8%，同比增加了16.6%。

►3月，省法院党组副书记、副院长李琦在茂名市委副书记、纪委书记冯立梅和茂名中院院长黄炯猛的陪同下，检查视察中院综合审判大楼建设情况。

►3月，省法院党组副书记、副院长李琦在茂名市委副书记、纪委书记冯立梅，茂名中院院长黄炯猛和茂南区委、区法院领导的陪同下，检查视察茂南区新坡人民法庭工作。

▲6月，省法院副院长陶凯元检查视察茂名中院工作。

▲10月，茂名市委常委、政法委书记倪俊雄在中院院长黄炯猛的陪同下，检查视察茂南、茂港和化州法院工作。

▲10月，茂名中院召开全市法院系统加强队伍建设大会，部署加强法院队伍建设。市领导冯立梅、倪俊雄、庞汉瑞参加了会议并作重要讲话。

▲8月，茂名中院邀请部分全国、省、市人大代表旁听庭审案件并召开座谈会，增进了解和交流，听取他们对法院工作的意见和建议。

◀5月，茂名中院组织全市两级法院法警分期进行业务技能集训。

◀10月，茂名中院审判电白县黄岭中学投毒案。

◀3月，茂名中院公开摇珠选定评估、拍卖机构。

信宜市人民法院

2004年，信宜市人民法院紧紧围绕“公正与效率”的人民法院工作主题，践行司法为民宗旨，在审判工作、队伍建设和法院改革等各项工作中取得了新的突破。全年共受理各类案件3216件，结案3090件，结案率达96.1%。其中刑事案件取得上诉抗诉维持率100%的好成绩；收执行案1137件，执结1059件，执结率为93.1%，执结标的7794万多元，比上年上升82%。

2004年，信宜市人民法院以规范化管理为龙头，大力加强队伍建设，结合本院的工作实际，对现行的规章制度全面整理完善，形成了50多项规范制度，并汇编成册发至每位干警手中。同时，该院还不断探索解决执行难的新举措，推行执行信息公开查询，实现执行款物的规范管理，积极参加全省解决执行难竞赛活动。该院通过公布赖债者名单、悬赏举报等方式，构建起促使被执行人自动履行的执行威慑机制和司法诚信体系。在全省解决“执行难”竞赛活动中，被评为茂名赛区第一名、全省法院先进单位。

2004年，信宜市人民法院连续四年实现了一审案件的零超审限，并被省法院评为“全省先进政工集体”、“全省法院系统财务管理先进单位”，无一违法违纪受处分人员。

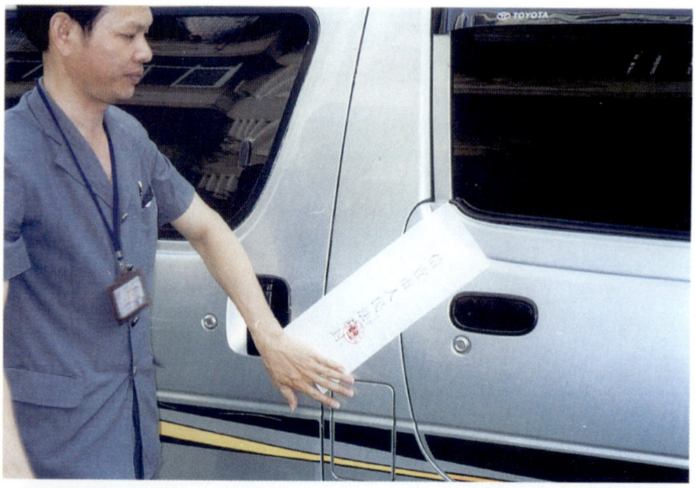

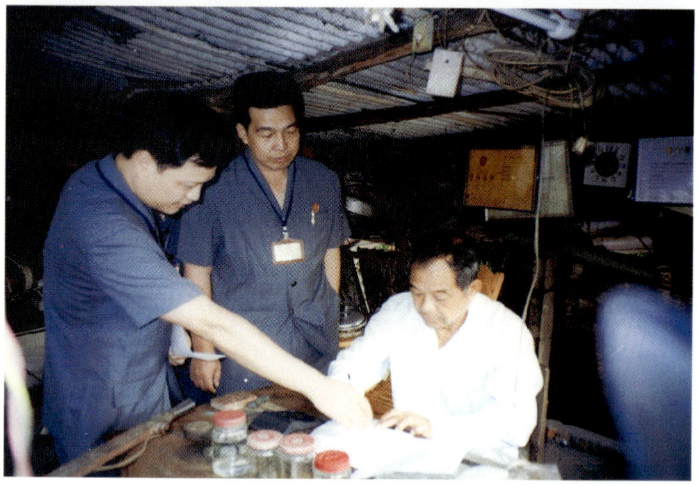

▲查封、扣押被执行人财物，公开执行工作信息，构建社会诚信体系。

▲茂名中院院长黄炯猛与信宜市委、中心法庭所在镇的党政领导一起检查落实中心法庭建设工作。

高州市人民法院

▲新落成的审判综合大楼。

2004年，高州市人民法院坚持以“三个代表”重要思想为指导，牢固树立和落实科学发展观，紧紧围绕“公正与效率”主题，忠实履行宪法和法律赋予的职责，各项工作取得了新进展。全年共受理各类案件3460件，办结3310件，结案率95.7%，解决诉讼标的金额4亿多元；有7个部门和23位个人受到各级的表彰。

一年来，高州市人民法院重笔彩绘“两庭”建设，克服重重困难，多方筹措资金，投入资金1500多万元，使建筑面积11000多平方米的法院审判办公综合大楼竣工投入使用，彻底改变了该院机关原审判、办公场所拥挤的落后面貌；5个中心法庭中，有2个已动工建设、2个已落实建设用地。

为加强调研指导工作，高州市人民法院构筑了以院党组为核心、以研究室为龙头、以法官群体为主体的大调研工作网络，立足高州山区法院的实际，围绕审判工作中的热点、难点、亮点，积极开展调研、信息、新闻宣传活动。一年来，有10篇调研文章获奖或被上级法院和茂名、高州有关部门采用；有15条信息被省法院、最高法院、省委采用；有65篇新闻稿件在国家、省、市级新闻媒体上发表。调研、信息工作分别获得2004年度“全省法院调研工作先进单位”、“全省法院信息工作先进单位”和“茂名法院调研、信息、新闻宣传总分第一名”。

▲获全省法院信息工作先进单位。

▲建设中的金山中心人民法庭。

▲获全省法院调研工作先进单位。

肇庆市中级人民法院

2004年，肇庆市中级人民法院紧紧围绕“公正与效率”主题和司法为民思想，狠抓各项审判和执行工作，深入推进规范化建设，大力加强队伍建设，各项工作都取得了新进展、新成效。全市法院共受理各类案件21648件，办结21145件，解决诉讼标的金额22.1亿元，执结标的金额4.1亿元。审判质量和效率进一步提高，一审案件上诉率为9.2%，99.5%的案件在法定期限内审结。

一、依法履行审判职责，大力加强各项审判和执行工作

中院把加强和改进自身审判工作作为首要工作任务来抓，采取有力措施加强各项审判和执行工作，努力提高审判效率和质量，完成好各项工作任务。全年共受理各类案件6660件，审结6600件，结案率为99.09%；解决诉讼标的金额12.64亿元。其中办结一、二审案件、执行案件、审监案件1755件，减刑、假释案件4845件；99.6%的案件在审限内审结。

二、强化基层法院审判工作的监督指导，促进了工作水平的不断提高

中院坚持抓好对基层法院审判和执行工作的监督指导，努力提高全市法院审判工作水平。一是精心组织开展“严打”斗争，全力维护社会稳定。审结各类刑事一审案件1315件，判处犯罪分子1763人，分别比上年同期增长了6%和12.6%。坚持依法从重从快打击严重危害社会治安秩序的犯罪活动，严惩严重犯罪分子。相继开展了严厉打击“双抢”、毒品犯罪等专项活动。严厉打击各类经济犯罪活动，依法惩治严重破坏市场经济秩序的犯罪，审结此类案件42件，判处犯罪分子154人。配合反腐败斗争，依法严惩贪污、贿赂、挪用公款等职务犯罪，审结此类案件29件，判处犯罪分子40人。二是加强对民商事、行政审判的指导，促进经济和社会和谐发展。审结各类民商事纠纷一审案件8422件，解决诉讼标的金额16.52亿元；审结行政一审案件105件，国家赔偿案件3件，审查并执结行政机关申请执行的非诉具体行政行为案件476件。进一步加强对审理涉及国企改制、金融、知识产权等纠纷案件的指导。三是加大统一管理和协调力度，努力解决“执行难”问题。采取有力措施加大强制执行力度，提高案件执结率。依法规范执行工作秩序，进一步明确了执行中止和执行终结案件的条件、范围和审批程序。规范了执行款物管理、执行立案、执行强制措施的适用条件、执行结案条件等。共执结各类案件5307件，执结标的金4.13亿元。

三、深入贯彻落实司法为民要求，依法保护当事人合法权益

狠抓司法为民措施的落实，结合自身工作实际，探索实行新的便民、利民措施；加大司法救助工作力度，对463件案件中经济困难当事人实行了诉讼费的减、缓、免，减免金额达224万元，保证当事人不因经济困难打不起官司；继续组织深入开展创建立案、信访两个“文明窗口”活动，改进审判作风和工作作风，实现严格执法与热情服务的有机统一；加强对申诉案件的审判，有效地解决了“申诉难”问题，接待群众来访2383人（次）、处理来信721件，立案受理各类申诉、申请再审案件226件，办结226件。

四、大力推进规范化建设，健全各项监督管理机制。狠抓制度建设

制订并施行了《工作规范》，在审判和执行、队伍管理、司法政务和后勤管理各方面都建立起了比较完善的制度规定；以信息化促进规范化。大力推进信息化建设，充分利用计算机和现代网络技术开展审判流程管理，以信息化促进规范化，提升各项工作管理监督水平。

五、进一步加强基层建设，夯实全市法院发展基础

建立并实行了中院领导分片联系、指导各基层法院推进基层建设制度。加大中心人民法庭调整、撤并力度，在2000年由49个人民法庭调整为28个中心法庭的基础上，对法庭进一步精简，目前调整为20个，极大地优化了法庭布局，促进了法庭建设的规模化。同时，狠抓人民法庭基础建设。

六、深入开展“司法公正树形象”教育活动，全面推进队伍建设

狠抓政治思想教育和职业道德教育，努力增强全体干警的公正司法、为民司法意识，树立爱岗敬业、秉公裁判、勤政廉政、热情服务的职业道德情操；深入推进班子建设，从各方面强化对班子成员的教育和监督，确保民主集中制原则在各项工作的落实；进一步加大廉政建设工作力度，进一步强化对工作和队伍的“双重监督”，努力从根源上防止违法违纪问题的发生。年内，全市法院干警没有发生违法违纪事件；进一步加强教育培训工作，继续狠抓学历教育、法官岗位培训、续职资格培训和专业培训。共举办各类型培训班4期，培训人员达332人（次），有效地提高了队伍的业务素质和执法水平。

◀肇庆中院院长黄福。

►肇庆中院党组成员。

▲省法院院长吕伯涛（左一）到肇庆市检查法院工作。

▲省法院院长吕伯涛（左一）看望肇庆中院退休困难干警。

◀肇庆中院刑事审判庭开庭审理案件。

▲肇庆市两级法院执行工作咨询活动。

▲肇庆中院行政审判庭审理全国海关估价第一案。

▲肇庆中院法警风采。

鼎湖区人民法院

▲鼎湖区法院审判综合大楼。

鼎湖区人民法院现有在编干警34人，其中，本科以上学历30人，具有审判职称20人。2004年，共受理各类案件899件，办结592件，收、结案数同比分别增长6.3%和6.8%。结案率为99.2%，比上年增长0.5个百分点，结案率居全市第一。共解决涉案标的金额3千多万元，全部案件在审限内审结。2004年被评为全省“优秀法院”和全市“先进基层党组织”。

以抓好队伍建设为根本。该院党组以肇庆市“固本强基”工程试点单位为动力，进一步加强全院干警，尤其是党员干警的思想政治教育和廉政纪律教育，把思想政治教育和廉政教育深深地“烙”进每一位干警的脑海中。经常性的教育、制度制约，激励了全体干警以廉为荣，以贪为耻，自觉维护清正廉洁形象。建院连续16年，没有出现干警违法违纪现象。

以抓好规范化建设为保障。制定了审判流程管理、队伍管理、司法行政管理、司法政务管理“四方面制度”共31项。促进了审判、执行工作质量和效率的提高。

以抓好司法为民树形象为标准。建设了475平方米宽敞明亮、环境优美的立案、执行大厅。依法公开了立案程序、执行程序、诉讼须知、风险告知、收费标准等制度，指导群众诉讼和接受群众监督。

▲鼎湖区委书记梁驹（左三）到鼎湖法院视察调研。

▲省、市法院领导为鼎湖区法院莲花法庭奠基。

◀肇庆中院院长黄福陪同省法院副院长吴宏斌（右二）视察鼎湖法院。

四会市人民法院

▲四会市人民法院。

2004年，四会市人民法院紧紧围绕“公正与效率”工作主题和司法为民要求，坚持以规范化建设为龙头、以“司法公正树形象”活动为契机，全面加强审判执行工作和队伍建设，狠抓司法管理机制改革，各项工作取得了显著成绩。全年共受理各类案件2096件，办结2065件，结案率为98.5%。其中，审结刑事案件150件，审结民商事案件987件，审结行政案件22件。执结各类执行案件906件，执结标的金额3207万元。

一年来，四会市人民法院坚持以建立完善各项规章制度为主要内容的规范化建设，编制了汇集审判流程管理、法院队伍建设、司法行政装备管理、司法政务管理、党团妇女工作等方面制度于一体的《四会市人民法院工作规范》，并狠抓落实。同时，以狠抓立案、信访两个“文明窗口”建设为契机，把“公正司法，一心为民”的要求落到实处。突出抓好审限监督，在坚持诉讼程序和案件质量的前提下，凡是简单的民商事案件和执行案件，要求在立案后30日内结案，适用普通程序审理的案件争取在2个月内结案；建立和完善了程序转换和变更开庭时间审批制度、超审限预警机制、案件督办机制，从而大大缩短了办案周期，提高了办案质量和效率。坚持落实各项便民、利民措施，率先推出了“巡回立案”制度，解决了偏远山区群众打官司难的实际问题。坚持司法为民思想，认真实施司法救助工作，在经费紧张的情况下，为86宗案件的123名经济确有困难的当事人减、免诉讼费28万多元。

由于工作突出，2004年，该院被评为全省法院队伍建设先进基层单位、全省法院先进政工集体、全市社会治安综合治理先进单位、四会市“文明单位”。

▲四会市法院领导班子成员。

▲四会市法院院长曹正球（前右二）带队到肇庆高新区执行案件，使投资百亿元的亚铝项目落户大旺。

▲四会市法院在该市新江镇举办人民调解员培训班。

清远市中级人民法院

2004年，清远市中级人民法院共受理各类案件1310件，办结1260件，结案率为96.2%，解决诉讼标的金额6.9亿元，还办理了减刑、假释案件5655件。

一、坚持严打方针，全力维护稳定

全年共受理一审刑事案件85件、二审刑事案件127件，均全部审结。判处被告人74人，其中判处5年以上重刑61人，占82.4%。从重从快打击故意杀人、故意伤害等严重暴力犯罪、黑社会性质等有组织犯罪、盗窃、抢劫等多发性犯罪，共判处此类犯罪63件185人。

积极开展“打黑”专项行动。谢海清等34人和王敏强等9人黑社会性质组织犯罪，涉案被告人多，案情复杂，在全省范围有重大影响，我们加强与公安、检察机关的联系、沟通，提前介入，及时掌握案件进展情况，案件起诉到中院后，精心组织，制定了工作方案，并与相关部门共同做好开庭前的准备工作、庭审中的押解、警卫工作，两件黑社会犯罪案件分别连续开庭五天和三天。承办案件的合议庭及承办人加班加点工作，认真审阅了270多册卷宗材料，核对了每一份证据，依法对被告人予以法律制裁，其中，判处谢海清死刑，已执行。

二、大力加强民商事、行政审判工作，促进社会和谐、经济发展、依法行政

全年共受理一审民商事案件170件，审结127件；受理二审民商事案件718件，审结707件。坚持“能调则调，当判则判，判调结合，案结事了”的原则，把依法处理案件与加强说服教育有机结合起来，全年调解结案53件。依法受理并审结一审行政案件5件、二审行政案件78件，其中国家赔偿案件2件，有力地促进了依法行政，保护了行政相对人的合法权益。

三、不断加大执行工作的管理力度，规范执行、文明执行

落实执行案件流程管理，加强对委托评估、拍卖工作的管理，规范执行案件结案审批制度。全年共受理执行案件118件，执结107件，结案率为90.7%，执结标的金额9000多万元。灵活采取各种执行方法：运用查封、扣押、拍卖等强制措施和手段，依法强制执行；把握时机，细致地作好当事人的思想工作，促其自动履行；加强与有关部门的协调与沟通，确保案件得到及时执行。如城区二建申请执行华清学院拖欠工程款1000余万元一案，我院一方面查封并准备拍卖债务人的财产，另一方面，向债务人陈述利害关系，讲明拍卖财产的后果，通过扎实、细致的工作，债务人分期分批将1000余万元标的款支付给债权人，成功执行完这一案件。

四、加强监督，落实司法为民的各项措施

一是认真贯彻落实人大及常委会作出的决议、决定，采取述职、报告工作等多种形式，自觉、主动接受人大及常委会的监督，加强与人大代表、政协委员的交流与沟通，建立与人大代表、政协委员的经常性沟通渠道，对人大代表、政协委员提出的问题给予认真的答复。

二是加强审判监督。全年受理并审结民商事、行政审判监督案件26件，其中维持原判8件，发回重审5件，其他处理13件。加强案件评查，在自查的基础上，由纪检监察部门牵头，组织案件评查小组对2003年以来审理的改判、发回重审、抗诉、申诉或当事人反应强烈的51件案件进行评查，对执行局执结、行政庭审结的21件案件进行抽查。开展了减刑假释专项大检查，全面清理了1998年至2004年6月所办理的减刑案件24641件、假释案件4610件。针对查摆出来的问题，认真制订落实整改措施。

三是高度重视督查工作。对省法院、市委、市人大及领导督办、转办的案件，逐件登记造册，落实审判人员认真复查。今年以来，共受理督办案件48件，对于符合再审条件的督办案件依法进入再审，对于不符合再审条件的案件，在认真复查的基础上及时作出汇报或给以答复。

四是加强“立案、信访”两个窗口建设。围绕“公正、公开、文明、高效”的方针，大力加强“立案、信访”两个窗口建设，进一步落实司法为民的各项措施。

五是集中处理涉诉上访案件。全年共办理来信588件，接待来访320人次。对近年来群众上访反映尚未解决的问题进行一次全面、彻底的清理，对长期上访以及发现有“群体访”、“激烈访”苗头的个案，实行党组成员包案制，共包案5件，均已妥善解决。

六是畅通申诉渠道。严格执行《广东省法院再审诉讼暂行规定》，推行再审诉讼改革，确立“凡申请必复查”的原则，以“可能存在错误”作为案件再审立案的标准，至2004年12月底，我院受理了申请再审案件52件。

五、以开展“两项活动”为契机，不断加强队伍建设

积极开展“司法公正树形象”和“纪律教育学习”两项活动。全面推进固本强基工程建设，切实抓好党建工作。加强教育培训。通过参加在职学习，加大学历教育力度，至年底全院干警达到本科以上学历的有64人，占64%，有审判职称的法官69人中达到本科以上学历的48人，占70%。

六、加强对基层法院的监督和指导

支持和尊重各基层法院依法独立公正地审理案件，全年全市各基层法院共受理各类案件15082件，审（执）结13713件，结案率为91%，解决诉讼标的金额6亿多元。

采取不定期举办各类专项业务培训班、以会代训、任职、续职培训等多种形式，不断提高基层法院审判人员的审判业务水平。协助当地党委加大对基层法院领导班子的管理力度，确保各法院领导班子具有凝聚力和战斗力。纯洁法官队伍，针对个别法院出现的少数法官违法违纪问题，我们派出纪检监察干部深入调查，对查出的问题严肃处理。

加强基础设施和物质装备建设，撤并法庭6个，现有中心法庭25个，其中已建成投入使用8个，正在建设8个，其余正在规划、报建、征地中。

▲清远中院举办"司法公正树形象"演讲比赛。

▲11月29日，清远中院召开工会第一次会员大会。

◀清远中院法警在训练中。

▶清远中院公开审理以谢海清为首、涉案人员达34人的特大黑社会性质组织案。首犯谢海清犯组织、领导黑社会性质组织罪、故意伤害罪、强迫交易罪、赌博罪、非法买卖枪支罪，数罪并罚，被判处死刑。

◀清远市法院系统举办第二届"天平杯"篮球赛。

►7月2日，清城区法院组织全体党员到清城区爱国主义教育基地接受再教育，在革命烈士纪念碑前重温入党誓词，缅怀革命先烈的丰功伟绩。

◀清新县法院召开"司法公正树形象"活动动员大会。

◀英德市法院组织干警收看“司法公正树形象”先进事迹报告会。

▶省法院院长吕伯涛在中院院长刘曙光等陪同下，在阳山法院考察指导工作。

◀佛冈县人民法院新办公大楼落成。

◀6月8日，省法院院长吕伯涛深入连州市法院星子法庭对法庭建设情况进行调研。

◀在开展“司法公正树形象”教育活动期间，连南瑶族自治县法院院长赵月明带领班子成员深入瑶寨广泛征求意见。

◀连山壮族瑶族自治县法院实行中层职位竞争上岗。

潮州市中级人民法院

2004年，全市法院围绕“公正与效率”主题和司法为民要求，充分发挥审判职能，狠抓司法管理，努力提高队伍素质，扎实推进基层工作，为建设广东“东大门”提供了有力司法保障。全年受理各类案件6243件，办结5898件，解决诉讼标的额9.06亿元，结案率95%。其中，中院受理一审案件145件，审结126件；受理二审案件298件，审结295件，审判工作稳步发展。

一、继续深入开展“严打”斗争，全力维护社会稳定

全年受理一审刑事案件696件1111人，审结675件，1065人，结案率97%；判处发生法律效力的犯罪分子727人，判处五年以上有期徒刑、无期徒刑和死刑的占34%。严惩有组织犯罪、黑恶势力犯罪、严重暴力犯罪、多发性犯罪，震慑犯罪分子。积极开展打击“双抢”、“两盗”等专项斗争，审结抢劫案件125件235人、抢夺案件44件75人、盗窃案件131件210人。积极参与整顿和规范市场经济秩序工作，审结此类一审案件22件，依法维护市场经济秩序。不断加强对贪污、贿赂、渎职等职务犯罪的打击力度，共审结此类案件24件，判处犯罪分子26人。坚持教育感化、挽救原则，共对72名未成年被告人予以从轻、减轻处罚，促进了少年罪犯悔过自新。坚持惩罚与帮教相结合，对认真遵守监规、接受改造，确有悔改或立功表现的45名罪犯，予以减刑、假释。

二、加强民商事、行政审判和执行工作，促进经济社会协调发展

全年受理各类一审合同纠纷案件1713件，审结1582件，解决诉讼标的额7.36亿元。审结涉及民营经济的纠纷案件320件，依法平等保护民营经济主体合法权益。审理房地产纠纷案件19件，规范土地使用和房地产管理市场秩序。审理流通领域的合同纠纷案件701件，维护了市场交易活动的正常秩序。审理农村土地承包合同纠纷等涉农案件16件，保护农民的合法权益。审理借款合同纠纷案件635件，解决诉讼标的额5.07亿元，切实维护债权人的合法权益。审理婚姻家庭、继承纠纷案件545件，充分保护妇女、儿童和老人的合法权益。审判中，注意做好法制教育和调解疏导工作，审结的民事案件中以调解结案的占30%。受理行政案件22件，审结19件；受理非诉行政执行案件67件，执结66件，大力推进“依法治市”进程。受理各类执行案件1922件，执结1804件，结案率94%，执结标的金额1.51亿元。进一步加强对执行工作的组织领导，建立起“统一领导、管理科学、监督有力、执法规范、廉洁高效”的执行工作运行机制。继续落实“老大难”案件政法委挂牌督办制度，排除地方和部门保护主义干扰，执结了一批久拖不执的“骨头案”。加强对执行款物的监督、管理制度，确保执行款物及时安全地交给申请执行人。

三、落实司法为民措施，强化监督管理机制

一是狠抓立案窗口建设，对原有立案窗口全面进行改造，全部实行面对面的柜台式服务，增设便民、利民设施。二是畅通信访渠道，接待来访群众182人（次）、处理来信来电2123件（次）。集中处理涉法上访案件，下大力气解决上访老户、群体上访、越级上访等问题。三是继续抓好司法救助工作，为经济确有困难的群众减、缓、免诉讼费用35.8万元，为未聘请律师的被告人指定辩护律师165人。四是主动向人大及其常委会报告工作，自觉接受人大监督。积极邀请人大代表旁听案件，担任廉政监督员，充分听取对法院工作的意见和建议。五是严格贯彻执行《广东省法院再审诉讼暂行规定》，努力解决“申诉难”。加强审判监督工作，审结抗诉案件3件，全部维持原判；审结各类再审案件78件，依法纠正原判确有错误或部分错误的案件川件。

四、狠抓队伍建设，造就一支高素质法官队伍

一年来，全市法院深入开展理想信念教育和“司法公正树形象”活动，进一步转变了干警的思想作风、工作作风，队伍思想政治和职业道德水平有了新的提高，执法形象得到了社会各界的肯定。继续加大专升本教育，积极组织人员参加省法院各种培训班，举办执行、刑事审判工作培训班，着力提高法官特别是基层审判人员的业务素质。组织干警认真学习贯彻“两个条例”，强化党内监督，严明党内纪律，营造司法为民、干净办案的氛围。继续在领导干部中签订责任书，层层明确责任，层层抓好落实。一年来，未发现干警违法违纪现象。

五、加强基层基础建设，提高法院工作整体水平

全市法院紧紧抓住全省法庭调整的大好机遇，积极争取党委、政府的支持，大力改善办公条件，努力开创两庭建设新局面。中院在充分调研的基础上，向市委提出了加强人民法庭建设的意见，被市委采纳并批转各县（区）执行。继潮安县法院、饶平县法院审判综合大楼落成之后，湘桥区法院的审判综合大楼也于年底正式投入使用，标志着两级法院基础建设全面迈上一个新的台阶。

1. 潮州中院办公楼。
2. 省法院副院长陶凯元到潮州中院检查指导工作。
3. 全市法院工作会议。
4. 潮州中院审判综合楼。

开展理想信念教育

◀新党员代表在烈士碑前发言。

▲聆听“两纵”老战士讲述革命历史。

▲新党员进行入党宣誓。

湘桥区人民法院

▲潮州中院院长李文为湘桥区法院审判综合楼落成揭牌。

2004年，湘桥区法院坚持以邓小平理论和“三个代表”重要思想统揽法院工作，认真贯彻党的十六大和十六届三中、四中全会精神，积极实践“公正与效率”主题，落实司法为民措施，认真履行好宪法和法律赋予的神圣职责，坚持严格司法、公正司法与文明司法，法院各项工作取得显著成效。审判和执行工作显现“公正与效率”主题。全年共受理各类案件1499件，结案1472件，结案率98.2%，其中，刑事案件188件，结案186件，分别比上一年增加39.3%和38.8%，判处罪犯316名，比增41.1%，其中被判处5年以上有期徒刑74人，占23.4%；受理民商事案件773件，结案760件，解决争议标的额6850万元，结案率98.3%，案件调解（撤诉）率达到52.1%；审结行政案件9件；受理执行案件529件，执结517件，执结率97.7%，执行交付标的额1838万元。大量社会矛盾得到了一次性解决，取得较好的法律效果和社会效果。爱岗敬业、公正司法、为民司法、勤政廉政成为干警的自觉行为，队伍整体司法能力和水平进一步提高。“两庭”建设得到跨越式发展，投资1230万元、建筑面积7726平方米的审判综合楼落成使用，为现代化、信息化和规范化建设奠定了坚实的物质基础。积极稳妥推进法院改革，确立了大立案、精审判、强执行、重监督的审判管理模式。管理制度进一步完善，涵盖了队伍、审判、执行、财务、档案及其他各项工作。被潮州市中级人民法院记“集体三等功”一次；连续两年被湘桥区委、区政府评为全区“三个文明建设”先进单位。

▲湘桥区法院审判综合楼。

▼湘桥区法院审判大厅。

饶平县人民法院

饶平县法院2004年度工作总的任务是：以邓小平理论和“三个代表”重要思想为指导，全面贯彻党的十六大和十六届三中全会精神，紧紧围绕“公正与效率”工作主题，落实司法为民要求，全面加强审判和执行工作，大力推进法院规范化建设，提高队伍的整体素质，努力开创各项工作新局面。全院共受理各类型案件1049件，结案910件，结案率86.7%，其中，刑事案件138件186名，审结123件169名，结案率89.1%；民商事案件622件，审结506件，结案率81.4%；行政诉讼案件33件，审结32件；再审案件6件；执行案件251件，执结243件，执行标的额2065.8万元，执结率96.8%。

一是全面履行审判职责，依法惩治犯罪，维护社会稳定，通过审判活动，有效地震慑犯罪，教育群众；依法调整各种民商事关系，促进经济发展和社会稳定；加大执行力度，切实解决“执行难”问题，强化执行工作规范化管理，充分运用法律武器开展专项活动；加强行政审判，支持、促进行政部门依法行政。二是积极稳妥地推进法院改革，推行诉辩式庭审方式的改革、简化诉讼程序。规范民商事诉讼证据和裁判文书改革，提高裁判文书的公信力。三是落实司法为民的要求，方便当事人诉讼，完善司法救助制度和执行立案不预收申请执行费制度。四是建立健全规范化建设管理机制，规范审判监督和廉政约束以及档案规范化管理。五是加强两庭的现代化建设，审判综合大楼已于元月九日投入使用，法庭建设正在加紧进行。六是加强法庭队伍建设，完善党组领导制度，不断加强自身建设，深入开展政治理论学习教育和“司法公正树形象”活动，加强对干警的业务培训，造就一支学习型、专家型的法官队伍，增强大局意识，切实地履行好宪法和法律赋予的审判职能，提供公正、高效的司法保障和司法服务。

潮安县人民法院

潮安县人民法院以“公正与效率”为主题，服从和服务于工作大局，充分发挥审判职能作用，为经济与社会协调发展提供司法保障和法律服务。2004年共办结各类案件2833件，结案率95.8%。其中受理刑事案件325件，结案324件；受理民事案件1665件，结案1616件，结案标的额1.7亿元；受理执行案件958件，执结887件，执结标的额9000万元，切实保障当事人的合法权益的实现，较好地实现了法律效果、政治效果和社会效果的有机统一。

潮安县法院坚持科学发展观，把创建学习型法院放在首位，抓班子、促队伍、强素质、树形象。认真抓好思想政治建设，坚持定期政治理论学习制度，开展专题学习活动、“司法公正树形象”活动、纪念《宪法》颁布五十周年活动和业务建设，有效地提高了队伍的政治思想素质、职业技能和职业道德修养。

潮安县法院坚持司法为民宗旨，落实各项便民利民措施，扎扎实实为群众办实事。创建了立案、信访两个“文明窗口”，方便群众诉讼；切实抓好公开审判，方便人民群众监督司法活动；提高司法效率，使当事人尽快获得公平裁判的结果；进一步加强司法救助工作，切实保护弱势群体的合法权益；加强信访和审判监督工作，不断改进执法水平。这体现了以人为本、便民诉讼、文明司法、热情服务，全面贯彻落实司法为民要求，彰显司法文明关怀。

▼潮安县法院举办纪念《宪法》颁布五十周年演讲比赛。

揭阳市中级人民法院

2004年，全市法院围绕“公正与效率”主题，坚持司法为民，狠抓执法规范化，推进基层基础工作，加强队伍建设，有力地促进了审判工作的发展。共受理各类案件22216件、办结21323件，比上年分别上升了0.5%；结案率96%。其中，市中级法院受理案件3292件、办结3094件，结案率94%。为促进社会稳定和经济发展作出了积极的贡献，被省法院授予“2004年全省中级法院综合考核先进单位”称号。

一、加强刑事审判工作，全力维护社会稳定

全市法院共受理一审刑事案件1207件、审结1187件，判处犯罪分子1890人，其中判处五年以上有期徒刑直至死刑的485人。对杀人、抢劫、重大盗窃、重大伤害、绑架、放火等严重犯罪案件，抓紧审理，依法重判。共审结此类案件488件，判处犯罪分子816人。对毒品犯罪以及聚众扰乱社会秩序、利用互联网传播淫秽物品、赌博以及“法轮功”等犯罪，依法严厉惩处。共审结此类案件202件，判处犯罪分子285人。加大对经济活动犯罪的打击力度，严惩金融领域犯罪和贪污、贿赂、挪用公款、玩忽职守等职务犯罪，共审结此类案件91件，判处犯罪分子255人。召开宣判大会14场，宣判犯罪分子223人，大力宣传法制，促进社会治安综合治理。

二、加强民事审判工作，促进经济和社会发展

全市法院共审结各类民商事案件13381件，解决诉讼标的金额7亿元。依法处理好婚姻家庭案件，共审结离婚、抚养、赡养、收养等纠纷案件963件。妥善处理好损害赔偿、侵犯所有权、知识产权等纠纷案件242件，保护被侵害人的合法权益。抓好农村承包合同、集体土地使用权转让等涉农纠纷案件的审理，共审结涉农纠纷案件564件。认真审理好买卖、借款、房地产开发、建设工程、劳动争议等合同纠纷案件5079件，规范市场交易秩序。按照“调判结合，争取多调”的原则，切实抓好调解工作，全市民事案件调解率为28.8%。

三、加强行政审判和执行工作，维护当事人合法权益

全市法院共审结一审行政案件67件，其中维持行政机关具体行政行为的8件、撤销的28件、原告撤诉的8件、驳回诉讼请求的7件、作其他处理的16件。依法办理国家赔偿案件3件，维护受侵害当事人的合法权益。依法执结城建、计划生育等行政机关申请执行的案件15件，维护行政执法权威。

充分运用法律手段，采取集中执行、提级执行、委托执行以及“挂牌督办”等措施，加大执行力度，努力提高案件执结率。共受理执行案件4583件，执结4224件，执结率92.2%，执结标的金额3.9亿元。积极争取党委、人大、政府的重视和支持，成功执结了一批“老大难”案件。

四、完善监督管理机制，促进执法公正

深入开展办案质量检查，共评查案件1999件，对检查发现的问题，依法纠正；办结再审案件35件，依法改变原审判决的15件，确保了审判质量。加强对执行审限制度的监督检查，全市法院99%的案件在审限内办结，其中刑事案件实现“零超期羁押”。完善岗位责任制、审判流程管理制度，促进办案公正、高效。主动向人大及其常委会报告工作，邀请人大代表、政协委员旁听开庭审理和监督执行活动，依法接受检察机关的法律监督。

五、落实便民利民措施，保障当事人的诉讼权利

认真落实司法救助措施，对经济确有困难的415件案件当事人依法减、免、缓交诉讼费，为127名符合救助条件的刑事被告人指定了辩护人。实行“预约立案”、“诉讼指导”等十项便民措施，方便群众诉讼。降低申诉立案“门槛”，对裁判可能错误的，立案再审，经审理发现原判确有错误的，依法纠正。认真审查群众的来信，热情接待来访群众，共处理来信551件次，接待来访555人次，对于当事人多次上访的38件案件，依法妥善处理，及时化解社会矛盾。

六、大力推进基层基础工作，提高基层执法水平

全面推行基层立案工作、审判管理、裁判文书、岗位责任和内部管理“五个规范”，促进执法规范化。加强对基层审判工作的指导和监督，严格把好案件质量关。建立基层工作联系制度，促进基层审判工作的开展。

大力推进人民法庭基本建设，制定了《揭阳市法院2004—2008年加强基层建设工作规划》，确定了人民法庭基本建设的目标和任务。市中级法院和各基层法院积极向党委、人大汇报，落实人民法庭选址和建设资金，确保2006年以前完成人民法庭基本建设任务。

七、狠抓队伍建设，提高干警政治业务素质

一是加强政治业务学习。组织干警认真学习邓小平理论、“三个代表”重要思想和科学发展观，努力提高政治理论和思想水平。鼓励干警参加“专升本”学习，举办各种类型业务培训和研讨活动，共培训干警404人。二是抓好党风廉政纪律教育。认真抓好纪律教育学习月教育活动，落实党风廉政建设责任制，广大干警进一步增强了廉政意识和纪律观念。三是深入开展“司法公正树形象”活动。抓好案件质量检查，办案质量、效率、裁判文书中存在的问题得到了整改。加强正面典型宣传，安排4名优秀法官在全市法院作巡回事迹报告，树立公正司法、一心为民的形象。

▲1月23日，最高人民法院副院长黄松有莅临揭阳中院视察工作。

▲10月11日，揭阳中院举行先进事迹报告会。

►揭阳中院立案窗口。

▲8月23日，揭阳中院在揭西县召开全市法院调解工作经验交流会。

▲11月17日，惠来县火电厂职工代表给揭阳中院执行局送来锦旗，对法院“设身处地考虑职工利益，想方设法解决问题”表示由衷感谢。

▲1月17日，揭阳中院执行局法官到揭阳市锦荣饲料有限公司发放执行款。27名外地民工终于领到被拖欠的“血汗钱”。

►4月22日，揭阳中院邀请市、区人大代表旁听庭审。

榕城区人民法院

▲榕城区法院召开宣判大会。

2004年，揭阳市榕城区人民法院以“三个代表”重要思想为指导，紧紧围绕“公正与效率”主题，深入开展“司法公正树形象”活动，认真贯彻落实司法为民的要求，全面加强各项审判和执行工作，提高审判效率和质量。全院共受理各类案件4167件，结案3949件，比上年同期增长3%，结案率达94.8%，结案标的额12791万元。其中审结刑事案件277件；审结民事案件2629件；审结行政案件49件；执结执行案件978件。一年来，榕城区人民法院以建立长效机制为目标，着力实施执行工作“六个规范”，即：规范执行流程管理、规范执行款物管理、规范执行听证、规范执行中止工作、规范委托评估拍卖工作、规范执行档案管理工作，推动执行工作的开展；修订、完善了《案件流程管理规程》、《机关工作人员岗位责任制》、《涉案款物管理规定》等制度，进一步规范法院审判、行政管理工作，及时杜绝了一些久拖不决、久拖不执的案件，确保公正司法。同时，进一步加强机关管理，设置电子门禁，启用“一卡通”网络管理，不断规范办公秩序。

普宁市人民法院

2004年，普宁市人民法院坚持以邓小平理论和“三个代表”重要思想为指导，认真贯彻党的十六大、十六届四中全会精神，树立和落实科学发展观，围绕“公正与效率”的主题，坚持司法为民，狠抓执法规范化，加强队伍建设，推进“两庭”建设工作，各项工作均取得新的进展。全年共受理各类案件4017件、审结3908件，比上年分别上升了7.5%和7%，结案率97.3%，为促进社会稳定和经济发展作出了贡献。一年来，该院始终坚持严打方针不动摇，共审结刑事案件440件，判处犯罪分子688名；切实抓好调解工作，民商事案件调解率达48.5%；根据司法为民的要求，全面落实便民利民措施，落实司法救助，妥善处理涉诉信访工作，保障当事人的诉讼权利；大力推进司法管理规范化，编订《制度汇编》，建立完善各项规章制度；加强政治业务学习，开展党风廉政纪律教育，促进队伍建设；下大力气抓好“两庭”建设，市法院审判综合大楼于2004年11月奠基，开始动工建设。

▶普宁市法院优秀法官赖照清同志作事迹报告。

▲普宁市法院召开“司法公正树形象”教育活动。

揭东县人民法院

2004年，揭东县人民法院围绕“公正与效率”主题，落实司法为民的工作要求，狠抓审判工作、法院改革、队伍建设三件大事，全面推进法院的各项工作。全年共受理各类案件4769件，办结4543件，结案率达95.2%，解决诉讼标的19273万多元，为社会稳定和经济发展提供了有力的司法保障。一年来，该院始终把刑事审判工作摆在法院审判工作的首位，坚持依法从重从快和“稳、准、狠”的严打方针不动摇，严厉打击各种刑事犯罪活动。共审结刑事案件144件，判处犯罪分子200人，其中判处五年以上有期徒刑的68人，重刑率达38.2%；进一步强化民事、行政审判职能，共审结民商事案件3418件，解决诉讼标的7093万多元，审结行政案件16件；采取得力措施，依法强化执行工作力度，共执结执行案件965件，执结标的12280万多元。同时，结合开展“司法公正树形象”活动，加强队伍的作风建设和业务建设，提高队伍的整体素质；按照规范化规模化制度化的目标要求，全面完成中心人民法庭基本建设任务。

▲揭东县炮台法庭。

惠来县人民法院

2004年，惠来县人民法院共受理各类案件3089件，审结3046件，结案率达98.6%，为维护社会稳定，促进经济发展作出了新的贡献。一是加强刑事、民商事审判。共受理刑事案件145件，审结144件，结案率99.2%，判处各类罪犯188人；受理民商事案件2508件，审结2471件，解决诉讼标的1904.7万元。积极参与社会治安综合治理工作，先后组织召开打击毒品犯罪，“双抢一盗”等审判大会3场次，判处各类犯罪分子23人。认真做好调解工作，民商事案件的调解率达46%。二是加强行政审判和执行工作。其受理行政案件2件，审结2件；受理执行案件431件，执结428件，执结率99.3%，切实维护当事人的合法权益。三是落实便民利民措施。对经济确有困难的26件案件当事人减、免、缓交诉讼费，总金额2.9万元。妥善处理涉诉信访工作，共处理来信398件，接待来访群众225人次。四是狠抓队伍建设。深入开展“司法公正树立形象”活动；大力加强业务教育培训工作；抓好党风廉政纪律教育。

▲惠来县法院开展司法为民法律咨询活动。

揭西县人民法院

2004年，揭西县人民法院共受理各类案件2872件，办结2773件，比上年分别增长2.68%和3.12%；结案率为96.55%。其中审结刑事案件100件；审结民商事案件2074件，解决诉讼标的金额3264万元；审结行政案件4件；执结各类执行案件595件，执结标的金额4759.5万元。一年来，揭西县人民法院通过抓建章立制，促使各项工作走上规范化的轨道；邀请人大代表、政协委员、执法监督员旁听开庭审理案件，拓宽外部监督渠道；加强对案件审判时限的追踪和催办，努力提高审判效率；定期组织案件质量评查，努力提高办案质量；扎实开展“司法公正树形象”活动和纪律教育学习月活动，提高队伍的政治思想素质和业务水平；加强基层基础建设，完成河婆法庭办公楼主体工程的建设，金和法庭办公楼正在兴建，京溪国法庭办公楼的建设也已完成征地报建手续；给予中心法庭配齐了传真机、警车，改善了基层法庭的办公条件。

▲揭西法院干警上渔船办案。

云浮市中级人民法院

2004年，全市两级法院共受理各类案件13379件，办结12213件，结案率为91.28%，与上一年相比，案件受理数减少0.58%，结案数增长1.66%，结案率上升2.01个百分点，解决诉讼标的金额25.82亿元，执结标的金额10.41亿元，为维护当地社会稳定和经济发展提供了较好的司法服务和司法保障。

一、狠抓刑事审判工作，为建设“山区强市”营造安定的治安环境

一是深入开展“严打”整治斗争，依法从重从快严厉打击各类严重危害社会治安秩序的犯罪活动。一年来，两级法院共受理一、二审刑事案件734件，审结711件。在判决已发生法律效力的633名犯罪分子中，被判处有期徒刑五年以上、无期徒刑、死刑的有248人，占39.18%，无超期羁押的现象。二是坚持打防结合，积极参与社会治安综合治理。通过法庭公开宣判、召开宣判执行大会等形式宣传法制，尤其是对一些典型案例，组织群众旁听，以案说法。2004年共集中召开宣判执行大会9场次，公开宣判犯罪分子71人。同时配合市委、市政府开展禁毒、打击“六合彩”等专项治理活动，对起诉到法院的案件快审快结，全年共审结该类案件78件104人。

二、加强民商事、行政审判和执行工作，为促进“三个发展”提供司法保障

一是强化民商事审判职能，促进经济与社会协调发展。重点抓好国企破产、改制、农金会和涉农案件的审理及婚姻家庭、财产继承、山林、水利、土地、劳动争议、损害赔偿等民间纠纷案件的调处，为维护社会稳定和企业改革的顺利开展及时提供司法保障。一年来，全市两级法院共受理一、二审案件6770件，审结6401件，同比分别增长3.66%和3.33%，结案率94.55%。二是加强行政审判工作，充分发挥司法监督职能作用。对在社会影响较大、涉及群体性纠纷的行政案件，尽力做好沟通、协调和疏导工作，预防和减少群体性事件的发生，保护公民、法人和其他组织的合法权益不受侵害，促进依法行政。全年共受理行政案件128件，审结118件，同比分别增长29.29%和32.58%；结案率为92.19%，同比上升了2.29个百分点，依法审查行政机关申请执行的非诉行政案件482件。三是加强和改进执行工作，保障胜诉当事人的合法权益。以“开展解决执行难竞赛活动”为契机，主动争取党委领导和有关单位的协助，对执行款物管理、委托评估拍卖、执行听证等事项实行规范化管理，提高执行能力和执结率。全年共受理执行案件5121件，执结案件4409件，同比分别下降了14.13%和10.08%；执结率为86.1%，同比上升了3.89个百分点，执结标的金额10.41亿元。

三、坚持司法为民宗旨，落实各项便民利民措施

一是继续推进司法救助工作。对经济确有困难的当事人，尤其是涉及老弱病残、下岗职工等追索赡养费、抚养费、抚恤金等诉讼案件，实行缓、减、免交诉讼费用。一年来，全市两级法院共为经济困难的案件当事人实行了诉讼费缓、减、免金额达131.13万元，并依法为23名符合救助条件的刑事被告人指定了辩护人，保障了刑事被告人的诉讼权利。二是强化对弱势群体的司法保护。对拖欠农民工和城市下岗职工工资的案件，依法快立、快审、快判、快执行，积极运用司法手段维护他们的合法权益，执行偿付农民工工资和城市下岗职工工资321.31万元。三是倡导调解，妥善处理各种矛盾。按照“能调则调、当判则判、判调结合”的要求，加大调解力度，引导当事人从大局出发，正确理解和妥善处理各种利益，使其从内心服判息诉，防止矛盾激化。2004年，全市两级法院以调解方式结案的民商事案件有1197件，调解结案率为19.77%。四是实行法官轮值制度，及时排查处理重大涉诉上访案件，为上访群众析法说理，解决重复访、集体访等难点问题。2004年全市两级法院共接待来访群众731人（次），处理来电来信379件（次）。

四、加强教育和约束，推进法院队伍建设

以“司法公正树形象活动”为契机，加强对队伍的教育整顿，坚持不懈地推动法院队伍建设。一是通过知识竞赛、学先进、召开座谈会征询意见等活动，加强法官队伍的思想政治教育。着力解决法官世界观、人生观、价值观问题，确保队伍纯洁。二是进一步加大培训力度，聘请法学专家、教授讲课，对法官进行岗位培训、续职资格培训和新法律法规培训，提高法官办案业务水平。三是加强法官队伍的上下交流和岗位轮换。2004年对部分基层法院院长进行了交流，中院将一部分能力强、素质高、实绩优良的同志从基层法院提拔上来，充实中层干部队伍。

五、加强基层基础建设，努力改善司法环境

积极争取党委和各方支持，重点抓好人民法庭建设“04工程”。年初，市人大常委会组织部分人大代表对全市法院“两庭”建设、队伍建设和规范化建设进行了视察，促进了全市基层法院整体水平的提高。市中院专门成立了基层建设工作领导小组，加强对基层建设的领导和协调。各基层法院也紧紧地依靠当地党委领导和政府支持，抓好了审判综合大楼建设。落成并投入使用的有新兴、云安法院。正在建设并即将投入使用的有罗定法院，正在进行改建的有郁南法院。

在开展“司法公正树形象”教育活动中，经在当地媒体公示后，在全市法院评选出8名“优秀法官”。图为云浮市委副书记、政法委书记伍星葵接见“优秀法官”。

云浮市人大常委会组织部分市人大代表视察检查全市法院“两庭”建设。

举办全市法院学习贯彻“三个代表”重要思想培训班，大力加强法官司法能力建设。

▲为提高党员干部政治素质，推进法院队伍建设，举办学习贯彻“两个条例”知识竞赛。

▲对涉及困难群众利益的案件，坚持以人为本，努力实现法律效果与社会效果的统一。图为云浮中院在破产案件审理中，积极与有关部门协调解决破产企业职工住房。

▲云安县法院办公大楼。

►新兴县法院办公大楼。

◄新兴县原县委书记、县长张国权犯受贿、滥用职权、巨额财产来源不明、隐瞒境外存款罪被判处有期徒刑十二年，并没收个人全部财产。

罗定市人民法院

▲召集社会各界代表座谈。

▲罗定市人民法院审判大楼。

2004年，罗定法院紧紧围绕“公正与效率”这一主题，突出维护社会稳定、为完善社会主义市场经济体制提供司法保障、切实保障人民群众合法权益三个重点，审判工作和其他各项工作都取得了新进展。全年共受理各类案件4333件，办结4157件，解决标的金额8.614亿元，结案率为95.94%（比上年上升了2.15%）。其中，审结2512件，执结1645件。一线法官人均结案105件。认真落实十项便民利民措施，切实解决人民群众“打官司难”的问题，为经济确有困难的弱势群体提供司法救助，全年实行诉讼费缓、减、免交的案件共1548件，缓减免金额达55.21万元。加大执行工作力度，逐步完善解决执行难问题的规范化、制度化建设，探索执行工作新思路，一批“骨头案”得以顺利执结，有效地消除了社会不良影响。高度重视解决企业拖欠职工和农民工工资问题，为883名工人追讨欠薪139.08万元，受到各界广泛好评。年内先后获得省法院表彰的先进集体1个、先进个人2个；获云浮市委表彰的先进个人3个，1个部门和4名同志分别荣记集体三等功和个人三等功，一名法官被评为“优秀法官”；获罗定市委表彰的先进集体4个、先进个人17个。

▲发放工人欠薪。

郁南县人民法院

2004年，郁南县人民法院忠实履行宪法和法律赋予的职责，践行司法为民宗旨，稳步推进审判工作、队伍建设和工作改革。全年共受理各类案件1571件，办结1522件，结案率为96.88%，同比上升2.44%，共解决争议标的金额36884.49万元，为金融部门和计生部门追回贷款和社会抚养费563万元，为社会稳定和经济发展提供了司法保障。为方便山区群众诉讼，大力推行巡回法庭办案制度，一年来下乡巡回办案达97次。注重提高队伍的司法能力和廉洁自律能力，落实领导家访制度、法官惩戒制度和警示谈话等制度，及时发现问题、解决问题，使队伍始终保持“公正、公平、高效、廉洁”本色，进一步树立人民法院的司法权威和良好形象。

▲广东省委副书记、省纪委书记王华元视察郁南法院。

►云浮郁南千官法庭法官下乡到村间地头办案。

广州海事法院

2004年，我院各项工作都取得了新的进展。

一、围绕“公正与效率”主题，做好海事审判和执行工作

全年收案1097宗，收案标的总额为233431万元，结案899宗，结案率82%，结案标的总额166193万元。一审案件上诉率7.7%，二审改判率16.7%，一审案件的平均办案周期102天。较好地完成了全年审判任务，发挥了海事审判职能作用。

（一）公正、高效审理了一批重大海事案件

2004年海事案件呈现出新的特点：一是案件标的大，二是涉外、涉港澳台案件比例增大。全年新收案件标的额超亿元案件2宗，超千万元案件27宗。一审案件标的额与2003年相比增幅为30%，创建院20年来的新高；一审案件中，涉外、涉港澳台案件256宗，占30%，比2003年增加了11%。我院依法审结了“明思克航母世界”债权纠纷案、“航海者”轮系列债权纠纷案等一批有影响的重大案件。中信实业银行广州分行诉深圳市明思克航母世界实业有限公司船舶抵押借贷合同纠纷案，涉案标的额1.6亿元。我院安排副院长、庭长和资深法官组成合议庭进行审理，仅用3个月的时间判决结案。海内外广泛关注的“航海者”轮系列案78宗案件也于2004年全部审结。该案10个国家和地区的当事人一致选择在我院解决纠纷，总标的额达3450多万美元。该案社会影响大，一度成为中外媒体关注的焦点。我院成功解决了司法文书域外送达、证据审查和适用外国法等难题，全部审结了这一大型跨国系列案。依法及时处理了我国建国以来最大的海洋污染案件。巴拿马籍“现代促进”轮与德国籍“MSC伊伦娜”轮在珠江口海域发生碰撞，“MSC伊伦娜”轮船体破损并泄漏大量燃油，造成我国建国以来最大的海洋污染事故。我院扣押了“现代促进”轮，并连夜赶制文书，火速赶到深圳蛇口港，在“MSC伊伦娜”轮即将驶出我国领海之前扣押了该轮。当事人申请放船后，我院在半天之内裁定并执行放船。“现代促进”轮的管理公司韩国商船株式会社给我院写来感谢信，称该社“从未经历过像贵院那样迅速、有效的扣船行动。我们毫不犹豫拒绝了对方船东将本案提交英国法院并适用英国法的要求，坚持本案交由中国法院审理”。

（二）发挥专业和体制优势，高效执行

2004年，我院加大执行力度，继续保持执行案件的良性循环，特别是执行了一批省高级法院指定执行、地方法院委托执行的“骨头”案件。全年执行案件266宗，执结235宗，结案率为88.4%。执行案件标的额93702万元，较上年增加了4.8亿元，超亿元案件3宗，超千万元案件16宗，执结案件标的额59，717万元。全年省高级法院指定我院执行的案件共40宗。这些案件特点是所涉社会关系复杂，标的额巨大，被执行人财产状况隐蔽，执行难度大，长期执而未结，债权人意见很大。我院用足法律手段，用尽执行措施，全年执结了30宗，效果明显，受到了省高级法院的好评。

二、改革审判方式，进一步提高审判质量和效率

（一）我院和专业机构合作开发应用法庭记录数字处理系统。该系统通过多轨道庭审现场数字录音方式实现法庭记录、庭后听审、存储刻录等案件管理功能，克服了传统记录方式的不足，全面、真实、准确地记录庭审活动。（二）信息化建设有新发展。近年来，我院以信息化建设为手段，促进法院各项工作高效运转。现在已形成了包括网络办案办公系统、案件流程管理系统、远程电子签章系统、电子公告系统、法庭记录数字处理系统和内外网站组成的全院信息管理系统，成为全国海事法院信息化程度最高的单位。（三）法官助理制度改革试点取得新进展。2004年我院被最高法院确定为全国试行法官助理制度的18家法院之一，实行了法官和法官助理选任，书记员单列管理等做法，受到最高法院的好评。

三、预防和化解海事纠纷，为构建和谐社会作努力

（一）加强海事司法宣传，预防纠纷。一是派出庭长等法官给港航、物流企业和行业协会上海事法制课，防患于未然。全年共派员外出讲课12人次。二是加强司法建议工作，对办案过程中发现的共性和倾向性问题，有针对性地提出司法建议。三是通过网站和其他媒体及时发布典型案例，告诫港航企业和相关部门预防纠纷。（二）加强调解力度，有效化解纠纷。2004年，调解和经调解后当事人自愿撤诉结案的占一审结案的30%。（三）延伸服务，加强诉后的疏导、息诉工作。具体做法是在宣判后，主审法官主动与对判决不满的当事人座谈，讲解判决理由，耐心听取当事人的意见，认真解答当事人的疑问，让当事人明白判决，理解判决，服判息诉。

▲开发应用法庭录音系统。

►法庭录音。

◄最高人民法院副院长万鄂湘观看法庭录音系统。

▲海上巨无霸"航海者"轮系列案涉及10个国家，标的额3450多万美元。

►"航海者"轮拍卖会现场。

◄"MSC伊伦娜"轮被撞导致特大油污事故。

▲建院二十周年座谈会。

▲司法为民座谈会。

广州铁路运输中级法院

一、概况

2004年，广州铁路运输两级法院新收各类案件2277件，比上年增长10.64%，连同上年旧存案件共2362件，结案2255件，结案率为95.47%。这一年，审判工作的特点是，刑事案件呈上升趋势，其中判处五年以上有期徒刑、无期徒刑、死刑的343人，重刑率为19.51%；中院受理刑事二审58件，比上年上升23.4%，全部审结。这一年，共审理故意杀人、故意伤害、抢劫、绑架等暴力恶性犯罪案件132件；受理贩卖、运输毒品案件571件，比上年上升了80.7%，为历史最高值，有23名该类罪犯被判处死刑、无期徒刑，213人被判处五年以上有期徒刑，占该类罪犯总数的44.36%；受理伪造、倒卖车票犯罪案件9件39人，有5人被判处五年以上有期徒刑，累计判处罚金达8782万元。

二、民事审判

2004年，广州铁路两级法院共受理民事纠纷一审案件170件（含特别程序13件），比上年下降43.53%；连同上年旧存案件共175件，审结172件，结案率为98.29%；结案标的金额16561万元，比上年上升81.59%。中院新收民事纠纷二审案件21件，审结19件，结案率为90.48%，结案标的金额2136万元。全年适用普通程序、简易程序审结的159件民事一审案中，调解结案或者经调解后撤诉的有106件，占66.67%。广州铁路两级法院做好法律服务工作，7至9月间，中院派员参加集团公司派驻深圳火车站治理整顿工作组，提供法律服务，有效地促进了国有企业的改革与发展。

三、执行工作

广州铁路两级法院受理执行案件500件，同比下降1%，申请执行标的总金额64.857亿元，比上年增长2.43倍。其中广东省高级人民法院指定执行案件431件，占案件总数的86.2%。连同上年旧存案件共577件，执结475件，执结率为82.32%，执结标的总金额为28.83亿元，比上年增长2.83倍。执行工作“一盘棋”思想，开展解决“执行难”竞赛活动，攻克了一批地方法院长期难以执结的难案、“骨头案”；注重做好执行和解工作，注重保护弱势群体和案外人的合法权益，收到明显成效；围绕完善执行机制、促执行工作上新台阶的目标，组织开展执行大检查活动，抽查案件213件，对照执行工作规范化管理、执行款物规范化管理、执行分权制约等8个方面60项内容开展自查和检查，发现不足，及时整改。

四、审判监督和信访工作

2004年，广州铁路两级法院受理因抗诉引起的民事纠纷再审案件1件，维持原判；受理刑事再审案件2件，维持原判1件，对另1件量刑不当案件作出改判；受理刑事申诉、民事纠纷申请再审案20件，审结21件（含1件旧存）；中院受理减刑案件30件、国家赔偿确认案件1件，均审结。评查案件1269件，检查裁判文书895份，查找问题，督促整改。组织广州铁路两级法院优秀裁判文书评选活动，评选出一等奖3篇、二等奖4篇、三等奖5篇。受理来信126件，接待来访166人，其中院长接待86次114人。认真处理涉法上访案件，排查出的6起涉法上访案件均在规定期限内办结。

五、社会治安综合治理

2004年，广州铁路两级法院先后组织召开宣判大会3场，公开宣判罪犯20人，旁听群众达到7000人次。中院在衡阳召开宣判大会，对杀害英雄民警袁佳的凶手丁祖斌、曹迁河执行死刑。中院与广州院联合在广州火车站广场召开宣判大会，宣判16名运输毒品罪犯，对罪犯纪新民执行死刑，配合了“6.26”国际禁毒日法制宣传活动的开展。广州铁路两级法院加强立案、信访两个“文明窗口”建设，加大立案工作的透明度，采取多项便民、利民措施，方便人民群众诉讼。广州铁路两级法院共直接指导参与调处民间纠纷4人次，指导民调组织调处各类民间纠纷348起，为维护社会稳定做出贡献。衡阳、长沙、怀化院均召开民调工作总结表彰大会，表彰一批先进民调组织和优秀调解人员。开展对广州火车站刑事犯罪的调研，形成《关于广州火车站刑事犯罪的调研报告》，引起有关领导的重视。广州铁路集团公司董事长、总经理吴俊光在调研报告上作了“意见很好”的批示。

六、开展“司法公正树形象”活动

广州铁路两级法院认真开展“司法公正树形象”活动和“纪律教育月”活动，采取多种方式对全体法官和法院其他工作人员开展警示教育。组织修改《广州铁路运输中级法院审判工作细则（试行）》，促进了广州铁路两级法院规范化建设。加强思想作风建设、党风廉政建设和职业道德建设，涌现了一批先进典型。拒说情、请吃、请玩2619人次，拒收礼品、礼金107人次，折合人民币20万余元。收到群众来信表扬4封，锦旗、镜匾7面。8个廉政建设先进集体和17名廉洁自律先进个人受到表彰。广州铁路两级法院共有4个集体和13名干警被记二、三等功。

►广州铁路运输法院党组成员。

▲广州铁路运输法院干警合影。

►广州铁路运输法院办公大楼。

广州铁路运输法院执行法官兑现民工款。

胡利平、陈苏慧等24人组成制贩假火车票犯罪集团案，于2003年12月至2004年2月间，开办印刷厂制作假火车票37048张，票面金额达5310647元；作案区域跨湘、桂、粤、渝、川、闽、豫等12个省（市）20个地、市；犯罪集团组织家庭化、作案行为运作公司化、作案手段智能化。广州铁路运输法院属下的怀化铁路运输法院一审分别判决胡利平、陈苏慧等24名被告人11年以下有期徒刑，并处600万元至30万元不等的罚金。

图为公开宣判会会场。

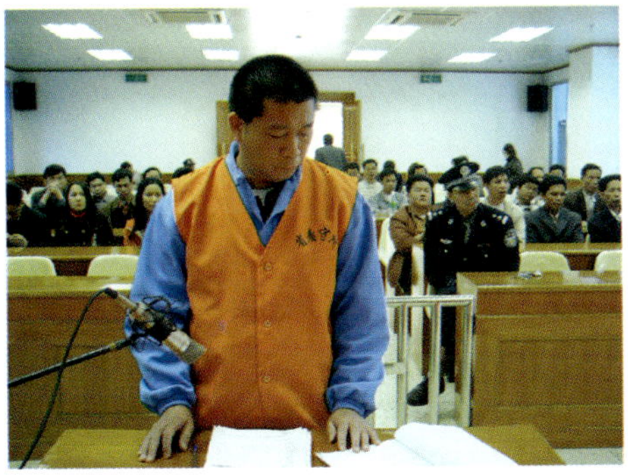

原云浮市委常委钟德标于1994年至1998年在担任罗定市委副书记、罗定市市长、罗定市委书记期间，利用职务上的便利，为他人谋取利益，受贿价值人民币120.5647万元的房产。钟德标对价值人民币558.41万元、港币280.87万元和美元4.32万元的财产不能说明合法来源。广州铁路运输法院一审以受贿罪、巨额财产来源不明罪，分别判处有期徒刑12年、5年，决定执行有期徒刑16年。钟德标不服判决提出上诉，省法院二审裁定维持原判。

当事人给法院送锦旗。

◀工作会议。

▶表彰大会。

▲干部培训。

▶执行干警在执行现场。

全省各中级人民法院院长、基层人民法院院长名录

广州市中级人民法院院长　吴树坚

开发区人民法院院长　赖新华
越秀区人民法院院长　何惠生
东山区人民法院院长　利建华
荔湾区人民法院院长　梁与惠
海珠区人民法院院长　关锦新
天河区人民法院院长　陈陆根
白云区人民法院院长　赖康华
芳村区人民法院院长　廖鸣和
黄埔区人民法院院长　柴立军
番禺区人民法院院长　莫家齐
花都区人民法院院长　王海波
从化市人民法院院长　贾志生
增城市人民法院院长　曾醒萍

深圳市中级人民法院院长　邓基联

罗湖区人民法院院长　裴洪泉
福田区人民法院院长　程科伟
南山区人民法院院长　龙光伟
宝安区人民法院院长　郝丽雅
龙岗区人民法院院长　黄常青
盐田区人民法院院长　谢秋文

珠海市中级人民法院院长　董　皞

香洲区人民法院院长　王天鸿
斗门区人民法院院长　黄智江
金湾区人民法院院长　蔡美鸿

汕头市中级人民法院院长　庄大军

金平区人民法院院长　卢文礼
龙湖区人民法院院长　胡克敏
澄海区人民法院院长　林治荣
濠江区人民法院院长　曾澄熙
潮阳区人民法院院长　曾锡林
潮南区人民法院院长　陈歌今
南澳县人民法院院长　辛惠松

佛山市中级人民法院院长　朱和庆

禅城区人民法院院长　谭永多
罗志明（2004.11）
南海区人民法院院长　曾振平
顺德区人民法院院长　李声让
三水区人民法院院长　罗志明
甄建中（2004.11）
高明区人民法院院长　何树志

韶关市中级人民法院院长　傅作庆

北江区人民法院院长　黄月成
武江区人民法院院长　杨乐华
浈江区人民法院院长　伍社祥
乐昌市人民法院院长　汤克建
南雄市人民法院院长　温桂新
曲江县人民法院院长　林　英
始兴县人民法院院长　黄远华
仁化县人民法院院长　万宗成

翁源县人民法院院长　易志光

河源市中级人民法院院长　杨美林

源城区人民法院院长　何海珊

龙川县人民法院院长　陈德行

东源县人民法院院长　徐周定

连平县人民法院院长　彭春文

和平县人民法院院长　钟俊斌

紫金县人民法院院长　何火源

新丰县人民法院院长　蒋友明

乳源瑶族自治县人民法院院长　李荣生

梅州市中级人民法院院长　钟勇生

梅江区人民法院院长　李立生

兴宁市人民法院院长　戴国锋

梅县人民法院院长　钟兴祥

平远县人民法院院长　陈小清

蕉岭县人民法院院长　刘昌永

大埔县人民法院院长　杨苑岳

丰顺县人民法院院长　陈　宁

五华县人民法院院长　徐红明

惠州市中级人民法院院长　何碧霞

惠城区人民法院院长　陈伟华

惠阳区人民法院院长　田忠和

博罗县人民法院院长　罗建华

惠东县人民法院院长　李龙飞

龙门县人民法院院长　李富国

大亚湾区人民法院院长　吴元亚

汕尾市中级人民法院院长　陈廷光（2004.07离任）　陈　孙（2004.07到任）

城区人民法院院长　吴俊杰

陆丰市人民法院院长　彭如征

海丰县人民法院院长　刘　固

陆河县人民法院院长　周景升（2004.02离任）

陆河县人民法院副院长　罗方剧（2004.02-12主持工作）

东莞市中级人民法院院长　陈国辉

东莞市人民法院院长　叶柳东

中山市中级人民法院院长　黄鉴初

中山市人民法院院长　曹寸声

江门市中级人民法院院长　莫远航

蓬江区人民法院院长　伍厚德

江海区人民法院院长　冼坚业

新会区人民法院院长　傅志坚

台山市人民法院院长　周　岩

开平市人民法院院长　冯惠祥

恩平市人民法院院长　陈永明

鹤山市人民法院院长　何煜培

阳江市中级人民法院院长　黄　雄

江城区人民法院院长　梁艳新

阳春市人民法院院长　杨国开

阳东县人民法院院长　曹伟光

阳西县人民法院院长　邓康成

湛江市中级人民法院院长　李尚富

湛江经济技术开发区人民法院院长　陈康寿

赤坎区人民法院院长　陈晓东

霞山区人民法院院长　杨其胜

坡头区人民法院院长　陆荣金

麻章区人民法院院长　洪幸福

雷州市人民法院院长　李成观

吴川市人民法院院长　陈　健

廉江市人民法院院长　龙土泽

遂溪县人民法院院长　吕善智

徐闻县人民法院院长　肖文东

茂名市中级法院院长　黄炯猛

茂南区人民法院院长　苏国英（女）

茂港区人民法院院长　严　得

信宜市人民法院院长　陈文松

高州市人民法院院长　许振文

化州市人民法院院长　黄兴南

电白县人民法院院长　李惠滨

肇庆市中级人民法院院长　黄　福

端州区人民法院院长　傅新华

鼎湖区人民法院院长　陈韶光

高要市人民法院院长　李　坚

四会市人民法院院长　曹正球

广宁县人民法院院长　邓成明（代）

怀集县人民法院院长　郑招祥

德庆县人民法院院长　黎朝晖（代）

封开县人民法院院长　温伟东（代）

清远市中级人民法院院长　刘曙光

清城区人民法院院长　陆国池

清新县人民法院院长　邓家为

英德市人民法院院长　梁建平

佛冈县人民法院院长　黄德才

连州市人民法院院长　林伟洲

连南瑶族自治县人民法院院长　赵月明

连山壮族瑶族自治县人民法院院长　罗伟图

阳山县人民法院院长　刘永华

潮州市中级人民法院院长　李　文

潮安县人民法院院长　柯　伟

饶平县人民法院院长　黄国英

湘桥区人民法院院长　雷克生

揭阳市中级人民法院院长　刘年夫

榕城区人民法院院长　陈苏程

普宁市人民法院院长　李文光

揭东县人民法院院长　柯南强

揭西县人民法院院长　刘文强

惠来县人民法院院长　李乙练

云浮市中级人民法院院长　谭掌泉

罗定市人民法院院长　林小柳

新兴县人民法院院长　李农华

郁南县人民法院院长　黄亦乾

云城区人民法院院长　方淑明

云安县人民法院院长　陈启波

广州海事法院院长　金正佳

广州铁路运输中级法院院长　李重庆

广州铁路运输法院院长　陈舜华

肇庆铁路运输法院院长　翟玉泉

长沙铁路衡阳运输法院院长　孙世湘

长沙铁路运输法院院长　张旭龙

怀化铁路运输法院院长　许　峻

全省人民法庭名录

广州市（20个）

白云区人民法院

第一人民法庭

第二人民法庭

黄埔区人民法院

长洲人民法庭

花都区人民法院

炭步人民法庭

狮岭人民法庭

两龙人民法庭

推广人民法庭

番禺区人民法院

大石人民法庭

石楼人民法庭

大岗人民法庭

南沙人民法庭

万顷沙人民法庭

从化市人民法院

太平人民法庭

鳌头人民法庭

吕田人民法庭

增城市人民法院

新塘人民法庭

石滩人民法庭

中新人民法庭

小楼人民法庭

广州经济技术开发区人民法院

萝岗人民法庭

深圳市（14个）

南山区人民法院

蛇口人民法庭

西丽人民法庭

沙河人民法庭

宝安区人民法院

西乡人民法庭

沙井人民法庭

松岗人民法庭

龙华人民法庭

龙岗区人民法院

布吉人民法庭

横岗人民法庭

坪地人民法庭

坑梓人民法庭

平湖人民法庭

大鹏人民法庭

坪山人民法庭

珠海市（8个）

香洲区人民法院

金唐人民法庭

南湾人民法庭

前山人民法庭

金湾区人民法院

三灶人民法庭

平沙人民法庭

斗门区人民法院

白藤湖人民法庭

五山人民法庭

横山人民法庭

汕头市（25个）

金平区人民法院

鮀浦人民法庭

岐山人民法庭

龙湖区人民法院

下蓬人民法庭

外砂人民法庭

澄海区人民法院
东里人民法庭
隆都人民法庭
溪南人民法庭
凤东人民法庭
凤西人民法庭
莲下人民法庭
濠江区人民法院
岩石人民法庭
河浦人民法庭
潮阳区人民法院
关埠人民法庭
海门人民法庭
和平人民法庭
西胪人民法庭
谷饶人民法庭
铜盂人民法庭
贵屿人民法庭
潮南区人民法院
沙陇人民法庭
胪岗人民法庭
陈店人民法庭
两英人民法庭
司马浦人民法庭
南澳县人民法院
云澳人民法庭

佛山市（25个）

禅城区人民法院
南庄人民法庭
南海区人民法院
西樵人民法庭
狮山人民法庭
里水人民法庭
盐步人民法庭
平洲人民法庭
桂城人民法庭
大沥人民法庭
顺德区人民法院
大良人民法庭
伦教人民法庭
北滘人民法庭
陈村人民法庭
乐从人民法庭
勒流人民法庭
杏坛人民法庭
龙江人民法庭
均安人民法庭
容桂人民法庭
高明区人民法院
西安人民法庭
明城人民法庭
更楼人民法庭
三水区人民法院
西南人民法庭
白坭人民法庭
南边人民法庭
大塘人民法庭

韶关市（23个）

乐昌市人民法院
乐城人民法庭
坪石人民法庭
梅花人民法庭
南雄市人民法院
乌迳人民法庭
全安人民法庭
湖口人民法庭
仁化县人民法院
董塘人民法庭
长江人民法庭
始兴县人民法院
顿岗人民法庭
马市人民法庭
司前人民法庭
坝仔人民法庭
翁源县人民法院
官渡人民法庭
新丰县人民法院
马头人民法庭

遥田人民法庭

曲江县人民法院

乌石人民法庭

龙归人民法庭

周田人民法庭

大塘人民法庭

犁市人民法庭

乳源瑶族自治县人民法院

桂头人民法庭

大桥人民法庭

大布人民法庭

河源市（14个）

东源县人民法院

灯塔人民法庭

蓝口人民法庭

和平县人民法院

彭寨人民法庭

下车人民法庭

龙川县人民法院

鹤市人民法庭

龙母人民法庭

麻布岗人民法庭

车田人民法庭

紫金县人民法院

龙窝人民法庭

蓝塘人民法庭

古竹人民法庭

柏埔人民法庭

连平县人民法院

忠信人民法庭

隆街人民法庭

梅州市（25个）

兴宁市人民法院

宁中人民法庭

坭陂人民法庭

龙田人民法庭

叶塘人民法庭

梅县人民法院

丙村人民法庭

松口人民法庭

梅西人民法庭

畲江人民法庭

平远县人民法院

东石人民法庭

仁居人民法庭

蕉岭县人民法院

蓝坊人民法庭

新铺人民法庭

大埔县人民法院

高陂人民法庭

茶阳人民法庭

枫朗人民法庭

大麻人民法庭

丰顺县人民法院

附城人民法庭

丰良人民法庭

留隍人民法庭

汤南人民法庭

五华县人民法院

华城人民法庭

安流人民法庭

河东人民法庭

龙村人民法庭

长布人民法庭

惠州市（17个）

惠城区人民法院

陈江人民法庭

横沥人民法庭

惠阳区人民法院

秋长人民法庭

平潭人民法庭

惠东县人民法院

黄埠人民法庭

稔山人民法庭

多祝人民法庭

博罗县人民法院

龙溪人民法庭

石湾人民法庭
长宁人民法庭
柏塘人民法庭
杨村人民法庭
园洲人民法庭
龙门县人民法院
左潭人民法庭
平陵人民法庭
沙迳人民法庭
永汉人民法庭

汕尾市（13个）

城区人民法院
田墘人民法庭
陆丰市人民法院
潭西人民法庭
碣石人民法庭
大安人民法庭
甲子人民法庭
南塘人民法庭
博美人民法庭
海丰县人民法院
公平人民法庭
鮜门人民法庭
梅陇人民法庭
可塘人民法庭
陆河县人民法院
河口人民法庭
水唇人民法庭

东莞市（14个）

东莞市人民法院
东城人民法庭
道滘人民法庭
石龙人民法庭
虎门人民法庭
厚街人民法庭
麻涌人民法庭
常平人民法庭
樟木头人民法庭
塘厦人民法庭
石排人民法庭
石碣人民法庭
横沥人民法庭
长安人民法庭
大朗人民法庭

中山市（7个）

中山市人民法院
石岐人民法庭
沙溪人民法庭
张家边人民法庭
黄圃人民法庭
小榄人民法庭
三乡人民法庭
坦洲人民法庭

江门市（30个）

蓬江区人民法院
棠下人民法庭
荷塘人民法庭
杜阮人民法庭
江海区人民法院
礼乐人民法庭
外海人民法庭
新会区人民法院
大泽人民法庭
双水人民法庭
古井人民法庭
三江人民法庭
崖门人民法庭
会城人民法庭
台山市人民法院
水步人民法庭
三合人民法庭
广海人民法庭
斗山人民法庭
海宴人民法庭
深井人民法庭
台城人民法庭

开平市人民法院

水口人民法庭

苍城人民法庭

马冈人民法庭

赤坎人民法庭

赤水人民法庭

鹤山市人民法院

雅瑶人民法庭

鹤城人民法庭

龙口人民法庭

宅梧人民法庭

恩平市人民法院

圣堂人民法庭

沙湖人民法庭

恩城人民法庭

阳江市（11个）

江城区人民法院

平冈人民法庭

闸坡人民法庭

阳春市人民法院

春城人民法庭

春湾人民法庭

合水人民法庭

潭水人民法庭

阳东县人民法院

东平人民法庭

合山人民法庭

塘坪人民法庭

阳西县人民法院

溪头人民法庭

儒洞人民法庭

湛江市（27个）

麻章区人民法院

硇洲人民法庭

湖光人民法庭

东海人民法庭

坡头区人民法院

南三人民法庭

雷州市人民法院

唐家人民法庭

龙门人民法庭

乌石人民法庭

雷高人民法庭

廉江市人民法院

安铺人民法庭

青平人民法庭

石岭人民法庭

塘蓬人民法庭

良垌人民法庭

吴川市人民法院

长岐人民法庭

覃巴人民法庭

塘缀人民法庭

黄坡人民法庭

遂溪县人民法院

界炮人民法庭

河头人民法庭

城月人民法庭

黄略人民法庭

杨柑人民法庭

北坡人民法庭

徐闻县人民法院

海安人民法庭

迈陈人民法庭

曲界人民法庭

锦和人民法庭

茂名市（23个）

茂南区人民法院

高山人民法庭

公馆人民法庭

茂港区人民法院

第一人民法庭

第二人民法庭

信宜市人民法院

北界人民法庭

朱砂人民法庭

怀乡人民法庭

合水人民法庭
高州市人民法院
新垌人民法庭
长坡人民法庭
金山人民法庭
石板人民法庭
大井人民法庭
化州市人民法院
林尘人民法庭
杨梅人民法庭
官桥人民法庭
合江人民法庭
那务人民法庭
电白县人民法院
电城人民法庭
林头人民法庭
沙琅人民法庭
博贺人民法庭
岭门人民法庭

肇庆市（20个）

鼎湖区人民法院
莲花人民法庭
四会市人民法院
大沙人民法庭
贞山人民法庭
高要市人民法院
新桥人民法庭
白土人民法庭
金利人民法庭
禄步人民法庭
广宁县人民法院
新楼人民法庭
石涧人民法庭
江屯人民法庭
古水人民法庭
德庆县人民法院
悦城人民法庭
官圩人民法庭
永丰人民法庭
封开县人民法院
渔涝人民法庭
南丰人民法庭
怀集县人民法院
梁村人民法庭
永固人民法庭
中洲人民法庭
凤岗人民法庭

清远市（25个）

清城区人民法院
横荷人民法庭
源潭人民法庭
英德市人民法院
望埠人民法庭
大镇人民法庭
青塘人民法庭
浛洸人民法庭
大湾人民法庭
西牛人民法庭
九龙人民法庭
连州市人民法院
东陂人民法庭
星子人民法庭
佛冈县人民法院
迳头人民法庭
汤塘人民法庭
清新县人民法院
石马人民法庭
太平人民法庭
飞来峡人民法庭
浸潭人民法庭
禾云人民法庭
连山壮族瑶族自治县人民法院
永和人民法庭
福堂人民法庭
连南瑶族自治县人民法院
寨岗人民法庭
大坪人民法庭

阳山县人民法院

七拱人民法庭

黎埠人民法庭

岭背人民法庭

潮州市（12个）

湘桥区人民法院

意溪人民法庭

饶平县人民法院

汫洲人民法庭

钱东人民法庭

浮山人民法庭

三饶人民法庭

新丰人民法庭

所城人民法庭

潮安县人民法院

文祠人民法庭

磷溪人民法庭

古巷人民法庭

浮洋人民法庭

枫溪人民法庭

揭阳市（24个）

榕城区人民法院

东山人民法庭

仙桥人民法庭

渔湖人民法庭

普宁市人民法院

占陇人民法庭

洪阳人民法庭

里湖人民法庭

池尾人民法庭

梅林人民法庭

大坪人民法庭

揭东县人民法院

炮台人民法庭

曲溪人民法庭

新亨人民法庭

白塔人民法庭

揭西县人民法院

棉湖人民法庭

金和人民法庭

钱坑人民法庭

河婆人民法庭

五云人民法庭

京西园人民法庭

惠来县人民法院

葵潭人民法庭

隆江人民法庭

神泉人民法庭

靖海人民法庭

大南山人民法庭

云浮市（13个）

云城区人民法院

河口人民法庭

罗定市人民法院

罗平人民法庭

罗镜人民法庭

苹塘人民法庭

泗纶人民法庭

新兴县人民法院

天堂人民法庭

集成人民法庭

稔村人民法庭

太平人民法庭

郁南县人民法院

连滩人民法庭

千官人民法庭

建城人民法庭

云安县人民法院

石城人民法庭